高等院校公共管理类专业系列教材
深圳大学教材出版基金资助

公共管理学

主　编　赵宇峰

西安电子科技大学出版社

内 容 简 介

本书主要包括导论、公共管理理论的溯源与发展、公共管理方法与技术、公共组织、公共政策、公共财政管理、公共部门人力资源管理、公共信息资源管理与电子政府、公共部门绩效管理、公共危机管理以及公共伦理等 11 章内容。

本书可作为高等学校公共管理专业的本科教材，也可作为公共事业管理工作者的参考用书。

图书在版编目(CIP)数据

公共管理学/赵宇峰主编. —西安：西安电子科技大学出版社，2018.9(2022.5 重印)
ISBN 978 - 7 - 5606 - 5000 - 5

Ⅰ. ① 公… Ⅱ. ① 赵… Ⅲ. ① 公共管理 Ⅳ. ① D035 - 0

中国版本图书馆 CIP 数据核字(2018)第 147456 号

策　　划　高樱
责任编辑　杜敏娟
出版发行　西安电子科技大学出版社(西安市太白南路 2 号)
电　　话　(029)88202421　88201467　　邮　编　710071
网　　址　www.xduph.com　　　　电子邮箱　xdupfxb001@163.com
经　　销　新华书店
印刷单位　陕西天意印务有限责任公司
版　　次　2018 年 9 月第 1 版　2022 年 5 月第 3 次印刷
开　　本　787 毫米×1092 毫米　1/16　印张 18
字　　数　432 千字
印　　数　3501～6500 册
定　　价　47.00 元
ISBN 978 - 7 - 5606 - 5000 - 5/D
XDUP 5302001 - 3

目　录

第一章 导　　论

【学习目标】

公共管理学以公共事务管理和国家治理的实践作为研究对象。从公共行政到公共管理的发展反映了人类处理公共事务的思维与方式的变迁。通过本章学习，我们应该掌握公共管理的内涵和特质，了解公共管理与管理、工商管理、公共行政等概念的关系，掌握公共管理学的研究对象、学科特征、理论体系、研究途径和研究方法，了解我国公共管理的实践和改革动态以及公共管理学的发展，为以后的学习奠定基础。

【引导案例】

深圳史上最严"禁摩限电"行动缘何引发争议？

2016 年 3 月 21 日开始，一场被称为史上最严厉"禁摩限电"集中整治行动在深圳进行。深圳交警部门数据显示，2015 年全年，深圳实现了交通事故总数和死亡人数的双下降，但涉摩涉电交通事故死亡人数为 114 人，已占死亡总人数的 24.77%，伤亡率明显高于其他交通事故。交警部门通报称，2015 年该市查扣电动车、摩托车 352 714 辆，拘留违法人员 5347 名，但由于涉摩涉电非法营运有利可图、违法成本较低、超标电动车源头管理存在瓶颈等原因，在降低涉摩涉电交通事故方面未能达到预期效果。

快递、送水、送气等行业违规使用电动三轮车是本次整治行动的重点。交警部门解释，电动三轮车的生产没有相关国家行业标准，目前上路行驶的均属非法拼装、改装机动车，无法取得牌照，不得上路行驶。

2012 年，深圳市出台了《深圳市快递行业电动自行车备案管理意见》。该意见规定，深圳市物流与供应链管理协会是交警部门指定的唯一受理市快递业电动自行车备案申请的行业协会，受理全市快递行业电动自行车备案申请。凡在深圳市依法注册登记并有快递经营许可证的快递企业，均可提供相关材料申请快递电动车配额。协会将根据企业申报材料对申请备案的电动自行车进行初检，并将合格的电动自行车信息预录入市公安交警局互联网，获得编号的车辆准予上路。

目前，深圳共有快递员超过 7 万人，其中在一线的大约有 4 万人。在此次整治行动之前，深圳备案电动车辆达到 3.8 万辆，其中快递业近 1.3 万辆，占所有行业总数的 34%。1.3 万辆配额、4 万名快递小哥，供需之间显然存在巨大缺口。

在此次大规模开展"禁摩限电"整治工作前，深圳交警已经提前与行业协会及相关企业进行了多次沟通，解读相关政策，并告知其重点查处的是超标电动自行车、拼装电动（机动）三轮车违规使用者，呼吁快递企业加强自律，主动清理，杜绝使用电动（机动）三轮车。

交警部门介绍，针对快递行业反映的电动自行车配额不足的问题，交警部门已经增加 5000 辆备案电动自行车的配额，后续根据实际情况，可进一步协调增加。而对其使用电动车送件过程中无其他交通违法的，暂不扣留车辆和人员。交警部门将结合实际，取消两年一次的特殊行业电动自行车的备案审核，同时，适当延长"过渡期"，给予相关快递企业"缓冲"，尽快消化库存的邮件，主动清理违规车辆。交警部门下一步将推进"涉电"事故连带追责工作，超标电动车发生交通事故的，将引导受害者向超标车生产、销售者索赔，在事故认定书注明，或采取其他书面形式明确告知受害者，可以将车辆生产、销售者列为被告，依法索赔。

然而，随着整治行动的开展，"50名快递员被拘留、800余辆快递车辆被查扣、上千名快递员辞职"等消息开始在网络上疯传，关于"禁摩限电"是否影响快递业发展成为舆论焦点话题。

（资料来源：《深圳史上最严"禁摩限电"行动引发争议》，武欣中，中国青年报，2016年4月5日。http://news.sina.com.cn/c/2016-04-05/doc-ifxqxcnr5334594.shtml)

案例思考题：

1. 政府应该在城市交通事务中扮演怎样的角色？请阐明理由。
2. 快递行业电动自行车配额管理制度是否合理？请阐明理由。
3. "禁摩限电"行动缘何引发争议？请阐明理由。

第一节 公共管理及其相关概念

一、公共管理的内涵与特质

（一）管理的内涵

管理（management）是人类各种组织活动中最普通和最重要的一种活动。小到一个家庭、一个公司，大到一个城市、一个国家，都会涉及管理问题。随着社会经济的发展，管理活动日益频繁，管理内涵更加丰富，管理外延不断扩展，管理方式愈加复杂，人们对管理活动的认识逐渐深化和完善，在此基础上形成了管理科学知识体系。在一般意义上，管理是指在特定情境下，管理者通过执行计划、组织、领导、协调、控制等职能，整合组织的各种资源，实现组织既定目标的活动过程。它有三层含义：① 管理是一种目的性很强的活动，它服务并服从于组织目标；② 管理是一个连续进行的活动过程，实现组织目标的过程，就是管理者执行计划、组织、领导、协调和控制等职能的过程；③ 管理活动是在一定的环境中进行的，复杂多变的环境成为决定组织生存与发展的重要因素。

彼得·德鲁克（Peter F. Drucker）在《管理——任务、责任、实践》一书中认为："管理是一种工作，它有自己的技巧、工具和方法；管理是一种器官，是赋予组织以生命的、能动的、动态的器官；管理是一门科学，一种系统化的并到处适用的知识；同时管理也是一种文化。"亨利·法约尔（Henri Fayol）在《工业管理与一般管理》中指出：管理是所有的人类组织都有的一种活动，这种活动由计划、组织、指挥、协调和控制五项要素组成。

管理不仅仅指工商企业管理，虽然在现代市场经济中工商企业管理最为常见。除了商业管理，还有很多种类的管理，如行政管理、经济管理、社会管理、城市管理、卫生管理等。每一种组织都需要对其事务、资源、人员进行管理。管理普遍适用于任何类型的组织，这是因为组织为了实现其特定的目标，都存在稀缺资源的合理调配和有效利用问题，因此也就有了管理问题。不同类型的组织，由于性质和功能的差异，管理活动的内容和方法也不尽相同，但从基本管理职能和管理原理与方法来看，各种不同类型的组织具有相似性、共通性。

现代管理科学已经形成一个庞大的学科体系，除了专门研究现代管理一般规律的管理学之外，更有众多专门研究各个特定领域中管理特殊规律的学科，它们都有各自确定的管理主体和管理客体，如工商管理、工程管理等。在大类划分的基础上，还可以做进一步划分。公共管理学亦属于一类特定领域的管理学，它所研究的是公共领域管理的特殊规律和过程。

（二）公共管理的内涵

公共管理（Public Management）有着悠久的历史，自从人类社会有了公共事务，就产生了公共管理实践和公共管理思想。"中国古代大量鸿篇巨制中包含着丰富的哲学社会科学内容、治国理政智慧……为中华文明提供了重要内容，为人类文明做出了重大贡献。"[1]当然，早期的社会公共事务较为简单，正如马克思在《不列颠在印度的通知》一文中所指出的，"在亚洲，从远古的时候起一般说来就只有三个部门：财政部门，或者说对内掠夺的部门；战争部门，或者说对外进行掠夺的部门；最后是公共工程部门。"[2]早期的公共管理思想也缺乏系统性，还远没有能够成为学科化的专门理论。

学科化的公共管理理论是在19世纪末20世纪初，"在威尔逊、古德诺等的政治-行政二分法和韦伯的官僚制理论基础上，并经过泰勒的科学管理理论和法约尔的一般管理理论等工商企业管理理论的推波助澜，最终通过怀特的系统化理论框架而逐步创立起来的"。[3]20世纪80年代以来，西方一些发达国家致力于回应技术变革、全球化和国际竞争的挑战，其公共部门的管理发生了重要的变革。建立在正式官僚制、政治与行政二分法和最佳工作方式基础上的传统行政模式已经过时，被一种建立在经济学和私营部门管理基础之上的新公共管理模式有效地取而代之。"当前，管理主义模式的变革似乎是不可逆转的。"[4]"未来的公共部门无论是在理论上还是实践上都必然是管理主义取向的。"[5]

胡德（Hood）在《国家的艺术：文化修辞学和公共管理》一书中认为，公共管理是国家的艺术，大致可以定义为如何设计和提供公共服务，以及政府行政的具体工作。[6]欧文·休斯在《公共管理导论》一书中认为，公共管理包括的含义是强调管理技术而不是政策；强调绩效评估和效率；把公共官僚组织分解为自主性的执行机构；引入市场机制和实行合同承包，鼓励竞争；降低成本，重视产出、目标、短期合同、金钱刺激和自我管理的管理方式。王乐夫（2005）认为，所谓公共管理，就是为了维护、实现和公平地分配公共利益，国家行政机

① 习近平. 在哲学社会科学工作座谈会上的讲话. 人民日报，2017-5-18.
② 马克思和恩格斯选集. 第1卷. 2版. 北京：人民出版社，1995-762.
③ 丁煌. 西方公共行政管理理论精要. 北京：中国人民大学出版社，2005-7.
④ ［澳］欧文·E. 休斯. 公共管理导论. 3版. 张成福，王学栋，等，译. 北京：中国人民大学出版社，2007-18.
⑤ ［澳］欧文·E. 休斯. 公共管理导论. 3版. 张成福，王学栋，等，译. 北京：中国人民大学出版社，2007-53.
⑥ Christopher Hood. The Art of The State：Culture, Rhetoric, and Public Management Oxford：Oxford University Press，1998，"Preface"，p. 3.

关、立法机关、司法机关和其他社会公共组织对社会公共事务依法进行管理的活动。①张康之(2010)认为，公共管理活动表现为多元治理主体之间的互动过程。②陈振明(2017)认为，公共管理是公共组织提供公共物品和服务的活动。③倪星等(2014)认为，公共管理是指以政府为代表的公共部门依法通过对社会公共事务的管理，以保障和增进社会公共利益的职能活动。④胡税根(2014)认为，公共管理是指国家机关、第三部门和公民共同参与，为有效保障公共物品和服务的供给、维护和实现公共利益，依法管理社会公共事务的活动。⑤

综上所述，从字面上看，公共管理由"公共"和"管理"两个词组成，"公共"一词体现出公共管理活动的公共性特征，"管理"一词反映出其属于管理学的一个分支。其中的逻辑关系是：公共管理立足于"管理"，但本质上要体现"公共性"。"公共性"强调公共管理的目标是管理好公共事务，以维护和实现公共利益为宗旨，代表某种规范性的价值追求，因此不可避免地把公平、正义等社会伦理道德纳入自己的视野；"管理性"则表达了公共管理的一般特性，表明它是一种旨在追求效率的，有技术性、定量性、规范性的社会管理活动，因而与一般的管理活动有着基本的相通性。这要求公共管理必须讲求对管理一般原则和技术方法的掌握和运用，以获取管理效益。因此，我们主张"公共性"和"管理性"是全面解释公共管理概念或活动不可或缺的一对概念。公共管理的"公共性"是公共管理的本质属性，它使公共管理与一般管理有所不同；"管理性"则是公共管理的一般特征，它表明公共管理存在的基础是管理的一般原理与方法。总之，公共管理是公共性与管理性二者相互贯通的辩证统一。⑥

因此，所谓公共管理，是指以政府为主导的公共组织，为维护和实现公共利益，对公共事务进行有效管理、为社会提供公共物品和公共服务的活动。在现代社会，不管人们对政府的看法如何，其财政支出项目与规模都有极大的增长。无论是公民还是组织，都高度依赖于政府的公共服务，没有政府的国家是不可想象的。政府通过购买支出和转移支付的方式，深深地嵌入到我们的生活中。

(三) 公共管理的特质

公共管理活动具有如下特质：

第一，公共管理的逻辑起点是公共物品。公共管理的基本功能是为社会成员提供公共物品。公共物品(Public Goods)和私人物品(Private Goods)都是社会共同体必不可少的，都有生产、经营和管理的问题。一般来说，私人物品具有消费上的竞争性和排他性特征，通过市场价格体系提供，而公共物品则具有非竞争性和非排他性的特点，通常通过政府的政治程序(公共选择)来提供。⑦现实中，纯公共物品(Pure Public Goods，如国防和外交等，具有

---

① 王乐夫. 试论公共管理的内涵演变与公共管理学的纵向学科体系. 管理世界，2005(6)：61.
② 张康之，李传军. 公共管理学是一门新兴学科. 行政论坛，2010(1)：8.
③ 陈振明，等. 公共管理学原理. 修订版. 北京：中国人民大学出版社，2017：3.
④ 倪星，付景涛. 公共管理学. 2版，大连：东北财经大学出版社，2014：6.
⑤ 胡税根. 公共管理学. 北京：中国社会科学出版社，2014：4.
⑥ 王乐夫. 论公共行政与公共管理的区别与互动. 管理世界，2002(12)：51.
⑦ [美]约瑟夫·E. 斯蒂格利茨. 公共部门经济学(上). 3版，郭庆旺，等，译. 北京：中国人民大学出版社，2013：133.

完全的非竞争性和非排他性)的例子并不太多,许多物品和服务是处在纯公共物品和纯私人物品这两个极端之间的。①不过,正如对完全竞争的分析能够引出关于现实市场运行的重要结论一样,对纯公共物品的分析可以帮助我们理解公共决策者所面临的问题。②

第二,公共管理主体的多元化。公共管理主体是指在公共事务管理的过程中,以维护和实现公共利益为目的,按照一定程序,运用公共权力,提供公共物品与公共服务的公共组织和个人。政府是公共事务最重要的管理者和责任者,"从出生到死亡,我们的生活总是受到无数形式的政府活动的影响。"③不过,政府并非唯一的公共管理主体,现代社会众多的非政府组织与私营部门,甚至跨国性机构或国际性组织,都可以成为良好的公共服务组织者和提供者。政府组织、非政府组织与公民合作共治,呈现出一种良性的互动关系。

第三,公共管理对象的广泛性。公共管理的对象即公共管理的客体,是指各类社会公共事务。公共事务是相对于私人事务而言的。所谓公共事务,就是指涉及全体社会公众生活质量和共同利益的一切事务的总称。公共事务具有公益性、非营利性和规模性等特点。按照社会公共事务的性质,可以将其分为政治事务、经济事务、社会事务三类。公共事务涉及的范围非常广泛,包括国防外交、公共安全、经济发展、宏观调控、市场秩序、教育事业、卫生医疗、社会保障、生态保护、能源交通、城市管理、消防、土地管理、住宅建设等。

第四,公共管理价值取向的平衡性。公共利益是公共管理的根本价值追求,公共性是公共管理的本质特征。在公共管理实践中,公共部门必须妥善处理、平衡各种复杂的利益关系,"既要把蛋糕做大,又要把蛋糕分好"。④公共管理强调价值调和,不仅重视经济、效率、效能,同时也注重公平、正义和民主。公共管理主张弹性、授权和自主管理,同时也强调透明、责任性、回应性和前瞻性的重要性,认为只有遵循客观的绩效标准并有效实施,公共管理才能实现"善治"(Good Governance),促进公共利益最大化。

第五,公共管理技术手段和方法的综合性。公共管理以行使公共权力为基础,"公共权力是公共管理最基础性的手段,并且体现了公共管理区别于其他管理活动的本质特征"。⑤除了传统的行政手段、法律手段、经济手段和思想教育手段,当代公共管理实践还涌现出了一些新的治理工具,如市场化工具、工商管理技术和社会化手段等。民营化、使用者付费、合同外包、特许经营、凭单制、分散决策、放松管制、产权交易、内部市场,是市场化工具的具体方法。工商管理技术将工商企业管理理念和方法引入到公共部门中来,包括全面质量管理、目标管理、顾客导向、标杆管理和流程再造等。社会化手段强调公共管理更多地利用社会资源来实现公共管理的目标,如社区治理、志愿者组织、公众参与听证会等。此外,战略管理作为一种管理方法,在当代公共管理实践中发挥着越来越重要的作用。

公共物品的存在及其特殊性决定了在一般情况下私人和市场机制不愿、不能有效提供

① 社会可选择的产品和服务可分为四类:纯私人产品;可用价格排除的公共产品;拥挤性公共产品;纯公共产品。参见[美]大卫·N·海曼.财政学:理论、政策与实践. 10 版.张进昌,译.北京:北京大学出版社,2015:98.
② [美]哈维·S. 罗森,特德·盖亚.财政学. 10 版.郭庆旺,译.北京:中国人民大学出版社,2015:48.
③ [美]约瑟夫·E. 斯蒂格利茨.公共部门经济学(上). 3 版.郭庆旺,等,译.北京:中国人民大学出版社,2013:3.
④ 王印红.公共管理价值取向的重新审视.重庆大学学报,2014,20(4):98.
⑤ 王乐夫.试论公共管理的内涵演变与公共管理学的纵向学科体系.管理世界,2005(6):61.

和管理这类物品，而需要借助公共部门以集体行动的方式来统一供给、配置和经营，这是公共管理之所以能够存在的根本原因。[①]

二、公共管理与相关概念辨析

（一）公共管理与工商企业管理

当代公共管理活动的一个显著特点是将工商企业管理的一些经验、方法和理论引入到公共管理实践中。因此，就人类社会的管理活动而言，公共管理与工商企业管理有许多相通之处，都须履行计划、组织、指挥、协调、人事、预算和控制等一般的管理职能。但由于管理所要达到的目标不同、管理对象及内容不同、管理行为的依据不同，它们之间存在着明显的差异，具体如下：

第一，管理性质不同。公共管理与工商企业管理的根本性差别在于"公"与"私"的分界。公共管理是国家、政府以及其他公共组织的职能和活动范围，与公共利益相关，处理公共领域的事务，具有广泛的社会公众参与，以行使公共权力为基础，公共管理的过程通常具有强制性。工商企业管理处理的是企业内部事务，与私人利益相关，其运营遵循的是市场价值规律，涉及的社会关系主要是经营者与顾客的关系，更强调契约精神。"公共性是公共管理和公共组织区别于企业管理和私人组织的所有特性的集中概括，是公共部门管理活动的最高价值。"[②]

第二，管理的使命不同。公共管理遵循公共理性，以服务公众、实现公共利益和维护公共秩序为目的，提供的是公共物品，以维护社会公平正义为基本的价值取向，更强调责任感和公众回应性。工商企业管理遵循经济理性，以利润为导向，提供的是私人物品，强调成本—收益，更注重股东收益回报。[③]

第三，管理的广泛性、复杂性程度不同。公共管理承担了社会资源权威性分配者的职责，需要在多元的甚至是冲突的利益和价值之间进行公共选择。与工商企业管理相比，公共管理涵盖的领域更为广泛，需要平衡的利益关系更为复杂，绩效评估更为困难，但商业组织面临的市场竞争更为激烈，这使得商业组织较公共部门有更大的创新冲动和创新绩效。

上述观点尽管不能完全概括公共管理与工商企业管理的差异，但已显示出公共管理是与工商企业管理具有不同本质的管理活动，是有独立的学科属性的。管理不等于"企业管理"。长期以来，大多数人在谈到对管理的理解时都会联想到企业管理，十分自然地形成了管理就是企业管理的假设。持有这种观点的人甚至认为这个假设是不言而喻的，是一种不需要证明的理论。实际上，假设"管理是企业管理"的观点是一种"想当然"的现象，反映了管理在非企业组织之外应用和研究的不成熟状况，带有典型的绝对论色彩。[④]

---

① 曾峻. 公共管理的逻辑起点论析：公共管理学基本问题研究之一. 上海师范大学学报，2003，32(5)：41.
② 曾峻. 创新公共管理学理论体系的探讨. 中国行政管理，2007(3)：75.
③ 胡象明. 关于公共部门的界定与公共管理学的研究范围：兼谈公共管理学与行政管理学的关系. 武汉大学学报，2001，54(5)：558-559.
④ 高梁. 管理学基础. 北京：中国人民大学出版社，2014：3.

（二）公共管理与公共行政

公共管理（Public Management）与公共行政（Public Administration）在一般意义上，都可以理解为公共部门对社会公共事务的管理活动。①公共行政的基本含义最初来源于威尔逊（Woodrow Wilson）的解释。作为公共行政学的奠基人，威尔逊将政府划分为两个领域，即政治与行政，政治与公共政策的形成有关，行政与公共政策的执行有关。他认为，建立独立的公共行政学的目的就是"使政府不走弯路，使政府专心处理公务和少做政治干预，加强和纯洁政府的组织机构，为政府的尽职尽责带来美誉"。政治-行政二分法使行政研究集中于政府的效率，效率价值取向孕育了公共行政学中管理主义的思想。效率价值与韦伯官僚制组织模型实现了最好的结合。1926 年怀特（Leonard White）编撰了美国第一本公共行政学教科书《行政学导论》（Introduction to the Study of Public Management），标志着公共行政学这门学科的基本形成。公共行政的研究有两种价值取向：一种是管理主义的取向，它秉承管理学和经济学的传统，关注效率，强调工具理性；一种是宪政主义的取向，它秉承政治学和法学的传统，关注民主、社会公平，强调对公共权力的制约和限制。②

公共管理是在公共行政的发展中成长起来的，是对公共行政的延续和发展，代表一种新的理论旨趣和实践价值取向。公共管理学是 20 世纪 70 年代末期，受公共政策学科范式和工商管理学科范式的影响，在原有公共行政学的基础上形成的，表现出强烈的管理主义倾向。佩里和克雷默（Perry and Kenneth L. Kraemer）在《公共管理：公共的和私人的观点》一书中表示，他们关于公共管理的灵感来自威尔逊的"公共行政学研究"。从这个意义上讲，公共管理学可以说是古典公共行政学的回归。1991 年美国召开了第一次全国公共管理学术研讨会（The National Public Management Research Conference），会后整理出版了论文集《公共管理：艺术的现状》（Public Management：The State of the Art），可以看作是公共管理学派的"宣言"。20 世纪 90 年代，公共管理学逐渐成为与公共行政、公共政策分析并驾齐驱的公共部门研究的三大途径。

公共管理与公共行政有着密切的联系，但公共管理不同于公共行政。公共行政是一种"内部取向"，"重视机构、过程和程序的管理"；公共管理则是"外部取向"，"重视项目、结果和绩效的管理"。"公共行政学主要以国家的行政系统——政府为研究对象，而且主要是研究政府自身的管理问题，希望通过政府自身管理问题的解决去为政府外部职能的实现提供保障。公共管理的侧重点放在公共物品的生产和运营问题上，着重研究多元治理主体之间在公共物品的供给问题上的合作行动。这也说明，对于公共行政学来说，追求效率是第一位的；而对于公共管理学而言，提高公共服务质量才是第一位的。"③

波兹曼（Barry Bozeman）和斯特劳斯曼（Jeffrey D. Straussman）的《公共管理战略》（1990）是确立公共管理学科框架的第一本教科书。他们在书中说："本书所用的概念是'公共管理'而不是'公共行政'……这里使用'公共管理'一词有两个理由：第一，本书关心战略问题，涉及该组织的外部环境和它们更广泛的使命和目标。'公共管理'一词似乎也正是按照这种方式进化的，这使得它所关心的东西比内部行政要多得多。……第二，公共管理不

① 王乐夫. 论公共行政与公共管理的区别与互动. 管理世界，2002(12)：51.

② 蔡立辉. 公共管理范式：反思与批判. 政治学研究，2002(9).

③ 张康之，李传军. 公共管理学是一门新兴学科. 行政论坛，2010，17(1)：7-8.

必只是在政府机构的背景上出现，而'公共行政'一词总是或最终在整体上与政府官僚机构相联系。'公共管理'这一新术语可能更具弹性。"①

公共管理汲取了现代经济学和工商企业管理的理论与方法，如以顾客为导向，强调公共服务质量、公众满意度、绩效管理等。公共管理的出现给公共行政注入了新的活力，使公共行政获得了实现其目标的新思维和新手段，极大地推动了公共行政的发展。

自 20 世纪 70 年代开始，对公共部门的抨击、经济理论的变革、私营部门的变革以及技术变革等诸多因素，推动了西方国家声势浩大的公共部门改革浪潮，即"新公共管理""管理主义""重塑政府"或"企业化政府"运动。公共部门的运作发生了变化，由传统官僚的、层级节制的、缺乏弹性的公共行政，转向市场导向的、与时俱进的、更具弹性的公共管理。这场改革浪潮不仅改变了西方公共部门管理的实践模式，而且也改变了公共部门管理的理论形态以及知识体系。

第二节　公共管理学的研究对象与研究途径

一、公共管理学的研究对象与学科特征

（一）公共管理学的研究对象

按照科学主义的观点，任何一个学科都是以客观世界的某一类事物、现象或过程作为自己的研究对象。它要探讨这类事物、现象及过程的本质联系或规律性，从而形成学科的概念、范畴、原理和方法的理论体系。

公共管理学的研究对象是社会公共事务管理，即国家治理或治国理政的实践，它是一种客观的社会活动及过程。与传统公共行政学一脉相承，公共管理学要研究作为公共事务管理主体的公共组织，特别是政府组织的结构、功能及其与环境的关系，研究公共管理活动的过程及其环节（如计划、组织、领导、决策、协调、沟通、控制、评估等）。作为一种有别于公共行政学的新"范式"，公共管理学的研究更注重如何应用人类所创造的各种科学知识及方法来解决公共事务的管理问题，以促进政府及其他公共组织更有效地提供公共物品或公共服务。在这个意义上，从静态的政治组织结构和制度研究导向动态的公共服务需求与供给问题，正是传统公共行政学向公共管理学变革的重要标志之一。②

自 20 世纪 70 年代末以来，西方国家掀起了一场新公共管理改革运动。新公共管理改革的基本内容是试图运用市场竞争机制来改善公共服务，这成为公共管理替代传统公共行政的核心所在。正如马克·霍哲所说："自 20 世纪 70 年代以来，市民对改进政府绩效的关注推动着公共组织机构逐渐将注意力转移到提供更好的服务上来。于是，当代公共行政改革的一项根本任务便是提升公共服务的质量和绩效。"随着公共服务需求日趋复杂，整合性公共服务（Integrated Public Service）成为当代西方国家公共服务提供的新模式。多机构的伙伴关系是整合性公共服务的基本工具，多机构的功能整合则是整合性公共服务的本质所

---

① Barry Bozeman, Jeffrey D. Straussman, Public Management Strategies, San Francisco: Jossey - Bass Publishers, 1990: 4.

② 陈振明，等. 公共管理学原理. 修订版. 北京：中国人民大学出版社，2017：17 - 18.

在。①珍妮特·V. 登哈特的新公共服务理论帮助我们重新认识到了公共服务的公共性及其主体的多元化，它主张用一种基于公民权、民主和为公共利益服务的新公共服务模式来代替当前那些基于经济理论和自我利益为主导的行政模式，未来的公共服务是以公民对话协商和公共利益为基础的，三者是紧密结合在一起的。②

关于公共管理学的研究对象，学者们从不同的角度进行了诠释。胡向明（2001）认为，公共管理学是研究公共部门管理过程及其规律的科学，主要是研究公共部门如何高效率地为社会提供公共服务和公共产品的科学。③王乐夫、蔡立辉（2012）认为，公共管理学是一门综合运用各种科学知识和方法来研究公共管理活动及其规律的学科，它的目标是促使公共组织尤其是政府组织更有效地执行公共政策、提供公共物品和提高公共管理绩效。④倪星等（2014）认为，公共管理学是一门研究公共管理部门和公共管理过程及其规律性的科学；是关于促进以政府为核心的公共组织更有效地提供公共物品和公共服务，以增进和公平分配社会公共利益的知识体系。⑤陈振明（2017）认为，作为一门研究公共事务管理活动或公共管理实践的学科，公共管理学可以被界定为一门综合地运用各种科学知识和方法来研究公共事务管理，即公共组织和公共管理过程及其规律性的学科。公共管理的目标是促使公共组织尤其是政府组织更有效地提供公共服务。或者说，公共管理学是一门研究公共组织（主要是政府）如何有效地提供公共服务的学问。⑥

综合学者们的上述观点，我们认为，公共管理学（Discipline of Public Management）是一门综合运用包括管理学、经济学、政治学在内的多学科的理论和方法，研究公共管理活动及其规律性的学科。可以说，公共管理学的目标是促使公共组织尤其是政府组织更有效地管理社会公共事务、更好地提供公共服务和提高公共管理绩效。

（二）公共管理学的学科特征

公共管理学是一门既古老又年轻的学科。说它古老，是因为它与人类文明相伴，促进了人类文明的繁荣发展。古埃及尼罗河流域的治理、中国商周秦汉以来的文治武功，都有公共管理的烙印。说它年轻，是因为它与现代技术、现代观念和社会进步息息相关，是与时俱进的知识体系。作为独立的学科，公共管理学的历史并不长。如果以1887年伍德罗·威尔逊的《行政学研究》一文发表为标志，公共管理学也仅有100多年的历史。我国公共管理研究起步较晚，但发展很快，在科学化、规范化、国际化方面取得了长足的进步。在我国，公共管理不仅是一个独立的学科概念，而且是大于公共行政的学科概念。公共管理是管理学门类下属的一个一级学科，而公共行政（行政管理）是公共管理下属的一个二级学科。⑦目前，我国公共管理一级学科下设行政管理、社会保障、教育经济与管理、社会医学与卫生

---

① 曾维和. 整合性公共服务：当代西方国家公共服务提供的新模式. 上海行政学院学报，2012(1)：10.

② 顾丽梅. 英、美、新加坡公共服务模式比较研究：理论、模式及其变迁. 浙江学刊，2008(5)：108.

③ 胡象明. 关于公共部门的界定与公共管理学的研究范围：兼谈公共管理学与行政管理学的关系. 武汉大学学报，2001. 54(5)：561.

④ 王乐夫，蔡立辉. 公共管理学. 精编本. 北京：中国人民大学出版社，2012：15.

⑤ 倪星，付景涛. 公共管理学. 2版. 大连：东北财经大学出版社，2014：7.

⑥ 陈振明，等. 公共管理学原理. 修订版. 北京：中国人民大学出版社，2017：18.

⑦ 王乐夫，蔡立辉. 公共管理学. 精编本. 北京：中国人民大学出版社，2012：7.

事业管理、土地资源管理等二级学科或专业。

公共管理学的学科特征包括：

第一，公共管理学具有综合性、跨学科的特点。传统公共行政学主要建立在政治学的基础上，尤其是将官僚制理论和政治-行政二分法作为其理论基础；公共管理学的研究者来自广泛的不同学科，充分吸收了当代各门学科的理论和方法，特别是更多地依赖于经济学的理论和方法，并且日益与工商管理学相融合。① 社会公共事务的多样性和复杂性需要公共管理学在不同学科的渗透和融合中找到解决问题的思路和方法。正是依靠和合理运用其他学科提供的理论工具，公共管理学才得以兴起和发展。尽管公共管理学的发展离不开更开放的学术视野和更广阔的学科发展平台，但政治学、公共行政学仍然是公共管理学的学科基础，这是需要特别强调的问题。② 切断公共管理学与政治学、公共行政学的内在联系，极易导致把公共管理看作纯技术化的"管理主义"倾向。公共管理学不仅要解决"如何做"（How）的问题，也要解决"为谁做"（Who）的问题。

第二，公共管理学研究的内容具有广泛性。公共管理学将研究焦点由传统公共行政学的"内部取向"转变为"外部取向"，由重视机构、过程和程序研究转到重视项目、结果与绩效的研究，这使得战略管理、公共管理的政治环境、项目执行、绩效评估、公共责任制及改革管理伦理这样一些在公共行政学中没有的或不被重视的主题成为公共管理学的核心主题。同时，公共管理学也涉及大量的公共行政学没有涉及的其他主题，如公共物品、公共选择、政府失败、集体行动、委托-代理、产权、交易成本、成本核算、管理工具等。③

第三，公共管理学既是实证的，又是规范的。公共管理学重视经验研究，重视从经验中汲取知识和重视以问题为导向，同时提倡研究"应该不应该"的问题，以规范公共管理行为。从研究方法来说，公共管理学重视量化方法与案例方法的应用，广泛吸收经济学、管理学及其他相关学科的理论和技术手段。公共管理学将自身建立在当代公共部门改革尤其是国家治理变革的实践基础上，是从这种实践中产生出来的新的理论体系，反过来又成为指导这种实践的理论模式，因而具有鲜明的实践导向性。公共管理学需要通过有效回应信息化、市场化和全球化条件下公共领域中出现的新问题、新挑战，来显示自己的学科优势，并获得源源不断的学科发展动力。

第四，公共管理学具有年轻性的特点。判断一个学科及研究方式是否成熟的基本依据或主要标准是：学科范围和边界的确定、学科知识的增长或累积、研究方法的适用性和独特性以及学科建制的相对完善。用这些标准来衡量，公共管理学（公共行政学）虽然有独立的研究领域，但很难说已成为一个成熟的学科，尚不能有效回应公共管理实践的需求，这使得公共管理学在未来发展中具有很大的可塑性。因此，明晰学科边界，引入多样化的研究方法，形成规范的研究范式，加强理论建构，拓展或深化相关主题领域研究，促进知识增长，是目前公共管理学科发展的关键问题。④

---

① 陈振明. 公共管理范式的兴起与特征. 中国人民大学学报, 2001. (1)：16.
② 王乐夫，蔡立辉. 公共管理学. 精编本. 北京：中国人民大学出版社, 2012：15.
③ 陈振明. 什么是公共管理学：相关概念辨析. 中国行政管理, 2001(2)：15.
④ 陈振明，等. 公共管理学原理. 修订版. 北京：中国人民大学出版社, 2017：22.

二、公共管理学的内容体系

公共管理学研究的是公共组织及其管理实践，因此，与公共组织和公共管理实践相关的内容都属于公共管理学的范畴。《中国大百科全书》第三版中首次增加了"公共管理"学科。编委会讨论了第三版公共管理学的学科框架，拟定了 16 个分支：综论(学科基本概念、理论、人物和事件)、公共组织理论、政府改革与治理、政策科学、比较公共管理与全球治理、公共部门人力资源管理、公共财政与预算、电子政务、公共伦理与法治、风险与危机管理、经济政策与管理、社会治理、社会保障、公共服务管理、资源环境政策与管理、城市与区域治理(也可包括乡村治理)。本书按照公共管理主体、公共管理价值与规范、公共资源管理、公共危机管理以及公共管理的技术与方法等基本范畴及其内在逻辑联系构建内容体系。具体包括：

第一章，导论。涉及公共管理以及公共管理学基本概念和理论体系的阐述，包括公共管理的内涵和特质、公共管理与工商企业管理及公共行政等相关概念的联系与区别；公共管理学的研究对象、学科特征、内容体系、研究途径和方法；公共管理在中国的实践。

第二章，公共管理理论的溯源与发展。包括公共行政理论方式的转换、公共行政理论的初创以及公共管理理论的现代发展等内容，对公共选择理论、新公共管理理论、新公共服务理论和公共治理理论进行了简要的介绍。

第三章，公共管理方法与技术。当前我国的公共管理研究特别需要加强对经验的研究或对实证分析方法及技术的研究、引进和应用，由此推动公共管理学的科学化水平，具体内容包括传统和现代的公共管理方法与技术。

第四章，公共组织。公共组织是公共管理活动的载体，主要涉及公共组织的内涵、特征、类型、作用及其发展；政府的角色和职能；公共组织的变革，包括大部制改革和扁平化改革等内容。

第五章，公共政策。公共政策是公共管理的基本手段，涉及公共政策的内涵与特征、公共政策分析、政策决策体制与政策工具以及公共政策的主要过程。

第六章，公共财政管理。公共部门需要财政资源以达成使命来实现组织目标，各国治理变革大都将预算与公共财政改革作为重点。公共财政管理涉及公共支出与公共收入、公共预算的方法和分类以及一般过程。

第七章，公共部门人力资源管理。涉及公共部门人力资源管理的内涵、功能和新理念，公共部门人力资源的规划、获取、开发、保障和约束等环节；同时对公共部门人力资源管理的新发展进行了介绍，包括工作生活质量新策略、政府雇员制与公务员聘任管理、放松规制与弹性管理等内容。

第八章，公共信息资源管理与电子政府。涉及公共信息资源管理的内涵和重要性、发展历程及电子政务等内容，并对信息化管理与公共管理改革的关系进行了分析。

第九章，公共部门绩效管理。涉及公共部门绩效管理的内涵、目标、特征、发展历程；公共部门绩效管理的过程(制定组织战略、构建评估指标体系、选择评估方法、执行和监督评估、评估结果应用、开展绩效改进)；公共部门绩效管理的常规工具和新方法。

第十章，公共危机管理。涉及公共危机管理的内涵和相关概念辨析、发展历程、公共危机管理体制以及公共危机管理阶段与过程，包括预警、响应与决策、恢复与重建、风险管理等环节。

第十一章，公共伦理。公共伦理是公共管理的基本道德约束，是道德规范和公共伦理精神的集中体现。它涉及公共伦理的内涵、公共伦理与私人伦理辨析，公正、责任与公共伦理的关系，道德错位、平庸等官僚组织的伦理病症，并对公共伦理建设提出了具体建议。

三、公共管理学的研究途径与方法

(一) 公共管理学的研究途径

公共管理学是在公共行政学的发展中成长起来的，并逐渐形成了新的理论内涵。公共行政学在其发展的不同阶段，采取了不同的研究途径和研究方法。早期的公共行政学者主要采用制度或法理的研究途径(形式主义的研究方法)，侧重于对政府制度、机构、法规方面的研究。20世纪20年代，受"科学管理"的影响，公共行政学采用了所谓的"原则"研究途径，注重对一般的行政管理原则的探索和概括。三四十年代，受政治学"行为主义革命"的影响，公共行政学推崇经验科学的研究方法，把观察、实验、模拟、抽样、访谈、调查一类的方法用于对行政行为的研究。二战后尤其是五六十年代之后，公共行政学者广泛地运用了运筹学、系统分析、损益分析、案例研究、计算机模拟等新的研究方法及手段。

1. 波齐曼：P途径与B途径

与公共行政学相联系，美国著名学者波齐曼(Barry Bozeman)认为，公共管理学研究可分为两种途径，即公共政策途径和企业管理途径。波齐曼在作为《公共管理：艺术的现状》导言的"两种公共管理概念"一文中说：在70年代末的美国大学中，几乎同时出现了两种明显不同的公共管理途径：一种是来自公共政策学院的"政策途径"(The Policy Approach)，简称为"P途径"；另一种是来自商学院并受传统公共行政学影响的"商业途径"(The Business Approach)，简称为"B途径"。P途径的公共管理强调的是与政策分析的渊源关系，认为公共管理与公共政策的形成与制定密切相关。B途径受管理主义的影响，主张师法私营部门，以工商企业管理的方法来提升公共部门的服务质量。

波齐曼力图将P途径和B途径加以综合，认为公共管理途径应具有如下特征：① 既关心战略，又关心过程，但以一种外部的焦点为取向；② 在强调"硬"知识(管理方法、技术尤其是定量分析技术)的同时，继续关注"软"知识(管理的政治环境、价值等)；③ 以资深公共管理者(中层和高层管理者)为方向；④ 给公共管理中的"公共"下更广泛的定义，以便将非营利组织、私人企业的公共方面包含于其中；⑤ 关注理论和规范研究。①

2. 罗森布鲁姆：管理、政治与法律的途径

戴维·H. 罗森布鲁姆(David H. Rosenbloom)在《公共行政学：管理、政治和法律的途径》(第五版)一书中认为，公共行政学有三种主要的研究途径，即管理途径(包括传统的管理途径和新公共管理途径)、政治途径和法律途径。他说："公共行政的研究有三条相对分明的途径，各自对公共行政有不同的阐述。一些人把公共行政视作一种管理行为，与民营部门的运作相类似；另外一些人则强调公共行政的公共性，从而关注其政治的层面；还有

---

① Barry Bozeman, "Two Concepts of Public Management", in Barry Bozeman(ed.), Public Management: The State of the Art, San Francisco: Jossey-Bass Publishers, 1993: 1-6.

一些人注意到了主权、宪法和管制实践在公共行政中的重要性，从而将公共行政视为一种法律事务。三种不同的研究途径对于公共行政的运作，倾向于强调不同的价值和程序、不同的结构安排，也用不同的方法看待公民个人，而每一种途径对于如何发展公共行政的知识也有各自不同的主张。更为复杂的管理途径又可以分为两派：传统的管理途径和当代以改革为导向的'新公共管理'。"①

3. 经济学途径

经济学途径是公共管理学研究的一个重要途径。它采用经济学的理论假定、概念框架、分析方法及技术来看待公共管理问题。在当代公共管理及公共政策学科中，最有影响力的经济学途径是公共选择理论和新制度学派。英国学者莱恩(Jane Erik Lane)在《公共部门：概念、模型与途径》一书中认为，公共部门中的政策制定与执行的过程是通过来自公共选择、新制度经济学、政策执行、管理与评估等不同领域的模型或途径来进行研究的。②

（1）公共选择理论(Public Choice Theory)的研究途径。公共选择理论是一种运用经济学的分析方法来研究政治决策机制如何运作的理论。公共选择理论的代表人物詹姆斯·布坎南(James M. Buchanan)说："公共选择是政治上的观点，它以经济学家的工具和方法大量应用于集体或非市场决策而产生。"丹尼斯·缪勒(Dennis C. Mueller)的定义常被西方学者引用："公共选择理论可以定义为非市场决策的经济研究，或者简单地定义为把经济学应用于政治科学。"公共选择理论试图把人的经济决策行为和政治决策行为纳入统一的分析框架，用经济学的方法和基本假设来分析人的行为的这两个方面，来解释个人偏好与公共选择的关系，研究作为投票者的消费者如何对公共物品或公共服务的供给决定表达意愿。方法论上的个体主义、"经济人"假设和交易政治，是公共选择方法论的三大要素。20世纪80年代以后，公共选择理论被广泛应用于政治和公共政策领域。

（2）新制度经济学(New Institutional Economics)的研究途径。新制度经济学发端于科斯的重要贡献，是用主流经济学的方法分析制度的经济学。科斯指出，"制度经济学的目标是研究制度演进背景下，人们如何在现实世界中做出决定和这些决定又如何改变世界"。迄今为止，新制度经济学已形成交易费用经济学、产权经济学、委托-代理理论、公共选择理论、新经济史学等流派。交易费用理论是新制度经济学的基石和理论生长点，其他理论都可以看成是这一理论的拓展或自然延伸。新制度经济学认为，在决定一个国家经济增长和社会发展方面，制度具有决定性的作用。制度之所以在社会中存在，是因为它们可以克服社会组织中的信息不对称并使交易成本最小化。制度变迁可以理解为一种收益更高的制度对另一种收益较低的制度的替代过程。产权理论、国家理论和意识形态理论构成制度变迁理论的三块基石。制度变迁理论涉及制度起源和制度变迁的动力、过程、形式以及制度移植、路径依赖等问题。新制度经济学的委托代理理论和交易费用理论为解释现代政治学和公共管理领域中的问题提供了理论工具。

---

① ［美］戴维·H. 罗森布鲁姆，等. 公共行政学：管理、政治和法律的途径. 5版. 张成福，等，译校. 北京：中国人民大学出版社，2002：40-41.
② ［英］简·埃里克·莱恩. 公共部门：概念、模型与途径. 3版. 谭功荣，等，译. 北京：经济科学出版社，2004：序言.

（二）公共管理学的研究方法

工欲善其事，必先利其器。没有好的工具，就难以做出好的工作，研究方法就是帮助研究者更准确客观地认识自然世界、伦理世界和心理世界，探索真理的工具。任何一门学科的发展都离不开科学方法的有力支撑，研究方法的成熟程度和独特性，是判断学科独立性和发展潜力的重要标志。一门学科的研究方法成熟与否，体现了该学科的发展程度，决定了这门学科的研究视野与理论深度。

研究方法是一个有着不同层次和内容（范围）的综合体系，这一体系中包括众多的内容，它的各个部分之间有着紧密的内在联系。我们通常将研究方法体系划分为三个不同的层次或部分，即方法论、研究方式、具体方法和技术。①

1. 方法论

方法论所涉及的主要是研究过程的逻辑和研究者的逻辑。或者说，方法论涉及的是规范一门学科的原理、原则和方法的体系。在社会科学研究中，存在着两种基本的，也是相互对立的方法论倾向。一种是实证主义方法论，另一种是人文主义方法论。实证主义方法论认为，社会科学研究应该向自然科学研究看齐，应该对社会科学领域中的现象及其相互联系进行类似自然科学那样的探讨，要通过非常细致的观察、经验概括得出结论。同时，这种研究过程还应该是可以重复的，它关注"是什么"（To Be）的"实然性"问题。在研究方式上，定量研究是实证主义方法论的典型特征。人文主义方法论认为，研究社会现象和人的社会行为时，需要充分考虑人的特殊性，考虑到社会现象与自然现象之间的差别，要发挥研究者在研究过程中的主观性，即所谓"投入理解"或"人对人的理解"，偏重于从价值的层面来看待社会问题和理解社会生活，回答"应当是什么"（Should Be）的"应然性"问题。在研究方式上，定性研究是人文主义方法论的典型特征。

定量研究和定性研究是这两种方法论的集中体现。

（1）定量研究。所谓定量研究（Quantitative Research），来源于实证主义，侧重于或较多地依赖于对事物的测量和计算，在范式上更接近于科学的方式。定量研究往往强调客观事实，强调现象之间的相关性，强调变量之间的因果联系，因果解释是定量研究的主要解释模式。定量研究常常是用来进行理论检验的，通常从既有理论出发，提出理论假设，然后通过问卷等工具收集经验证据来验证预想的模型、假设或理论，是从一般到特殊的演绎过程，突出的是对既有理论的验证或推广。在研究方式上，定量研究者更加强调研究程序的标准化、系统化和操作化。实验、调查、内容分析等，是定量研究中最常见的研究方式。图表测量、问卷调查、结构式访谈、结构式观察等是定量研究中常见的资料收集方式。定量研究的结果主要靠统计分析数据来表达，在概括性、精确性上特征明显。尽管定量研究者强调研究过程的"价值无涉"和"价值中立"，但在假设的形成、对事实的选取以及对结果的解释和推论上，无法做到完全客观。②

（2）定性研究。定性研究（Qualitative Research），又称质的研究或质性研究，旨在深入地"理解"社会现象，比较注重参与者的观点，着眼于从整体上、在互动实践中理解、诠释和

① 风笑天. 社会学研究方法. 2 版. 北京：中国人民大学出版社，2005：6-13.
② 蒋逸民. 社会研究方法的新取向：结合方法及其意义. 天府新论，2009(1)：99-100.

深度挖掘被研究对象及其影响和意义。它偏重于文本分析或叙事表达，强调对被研究对象的理解、说明和诠释，遵循的是特殊主义的原则。定性研究并非理论在先，它是一个创立理论的过程，通过参与式观察、无结构访谈、个案研究等方法收集相关资料，侧重于对社会现象的深入挖掘和把握，从中概括出论题、论断或理论，本质上是一个从个别到一般的归纳过程。定性研究注重从研究者本人内在的观点去了解他们所看到的世界，强调研究者和研究对象在场，即倡导主体参与到研究之中。[①]

定性研究与定量研究各有长短，相互借鉴可以提高研究质量。"好的定量研究的基础必定是价值思考，用定量工具的目的也是论证价值思考不易厘清的问题和对答案不清楚的问题提出判断的佐证。……它们是互补的，左手右手各自有用，一起配合就更加强大。"[②]

我们可以用表1-1来简明扼要地说明定量研究与定性研究的差别。

表1-1　定量研究与定性研究的比较

项　目	定　量　研　究	定　性　研　究
哲学基础	实证主义	人文主义
研究范式	科学范式	自然范式
逻辑过程	演绎推理	归纳推理
理论模式	理论检验	理论建构
主要目标	确定相关关系与因果联系	深入理解社会现象
分析方法	统计分析	文字描述
主要方式	实验、调查	实地研究
资料收集技术	量表、问卷、结构观察等	参与观察、深度访问谈等
研究特征	客观	主观

（资料来源：风笑天，《社会学研究方法》（第二版），中国人民大学出版社2005年版，第13页。）

2. 研究方式

研究方式指的是研究所采取的具体形式或研究的具体类型。社会科学研究的具体方式通常划分为四种主要类型，即调查研究、实地研究、实验研究和文献研究，每一种方式均可独立地完成一项具体社会科学研究的全部过程。以实验研究、调查研究和文献研究为代表的定量研究方式，比较集中地体现了实证主义方法论的倾向；而以实地研究为代表的定性研究方式，则集中地体现了人文主义方法论的倾向。不同的研究方式分别被用于不同的研究目的。

（1）调查研究。调查研究指的是一种采用自填式问卷或结构式访谈的方法，系统地、直接地从一个取自某种社会群体的样本中收集资料，并通过对资料的统计分析来认识社会现象及其规律的社会研究方式。一定规模的随机抽样、统一的标准化测量和对调查对象的结构性询问，是调查研究最为关键的特征。调查研究所具有的定量特征和通过样本推断总体的特征，使其应用范围十分广泛。对以描述总体特征为主要目标的研究来说，调查研究很可能是最为理想的方式。

（2）实地研究。实地研究（Field Research）又称田野调查，来源于人类学，是一种深入

① 陆益龙. 定性研究方法. 北京：商务印书馆，2011：3.
② 蓝志勇. 也谈公共管理研究方法. 中国行政管理，2014(1)：60.

到研究对象的生活背景中，以参与观察和无结构访谈等方式收集资料，并通过对这些资料的定性分析来理解和解释现象的研究方法。实地研究与参与观察、民族志(Ethnography)及个案研究，是定性研究中几种相互联系、相互渗透，有时甚至被看成同一回事的研究方式。[①]获准进入现场，取得研究对象的信任和建立友善关系，是实地研究的关键。

（3）实验研究。实验研究是一种经过精心的设计，并在高度控制的条件下，通过操纵某些因素，来研究变量之间因果关系的方法。实验有三对基本要素，即实验组与控制组、前测与后测、自变量与因变量，它们构成了实验研究所具有的独特语言。实验研究包括实验室研究和实地研究两种类型。实验研究具有主动性、可控制性、可重复性、精确性和因果性等特点。[②]实验研究是社会研究中最接近自然科学研究的一种方式。

（4）文献研究。文献研究(Document Study)是一种通过收集和量化分析现存的，以文字、数字、符号、画面等信息形式出现的文献资料，来探讨和分析各种社会行为、社会关系及其他社会现象的研究方式。图书、档案、信件、报刊、会议文件、网络信息、官方统计资料以及历史文献，是常用的文献类型。内容分析、二次分析和现存统计资料分析，是最常用的文献研究方法。[③]

3. 具体方法和技术

具体方法和技术指的是研究过程中所使用的各种资料收集方法、资料分析方法，以及各种特定的操作程序和技术。与上述四种不同的研究方式相对应，研究者可以采用多种不同的资料收集和分析方法，例如自填问卷的方法、结构访谈与无结构访谈的方法、局外观察和参与观察的方法、测验方法、随机抽样的方法、问卷资料编码的方法、数据统计分析的方法，以及量表制作技术、变量测量技术、实验控制技术、计算机应用技术等。它们处于研究方法体系的最具体的层面，具有专门性、技术性和操作性的特点。

研究方法体系是一个有机的整体，方法论与研究方式之间、研究方式与具体方法和技术之间，都存在着十分紧密的内在联系。具有实证主义方法论的研究者，通常采用调查研究、实验研究，以及定量的文献研究的方式，以凸显研究的规范性、精确性和客观性，从建立研究假设、变量操作化、数据资料收集、定量分析方法的运用，直到研究结果的解释和假设的检验，都尽可能严格地按照自然科学研究的方式进行；而具有人文主义方法论的研究者，则更经常地采用实地研究的方式，以及定性的文献研究方式，以凸显研究过程的特殊性、深入性和主观性，他们在研究思路和策略上更多地依赖于研究者的主观体验和个人感悟，注重研究者个人的思想性、累积性、领悟性、认同感，更强调对现实生活的反思、批判与超越。[④]不同的研究方式所使用的具体方法和技术尽管有差异，但彼此间也相互借鉴，如问卷、访谈、观察、统计分析等方法和技术。

概括起来，社会科学研究的方法体系可用图 1-1 简要表示。

① 风笑天. 社会研究设计与写作. 北京：中国人民大学出版社，2014：96.

② 范柏乃，蓝志勇. 公共管理研究与定量分析方法. 2版，北京：科学出版社，2013：100.

③ 文献研究一个最重要的实例来自美国著名人类学家本尼迪克特对日本民族的研究。由于在二战期间，本尼迪克特无法亲赴日本进行实地考察，所以她只能通过文献来研究日本人，最后出版了《菊花与刀》这部名著。童辉杰. 心理学研究方法导论. 北京：中国人民大学出版社，2012：277.

④ 任剑涛. 试论政治学的规范研究与实证研究的关系. 政治学研究，2009(3)：80.

```
                            ┌─ 哲学基础
                            ├─ 逻辑
                    方法论 ──┼─ 范式
                            ├─ 价值
                            └─ 客观性

                            ┌─ 调查研究
  社会                      ├─ 实验研究
  科学 ──────────  研究方式 ─┼─ 文献研究
  研究                      └─ 实地研究
  方法
                            ┌─ 问卷法
                            ├─ 访谈法
                            ├─ 观察法
                            ├─ 量表法
                 具体方法技术─┼─ 抽样方法
                            ├─ 测量方法
                            ├─ 统计分析方法
                            ├─ 定性资料分析方法
                            └─ 计算机应用技术
```

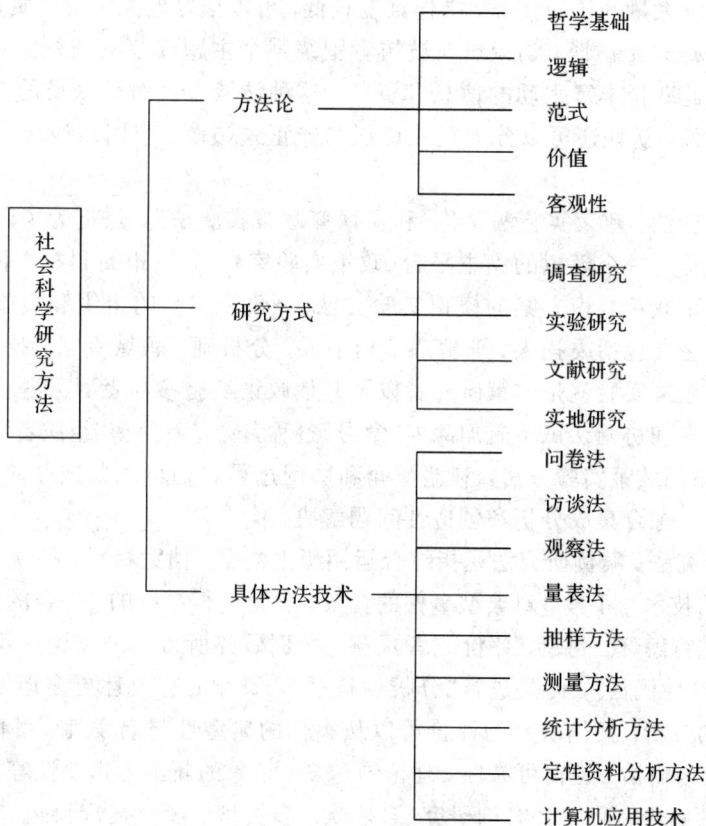

图 1-1　社会科学研究的方法体系

（资料来源：风笑天，《社会学研究方法》（第二版），中国人民大学出版社 2005 年版，第 9 页。）

公共管理学是一门交叉性的综合性学科，在沿袭公共行政学研究传统的同时，充分借鉴了经济学、管理学、社会学、心理学的研究方法和技术。这里介绍几种公共管理学的基本研究方法。

（1）问卷调查法。问卷调查法是社会调查中通过问卷这一工具来收集资料和展开研究的方法和技术。问卷的形式是一份预先设计好的问题表格，用来测量人们的行为、态度和特征。"问卷是调查研究的支柱。"问卷调查中所使用的问卷常常由封闭式问题组成，得到的是一种高度结构化的数据资料，特别适于用计算机进行定量处理和统计分析。问卷通常包含这样几个部分：封面信、指导语、问题、答案、编码等。问卷调查主要有三种形式：邮递问卷调查、面谈问卷调查和电话问卷调查。问卷设计是问卷调查过程中十分关键的一环，应正确表达研究者的意图，使被调查对象说真话，注意遣词造句和版面设计艺术。[①]

（2）访谈法。访谈法是指通过有目的的提问或谈话来收集资料、展开研究的方法和技术。访谈的根本目的在于从研究对象那里获得有效的信息和资料，是一种面对面的互动过程。在访谈中，需要注意策略和技巧，如营造信任氛围和访谈控制等。访谈一般可以分为结构性访谈和非结构性访谈两种基本类型。结构性访谈是依据事先设计的问卷和固定的程序

---

① 风笑天. 社会调查中的问卷设计. 3 版. 北京：中国人民大学出版社，2014：56-57.

进行的访谈，适宜大量的访谈任务，操作难度较低，可以很好地控制访谈质量。非结构性访谈又称深度访谈或自由访谈。访谈员与被访者围绕某个主题或范围进行比较自由的、深入细致的交流，以此获得丰富生动的信息和资料。这种访谈方式对访谈员的要求比较高，适宜个案研究。此外，访谈还可以分为正式访谈与非正式访谈、个别访谈与集体访谈等多种形式。

（3）政策实验法。政策实验法又称"利益博弈政策实验法"，是指为了研究某一政策问题，研究者通过构建一个模拟的民主平台（政策实验室），引导相关利益主体进行辩论、博弈和协商，以寻求政策共识方案的模拟实验方法。①政策实验的组织和实施直接或间接地涉及多种角色，主要包括委托人、研究者、局中人、分析师、领域专家、技术支持人员等。按照学习模型，政策实验就是政策研究者以及其他政策实验参与者对问题情景所涉及的利益格局、利益冲突和协调认识不断加深的"学习"过程，研究者扮演"组织者""观察者"和"评估者"的角色。采用政策实验方法，利益博弈和协调过程答题可以归纳并简化为三个阶段：利益表达和博弈、综合集成分析和创造性问题解决。

（4）案例研究法。案例研究法是指综合运用历史数据、档案材料、访谈、观察等多种收集数据和资料的技术与手段，对典型事件的背景、过程进行系统的、综合的描述和分析，从而在此基础上进行解释、判断、评价或者预测。案例研究所得出的结论并不依赖于抽样原理，不进行"统计性概括"，而是进行"分析性概括"，研究的有效性更多地依赖于在理论的指导下对资料的分析。案例研究的评价可以从案例的典型性与启发性、可信任性、可推广性、记录的准确与简洁、逻辑可靠性、理论饱和度、结果的新鲜与重要性等方面来进行。案例研究有单一案例研究和嵌套案例研究（多层次、多类型、多个案）两种基本类型。案例研究是"解剖麻雀"式的分析，面对具体、生动的个案，更为"原生态"，深入、全面的特点是其明显的长处，而其最困难的一个方面，是如何发掘案例研究所具有的概括意义。②此外，由于每个研究者的经历、经验、理论水平、直觉各不相同，可能会对同样的个案得出不同的结论和理论，这是案例研究争议最大的地方。③案例分析既是公共管理学的重要研究方法，也是一种重要的教学形式。

（5）内容分析法。内容分析（Content Analysis）是一种通过对文献资料进行编码和量化，获得有意义的结论的方法与技术。它通过分析文章、书籍、日记、信件、电影、电视、录音、录像、照片、歌曲、图画等，来了解人们的行为、态度和特征，进而了解和解释社会结构及文化变迁。"内容分析是一种对传播所显示出来的内容进行客观的、系统的、定量的描述的研究技术。""这种方法通过一系列的转换范式将非结构化文本中的自然信息转换为可以用来定量分析的结构化的信息形态。"④内容分析法产生的客观基础，是大众传媒的迅猛发展和信息爆炸。内容分析特别适合于比较研究和社会变迁研究，简单易行是其最大特点，往往研究者一个人就可以从头到尾独立完成研究。内容分析的步骤包括确定分析单元、抽样、编码、统计分析、推导结论等。"就像侦探福尔摩斯一样，内容分析的过程酷似侦破

① 李亚. 利益博弈政策实验方法：理论与应用. 北京：北京大学出版社，2011：46.
② 风笑天. 社会学研究方法. 2版. 北京：中国人民大学出版社，2005：249.
③ 童辉杰. 心理学研究方法导论. 北京：中国人民大学出版社，2012：100.
④ 李钢，蓝石，等. 公共政策内容分析方法：理论与应用. 重庆：重庆大学出版社，2007：1.

案件的过程。内容分析往往通过一些特殊的编码获取线索，然后经过推理得出令人惊讶的结论。"①采用《检察日报》报道的腐败案例来研究社会腐败现象、利用政府工作报告或领导人讲话来分析公共政策等都是内容分析法的具体应用。

伴随着公共管理问题的复杂化、多元化和综合化，以及现代科学研究方法的日臻进步，近些年来公共管理研究出现了多学科化、综合化、数学化、实验化和跨文化的发展趋势，离散选择模型、多元方差分析、面板数据分析、社会网络分析、人工神经网络、遗传算法、结构方程模型、系统动力学、多层线性结构模型等众多的现代科学研究方法在公共管理研究中得到了广泛应用，提高了公共管理研究的科学化和精细化水平，有力地推动了公共管理学科的迅速发展。②中国公共管理学面临"超越定性定量之争"，获得理论增长与范式创新的重要机遇。③

第三节　变革时代的中国公共管理学

工业化、城市化、市场化等现代性因素成长所引发的"大转型"，是人类历史上罕见的社会生活秩序的整体性变迁，它不仅从根本上改变了经济生活、社会生活和政治生活的逻辑，而且重塑了现代国家政治、经济、社会的关系，并最终演化出了法治政府、市场经济、公民社会三元鼎立的现代国家治理结构。政府角色及其管理方式的现代转型，是现代化进程的重要组成部分，也是现代国家治理体系建构的核心问题。"我们不需要什么大政府或者小政府，我们需要一个更好的政府。说得更加精确一点，我们需要更好的政府治理。"④

党的十八届三中全会将完善和发展中国特色社会主义制度，推进国家治理体系和治理能力现代化，确立为全面深化改革的总目标。党的十九大报告指出，中国特色社会主义进入了新时代，我国社会主要矛盾已经转化为人民日益增长的美好生活需要和不平衡不充分的发展之间的矛盾。这样的论断是基于对中国建设、改革和发展经验的客观分析，也体现了对中国与世界关系发生历史性变化的敏锐判断。在新的历史条件下，当代中国的治国理政是一个涵盖"政治建设、经济建设、文化建设、社会建设、生态文明建设"五位一体与"全面建成小康社会、全面深化改革、全面依法治国、全面从严治党"四个全面战略布局在内的充满高度复杂性的国家治理系统。

在现有学科体系中，公共管理学科最有优势回应新时代国家治理的要求，它也负有义不容辞的责任，这是因为，公共管理学"是一门治国理政之学"⑤，"在一个国家或地区中，公共管理是关系到国计民生的范围最广、最具权威性的管理，是社会进步和经济发展的推进器。"⑥数千年博大精深的治国理政经验，为中国公共管理学的建构与发展提供了丰富的素材和深厚的实践基础。

① 童辉杰. 心理学研究方法导论. 北京：中国人民大学出版社，2012：289.

② 范柏乃，蓝志勇. 高级公共管理研究方法. 北京：科学出版社，2014：1-19.

③ 唐世平. 超越定性与定量之争. 公共行政评论，2015(4)：49-62.

④ ［美］戴维·奥斯本，特德·盖布勒. 改革政府：企业精神如何改革着公营部门. 周敦仁，译. 上海：上海译文出版社，1996：25.

⑤ 武勇. 星火燎原恍如昨　探索向前亲其事：记中山大学教授夏书章. 中国社会科学报，2016(2)：15.

⑥ 徐蔚，夏书章：老骥未伏枥. 光明日报，2016(10)：27.

"中国公共管理学必须以转型发展的国家治理重大命题为根本关切。中国国家治理的变迁需要富有生命力的创造性理论对其进行阐释与指引，为人类命运共同体中的全球治理提供具有重要借鉴意义的中国经验与中国智慧。这样的时代需要来自中国公共管理学的理论贡献，可以说，以体现大国学术抱负的方式参与全球治理的范式革新是每一位中国公共管理学者的时代责任与学术使命。"[①]公共管理学科能否承担起新时代赋予的历史使命？这在很大程度上取决于公共管理学科自身的发展水平和能力，更取决于它能否进行适应性变革和创新。

一、中国公共管理的变革与创新

科学的宏观调控，有效的政府治理，是发挥社会主义市场经济体制优势的内在要求。切实转变政府职能，深化行政体制改革，创新行政管理方式，增强政府公信力和执行力，建设法治政府和服务型政府，是公共管理变革的重要内容。"推进政府职能转变，是我国全面深化改革、推进政府治理现代化的核心关键环节，也是我国政府管理体制改革的重点难点命题。"[②]改革开放以来，中国的公共管理变革抓住政府职能转变这个关键，以简政放权为突破口，加快转变政府职能，着力推进简政放权、放管结合、优化服务改革，使市场在资源配置中起决定性作用和更好发挥政府作用，切实推动政府职能向创造良好发展环境、提供优质公共服务、维护社会公平正义转变。

第一，转变政府职能。转变政府职能是深化行政体制改革的核心，实质上要解决的是政府应该做什么、不应该做什么，重点是政府、市场、社会的关系，即哪些事该由市场、社会、政府各自分担，哪些事应该由三者共同承担。改革开放以来，我国加强中央政府宏观调控职责和能力，加强地方政府公共服务、市场监管、社会管理、环境保护等职责推进简政放权。取消和下放行政审批事项，实现"政府的自我革命"。实施商事制度改革，工商登记由"先证后照"改为"先照后证"，全面实施"三证合一、一照一码"。建立完善政府权力清单制度，推进机构、职能、权限、程序、责任法定化，做到"法无授权不可为"，同时制定市场准入负面清单制度，负面清单以外的，各类市场主体皆可依法平等进入，做到"法无禁止皆可为"，释放市场活力和社会创造力。加强事中事后监管，建立了"双随机、一公开"的市场监管体制，有效减少了执法者的自由裁量权和寻租机会，促进了执法公正。逐渐健全了以国家发展战略和规划为导向、以财政政策和货币政策为主要手段的宏观调控体系，加强了财政政策、货币政策与产业、价格等政策手段协调配合，增强了宏观调控的前瞻性、针对性、协同性。在全面减少政府对于微观经济活动和社会生活的过度干预的同时，把政府工作重点转到创造良好发展环境、提供优质公共服务、维护社会公平正义上来。通过政府职能全面转变，构建新型的政府与市场、政府与社会关系，由此释放和激发市场和社会蕴含的巨大活力，为经济和社会的可持续发展注入积极动力。

第二，优化政府组织结构。根据经济社会发展变化和全面履行政府职能需要，统筹考虑各类机构设置，科学配置党政部门及内设机构权力，明确职责，不断理顺行政组织纵向、

---

① 朱正威，吴佳. 面向治国理政的知识生产：中国公共管理学的本土叙事及其未来. 中国行政管理，2017
  (9)：14.
② 王浦劬. 论转变政府职能的若干理论问题. 国家行政学院学报，2015(1)：31.

横向以及部门之间的关系。加强宏观调控部门，减少专业经济部门，适当调整社会服务部门，加强执法监督部门，培养和发展社会中介组织。积极推进大部制改革，探索推进省直接管理县(市)体制改革，健全部门间协调配合机制，建立了以宏观调控部门、市场监管部门、社会管理和公共服务部门为主体的政府机构框架，逐步完善决策权、执行权、监督权既相互制约又相互协调的行政运行机制。机构设置和职责体系趋于合理，完善行政权力结构，规范行政权力运行机制，推动形成了权责统一、分工合理、决策科学、执行顺畅、监督有力的行政管理体制。

第三，建设服务型政府。增强政府公信力和执行力，建设人民满意的服务型政府。全面推进政务公开，坚持"公开为常态、不公开为例外"，推进决策、执行、管理、服务、结果公开和重点领域信息公开，让权力在阳光下运行。推广政府和社会资本合作(PPP)模式，构建多元化、社会化的公共服务供给体系。推广政府购买服务，凡属事务性管理服务，原则上都要引入竞争机制，通过合同、委托等方式向社会购买，构建政府权威、市场契约性交换和社会组织自治的有机复合机制，使公共财政资源得到合理配置。加强电子政务建设，着力推进"互联网＋政务服务"，利用电子政务平台实施管理和服务，逐步实现了各类服务事项预约、申报、办理、查询等全流程网上运行，增强了对公众诉求的回应性，提高了行政效率。制定大众创业、万众创新的"双创"政策，推动就业增长，促进新经济的发展。

第四，建设民主法治政府。推进全面依法治国，党的领导、人民当家作主、依法治国有机统一的制度建设全面加强。科学立法、严格执法、公正司法、全民守法深入推进，法治国家、法治政府、法治社会建设相互促进。健全民主制度、丰富民主形式、拓宽民主渠道，从各层次各领域扩大公民有序政治参与。推进协商民主广泛、多层次、制度化发展，以经济社会发展重大问题和涉及群众切身利益的实际问题为内容，在全社会开展广泛协商，坚持协商于决策之前和决策实施之中。建设廉洁政府，加强反腐败体制机制创新和制度保障，坚持用制度管权管事管人，将权力关进制度笼子里，扎紧制度笼子，反腐败斗争压倒性态势已经形成并巩固发展。国家监察体制改革试点取得实效，行政体制改革、司法体制改革、权力运行制约和监督体系建设有效实施。

第五，创新社会管理体制。打造共建共治共享的社会治理格局。加强社会治理制度建设，完善党委领导、政府负责、社会协同、公众参与、法治保障的社会治理体制，提高社会治理社会化、法治化、智能化、专业化水平。加强预防和化解社会矛盾机制建设，建立畅通有序的诉求表达、心理干预、矛盾调处、权益保障机制。实施政社分开，推进社会组织明确权责、依法自治、发挥作用。适合由社会组织提供的公共服务和解决的事项，交由社会组织承担。支持和发展志愿服务组织。实现行业协会商会与行政机关真正脱钩，重点培育和优先发展行业协会商会类、科技类、公益慈善类、城乡社区服务类社会组织。鼓励民众广泛参与公共事务和促进社会自治的努力，积累社会资本，促进社会合作。多元治理行为主体之间逐步形成了密切的、平等的网络关系，原先由国家和政府承担的责任，正在越来越多地由各种社会组织、私人部门和公民志愿团体来承担，政府治理和社会调节、居民自治良性互动不断增强。

二、中国公共管理学的发展状况

中国的公共管理学科经过 20 世纪 80 年代以来与行政改革和管理制度建设同步发展的

过程，从无到有，经历了重建、引进和大发展的阶段。在 200 多所高校建立了公共管理系、研究所或学院，在全国 500 多所高等学校中建立了公共管理类的本科。如何将中国的公共管理学科建设与中国的公共管理实践相结合，互相促进、相得益彰，是中国公共管理学人面临的重要挑战。[1]

1982 年 1 月 29 日，夏书章教授在《人民日报》发表了《把行政学的研究提上日程是时候了》一文。这篇文章对中国公共行政学的恢复和重建起到了极其重要的推动作用。自此文发表后，无论用什么名称称呼（如行政管理、公共管理），公共行政学实际上都在中国迅速地恢复和建立起来。[2]

1986 年在政治学一级学科之下设立行政学二级学科。同年，中国人民大学设立了国内首家行政学专门研究机构，按照行政学或行政管理学的模式建立学科，培养学生，从事研究。1986 年中国行政管理学会的成立是学科成长的重要标志。

1997 年研究生专业目录调整，在管理学门类之下增加了公共管理学一级学科，这一级学科之下分设了行政管理、社会医学与卫生事业管理、教育经济与管理、社会保障、土地资源管理等 5 个二级学科，将行政管理学从政治学的二级学科调整为公共管理学科的二级学科，这不仅实现了行政管理学从政治学中分化出来，也确认了公共管理学科的身份独立性。

1998 年本科生专业学位目录调整，设置了行政管理、劳动与社会保障、土地管理、公共事业管理等 4 个专业，与研究生专业目录相比，新增加了公共事业管理专业。1998 年，中国人民大学、中山大学、复旦大学三校率先获得行政学博士授予权，这意味着行政学本科、硕士和博士的学科体系开始完善。目前，所有"985"大学都有公共管理（包括行政管理）博士授予权。此外，有些非"985"高校也获得了这一授权。博士教育的开展从两方面推动了中国公共管理学的发展：一是完善了中国公共管理学的教育体系，二是极大地推动了中国公共管理学研究的繁荣。

2001 年国家开始创设公共管理专业硕士学位（MPA）。MPA 教育的开展首先标志着中国公共管理学的教育体系进一步完善。此外，MPA 教育的推广也极大地提升了公共管理学对政府的影响，提高了公共管理学的社会声誉。

进入 21 世纪后，随着科研越来越受重视，同时国内资深的公共管理学学者在科研上也变得越来越成熟，加之一大批年轻学者加入研究队伍，中国公共管理学研究开始呈现出一个全新的格局，主要表现在：研究数量上的增长非常明显；本土研究开始越来越受重视；开始产生跨学科影响；研究成果开始发表在国际学术期刊上。中国公共管理学取得了巨大的发展，中国公共管理学已经发展成为一门学科。

当然，学科的发展需要不断的自我反思与批评。无论在教育还是在科研上，中国公共管理学仍然存在一些问题，面临许多挑战。例如，公共管理学科完整的学术体系、话语体系没有建立起来，学科体系内部各学科之间的内在逻辑联系还不够清晰，研究方法不够科学，仍有许多领域有待开拓，理论化层次有待提升。由于在经验研究和规范研究方面的不足，对公共管理实践尤其是政府改革的指导能力仍然有待提高。

司林波、李雪婷、孟卫东（2017）以《中国行政管理》《公共管理学报》《公共行政评论》《国

[1] 蓝志勇. 谈中国公共管理学科话语体系的构建. 国家行政学院学报，2014(5)：33.
[2] 马骏. 中国公共行政学研究：反思与展望. 公共行政评论，2012(2)：15.

家行政学院学报》等八种公共管理期刊 2006—2015 年被 CSSCI 数据库收录的 8813 篇文章（剔除了专栏导语、传记资料、研讨会综述及其他非学术类文章）的关键词为数据来源，采用文献计量可视化软件进行关键词网络共现分析，探索近十年间国内公共管理研究的热点领域和前沿主题，发现当前公共管理研究中还存在如下问题：研究主题变迁速度过快，研究成果系统性不强；核心作者的学科来源分散，公共管理研究的学科边界不够清晰；研究方法主要以定性分析为主，运用定量方法的实证研究成果偏少。通过梳理分析，他们指出公共管理领域内已经形成了一些较为稳定的研究领域和研究主题，如"政府职能""政府改革与创新"等，未来的研究应该致力于重点主题的深化研究，对各个主题间内在脉络的梳理，形成具有质性特征的公共管理学科研究范畴；通过研究方法的综合与创新，形成严密的公共管理学科研究范式和学科边界。①

三、中国公共管理学发展前瞻

随着全球化、信息化与风险社会的到来，公共部门改革尤其是政府治理变革的浪潮席卷全球，公共管理的理论范式和实践模式都发生了变化，学科发展呈现出种种新的研究途径和知识形态；与此同时，我国的社会主义现代化建设尤其是国家治理转型急需公共管理的创新研究，因此必须顺应当代社会科学及管理科学的发展趋势和我国经济社会发展的现实需求，推动我国公共管理学科的进一步发展。处于国家治理转型时代的中国公共管理学科有大量的理论和实践问题需要研究与解决，应立足于我国及当代世界的公共管理实践，着力进行理论建构和学术创新，形成中国学派与中国风格，促进公共管理知识的增长和积累。中国公共管理学科发展的理论构建需要世界眼光，既要突出本土化及其传统，采取中国立场，解决中国问题，发出中国声音；又要有全球视野，面向世界，开放包容，兼收并蓄，消化吸收其中的科学成分以及合理因素，进而形成有中国特色的公共管理学。②

1947 年，罗伯特·A·达尔在《公共行政学评论》上发表了题为《公共行政科学：三个问题》的论文，论文的最后形成这样的结论："没有任何一种公共行政科学是可能的，除非，① 规范性价值的地位被清楚地确立了；② 公共行政领域中的人性得到了更好的理解，且人的行为更具可预测性；③ 有一批比较研究，从这些研究中，我们可能发现超越国界和特定历史经验的原则和通则。"③林尚立（2006）认为，从达尔的这个结论出发，中国公共管理学应充分考虑三个发展方向，即确立公共管理学特有的问题意识、确立中国公共管理的规范性价值体系以及形成理论与实践能够相互转化的研究能力。为此，中国的公共管理学不能停留在简单的理论阐发上，应该关注中国公共管理现实中的理论问题、实践问题和技术问题，从而把学科发展中的理论研究与公共管理实践中的理论研究结合起来，有了这样的研究能力，中国公共管理学就能获得蓬勃的发展。④

① 司林波，李雪婷，孟卫东.近十年中国公共管理研究的热点领域和前沿主题：基于八种公共管理研究期刊 2006—2015 年刊载文献的可视化分析.上海行政学院学报，2017，18(3)：109.
② 陈振明，等.公共管理学原理.修订版.北京：中国人民大学出版社，2017：25-26.
③ ［美］罗伯特·达尔.公共行政科学：三个问题.公共行政学百年争论.颜昌武，马骏，编译.北京：中国人民大学出版社，2010：47.
④ 林尚立.公共管理学：定位与使命.公共管理学报，2006(2)：5-6.

作为一门应用型学科，中国公共管理学在研究问题、方法体系、理论价值等层面存在身份归属的模糊性，面临着缺少关注真实中国问题的学术旨趣、管理主义与工具理性的挤压、理论研究碎片化等知识增长瓶颈。朱正威、吴佳(2017)认为，跨越中国公共管理学的身份认同困境，不能沉浸于从抽象角度讨论不同学科类型的知识传统，而应直面国家治理的真实情境，依托本土化的治国理政实践建构新型知识形态。同时，中国公共管理学的本土叙事要以"全球化与地方性、传统资源与现代情境、基础学科与多元视角、规范思辨与实证研究"四个维度的辩证叙事为方法论基础，真正构建起以问题为导向的包容性知识范式。①

本 章 小 结

公共管理，是指以政府为主导的公共组织，为维护和实现公共利益，对公共事务进行有效管理、为社会提供公共物品和公共服务的活动。公共管理活动具有如下特质：主体的多元化、对象的广泛性、价值取向的平衡性以及技术手段和方法的综合性。公共管理与工商企业管理、公共行政既有相通性，也存在一定的差异性。公共管理学是一门综合运用包括管理学、经济学、政治学在内的多学科的理论和方法，研究公共管理活动及其规律性的学科。可以说，公共管理学的目标是促使公共组织尤其是政府组织更有效地管理社会公共事务、更好地提供公共服务和提高公共管理绩效。明晰学科边界，引入多样化的研究方法，形成规范的研究范式，加强理论建构，拓展或深化相关主题领域研究，促进知识增长，是目前公共管理学科发展的关键问题。

复 习 思 考

1. 公共管理与工商企业管理的区别与联系。
2. 西方发达国家公共管理变革的主要特点。
3. 新时代中国公共管理的变革与创新。

★阅读材料

[1] [美]戴维·奥斯本，特德·盖布勒. 改革政府：企业精神如何改革着公营部门. 周敦仁，译. 上海：上海译文出版社，2013.

[2] [澳]欧文·E. 休斯. 公共管理导论. 3版. 张成福，王学栋，等，译. 北京：中国人民大学出版社，2007.

[3] 颜昌武，马骏. 公共行政学百年争论. 北京：中国人民大学出版社. 2010.

[4] 薛澜，梁正，杨列勋. 管理学科发展战略：暨公共管理"十三五"优先资助领域研究. 北京：科学出版社，2017.

---

① 朱正威，吴佳. 面向治国理政的知识生产：中国公共管理学的本土叙事及其未来. 中国行政管理，2017(9)：14.

★主要参考文献

[1] 陈振明，等. 公共管理学原理. 修订版. 北京：中国人民大学出版社，2017.

[2] 倪星，付景涛. 公共管理学. 2版. 大连：东北财经大学出版社，2014.

[3] 胡税根. 公共管理学. 北京：中国社会科学出版社，2014.

[4] 王乐夫，蔡立辉. 公共管理学. 精编本. 北京：中国人民大学出版社，2012.

[5] 高梁. 管理学基础. 北京：中国人民大学出版社，2014.

[6] 风笑天. 社会学研究方法. 2版. 北京：中国人民大学出版社，2005.

[7] 范柏乃，蓝志勇. 高级公共管理研究方法. 北京：科学出版社，2014.

[8] 范柏乃，蓝志勇. 公共管理研究与定量分析方法. 2版. 北京：科学出版社，2013.

[9] 童辉杰. 心理学研究方法导论. 北京：中国人民大学出版社，2012.

[10] 刘军. 管理研究方法：原理与应用. 北京：中国人民大学出版社，2008.

第二章 公共管理理论的溯源与发展

【学习目标】

了解公共管理理论的溯源与发展过程及其理论流派演变；理解公共行政学与政治学、公共行政与公共管理以及公共部门管理与私人部门管理间的区别；掌握政治-行政二分法、公共选择理论、新公共管理理论、新公共服务理论和公共治理理论的主要内容，并学习将理论应用于公共管理实践的分析应用能力。

【引导案例】

共享单车管理中的政府角色

便利市民出行的共享单车自 2016 年底推出以来，迅速风靡中国多个城市。根据交通运输部的数据显示，截止 2017 年 7 月份，全国共有互联网租赁自行车运营企业将近 70 家，共享单车累计投放数量超过 1600 万辆。其中，广州市内的共享单车数量超过 80 万，上海市共享单车数量超过 100 万，深圳市共享单车数量也达到 89 万。①共享单车在满足人们最后一公里出行需求的同时，单车过度供给、乱停乱放、存在安全隐患等问题也逐渐成为城市公共管理的难题。

2017 年 9 月 7 日，北京市交通委宣布暂停在北京市新增投放共享单车。至此，包括上海、深圳、广州、北京 4 个一线城市在内，全国共有 12 个城市先后宣布暂停共享单车的新增投放，以加强共享单车总量调控和秩序管理。②在对共享单车的总量进行调控的同时，针对已经投放的大量共享单车，如何在方便市民出行的同时对共享单车进行有效管理呢？另据新华网消息，深圳市计划在部分区域试点共享单车智能锁车桩，用户在智能锁车桩停放共享单车时，它能读取单车信息并自动上锁。

案例思考题：

1. 如何看待共享单车及共享单车运营企业在解决市民最后一公里出行方面扮演的角色？

2. 由有桩的公共自行车，到无桩的互联网租赁单车，再到智能锁车桩，政府在解决市民最后一公里出行问题上应扮演怎样的角色？

3. 运用公共管理理论讨论政府如何才能做好共享单车管理？

第一节 从公共行政学到公共管理学的范式转变

1887 年，威尔逊在《政治学》季刊发表《行政学研究》一文，标志着公共行政研究成为一

---

① 卢晓. 共享单车开始洗牌，"每辆成本六七百"压垮二线梯队. 华夏时报，2017 - 9 - 18(017).
② 荆文娜. 共享单车骑到了"十字路口". 中国经济导报，2017 - 09(B02).

门独立的学科。经过一百多年的发展与演进，公共行政学从 19 世纪末的理论初创阶段发展到 20 世纪二三十年代行政原则、行政方法系统形成的正统时期，再经历 40 到 60 年代的批评与转化时期演进到新公共行政学阶段，最终在 20 世纪 70 年代以后，经济学、管理学、民主行政等研究视角的引入，使得新公共行政学进入到（新）公共管理学时期。①

　　由于公共管理学的相关理论更多的是由公共行政的相关理论发展而来，因此要理清公共管理学的理论渊源，必须先梳理公共行政的发展脉络。从传统公共行政学到新公共行政学，再到（新）公共管理学，公共行政学理论发展阶段的转变与演进伴随着特定理论研究范式的转换。②在公共行政学一百多年的发展历程中，不同的理论范式存在较大的差异性，但同时它们也具有一定的共性，即通过调适行政与政治、私人与公共及国家与全球之间的边界不断对公共行政学的学科边界进行反思和调整，对研究方法进行丰富和创新，继而对现实政治社会需求进行有效回应，这也构成了公共行政学理论发展的三条主线。

一、政治与行政

　　行政学从政治学中分离出来的标志是"政治-行政二分法"的提出，从此行政学开始走上探寻行政原则和行政方法，明确公共行政学研究对象和研究范围的学科发展道路。传统公共行政学一开始就从政策制定与政策执行的职能分离来研究行政活动，从官僚制度理性决策模型出发，政治家负责制定公共机构的任务，行政者则承担贯彻执行政策的角色。虽然有学者认为政治-行政二分法并没有对现实提供完整的描述，对政治与行政是否能分离表示质疑，但在政府职能日益复杂的社会条件下，政治-行政二分法使人们能够撇开政治因素把握公共行政的本质与价值，因此二分法成为传统公共行政学研究的原则。

　　政治-行政二分法指导下的传统公共行政学秉持"政治中立""科学理性"的行政原则，致力于行政效率、效能的提升。传统公共行政理论形成的同时，在美国"新政"和二战时期，也有学者批评公共行政学脱离政治的倾向，把公共行政定义为一种"政治过程"，强调行政学理论应从经验观察角度建立。20 世纪 60 年代频现的社会运动促使新公共行政学研究者将研究重点放在如何将价值观注入行政过程以及有效地执行政策，主张公共行政应追求"社会公平"，即包含公共利益、个人价值和平等自由等价值目标。20 世纪 80 年代以来西方民主政治、公民社会的发展，更是将"代表性""回应性"及"参与性"等政治价值注入公共行政的研究，进一步模糊了政治与行政的边界。为适应决策与执行日趋复杂且关联紧密的当代政策环境，公共部门不断进行组织变革，决策机构为参与到行政事务中，设立各种专业化的委员会，执行机构则在分权、放权以增强政策"回应性"的政治情势下获得更多自主决策权，政治与行政的关系更趋复杂。

二、公共与私人

　　公共领域与私人领域的划分是公共行政研究的基本问题，何谓"公共"与"私人"，何谓"公共部门"与"私人部门"，关系到如何选择属于公共、私人领域抑或公私混合的产品或服

---

① 谭功荣. 西方公共行政学思想与流派. 北京：北京大学出版社，2008：9 - 14.
② 陈振明. 从公共行政学、新公共行政学到公共管理学：西方政府管理研究领域的"范式"变化. 政治学研究，1999(1)：82 - 91.

务，以及如何有效执行等行政问题的研究。一般意义上，公共部门充斥着政治、政府及官僚机构，各种各样的公司等市场机构则占据着私人部门。在公共部门中，组织、精英和个人往往以公共利益作为标准来解决各种问题，追求个人利益或公司利益最大化则是私人部门的行事原则。但在现实中，兼具"公共"与"私人"属性的组织形态并不少见，并且随着现代公共组织的发展，处于公共与私人之间的组织数量与类型与日俱增。① 多种形式、规模与架构的组织层出不穷，使得公共组织与公共部门成为一个国家、市场与公民社会并存的混合体。同时，不同政治文化中公共领域与私人领域的边界划分有很大差异，处理公共事务和看待公共利益的行政原则也会大相径庭，这都使得公共与私人的边界划分更趋复杂。

传统公共行政学研究根基于科层制的权威体系和专业化分工，追求行政效率和效能的最大化。20 世纪 70 年代的"政府失败"，促使公共行政学者积极借鉴新自由主义导向的经济学、管理学理论，采用公共选择理论去研究政治过程和公共部门管理，运用私人部门管理方法和企业家精神来重塑政府和改革公共部门。

在新公共管理运动影响下，20 世纪 80 年代以来，欧美多个国家的公共部门、公共领域与私人部门、私人领域之间的边界发生了较大变动，不但公共组织不断民营化，而且在公共领域也更多采用合同外包、凭单制及产权交易等私人部门管理的形式和方法。

三、国家与全球

民族国家是传统公共行政学研究的逻辑起点。随着东欧解体、冷战结束，以新自由主义为内核的"华盛顿共识"在全球范围广泛传播，全球化浪潮对传统的民族国家体系产生巨大冲击。全球化造成民族国家间贸易、金融依存度加大的同时，也带来了国家间环境、政治与社会相互作用、相互依赖程度的急剧加大。以往一般局限于特定民族国家主权范围的环境问题、政治问题和社会问题，如今已经超越单个或多个国家疆域，逐渐演变为全球性的公共问题，但是无论是传统公共行政研究还是公共管理研究，面对这些全球公共问题往往收效甚微甚至束手无策。

超越民族国家范畴的全球公共问题的解决需要多元治理主体的集体参与和行动，政府间或非政府的国际组织在全球治理体系中扮演越来越重要的角色。全球化带来的全球公共问题，以及解决公共问题而建构的全球治理体系，带来的是公共管理的"全球化"，各国公共机构和政治家都必须参与到这种专业性、竞争性的全球化决策中去。② 全球治理带来的全球化决策，使得国内与全球的公共管理边界渐趋模糊，单个国家内部的环境、反恐及难民政策的执行效果不但影响全球公共问题的解决，而且全球公共管理无论在决策或执行上对特定民族国家内部相关公共管理问题的解决都起着关键性作用。国家与全球在公共管理领域更多呈现互动过程，国内公共管理人员必须具有全球思维意识，国内公共组织必须对全球公共事务做出迅速反应，同时全球治理带来的全球化决策原则也必然不断形成新的公共管理准则，这些准则进一步灌输到各个国家内部的行政体系中去，构成国家内部的公共管理原则。

总之，政治与行政、公共与私人、国家与全球之间的边界调适是对特定时期政治、社会

---

① 谭功荣. 边界移位与价值重构：关于西方公共部门改革的思考. 天津行政学院学报，2004，6(3)：78-80.
② 谭功荣. 边界移位与价值重构：关于西方公共部门改革的思考. 天津行政学院学报，2004，6(3)：78-80.

发展需求的回应，公共管理学者通过对学科边界的反思和研究方法的丰富，不断创新和发展出新的公共管理学理论，不但将传统公共行政学相继发展到新公共管理学阶段，[①] 而且始终立足于特定时期的政治、社会现实，锤炼出经世致用的公共管理学理论。

第二节　公共行政理论的初创

公共行政学之所以能够独立成为一门学科，在很大程度上归功于伍德罗·威尔逊（Woodrow Wilson）和弗兰克·古德诺（Frank J. Goodnow），而弗雷德里克·泰勒（Frederick Taylor）的科学管理理论和马克思·韦伯（Max Weber）的官僚制理论也在公共行政理论的初创中起到了重要作用。

一、威尔逊、古德诺的政治-行政二分法

1887 年，威尔逊在《政治学》季刊上发表《行政学研究》一文，标志着公共行政作为一门独立的学科产生了。威尔逊在文章中阐述了政治-行政二分法的理论，在他提出这一理论之前，作为公共行政学研究对象的行政概念一直包含在政治概念之中。而威尔逊提出政治与行政存在着本质的区别，他认为"行政置身于政治领域特定的范围之外。行政问题并非政治问题，虽然政治确定了行政的任务，但它无须自找麻烦地去操纵行政机构"。[②] 威尔逊不仅指出行政与政治存在区别，而且清楚地指出了行政研究的特性和行政学研究的目标："行政事务是一种事务化领域（A Field of Business），它与政治领域的混乱和冲突相去甚远。行政学研究的目的就在于把行政执行方法从经验性实验的混乱和浪费中拯救出来，并使之深深植根于稳定的原则之上。"[③] 因此，威尔逊提出行政学研究的目标：首先，政府能够适当地和成功地做些什么。其次，政府如何以尽可能最大的效率和最少的资金或资源等成本来完成之。[④] 政治-行政二分法理论在威尔逊的《政治学研究》这篇文章中已见雏形："政治是具有重大和普遍意义的国家活动，而在另一方面，行政则是个别和细微方面的国家活动。因此，政治是政治家的特定活动范围，而行政则是技术官员的特定活动范围。"[⑤]

威尔逊之所以在 19 世纪末期提出政治-行政二分法，一方面是政府职能扩大化和复杂化的客观要求，另一方面也与美国的政党分肥制和文官制度改革关系密切。古德诺在威尔逊政治-行政二分法的论述基础上，扬弃传统"立法、司法、行政三分法"原则，对政治与行政二分法理论进行了系统论述，他将"政治"界定为"国家意志的表达"，而将"行政"概括为"国家意志的执行"。[⑥] 古德诺还主张对当时美国的三权分立体制和联邦制进行改革，使权力进一步集中于以联邦总统为代表的行政权力。

虽然威尔逊和古德诺提出政治-行政二分法，但他们所强调的只是政治与行政之间的

① 孙国民. 转型研究的三个层面：兼论政府再造. 中国经济问题，2013(5)：10-20.
② Woodrow Wilson. The Study of Administration. Political Science Quarterly 2(2)：202.
③ Woodrow Wilson. The Study of Administration. Political Science Quarterly 2(2)：209.
④ Woodrow Wilson. The Study of Administration. Political Science Quarterly 2(2)：197.
⑤ Woodrow Wilson. The Study of Administration. Political Science Quarterly 2(2)：210.
⑥ Frank J Goodnow. Politics and Administration：A Study on Government，New York：Russell and Russell：1900，p.

区别，并没有主张将两者完全割裂开来，"二分法"的实质在于对政治与行政之间的关系做合适性解释。威尔逊反对政治与行政两种权力的分开行使，认为必须看到它们之间的相关性，在对两者进行区分的基础上，"把行政学研究作为将政治付诸实践的一种手段，作为从行政意义上促进民主政治的一种手段"。①古德诺也明确强调政治与行政的动态关系，主张政治与行政功能之间必须相互协调，政治要保持对行政的适当控制，行政应该坚持适度集权原则，而政党制度则是促进政治与行政之间协调一致的法外调节机制。政治-行政二分法的提出，虽然也引起了片面强调政治与行政分离的机械论思想，但却使行政学研究成为一门专业的知识领域，开启了公共行政理论的初创之路。

二、泰勒的科学管理理论

泰勒被誉为"科学管理之父"，他的科学管理思想为行政管理提供了一系列提高行政效率的方法与技术，对丰富和形成传统公共行政学理论大有裨益。作为科学管理理论的创始人和现代管理科学的奠基人，泰勒提出科学管理的中心问题就是提高劳动生产率，为了提高劳动生产率，必须为工作挑选"第一流的工人"，对工人实行激励性的工资报酬制度的同时也要使工人掌握标准化的操作方法。泰勒还提出在工厂实行工长制，在组织机构的管理控制上实行例外原则，并将计划职能与执行职能分开，变原来的经验工作法为科学工作法，不仅管理方法要依据科学化原则，而且管理方法的获取也必须建立在调查研究的科学基础之上。②

虽然泰勒创立的科学管理理论是针对工厂管理和企业管理而提出的，但政治与行政职能分离强调行政管理的非政治化，使得公共行政领域运用科学管理的原理与方法成为可能。在泰勒的科学管理理论提出不久，美国政府就将其科学原理与方法广泛应用于政府的行政管理领域，使得科学管理理论成为公共行政学的基础理论内容。时任美国全国办公室管理协会会长的威廉·莱芬韦尔，率先将科学管理思想应用于办公室管理，提出了办公室管理八原则(布局、照明、通风、设备高度、打字员动作等)，大幅度提高行政办公的效率。泰勒的早期合作者莫尔斯·库克，在其担任费城市公共工作局局长期间，也成功地把科学管理运用于市政管理，在申诉处理、财务计划、装备更新、人事选择、存货记录、工程承包、公共关系等方面实行作业标准化。这些革新使费城垃圾清扫成本四年中减少 100 万美元，公用事业收费降低 125 万美元。另外，美国政府官员兼行政学家伦纳德·怀特，也曾积极倡导政府公共行政改革，将科学管理思想应用于政府的行政管理，促进政府工作的改进和行政工作效率的提高。

三、韦伯的官僚制理论

官僚制理论的奠基人马克思·韦伯是德国著名的社会学家和政治经济学家；被誉为"组织理论之父"。他提出的官僚制理性模型从组织结构的视角为传统公共行政学理论的创立提供了基本的理论框架。韦伯根据权威来源的不同将组织形态划分为神秘型组织、传统型组织和法理型组织三类。他认为神秘型组织的权威来源于宗教等个人超凡魅力，传统型

---

① Wood Wilson. The Study of Administration. 220.

② Frederick Winslow Taylor. The Principles of Scientific Management. New York：Harper Bros.，1911.

组织的权威来源于血缘或家族等传统习惯，唯有法理型组织的权威来源于理性的法律规定。韦伯认为法理型组织具有合理化(Rationality)和合法化(Legitimacy)特征，并将这种合理化、合法化组织类型称之为官僚制(Bureaucracy)或科层制，认为这是现代社会理想的、标准的组织形态。

韦伯指出，作为现当代社会占主导地位的权威制度和组织类型的官僚制，具有以下基本特征：

第一，专业化。组织内进行合理的专业分工，即明确划分组织内各职责权限并以法规的形式加以固定。

第二，科层化。组织自上而下构成一个层级节制的权力等级系统。

第三，法制化。组织内制定稳定详尽的运作规程，要求严格按规章办事，以保持组织的稳定性和结果的可预见性。

第四，档案化。组织内建有形式正规的决策文书档案以备查，并以此保证管理的正式化和连续性。

第五，非人格化。组织管理应避免个人情感和好恶等非理性因素，强调对事不对人的管理原则。

第六，职业化。组织中聘用的是经过全面专业培训并经考试合格雇用的职业化人员，人员的任用、升迁及工资等都按功绩制原则进行。①

韦伯认为官僚制是一种以法理型权威为基础，具有专业化功能和固定规章制度，设科分层的现代社会所特有的组织制度和管理形式。而他总结的官僚制组织的特征，则是现代组织管理必须遵守的基本原则，这些组织管理原则为公共行政学成为一门独立的学科提供了重要的理论支撑。

第三节　公共行政理论的形成与转变

公共行政学从19世纪末的理论初创阶段，发展到20世纪二三十年代，形成系统的行政原则和行政方法，进入了公共行政学的正统时期。提出和系统论述政治-行政二分法的威尔逊和古德诺开创了行政学独立发展的道路，泰勒的科学管理理论和韦伯的官僚制理论为公共行政学理论框架和科学方法的建构提供了坚实基础，而亨利·法约尔(Henri Fayol)、伦纳德·怀特(Leonard White)、卢瑟·古利克(Luther Gulick)和林德尔·厄威克(Lyndall Urwick)则在公共行政学理论的形成上扮演着关键角色，为公共行政原则、方法的总结和学科的发展做出了巨大贡献。

一、法约尔的"一般行政"理论

《工业管理与一般管理》是法国著名管理学家法约尔的代表作，他在书中开创性地提出管理的五项职能划分和十四项管理原则，这些思想之后发展成为现代管理学的理论通则，使得法约尔成为与泰勒齐名的"现代管理之父"。法约尔认为自己的管理理论不仅适用于公

---

① Henderson A M and Talcott Paesons, Max Weber. The Theory of Social and Economic Organization. New York: Free Press, 1947: 329 - 330.

私企业，而且也适用于军政机关和宗教组织，所以他把自己的理论叫作"一般行政"或"行政管理"理论。①法约尔的一般管理理论不仅在企业管理领域产生了深远影响，而且也在行政管理理论的形成上起到了关键性作用，美国行政改革运动的重要人物古利克和英国的厄威克都受法约尔的行政思想影响巨大，因此法约尔被认为"通过对管理过程的研究创立了第一个有关行政管理的理论"。②

管理职能和管理原则是行政管理理论架构中的核心内容，法约尔在《工业管理与一般管理》中有关管理的定义、管理的职能和管理的原则的论述被之后的公共行政学者概括、提炼为行政学的基本原则和理论，构成了公共行政学的重要组成部分。法约尔首先从企业诸项经营活动中提炼出管理活动，认为管理是一种有自己的知识体系，普遍性的、单独性的社会活动，由计划、组织、指挥、协调和控制这五种职能构成。③法约尔不但在学术史上第一次对管理或行政职能进行清晰界定和划分，而且从"最频繁"的实践经验中，提炼出了具有普遍适用性和指导性的著名的十四项管理原则。同时法约尔提出了关于管理或行政的系统性理论，奠定了一个整体的、系统的管理学和行政学理论架构。

二、怀特、古利克、厄威克与传统公共行政学的形成

曾组织和参与美国文官制度改革的著名行政学家怀特，于 1926 年撰写出世界上公认的第一本行政学教材《公共行政学导论》，第一次将公共行政思想系统化、理论化，使之成为一门完整的学科体系。怀特的《公共行政学导论》是西方公共行政学发展史上第一部系统性的教科书，融合了政府管理的研究成果和前人行政实践的理论总结。该书分析和探讨了各种具体行政问题，包括行政组织、人事行政、行政协调、行政伦理、行政监督以及行政法规等。《公共行政学导论》标志着公共行政学的正式诞生，其将公共行政学的研究重点转向了行政管理内部和技术性细节，丰富了行政学研究的内容，满足了公共行政管理作为一门独立学科的要求。

怀特在公共行政学学科发展方面卓有建树，古利克和厄威克则在行政管理职能和原则等公共行政学理论系统化方面贡献突出。继法约尔之后，美国公共行政学者古利克和英国行政学者厄威克分别发展了行政管理的职能划分理论和系统化总结了组织管理的基本原则，为传统公共行政学理论的形成做出了重要贡献。《行政科学论文集》由古利克与厄威克合编，系统地整理了古典管理学家的管理思想，并第一次把法约尔的《管理理论与国家》介绍给美国人，是行政管理文献中一个十分重要的里程碑著作。古利克在法约尔管理五职能的基础上，提出著名的管理七职能论（POSDCORB），即计划（Planning）、组织（Organising）、人事（Staffing）、指挥（Directing）、协调（Coordinating）、报告（Reporting）和预算（Budgeting）这七项职能。④之后的管理学和行政学理论发展，尽管有人对古利克的职能理论加以增减或

---

① 法约尔的法语原著采用的是 Administration，翻译成英文时被改为 Management。Henri Fayol，General and Industrial（translated by C. Storrs），London：Sir Isaac Pitman and Sons，1949.

② ［美］丹尼尔·A. 雷恩. 管理思想的演变. 李柱流，等，译. 北京：中国社会科学出版社，1997：235.

③ 丁煌. 西方行政学说史. 武汉：武汉大学出版社，1999.

④ Luther Gulick. Notes on the Theory of Organization. in Luther Gulick and L. Urwick（eds.）. Papers on the Science of Administration. New York：Columbia University Press，Institute of Public Administration，1937：13.

修改，但都难以影响到概括了管理过程核心要素的管理七职能论作为管理职能研究奠基之作的学术地位。厄威克也在法约尔十四项管理原则的基础上，系统化归纳出组织管理的八项原则：① 目标原则；② 权责相符原则；③ 人员与组织结构相适应原则；④ 单头领导原则；⑤ 控制幅度原则；⑥ 专业参谋和一般参谋共存原则；⑦ 授权原则；⑧ 明确性原则。[①]

三、公共行政理论的批评与转变时期

公共行政理论发展到 20 世纪二三十年代，历经法约尔、怀特、古利克与厄威克对公共行政研究范围、职能划分、原则方法的提炼归纳，公共行政学的传统理论已经基本成形，进入到公共行政学的"正统时期"。在这一时期，公共行政研究者主要关注组织结构、原则方法等所谓"正统"的公共行政研究，而对公共行政中人及其行为因素对行政效率所具有的影响缺乏必要的重视和研究。

与正统公共行政学研究不同，福莱特从个体与群体的关系出发，运用心理学的研究方法对人在公共行政中的重要性进行理论探讨。动态行政管理理论由福莱特提出，被视为公共行政学的"正统"理论和行为主义行政理论之间的桥梁。个体与组织的互动关系，在组织理论家巴纳德的协作系统、权威接受理论框架内得以进一步发挥，对公共行政理论的转变和演化做出了重要贡献。

正统时期的公共行政研究者，对公共行政研究通常都持有某些共同的信念，但到了 20 世纪 40 年代，这种正统的公共行政学研究逐渐受到了批评，其中对于传统公共行政理论向现代公共行政理论的转变具有决定性影响的批评来自于著名的公共行政学家赫伯特·西蒙（Herbert Simon）和德怀特·沃尔多（Dwight Waldo），行政学史上称之为"西沃之争"。

（一）西蒙的批评与公共管理学派的产生

西蒙在巴纳德组织理论的基础上创立了决策理论，形成一门有关决策过程、准则、类型及方法的完整的理论体系，《行政行为：行政组织的决策过程研究》是其主要的代表作。西蒙对传统公共行政学的批评主要是从"行政原则"和政治-行政二分法这两个方面展开的。正统时期的公共行政学者致力于探寻和建立公共行政管理的一般原理或普遍原则，西蒙却认为公共行政学者所谓的"行政原则"本身就不可靠甚至"行政原则"之间相互矛盾，与流传的谚语并无不同，所以这些"行政原则"并非真正的科学原则，它们只能称之为"行政谚语"。西蒙以传统公共行政理论谈到的"专业分工""统一指挥""控制幅度"和"根据目标、程序、服务对象、地点划分组织"四项行政原则为例，阐释和论证传统行政研究方法无法得出真正的行政原则，而只能得到行政谚语。

在西蒙看来，既然传统的行政学研究方法无法得到真正的行政原则，更无法建立起真正科学的公共行政学体系，那么必须寻找全新的科学方法来建构全新的公共行政学。建构基于逻辑实证主义之上的"决策理论"和决策科学便是西蒙认为的更加精致、更加有效的行政科学。西蒙批评了传统公共行政学政治与行政二分的倾向，认为政治（决定政策）与行政（执行政策）是互相关联、无法区分的，并且决策即公共行政的核心，公共行政的过程即行政决策的过程。西蒙从行为主义出发，以有限理性"行政人"假设为逻辑起点，以"决策"为

---

① Urwick L. Scientific Principles and Organization. New York：American Management Association，1938.

基本概念提出一组概念工具,构建出全新的公共行政理论体系。自西蒙提出决策理论以来,公共行政学界越来越重视决策的重要性,20世纪70年代至今,以公共管理和决策科学为导向的公共行政研究已经成为公共行政的主流,并产生了公共管理学科和公共管理学派。

(二) 沃尔多的批评与新公共行政学的发展

与西蒙集中于对公共行政学方法论的批评不同,沃尔多和新公共行政学的另一位代表人物弗雷德里克森(George Frederickson)更多关注将公平正义、自由民主等规范价值引入公共行政研究之中,强调公共行政的代表性、参与性和行政伦理责任。沃尔多对传统公共行政学的批评集中在四个方面:① "政治-行政二分法"既不能解决官僚制与民主制的冲突,又不能解决价值问题,因此是不可取、不恰当的;② 传统行政学过分强调组织之间的共性和所谓的原则;③ 虽然传统行政学家的"科学"主张和发展一门行政科学的可能性受到批评和怀疑,但科学思想仍然是必要和有益的;④ 反对过于重视效率,主张公共行政研究与行政过程中注入道德价值观。

在对传统公共行政学进行批评的基础上,为了回应20世纪六七十年代出现的一系列政治、社会问题,在沃尔多的发起与赞助下,以弗雷德里克森为代表的33位年轻的行政学学者聚会于美国纽约州的锡拉丘兹大学明诺布鲁克会议中心①,以彻底反思和争辩的精神,回顾和展望公共行政学的发展历程,讨论公共行政面临的问题,以寻求公共行政未来的发展方向。明诺布鲁克会议标志着新公共行政学的诞生,新公共行政学提出了一整套全新的公共行政学理念,传统公共行政学以追求效率为基本价值,而新公共行政学则主张入世的公共行政,以实现"公共利益"为基本价值。②

新公共行政学在批评传统公共行政学的同时,指出公共行政应追求包含公共利益、个人价值、平等自由等价值目标的"社会公平",而非传统的以具体数字表示的机械效率或经济效率,经济效率绝非公共行政的核心价值和唯一准则。新公共行政学主张将"社会公平"价值全面应用于公共行政实践,赋予公共行政以伦理内容,并以之指导官员行为,建立新型的民主行政。新公共行政学对价值、意义的回归,给公共行政理论赋予了一种规范性基础,同时也对当代西方国家的公共行政体系产生了重大影响,促使更多国家的政府在民主性、参与性及分权化等方面进行一系列行政体制改革,进而推动了"新公共管理运动"的兴起和蓬勃发展。

第四节 公共管理理论的现代发展

公共行政学经历20世纪40到60年代的批评与转化时期演进到新公共行政学阶段,最终在20世纪70年代以后,随着经济学、管理学、民主行政等研究视角的引入,新公共行政学进入到(新)公共管理学时期。公共管理学时期的到来和当时世界范围内经济、政治困境及新自由主义的兴起密切相关。20世纪70年代,主张政府采用扩张性经济政策的凯恩斯主义陷入困境,多个国家财政赤字严重、行政效率低下、公众对政府政策极度不信任,于是

---

① 李玉耘. 20世纪60年代以来的西方公共行政理论评述. 上海行政学院学报,2012,13(6):100-109.
② Frank Marni. Toward a New Public Administration: The Minnowbrook Perspective. San Francisco: Chandler Publishing Company,1971:346-347.

西方经济学和政治学界出现一股强大的新自由主义思潮，寄希望以此解决市场失灵和政府失灵并存的严峻局面。因应世界政治、经济形势的变化，借助社会科学发展的交叉、整合趋势，公共管理学充分吸收经济学、企业管理和政治学等相近学科的新理论、新方法，进入到多元理论和方法兼容并蓄的现代发展阶段，极大地丰富了公共管理学的理论基础、研究方法和实践价值。公共选择理论、新公共管理理论、新公共服务理论和公共治理理论正是公共管理学的理论多样性发展中最具活力的主导理论。①

一、公共选择理论

公共选择理论主张将经济学领域的研究方法拓展到传统意义上的政治学和公共行政学领域，诺贝尔经济学奖获得者布坎南(James Buchanan)是公共选择学派的代表人物，《公共选择理论：经济学在政治方面的应用》是他的代表作。

面对政府政策低效率和公共机构低效率导致的政府失败状况，必须用经济学的方法来研究集体选择这类传统上属于政治学和行政学领域的问题。公共选择理论将经济学的经济人假设、个体分析方法、边际分析方法和交易分析方法，应用于政治和行政过程中如政治家、官僚、利益集团等各类角色行为动机和特征的具体分析。②公共选择理论认为在各类政治角色行为的共同作用下，政府失败是必然结果，克治政府失败的良方是宪政改革，提倡对宪政规则、体制进行再设计从而更好地利用人性的优点同时防止人性的弱点。在学术上一场方法论革命由公共选择学派掀起，对公共行政学方法论的发展影响深远，对现实的政府改革也有很强的启发和重要的价值。

公共选择理论在分析了政府失败原因的基础上，进一步提出解决问题的出路。公共选择理论关注的中心是政府与社会的关系，它认为没有任何逻辑证明公共服务必须由政府官僚机构来提供。公共选择认为解决政府失败的最好出路是打破政府的垄断地位，建立公私机构之间的竞争，从而使公众得到自由选择的机会。公共选择理论提出以下解决问题的主张：① 组织类型的理性选择，私人企业、非盈利性公共机构、半独立性公共公司和政府官僚机构等多种类型的组织都可以提供公共服务；② 公私组织、公共组织之间充分竞争，给予个人自由选择服务机构的机会；③ 以分权化达到"权威分割"的目的，并且允许不同组织之间在职能和管辖区域上的重叠交叉，给予公众自由选择的可能；④ 公共服务组织小规模化；⑤ 自由化，放松对市场和社会的规制。③公共选择理论为西方国家行政改革提供了重要的理论指导。西方国家行政改革过程中推行的以市场化为取向的改革、重新定位政府职能的改革、放松对市场和社会规制的改革等，都充分体现了"市场价值的重新发现和利用"这一公共选择理论的核心观点。④

二、新公共管理理论

新公共管理理论主张将私人部门和企业管理的方法应用于公共部门管理中去，美国政

① 孙勇，孙华斌. 公共管理理论流派综述与管理启示. 商业时代，2011(1)：82 - 83.
② ［美］丹尼斯·C. 缪勒. 公共选择理论. 杨春学，译. 北京：中国社会科学出版社，1999：4.
③ 王乐夫，等. 公共管理学. 北京：中国人民大学出版社，2012：41.
④ 周志忍. 当代国外行政改革比较研究. 北京：国家行政学院出版社，1999：24.

府改革家奥斯本(David Osborne)是新公共管理理论的代表人物之一,《改革政府：企业精神如何改革着公营部门》是其代表性著作。

20世纪70年代以来,政府面临的困境使得高度集权、自上而下垄断专权的官僚体制显得过于老态龙钟、反应迟钝,在变革和创新方面显得无能为力。①尽管韦伯式的官僚制度曾经为西方国家的稳定和行政效率提升做出过重大贡献,但这种对"理性和效率"无上推崇的机械化管理模式面对纷繁变化的世界时,显得苍白无力。因此,解决政府低效的方法便是"摒弃官僚制",用"企业家精神"克服官僚制的弊端,改造政府,建立"具有企业家精神的政府"。作为一种试图取代传统公共行政学的管理理论,新公共管理提供了新的公共管理模式,引发了各国行政领域持续的改革运动,并成为自20世纪80年代以来公共管理学发展过程中最有影响力的理论范式。

奥斯本在总结归纳美国各地方政府改革实践的基础上提出用企业家精神改革政府的十项原则,同时也是新公共管理理论倡导的企业家政府的基本特征:

(1) 掌舵而不是划桨。政府的角色不是直接提供公共服务(划桨),而应是向各类非公共组织提供政策支持(掌舵),并把"掌舵"职能(制定政策和规则)和"划桨"职能(提供服务和执行政策)区分开来。

(2) 立足社区的政府,要注重妥善授权而非事必躬亲。政府应把公共服务控制权从官僚手里夺过来,放权到社区民众手里。通过对社区进行拨款和授权来解决自身问题,使之产生更多的承诺、更多的关爱以及更富创造性地解决问题,并减少其依附性。

(3) 注重引入竞争机制。政府应将竞争机制注入公共服务中去,即政府主动放弃对公共事务管理的垄断,培育公共服务竞争实体,通过项目招标、合同承包等方式,促进公共服务提供者展开公平竞争,提高效率,实现公共服务的高效与公正。政府还须要求服务提供者在绩效和价格的基础上对业务展开竞争,竞争被视为促进公共组织改进质量的基本力量。

(4) 有使命感的政府。政府应由规则驱动型组织转变为任务驱动型组织。有使命感的政府进行内部放松管制,废除大量内部规章制度,并从根本上简化行政制度。同时要求各个机构明确各自使命,然后让管理者在法律的范围内自由寻找完成使命的最好方式。

(5) 结果导向型政府。政府应按照效果而不是按投入拨款,结果导向型政府将责任从投入转移至产出或结果,并测量公共机构的绩效,制订组织目标,奖励那些达到或超过目标的机构。

(6) 顾客导向的政府。政府应将服务对象视为顾客,利用多种调查方式去聆听顾客的心声,制定顾客服务标准并提供保证,并且一旦有可能就让顾客来选择服务提供者。

(7) 企业化政府,有收益而不只是花钱。政府职责不只是花钱在公共服务上,还要有投资回报的观念和利润动机。通过使用企业基金、共同收益和创新基金等激励手段来鼓励管理者在花钱的同时也关注挣钱,使部门与工作人员的积极性都具有"企业家"思维。

(8) 预知型政府,重预防而不是治疗。政府管理追求的是预防问题而不是克服问题。通过使用战略规划、未来愿景及其他手段,为政府提供更好的预见能力。

(9) 参与协作的分权模式而非层级节制的集权模式政府。通过组织或体制将权力下放,

---

① 竺乾威. 新公共管理与文官制度改革. 江苏行政学院学报,2013(4):91-97.

鼓励那些直接面对顾客者更好地使用自己的决策权。积极采用参与式的管理模式，给予那些直接面对顾客的工作人员以较大的自主权，使其提高应对外部环境的决策能力，同时构建新的报告、监督和责任机制，增强政府的信任度，提高行政效率。

（10）重市场机制调节而非仅靠行政指令控制的政府。政府应主要通过市场机制提供公共服务，而不是官僚机制，政府与市场相互配合，开发财政激励手段，迫使私人组织和个人以解决社会问题的方式来运作，充分发挥市场机制的调配作用，调动参与者的积极性。①

新公共管理理论秉持效率原则、分权原则、去官僚化原则和市场化原则，并为公共管理领域和民主理论与实践带来三项建设性的遗产：（1）更加关注绩效-激励的行政模式，以及建立了绩效导向型的制度、结构与管理等行政原则；（2）建立了关于政府设计和行政改革的国际对话和比较机制；（3）经济学、社会学、社会心理学以及其他先进概念框架的综合与启发性使用。②当然，新公共管理也受到了诸多的质疑和批评，最为严厉的批评是有些学者所指出的：它没有关注与体现公民与公共部门之间的合作与伙伴关系，更没有将这种主题运用于管理之中。③尽管新公共管理将公民视为主体或投票者，但对于公民、政府与公共部门之间的合作理念没有给予应有的重视，而这正是民主行政与公民社会的本质所在。

三、新公共服务理论

新公共服务理论指在以公民为中心的治理系统中所扮演的角色的一套理念，是针对作为新公共管理理论精髓的"具有企业家精神的政府"理论所存在的缺陷进行批评。新公共服务理论主张用一种基于公民权、民主和为公共利益服务的新公共服务模式来替代当前的那些基于自我经济利益的主导行政模式。罗伯特·登哈特（Robert Denhardt）和珍妮特·登哈特（Janet Denhardt）夫妇是新公共服务理论的主要代表人物，他们的思想体现在代表作《新公共服务：服务而不是掌舵》中。

新公共服务是在对传统公共行政理论进行反思和批判的基础上提出和建立的，是质疑和超越新公共管理理论的一种尝试。在新公共服务理论学者看来，公共管理者在其管理公共组织和执行公共管理时，应该集中于承担为公民服务和向公民放权的职责，他们的工作重点应是建立一些明显具有完善整合力和回应力的公共机构。基于民主公民权理论、社区与公民社会理论与组织人文主义的新公共管理理论，提出建立一种更加关注民主价值与公共利益，更加适合现代公共社会和公共管理实践需要的理论。基于对新公共管理的企业家政府理论批评之上的新公共服务理论至少包含以下七项原则：④

（1）政府的职能是服务而不是掌舵。在新公共服务理论看来，公共管理者的重要作用并不是体现在对社会的控制或驾驭，而是在于帮助公民表达和实现他们的共同利益。在公民积极参与的社会里，公共官员要扮演的角色不应是服务的直接供给者，而是调停者、中

---

① Osborne David，Gaebler Ted. Reinventing Government : How the Entrepreneurial Spirit Is Transforming the Public Sector. Plume：New York，1992：321.

② Lynn L E. The New Public Management：How to Transform a Theme into a Legacy. Public Administration Review，1998：231 - 237.

③ 谭功荣. 西方公共行政学思想与流派. 北京：北京大学出版社，2008：257.

④ 王乐夫，等. 公共管理学. 北京：中国人民大学出版社，2012.

介人或裁判员。这些新角色所需要的不是管理控制的老办法，而是做中介、协商以及解决冲突的新技巧。

（2）公共利益是目标而非副产品。公共利益是管理者和公民共同的利益和责任，是目标而不是副产品。新公共服务提出，建立社会愿景或目标的过程并不能只委托给民选的政治领袖或被任命的官员。政府的作用将更多地体现在把人们聚集到能无拘无束、真诚地进行对话的环境中，共商社会应该选择的发展方向。除了这种促进作用，政府还有责任确保经由这些程序产生的解决方案完全符合公正和公平的规范，确保公共利益居于主导地位。

（3）在思想上要具有战略性，在行动上要具有民主性。新公共服务理论认为，符合公共需要的政策和计划，只有通过集体努力协作的过程，才能够最有效、最负责任地得到贯彻执行。为了实现集体的愿景或目标，在具体的计划实施过程中，依然需要公民的积极参与，使各方的力量集中到执行过程中去，从而迈向预期的理想目标。政府在其治理过程中应当保证公民的参与，保持开放性和回应性，以形成对社区、公民的需求持续回应的互动关系，使各方共同致力于公共利益的实现。

（4）为公民服务，而不是为顾客服务。在新公共管理理论那里，政府服务的对象被界定为"顾客"，即消费公共产品的群体。因此提供给这些顾客的公共服务的质量就成为政府行政至关重要的方面。但是，毕竟公民不是顾客，市场也难以做到公平，公民是否因为不能支付相应价格而无权消费公共产品，或者因支付不同价格而享受不同水平的公共服务？新公共服务理论认为公共利益是属于全体公民的共同利益，因而具有不可取代性，公共管理的服务对象应该是公共利益的拥有者，即全体公民，而不是某个或某部分顾客。

（5）行政责任不能简单化。无论是传统的公共行政理论还是新公共管理理论都倾向于将责任问题过于简单化。新公共服务理论则要求公务人员不应当仅仅关注市场，他们也应该关注宪法和法令，关注社会价值、政治行为准则、职业标准和公民利益。新公共服务理论意识到这些责任的现实性和复杂性。

（6）重视人，而不只是重视生产率。新公共服务理论家在探讨管理和组织时十分强调"通过人来进行管理"的重要性。在新公共服务理论家看来，如果要求公务员善待公民，那么公务员本身就必须受到公共机构管理者的善待。分享领导权可以为公共雇员和公民提供相互尊重、彼此适应和互相支持的机会，通过人民或与人民一起来行使领导权可以改变参与者，并且可以把他们的关注焦点转移到更高层次的价值观念上去。在这个过程中，公民和公共雇员的公共服务动机同样可以得到承认、支持和报偿。

（7）公民权和公共服务比企业家精神更重要。新公共服务理论认为官员有责任通过担当公共资源的管理员、公共组织的监督者、公民权利和民主对话的促进者、社区参与的催化剂以及基层领导等角色来为公民服务。官员不仅要分享权力，通过公民来工作，通过中介服务来解决公共问题，而且还必须将其在治理过程中的角色重新定位为负责任的参与者，而非企业家。①

新公共服务理论是针对新公共管理的缺失发展出来的理论，它指出一味地放任政府治理走向市场化与竞争化将导致公共利益与公民尊严的缺失，并试图提出新的理论解释和实

---

① Denhardt J V, Denhardt R B. The New Public Service: Serving, Not Steering. New York: M. E. Sharpe: Armonk, 2003: 129-164.

践工具来弥补这种趋势所造成的恶果。它提出通过由公民与政府双方的共同治理来提高治理的质量，并带给整个社会更高的社会资本，这些都体现了新公共服务理论的思想进步之处。但任何理论在引人注目的同时，都存在诸多缺陷或受到多种批评。作为综合理论的产物，新公共服务理论被认为是个"大杂烩"，公共管理的多种价值目标显然在此难以调和。新公共服务尽管提出可以解决传统公共行政和新公共管理理论中的伦理问题，但其自身也有应用方面的局限性。然而，无论如何，新公共服务及其相关的伦理框架都构成了现代公共管理学的有益要素。

四、公共治理理论

"治理"一词早已有之，其英文"governance"源于拉丁文和古希腊文，原意为控制、引导和操纵。在英文中，"governance"与"government"被视为同义词，常被交叉使用于与"国家公务"相关的宪法或法律的执行活动中。但自 20 世纪 90 年代以来，西方政治学家和经济学家们赋予"governance"一词新的内涵，"治理"（Governance）或"公共治理"（Public Governance）及"善治"（Good Governance）等概念日益成为公共管理学、政治学及相关学科的核心概念，并最终发展成为一套独特的理论体系。

公共治理理论的重要创始人詹姆斯·罗西瑙（James Rosenau）在其代表作《没有政府的治理：世界政治中的秩序和变革》（1992）和《21 世纪的治理》（1995）中把"治理"定义为："一系列活动领域里的管理机制，他们虽未得到正式授权，却能有效发挥作用。与统治不同，治理指的是一种由共同的目标支持的活动，这些管理活动的主体也未必是政府，也无需依靠国家的强制力量来实现。"[①]在诸多关于"治理"的定义中，联合国下属的全球治理委员会的定义具有一定的代表性和权威性。该委员会这样定义"治理"："治理是众多或公或私的个人和机构管理公共事务的各种方式的总和。它是使相互冲突或不同的利益得以调和并采取联合行动的持续过程。它包括有权迫使人们服从的正式制度和规则，也包括各种非正式的制度安排。"[②]

全球治理委员会指出治理具有四个特征：① 治理不是一套规则或一种活动，而是一个过程；② 治理过程的基础不是控制，而是协调；③ 治理的范围既涉及公共部门，也包括私人部门；④ 治理不是一种正式的制度，而是持续的互动过程。[③]陈振明也在相近的概念内涵下给出治理的定义："可以将治理一般地理解为一个上下互动的管理过程，它主要通过多元、合作、协商、伙伴关系、确立认同和共同的目标等方式实施对公共事务的管理，其实质在于建立在市场原则、公共利益和认同之上的合作。它所关注的主要问题是，如何在日益多样化的政府组织形式下保护公共利益，如何在有限的财政资源下以灵活的手段回应社会的公共需求。"[④]可见，在公共治理理论框架内，政府组织不再是政策过程的中心掌舵者，公共管理的活动实际上分化于不同的参与角色，但是参与者并不拥有相同的权力，政策网

---

① 俞可平. 治理与善治. 北京：社会科学文献出版社，2000：2.

② Commission on Global Governance，Our Global Neighborhood：The Report of the Commission on Global Governance. Oxford：Oxford University Press，1995：2.

③ 谭功荣. 西方公共行政学思想与流派. 北京：北京大学出版社，2008：278.

④ 陈振明，等. 公共管理学. 2 版. 北京：中国人民大学出版社，2017.

络的理论假设就在于参与者的权力大小与其拥有的资源多少直接关联。

虽然公共治理理论体系庞杂、广泛，但却包含以下五个基本命题：

（1）公共治理是由公共部门、私营部门及非营利部门等多元的公共管理主体组成的公共行动体系。

（2）公共管理的责任边界具有相当的模糊性，传统上法律和制度规定由政府承担的公共管理责任呈现出交由非政府组织和私人部门来承担的趋势。

（3）多元公共管理主体之间存在着权力依赖和互动的伙伴关系。

（4）公共管理语境下的公共治理是多元化的公共管理主体基于伙伴关系进行合作的一种自主自治的网络管理。

（5）公共治理语境下的政府在社会公共网络中扮演着"元治理"的角色，在公共管理网络中，虽然政府不具有最高的绝对权威，但它却承担着指导社会组织行为主体的大方向和建立行为准则的重任，它被视为"同辈中的长者"，特别是在基础性工作中，政府仍然是公共管理领域最重要的行为主体。建立法律规范，保持非扭曲的政策环境，投资于基本的社会服务与基础设施，保护承受力差的阶层和保护环境，是政府的首要职责。[①]

除了从这五个基本命题出发把握公共治理内涵外，合作网络也是理解公共治理理论的重要研究途径。陈振明提出治理就是对合作网络的管理，合作网络管理又可称为网络管理或网络治理，指的是为了实现和增进公共利益，政府部门和非政府部门（私人部门、第三部门或公民个人）等众多公共行动主体彼此合作，在相互依存的环境中分享公共权力，共同管理公共事务的过程。他认为合作网络途径综合考虑了政府层面和非政府层面有关治理的用法，用它来描绘相互依存时代公共管理的新模式，对当代公共管理的环境变迁及其发展趋势具有很强的解释能力，所以日益得到学者们、官员们、国际组织和其他社会团体的承认，大有成为主导范式的趋势。在政策网络中，各种治理主体通过对话和协商，在各种集体选择的论坛中交流信息，谈判目标，共享资源，减少分歧，并努力地增进合作，在改善互动关系的同时达成各方都可以接受的政策方案。这就是公共行动者集体学习以产出政策的过程。同时，这也是公共行动者通过政策设计共同管理网络的过程，"这种共同学习的过程在培育社会资本、防止社会制度和价值碎片化时发挥着关键性的作用。"[②]

综上所述，公共治理理论不仅更新了公共管理的基本内涵，丰富了公共管理的参与主体，而且拓展了公共管理的职能范围，充实了公共管理的方法与手段，是当前社会科学领域出现的主导理论之一，它所提倡的一些价值和理念相比其他理论具有更强的解释力，并在社会现实中日渐得到更为普遍的实践应用。[③]

本 章 小 结

在公共行政学一百多年的发展历程中，虽然不同的理论范式存在较大的差异性，但它们也具有一定的共性，即通过调适政治与行政、公共与私人及国家与全球之间的边界不断

---

① 王乐夫，等.公共管理学.北京：中国人民大学出版社，2012：46-48.

② 陈振明，等.公共管理学.2版.北京：中国人民大学出版社，2017.

③ 王乐夫，等.公共管理学.北京：中国人民大学出版社，2012.

对公共行政学的学科边界进行反思和调整，对研究方法进行创新和丰富，继而对现实政治社会需求进行有效回应。虽然威尔逊和古德诺提出政治-行政二分法，但他们所强调的只是政治与行政之间的区别，并没有主张将两者完全割裂开来，"二分法"的实质在于对政治与行政之间的关系做合理性解释。因应世界政治、经济形势的变化，借助社会科学发展的交叉、整合趋势，公共管理学充分吸收经济学、企业管理和政治学等相近学科的新理论、新方法，进入到多元理论和方法兼容并包的现代发展阶段，极大地丰富了公共管理学的理论基础、研究方法和实践价值。公共选择理论、新公共管理理论、新公共服务理论和公共治理理论，既是现代公共管理理论的重要内容，也是西方各国公共管理改革的指导理论。

复 习 思 考

1. 分析公共行政与公共管理的联系与区别。
2. 分析讨论政治与行政之间的关系。
3. 分析讨论公共部门管理与私人部门管理的联系与区别。
4. 分析评价新公共行政理论。
5. 分析评价新公共管理理论。
6. 理解分析合作网络管理理论。

★**阅读材料**

[1] 陈振明，等. 公共管理学. 2版. 北京：中国人民大学出版社，2017.

[2] 丁煌. 西方行政学说史. 武汉：武汉大学出版社，2004.

[3] 谭功荣. 西方公共行政学思想与流派. 北京：北京大学出版社，2008.

[4] 周志忍. 当代国外行政改革比较研究. 北京：国家行政学院出版社，1999.

★**主要参考文献**

[1] 陈振明. 从公共行政学、新公共行政学到公共管理学. 西方政府管理研究领域的"范式"变化. 载政治学研究. 1999年第1期. 79－88页.

[2] 陈振明，等. 公共管理学. 2版. 北京：中国人民大学出版社，2017.

[3] 丹尼尔·A. 雷恩. 管理思想的演变. 李柱流，等，译. 北京：中国社会科学出版社，1997.

[4] 丹尼斯·C. 缪勒. 公共选择理论. 杨春学，译. 北京：中国社会科学出版社，1999.

[5] 丁煌. 西方行政学说史. 武汉：武汉大学出版社，2004.

[6] 谭功荣. 西方公共行政学思想与流派. 北京：北京大学出版社，2008.

[7] 王乐夫，等. 公共管理学. 北京：中国人民大学出版社，2012.

[8] 俞可平. 治理与善治. 北京：社会科学文献出版社，2000.

[9] 周志忍. 当代国外行政改革比较研究. 北京：国家行政学院出版社，1999.

[10] Henderson, A M, Paesons Talcott. Max Weber. The Theory of Social and Economic Organization. New York: Free Press, 1947.

[11] Commission on Global Governance. Our Global Neighborhood. The Report of the Commission on Global Governance. Oxford: Oxford University Press, 1995.

[12] David Osborne and Ted Gaebler. Reinventing Government: How the Entrepreneurial Spirit Is Transforming the Public Sector. New York: Plume, 1992.

[13] Goodnow Frank J. Politics and Administration: A Study on Government. New York: Russell and Russell. 1900.

[14] Frank Marni. Toward a New Public Administration: The Minnowbrook Perspective. San Francisco: Chandler Publishing Company, 1971.

[15] Frederick Winslow Taylor. The Principles of Scientific Management. New York: Harper Bros, 1911.

[16] Denhardt J V, Denhardt R B. The New Public Service: Serving, Not Steering. New York: M. E. Sharpe. Armonk. 2003: 129 – 164.

[17] Lynn L E. The New Public Management: How to Transform a Theme into a Legacy. Public Administration Review, 1998.

[18] Urwick L. Scientific Principles and Organization. New York: American Management Association, 1938.

[19] Luther Gulick. Notes on the Theory of Organization. in Luther Gulick and L. Urwick (eds.). Papers on the Science of Administration. New York: Columbia University Press, Institute of Public Administration, 1937.

[20] Wood Wilson. The Study of Administration. Political Science Quarterly 2(2), June: 1887.

第三章　公共管理方法与技术

【学习目标】

公共部门目标的实现离不开合理有效的管理方法与技术手段的应用。在公共组织发展的不同时期，其目标的设定及采用的管理方法与技术手段是有差异的。在公共行政时期，公共组织更多地采用传统的管理方法与技术，如行政命令、经济处罚、法律手段及思想教育手段等。在公共管理阶段，则较多地借鉴私营部门的管理方法与技术并充分利用社会化手段，如合同外包、凭单制、社区治理及公众参与、绩效管理、战略管理等。本章要求学生能够了解各种管理方法与技术的特点，掌握各种方法与技术的适用性，并能够在公共管理实践中灵活有效地使用。

【引导案例】

南京出台10%配建新政

2007年7月2日，南京市政府发布了由建委拟定的《关于中低价商品房建设与销售管理实施意见》，规定了主城外占地面积大于5万平方米以上的普通商品房住宅小区，原则上应配建10%左右的中低价商品房。

在建设配建小区时，将对开发商"约法三章"：第一，项目建设时必须优先开工建设中低价商品房；第二，必须优先按照指定对象进行中低价商品房销售，然后才能销售商品房；第三，中低价商品房竣工不得滞后于普通商品房竣工。

据悉，南京市中低价商品房的面积标准分为三类："一室半一厅房型，控制在60平方米左右；两室半一厅房型，控制在75平方米左右；三室一厅房型，控制在90平方米以内。"在三种房型中，以75平方米为主要套型，而每个中低价房项目的房型比例还可以根据市场的需求进行调整。

案例思考题：

1. 南京市政府在配建新政中采用了哪种管理方法？
2. 运用所学知识，评价这种方法。
3. 除了这种方法，你认为还可以采用哪些方法更为妥当？

第一节　公共管理方法与技术概述

一、公共管理方法与技术的内涵

公共管理的方法与技术是指公共管理主体在管理社会公共事务的过程中为履行公共管

理职能和提高公共管理效能所采取的方式、手段与技术措施等的总称。广义的公共管理方法泛指公共管理活动中所采用的一切方式和措施，包括传统意义上的行政管理方法，也包括公共管理的技术（即所采用的自然科学与技术科学的手段）；狭义的公共管理方法就是指传统意义上的非技术性的管理方法。

首先，公共管理的方法与技术其实是一套抽象的原理，并不能直接在实践中采用，它必须根据实际情况，并结合相关的原理，因地制宜、因时制宜地采取行动，达到解决问题的目的。

其次，公共管理的方法与技术的直接目的是为了增加管理的绩效。现代公共管理日益注重对管理绩效的评估，因此方法与技术问题就越来越引起人们的重视。

最后，公共管理的方法与技术是公共管理理论与实际经验的产物，随着公共管理理论的变化和实际经验的不断积累，其方法与技术也处在不断发展变化当中。①

二、公共管理方法与技术的分类

第一，以行政方法的定量化程度为角度。根据行政方法定量化程度的不同，可将行政方法分为定性的行政方法和定量的行政方法。定性的行政方法着重于对事物特性的分析和判断，比如，判断一项行政管理活动中所面对的问题究竟是政治性问题还是社会性问题或经济性问题。定量的行政方法则主要通过数量分析来确定事物的发展程度，这常常需要运用数学模拟方法对事物的内在结构进行精确分析，比如，通过构造数学模型来模拟一个现实问题。

第二，以行政方法的现代化程度为角度。按照行政方法现代化程度的不同，可将行政方法分为传统方法和现代方法。传统方法相对来讲出现的时间较早，现代方法出现的时间则较晚。现代方法更具科学性，更加强调方法的可操作性与精确性，更多地融入量化的因素。

第三，以行政方法的民主化程度为角度。按照行政方法民主化程度的不同，可将行政方法分为专制的方法、民主的方法和民主集中的方法。

第四，以行政方法作用的层次为角度。按照行政方法作用的层次不同，可将行政方法分为一般方法和具体方法。一般方法是一种具有普遍性、全面性和综合性的方法，是具体方法的基础。具体方法以一般方法为基础，是一般方法的具体操作。

第五，以行政方法服务的行政功能为角度。按照行政方法服务的行政功能不同，可将行政方法分为计划方法、决策方法、组织方法、领导方法、协调方法、监督方法、控制方法等。

第六，以行政方法的理论基础为角度。按照行政方法的理论基础不同，可将行政方法分为政治学方法、经济学方法、社会学方法、心理学方法、法学方法、数学方法等。

第七，以行政方法的内容为角度。按照行政方法的内容不同，可将行政方法分为法律方法、经济方法、行政指令方法、思想教育方法、行为激励方法。②

① 杨艳. 公共管理. 北京：国家行政学院出版社，2005：219-224.
② 丁煌. 行政管理学. 北京：首都经济贸易大学出版社，2013：207-240.

三、公共管理方法与技术的特征

（一）静态特征

第一，政治性。公共管理方法与技术本身作为公共组织管理社会公共事务的各种方式、工具和程序，比较注重实用性和操作性。公共管理方法与技术表面上的超政治性并不能否认其本质上的政治性。公共管理方法与技术在本质上具有服务于公共组织的根本目的。政府作为公共管理的核心主体，在公共组织体系中处于最重要的地位，而政府的根本属性在于其所具有的阶级性。因此，公共管理方法与技术虽然以注重公益性和操作性的面目出现，但其本质上具有浓厚的政治性。

第二，目的性。公共管理方法与技术的行使并不是无的放矢的，它具有很强的目的性，主要是为了贯彻公共管理思想，履行公共管理职能，实现管理目标，以为社会提供广泛的公共物品和服务的目标而存在。

第三，多样性。公共管理方法与技术在不同时期表现出不同的侧重，但都呈现出多样性特征。传统的行政方法多采用行政指令、经济处罚及思想教育等方法，目前的公共管理阶段，则较多地借鉴了工商部门的管理经验，并结合政府的职能转变，采用购买服务、目标管理、战略管理、多元协作共治等方法。

第四，科学性和艺术性。公共管理方法的产生、发展及其具体运用，由其时其地的管理活动的客观需要所决定，受公共管理活动规律、公共管理运行原则以及公共管理主体的素质、水平的制约。公共管理方法是一个将科学性、艺术性融为一体的概念，各种公共管理方法都以科学技术和客观规律为前提，但任何方法的实际运用，都需要管理主体因时因地因情而异，需要高度的技巧和艺术。

（二）动态特征

第一，灵活性。公共管理方法具有极强的应变能力和作用，能有效解决和克服公共管理中的种种困难，实现公共管理目的。

第二，策略性。公共管理方法相对于公共管理的原则、性质、任务、内容来说，是不稳定的、多变的，只是实现它们的技术与手段，因而富有弹性和选择性。

第三，实践性。公共管理方法是在实践中产生，并在实践中运用，在实践中修正与完善的过程，具有很强的实践性。

第四，继承性和创造性。公共管理方法是一个历史累积过程，具有继承性；公共管理方法因情景的变化而不断地调整自己，因而具有很强的创造性。

公共管理方法是公共管理系统的一个重要组成部分，它一方面要依靠公共管理主体在公共管理实践中不断总结、积累经验，继承汲取传统上或国外公共管理方法的精华，另一方面也有赖于借鉴现代学科的理论予以补充、丰富、改进和完善。不同的公共管理方法，其作用也不同，各有得失利弊。公共管理方法的运用还受管理主体的知识、能力、情感，以及管理对象的性质、特点、范围，管理过程的时空等因素的制约，所以即使同一方法作用于不同对象，其效果也可能差别很大。

第二节　传统公共管理方法与技术

一、传统公共管理方法

传统公共管理方法通常就是指行政方法。一般来说，所谓行政方法，是指行政组织及其人员为实现行政管理目标，在行政管理过程中所采取的程序步骤、技术手段、办法途径的总称。行政方法贯穿于行政管理活动的各个方面，行政决策、行政领导、行政执行、行政监督、机关管理等都需要采取一定的方法。行政方法具有合理性、有序性、常规性、系统性、灵活性的特点。[1]

虽然诸多学者在界定其概念时各有千秋，如丁煌认为行政方法是指政府及其工作人员为履行行政职能、完成行政任务、实现行政目标，在行政管理过程中采用的各种方法和手段的总称。[2]许法根指出，所谓行政方法，是指行政机关及其工作人员为实现行政职能、完成行政任务，在行政执行过程中所采用的措施、办法和技术、手段的总称。它是行政活动主体作用于行政活动客体的桥梁。行政方法既不同于哲学意义上的方法论，也不同于一般意义上的行政经验，它是正确处理管理主体与管理客体、行政职能与行政目标、行政思想与行政实践之间关系的方式、方法、手段和技术系统，它是整个行政系统的一个不可或缺的子系统。[3]但上述界定，其基本观念相通。行政方法是指行政组织及其工作人员，为实现行政目标，在行政管理过程中采取的各种手段和技术的总称。传统公共行政的方法主要有行政手段、经济手段、法律手段、思想教育手段。

（一）行政手段

行政手段是传统公共行政的主要方法。行政手段，又称为行政指令，是指行政主体依靠行政组织权威，运用命令、决定、指示等形式，通过行政组织系统和行政程序，直接影响行政管理对象的意志和行动的行政方法，是行政组织中最常用的行政管理手段。其实质是通过行政组织的层级管理和职权专属原则贯彻行政意图，具有权威性、强制性、层次性、具体性和直接性。行政指令的优点在于政令集中统一、工作重点突出、资源调配集中迅速，能尽快地实现国家行政权力对社会经济生活的有效干预，如战争动员、救灾抢险、经济危机等。但是，行政指令方法对行政主体的决策和执行能力要求很高，而且行政指令方法可能因管得过死，限制了下级执行的主动性和创造性，还可能因为强调纵向指挥命令，忽略了横向的协调合作关系，以至出现条块分割、以邻为壑、扯皮推诿等问题。[4]

行政手段的实质是：国家通过各级行政机关和行政管理者，为保证国家的政令能够迅速贯彻执行所采取的一种强制性的管理方法。这种手段体现着管理的职责和职权，而不是体现个人的意志和能力。行政手段的发挥受到一些条件的限制，因此在运用这一方法时应注意：第一，树立和维护行政系统，特别是各级领导者的权威；第二，贯彻责权一致的原

---

[1] 丁先存，王辉. 新编公共行政学. 合肥：安徽大学出版社，2015：248.
[2] 丁煌. 行政管理学. 北京：首都经济贸易大学出版社，2013：207.
[3] 许法根. 公共行政学. 浙江：浙江大学出版社，2008：344.
[4] 丁先存，王辉. 新编公共行政学. 合肥：安徽大学出版社，2015：250-251.

则，建立和完善监督机制；第三，注意加强横向协调，防止产生本位主义；第四，注意一切从实际出发，具体问题具体分析。[①]

根据行政指令载体的不同，可将其分为书面的行政指令和口头的行政指令；根据行政指令作用对象的不同，可将其分为对内的行政指令和对外的行政指令；根据行政指令所涉及层面的不同，可将其分为宏观上的行政指令和微观上的行政指令；根据行政指令相对于事件产生时间的不同，可将其分为事前的行政指令和事后的行政指令。

依据行政手段的特点，要特别注意把行政手段与强迫命令、个人专断、主观主义瞎指挥区别开来，把行政手段的权威与滥用职权区别开来，把行政手段的强制性与有效性结合起来，把行政手段实现的目标与维护行政对象的利益结合起来。[②]

（二）经济手段

经济手段也是传统行政实现目标的重要方法之一。行政经济方法是指行政主体根据经济规律和物质利益原则，运用各种经济政策和经济杠杆调节不同的经济利益关系，以达到较高经济效益和社会效益的行政方法。经济方法的基本内容包括经济政策和经济杠杆两个方面。经济政策是国家为实现经济发展目标而制定的行动准则和行动方案。宏观经济政策主要包括财政政策、金融政策、产业政策、外汇政策、收入政策、区域政策、价格政策等。经济杠杆是经济政策的延伸和执行手段，主要是通过制定和调整工资、价格、利率、税收、信贷等方法，运用经济合同、经济责任制、奖惩措施，调整经济利益关系，引导和影响市场主体的微观经济决策。

经济手段的优点在于能遵循经济规律，运用经济杠杆，发挥市场机制作用，调动社会积极性。其局限性在于片面强调人们的利益动机，忽视精神激励和社会价值的作用。此外，经济方法需要动用大量经济资源，对定量分析要求很高。而且，根据边际收益递减规律，物质激励作用不是无限的。[③]

为此，经济方法必须按照客观经济规律的要求，运用各种经济手段，调节各方利益关系，刺激组织行为动力。经济方法具有间接性、关联性、有偿性的特点。经济方法的运用范围可分为宏观和微观两个方面。在宏观管理中，国家可运用财政、金融、汇率等手段，对国民经济进行宏观调控。在微观管理中，公共行政组织采用经济手段，就是要把组织中各层次、各成员的利益与其工作成效、业绩，乃至整个组织的成果联系起来，促使大家关心自己的工作，关心整个组织的成果。其主要运用的方式有：工资、奖金、罚款、税收减免。[④]

（三）法律手段

法律一直是公共行政的重要管理方法。尤其是在现代社会中，法律具有最为重要的地位。简单地讲，行政法律方法是指行政主体依照法律、法规和规则等规范性法律文件的规定，运用行政执法手段，调整行政管理中的各种社会关系的行政方法。行政法律方法包括两个方面：一是行政主体制定行政法规、行政规章等行政立法活动；二是依法行政，用法律

① 刘厚金. 行政学概论. 北京：北京大学出版社，2015：334-335.
② 吴爱明. 公共管理学. 武汉：武汉大学出版社，2012：241.
③ 丁先存，王辉. 新编公共行政学. 合肥：安徽大学出版社，2015：252.
④ 蔡小慎. 公共行政管理学. 大连：大连理工大学出版社，2007：254-255.

手段保障行政权力的行使，维护行政管理秩序。①

而这里所指的"法律"是一个广义的概念，既包括国家正式颁布的法律法规，亦包括各级国家机关所制定和实施的具有法律效力的各种社会规范。法律方法的实质是，通过法律法规的实施，将统治阶级意志转化为社会公众的普遍行为，用法律法规去调整各种社会关系，使其朝着有利于行政目标的实现方向发展。②

（四）思想教育手段

思想教育手段是极富中国特色的行政管理方式，是指通过传授、宣传、启发、诱导等方式，提高人们的思想素质、智力素质和专业技术能力，充分调动人们的积极性和创造性，实现管理目标的管理方法。在公共行政活动中，比较常用的教育方法有宣传法、激励法、批评法、参与管理法等。其实质就是启发人们认识和掌握真理，激发人们的主动性和创造精神。教育方法是教育者作用于被教育者，通过人们思想认识的提高起作用。③

其特点为：启发性、间接性、经济性、艺术性、长期性。其内容主要是灌输教育、疏导教育、感化教育、养成教育、对比教育。④

因此也可以说思想教育，是属于心理行为方法的一种。心理行为方法是指管理者通过对人的心理诱导和行为激励等方法来实现管理目标。思想教育是通过对人们进行确定的、有目的的和系统的感化与劝导，使受教育者在身心上养成教育者所希望的思想和品质。思想政治工作在对象上具有多元性，在方式上具有协调性，在作用上具有宏观的控制性。其主要途径有：情理结合法、普遍自我教育法、个别现象法、以身作则教育法、刚柔相济法。⑤

二、传统公共管理具体方式

（一）行政手段的具体方式

行政指令方法由四种手段组成：第一，行政命令手段。这是凭借国家政权的权威和权力，主要通过发布命令、指示等形式，由上级按纵向垂直的行政隶属关系，直接调节和控制下级的各项活动，带有明显的强制性。第二，行政引导手段。它是指上级对下级活动的控制，不采用命令的方式，而是指明方向加以引导，进行说服规劝。这种引导手段在一定条件下将取代行政命令手段，并日益显示出其在行政手段中的重要性。第三，行政信息手段。这一手段的主要特征是，上级对下级的活动存在需要加以调控的必要，但既不采用行政命令的方式，也不采取说服、引导的方式，而是通过各种信息渠道和工具，揭示下级在活动中应按照上级意图自行抉择。这种方式将突破行政指令手段纵向联系的典型运用方式，而向横向联系方向发展。第四，行政咨询服务手段。它是指上下级之间或地方政府之间，就某些疑难问题提供咨询服务，如提供可行性论证的建议等。⑥

---

① 丁先存，王辉. 新编公共行政学. 合肥：安徽大学出版社，2015：251.
② 刘厚金. 行政学概论. 北京：北京大学出版社，2015：335.
③ 刘厚金. 行政学概论. 北京：北京大学出版社，2015：339.
④ 丁煌. 行政管理学. 北京：首都经济贸易大学出版社，2013：224-226.
⑤ 应松年，马庆钰. 公共行政学. 北京：中国方正出版社，2004：204-205.
⑥ 蔡小慎. 公共行政管理学. 大连：大连理工大学出版社，2007：253.

（二）经济手段的具体方式

公共管理中所使用的经济方法是指政府根据客观经济规律和物质利益原则，着眼于市场机制作用的发挥，运用价格、税收、补贴、利息、公债等经济杠杆以及市场化的方式开展行政管理活动的方法。

经济手段具体包括：价格、税收、政府支出、利息、公债、合同外包、产权交易、内部市场、凭单制等。[①]

（三）法律手段的具体方式

我国规范性的法律文件主要包括宪法、法律、行政法规、军事法律和军事规章、地方性法规、自治法规、行政规章、特别行政区基本法及特别行政区法律、经济特区法规和规章、国际条约。法律手段的特性包括规范性、国家意志性、国家强制性、普遍性、利导性。[②]

（四）思想教育手段的具体方式

思想教育手段的具体方式包括批评与自我批评、民主生活会、每周的政治学习等。

第三节　现代公共管理方法与技术

一、市场化的主要工具

（一）民营化

自 20 世纪 80 年代以来，民营化一直是公共管理最为热门的话题，也是争议最多的话题之一。何谓民营化？"民营化是一个宽泛的概念，民营化可界定为是更多依靠民间机构，更少依赖政府来满足公众的需求，意味着以政府高度介入为特征的某种制度安排向较少政府介入的另一种制度安排的转变。"[③]民营化的根本目标是通过引入民间力量，提高公共部门的绩效。其实质在于改变传统的国家与社会、政府与市场的关系模式，全面实现政府职能方式、权力结构和管理模式的变革：变微观管理为宏观管理，变直接管理为间接管理，变单一管理为多元管理，变过程管理为目标管理，从而达到减少政府开支，提高服务质量和效率，满足公众需求等目的。

民营化的局限性：第一，民营化不是公共服务的唯一选择。首先，不是所有的服务都可以民营化。公共事物的性质，决定了它们在一定范围内还承担着满足社会公众公共福利的职能，对不同收入的社会阶层与不同地区的公众具有特殊意义，对于此类公共事物，还不能完全进行民营化改革。其次，治理的全过程是不可以民营化的。政府仍要在服务质量、价格、环境保护等方面承担起对公众应尽的职责。否则，就会失去做出集体共同决定的机制，就没有为市场制定规章条文的途径，就会失去强制执行行为规范的手段，丧失社会公平感和利他主义精神。再次，反对民营化改革的一方还对民营化成效提出质疑。第二，民营化的应用需要一定的社会政治经济条件，比如稳定的政治环境、完善的市场经济体制、强有力

---

① 丁煌. 行政管理学. 北京：首都经济贸易大学出版社，2013：215 - 219.

② 丁煌. 行政管理学. 北京：首都经济贸易大学出版社，2013：211 - 214.

③ 萨瓦斯. 民营化与公私部门的伙伴关系. 北京：中国人民大学出版社，2002：107.

的政府控制和监督能力。①

换言之,"民营化"有时与"市场化"同义,是指将原先由政府控制或拥有的职能交由企业私方承包或出售给私方,通过市场的作用,依靠市场的力量提高生产力,来搞活国有企业。其中,最典型的做法是将国有公司一半以上的股票出售给私人,或全部直截了当地出售给私营企业(私有化)。②

一般而言,民营化途径有以下几方面:第一,把政府机构利用它的雇员直接提供的职能以合同的方式承包出去;第二,出卖政府资产和垄断权,把国有企业转让给私人部门和企业,例如电信系统;第三,在某一公共问题上,政府和私人部门共同合作,并明确各自的角色;第四,鼓励某些特定的私人部门行为,如纽约市政府通过税收减免计划来改善城市的居住条件,通过免除资产税(地产税),鼓励私人部门房东和承包商承担起发展和维护低收入群体的居住条件的责任。

作为一种政府工具,民营化的优点是:可以促进管理者降低成本,提高质量;民营化是一种新的管理形式和技术,同时也是获得资金的新来源;通过减少政府的直接行为,公共管理者可以专注于政策制定。但是,民营化的弊端也是显而易见的:政府丧失对实施公共政策的公共物品和服务提供的直接控制;由于民营化,政府在经济发展方面的功能和角色有所消退;对私人部门管理的控制不容易做到等。③

民营化的实质,是指通过一系列化公为私、公私合作方式,引入竞争机制,提高管理效率和服务质量,从而达到更好的社会治理效果。④

(二) 合同外包

合同外包是公共管理中运用最多的一种管理手段。政府的理想角色是:了解和评估公众对公共物品的需求情况;安排私营部门为公众提供公共物品和服务;检查和评估私人部门所提供的公共物品和服务;征收税收,使政府有钱购买公共物品和服务;按照合同的要求向承包商支付款项。

合同外包的有效实施需要一些具体条件:① 工作任务能够清楚地界定;② 存在潜在的竞争;③ 政府能够监测承包商的工作绩效;④ 承包的条件和具体要求在合同文本中明确规定并落实。⑤

合同外包也可以理解为把民事行为中的合同引入公共管理领域,以合同双方当事人协商一致为前提,变过去单方面的强制行为为一种双方合意的行为。政府与其他组织一样,都以平等主体的身份进入市场。政府的职责是确定需要什么,然后依照所签订的合同监督绩效,而不是靠强迫。合同外包被视为是既提高服务水平又缩小政府规模的重要途径,是降低成本、节约开支的有效手段。合同外包常使用竞争性招标投标(竞标)的方式。⑥

与此同时,合同外包也称合同出租、竞争招标,是指政府确定某种公共服务项目的数

① 陈振明. 政府工具导论. 北京:北京大学出版社,2009:106-113.
② 刘厚金. 行政学概论. 北京:北京大学出版社,2015:341.
③ 邹东升. 公共行政学. 北京:北京大学出版社,2014:224-225.
④ 王乐夫,陈干全. 我国政府公共服务民营化存在问题分析:以公共性为研究视角. 学术研究,2004(3).
⑤ 陈振明. 政府工具导论. 北京:北京大学出版社,2009:114-115.
⑥ 刘厚金. 行政学概论. 北京:北京大学出版社,2015:341.

量和质量标准，对外承包给私营企业或非营利机构，中标的承包商按照与政府签订的合同提供公共服务，政府用财政拨款购买承包商的公共产品和劳务。作为一种政策工具，合同外包可以利用竞争力量给无效率的生产者施加压力，提高生产率；能够摆脱政治因素的不当干预和影响，提高管理水平；可以通过把模糊不清的政府服务成本以承包价格的形式明确化，有助于强化管理。但是，在承包权的授予上可能存在腐败和寻租行为；可能形成对承包商的依赖，承包企业雇员罢工、怠工和企业破产会使公众利益受到损害。[①]

（三）凭单制

凭单制是"政府部门给予有资格消费某种物品或服务的个体发放的优惠券"。有资格接受凭单的个体在特定的公共服务供给组织中"消费"他们手中的凭单，然后政府用现金兑换各组织接受的凭单。[②]它包含三个层次的内涵：凭单是围绕特定物品而对特定消费者群体实施的补贴；凭单不同于补助，是直接补贴消费者而非生产者；凭单通常采取代金券的方式而非现金。

凭单制之所以直接补贴消费者而非生产者，其最大的目的在于削弱职业性利益集团对政府公共服务决策的控制。因此，凭单制是一种新颖的市场化工具，它不是传统地从供给者角度（如签约外包、竞标、补助、特许经营、内部市场等）加强政策制定者与服务提供者的联系来致力于改善公共服务质量，而是从消费者角度通过将其选择权巧妙地植入市场竞争机制，来减少政府的监督成本的。

凭单制的优势：凭单制作为市场化工具在改造传统公共服务提供机制上意义重大。它从根本上打破了政府垄断，削弱了职业性利益集团控制，拓宽了消费者的选择权力，有效架构了公共服务领域准市场，在改造公共服务文化和推动服务市场化上表现出显著的成效。凭单制反映了公共服务提供机制的新发展，体现了一种新的治理哲学或理念。这主要表现为以下三个结合：

第一，实现了竞争与选择的结合。凭单制通过授予资源控制权增强了消费者的选择能力。由消费者的凭单选择自动促成了供给者为追逐凭单的竞争，由竞争扩大了消费者的选择，从而实现了扩大选择和引入竞争的结合。

第二，实现了效率与责任的统一。凭单制坚持了顾客主权原则，消费者掌握资源的控制权和对服务的选择权，这使得服务机构不得不关注顾客的需求，由"官僚驱动"转为"顾客驱动"。而消费者的"用脚投票"也促使供给组织形成了类似企业竞争的绩效底线，即产生优胜劣汰的后果。这样，凭单制在坚持顾客战略与后果战略相结合的前提下达到了加强责任和提高效率的统一。

第三，实现了政府与市场的结合。凭单制一方面坚持了政府的支付和监管责任，另一方面则在具体输出方式上引入市场机制，引入各种私人组织和非营利组织的竞争参与。这样，政府实现了从划桨到掌舵的转变，而公共服务提供机制也实现了从政府垄断到政府与市场优势互补的转变。

凭单制的问题和缺陷突出地表现在以下九个方面：一是公平问题。例如，教育券改革实践表明，凭单可能只是营造了一种表面的公平。二是竞争与垄断体系的问题。凭单制把

---

① 吴爱明. 公共管理学. 武汉：武汉大学出版社，2012：269.
② 宋世明. 美国行政改革研究. 北京：国家行政学院出版社，1999：148.

公共垄断组织拉入到与私营组织直接竞争的境地，人们怀疑，这是否只是为了迎合彻底私有化论者的胃口。三是"撇脂"现象。即服务提供者选择最好的或唾手可得的顾客的倾向。四是种族隔离问题。由于私营组织具有较大自治权，它们可能基于宗教信仰、文化背景、经济状况或个性特征来选择服务对象，因而消费者的自主选择有可能扩大业已存在的种族隔阂。五是信息不对称问题。消费者往往处于信息不对称的地位，很难在信息较完全和成熟老练的供给者之间进行有效选择。六是能否节约成本和提高效益问题。这是凭单制引起争议的最关键、最敏感的问题。七是政府责任限度问题。如何设定政府在凭单运行中的责任限度成为凭单制改革的重大挑战。八是"欺骗行为"问题。凭单制也容易受各种各样的欺骗行为的侵扰，如伪造、盗窃、出售和非法收购食品券就是典型的例子。九是法律障碍问题。由于凭单制是对原有官僚垄断供给机制的替代，因而与原有的法律体制势必产生抵触的现象。①

（四）放松管制

自美国学者提出放松管制以来，公共管理的主体要求从繁文缛节中解脱出来，采用更为灵活的方式更好地进行管理，一直是西方发达国家的主要议题。对于一个法治化程度高的国家而言，放松管制是给政府松绑。但对于一个法治化程度低的国家而言，放松管制的结果可能是灾难性的。

所谓放松管制，就是在市场机制可以发挥作用的行业完全或部分取消对价格和市场进入的管制，使企业在制定价格和选择产品上有更多的自主权。

管制是一种活动过程，在这种活动过程中，政府对个人和机构提出要求或规定某些活动，并经历一种持续的行政管理过程（一般是通过特别指定的管理机构来完成这项工作）。管制是由政府做出的，它们必须为目标团体及个人所遵守、服从，不遵守或不服从将受到惩罚。大部分管制通过行政法规来进行（有时管制实际上就是一般的法律），并由政府部门或特别的机构（如美国的独立管制委员会）来管理。管制采取了不同的形式，如规章、标准、许可、禁止、法律秩序和执行程序等。政府管制遍及社会生活的许多领域，尤其是在物品和服务的价格和标准等方面。放松管制，就是在市场机制可以发挥作用的行业完全或部分取消对价格和市场进入的管制。其基本的观念是："政府无效率的主要原因是对管理层进行干预控制的内部管制数量太多……基本的假设是，如果公共组织能够清除戒律，它就能更加具有灵活性和效率。"其具体做法包括：放松对定价权的管制，放宽或取消最低限价和最高限价；逐步减少价格管制所涵盖的产品的范围，放宽或取消进入市场的管制等。放松管制并不是不要政府干预，只是减少政府不必要的干预与控制。②

（五）用者付费

由于公共资源的有限性，公共产品及公共服务不可能满足所有人的需要。为此，用者付费就是一个必要的管理方式。陈振明教授认为用者付费是公共部门根据市场原理，制定准价格，通过向消费者（民众）贩售特定公共服务，取得收入的一种政策工具。③

首先，用者付费工具的适用范围是由公共部门所提供服务和物品的性质决定的。当公

① 陈振明. 政府工具导论.北京：北京大学出版社，2009：158-164.
② 吴爱明. 公共管理学. 武汉：武汉大学出版社，2012：268.
③ 陈振明. 政府工具导论. 北京：北京大学出版社，2009：143.

共部门提供纯粹公共物品发生的费用，只能以税收来补偿，用者付费工具不适用，因为纯粹公共物品具有消费的非竞争性和供给的非排他性。而公共部门提供的"准公共物品"，其消费具有一定的竞争性，并能以较低的成本将拒绝付费者排除在外，应适当采取用者付费工具弥补其供给成本，通过市场进行资源配置。

其次，确定用者付费工具的适用范围还应注意以下几个因素：一是需求弹性。对弹性较大的准公共物品，用者付费工具有助于资源的最佳配置，消除过度使用。以公共交通为例，在较高的需求弹性之下，免费使用会加大社会成本负担。而对那些完全无弹性的公共物品，人们的需求殷切，用者付费工具无助于资源的最佳配置。二是替代性。在同等条件下，准公共物品的可替代性越高，用者付费工具的效率损失就越大。例如，两座相隔不远的桥，一座收费，而另一座不收费是不合适的。三是分配合理性。对于那些不会因收费而招致对低收入阶层负担过重的准公共物品可以采取用者付费工具；而对那些依据公平准则，必须保证低收入阶层享有的物品和服务，例如基础教育，则必须以政府拨款的方式来解决资金需求。四是收费成本。对那些收费成本相对较低，成本占受益比例不高，同时不会因收费给使用者造成不便的准公共物品或服务适合采用用者付费工具，如道路、桥梁的收费站等。①

在实践中，用者付费常常与特许经营相结合，它要求对一些公共服务采取收费的方式，目的是把价格机制引入公共服务。从理论上讲，用者付费工具有如下优点：一是能够克服免费提供公共服务所导致的对资源的不合理配置和浪费；二是避免因无偿提供公共服务导致无目的的补贴和资助，对社会公平造成损害；三是可以使价格真正起到"信号灯"的作用，即市场机制在公共服务领域得以有效应用；四是可以增加政府的财政收入，缓和政府的财政危机。实行用者付费以后，公众显示了对公共物品和服务的真实需求，使得资源得以有效配置。在特许经营的条件下，用者付费能够刺激私人部门以较低的价格提高公共服务水平，改善公共服务质量。从公平的角度看，由直接受益者支付比用财政支付更公平。②

用者付费是指政府对某种物品、服务或行为确定"价格"，由使用者或行为者支付这种费用，其主要目的是想通过付费把价格机制引入公共服务。用者付费经常被用于控制负的外部性，特别是控制污染的领域，它也被用于城市交通控制。其主要缺点是：收费水平难以精确确定；在得到一种最优化的收费标准的过程中，资源有可能被误置；不能作为处理危机的工具；管理成本高且程序繁杂。③

（六）特许经营

公共管理中的特许经营是由公共部门授予私人企业经营和管理某项公用事业的权利，通过特许协议明确双方的权利与义务，承担相应的风险，从而达到公共管理目的的一种工具。特许经营的特点包括：政府与生产者角色分离、政府管制与市场竞争有机结合、合同约束取代行政管理、投资和生产主体的多元化、合理分散投资的风险与回报。④

---

① 陈振明. 政府工具导论. 北京：北京大学出版社，2009：146-147.

② 刘厚金. 行政学概论. 北京：北京大学出版社，2015：341.

③ 邹东升. 公共行政学. 北京：北京大学出版社，2014：225.

④ 陈振明. 政府工具导论. 北京：北京大学出版社，2009：150-153.

就实质而言，特许经营制是托管制①的进一步延伸，即由公共部门授予非公共部门经营和管理某项公用事业的权利，通过特许协议明确双方的权利和义务，在合同期限内，非公共部门经营和管理公共服务项目，获得收益，并承担经营风险以及维护性投资的责任。20 世纪 70 年代以来，随着新公共管理运动的兴起，特许经营在公共部门管理中得到广泛应用，尤其是应用于高速公路、铁路、供电、通信、有线电视、城市供暖、垃圾和污水处理、停车场等设施的建设和经营项目。实践中，特许经营有以下基本方法：

第一，TOT(Transfer - Operate - Transfer)方式。政府将其投资形成的公共服务资产的经营权，以特许经营的方式，在一定期限内出让给非公共部门，由其进行经营管理并获得收益，期满后，非公共部门将功能完好的公共服务资产"归还"给政府部门。这实际上是政府以财产的运营收益换取非公共部门的经营服务。

第二，BOT(Build - Operate - Transfer)方式。其与 TOT 的区别在于，它是由非公共部门负责公共服务项目的投资建设，然后在特许经营期限内，从事运营、管理和维护，获得相应收益，足以补偿全部投资和应得利润，合同到期后，将非公共部门投资形成的公共服务资产无偿交给政府。

第三，BOO(Build - Operate - Own)方式。其与 BOT 的区别，主要是合同期满后，其将继续占有和保留所投资财产。②

特许经营是通过特许协议明确双方的权利和义务，并各自承担相应的风险，从而达到公共管理目的的一种工具。特许经营的主要模式有：① 全部风险特许经营，是由民营企业承担全部风险的方式。承租企业对公共部门委托的公用事业项目进行投资、建设、经营和管理，独立运作，自负盈亏，并承担各自经营风险。公共部门没有投入，不承担经营风险，私营企业负担一切投资以及经营所需费用，对某一公用事业相关市场负责全面开放和经营管理，同时承担所有经营风险。我国在特许经营实践中经常使用的 BOT 就属于该模式。② 共担风险特许经营，是由民营组织和公共部门共同承担风险的方式。公共部门与民营企业对项目共同投入，共担风险。通常是承租民营组织要分担项目建设和经营过程中的技术风险，以及它所投入的部分投资风险。公共部门投入部分(包括原有的投资)的经营风险由公共部门分担。租赁经营方式、承包经营方式、合作经营方式就属于这种模式。③ 有限风险特许经营，是由公共部门直接承担经营风险的方式。在某种情况下，比如由于投资的长期性和价格的公益性，公用事业项目没有人愿意参与经营，市场失灵严重，公共部门必须为之负责。由于市场在提供某些公用事业项目方面面临诸多困难，承租企业在经营过程中不能从用户身上获得足够的营业收入，就必须从财政预算中支取成本和报酬，承租企业仅承担有限的风险。这种方式应用于客源不明、不依靠用户支付能力的公共设施的投资和经营。③

---

① 托管制，是指政府所拥有的公用事业在所有权不变的情况下，将经营权，通过招标、拍卖或协议的方式委托给非公共部门经营，这是政府公有财产与非公共部门经营管理之间的合作伙伴关系。
② 丁先存，王辉. 新编公共行政学. 合肥：安徽大学出版社，2015：271 - 272.
③ 许克祥. 公共管理学. 合肥：中国科学技术大学出版社，2014：249 - 250.

二、工商管理技术

（一）目标管理

目标管理（Management by Objective，MBO）是 20 世纪中叶产生于西方并流行至今的一个重要管理方法。对此，刘厚金教授指出，目标管理是美国学者彼得·德鲁克于 20 世纪 50 年代以系统论、控制论、信息论和人际关系理论为基础而提出的一种新的管理方法，它是以目标为导向、以人为中心、以成果为标准而使组织和个人取得最佳业绩的现代管理方法。目标管理一般包括制定目标、实施目标和成果评价等基本程序，其间又穿插着计划、组织、指挥、协调、激励、监督、控制等活动。目标管理主要有三大特征：① 面向成果的管理，即用目标来统一员工的意志和工作，让每个部门、每个员工都将注意力转向组织目标并为此做出自己的贡献；② 分权与自我控制的管理；③ 参与式管理，即要求上级部门充分发挥下级的能动作用，使其参与到管理决策中来。[①]

政府中的目标管理就是通过预先设计的政府工作目标，激励和引导政府部门和公务人员的管理行为，并对这种行为实施控制，最终实现政府工作目标的管理方式。通过目标管理，把发展和改革的总体目标，转化为政府工作目标，协调发展，突出政府工作重点。作为一种政策工具，目标管理在公共部门中的应用，要求按照统一、效能的原则，将竞争机制引入公共管理活动，落实公共管理系统工作责任制，促进公共部门转变作风，克服官僚主义，提高工作效率，按照职能和目标逐步理顺公共部门的权限和职责，把各部门、各单位的思想和行动统一到预定目标上来。通过目标管理的导向和协同作用，加强政府工作的横向联系，减少内耗，以获取更好的整体功能和管理绩效。[②]

与私人部门相比，公共部门目标管理的特点有以下几方面：

第一，面向成果的管理。传统的公共组织具有许多弊端，例如过分重视技术官僚、过分依赖上级权威、缺乏沟通和整合、重视投入而忽略产出等。其中，看重投入和过程而忽视产出和结果是传统公共组织最大的缺陷。公共部门目标管理实质上是一种面向成果的管理，它对人们提出的要求并不在工作本身，而是工作结果。"一切为了结果"是目标管理最响亮的口号。

第二，分权与自我控制的管理。集权与分权一直是公共部门的一对基本矛盾，传统的公共组织将权力过分集中于上级，下级只是执行上级的决定。而目标管理基本上以麦格雷戈的"Y 理论"作为人性论基础。目标管理认为，人们应该也能够为组织做出自己的贡献，因此，它赋予每个部门、每个管理人员独特的任务和职责。为了完成任务、履行职责，它将传统组织中集中于上级的权力尽量地分配给下级，让他们自己做出决定，自己采取行动，自己纠正偏差。与那些集权的、强调上级监督、控制的管理相比，它是一种分权与自我控制的方式。

第三，参与式管理。有人认为目标管理就是上级制定目标并指挥、监督下级去执行目标的过程，这实质上是对目标管理的误解。目标管理不仅像传统管理理论那样重视组织的目标和管理目的，而且还将其视为一种激励下级、开发和培养下级能力的手段。在诸如目的的制定、计划的实施、成果的评价、经验和教训的总结等方面，并不是由上级决定的，而

---

① 刘厚金. 行政学概论. 北京：北京大学出版社，2015：344.
② 邹东升. 公共行政学. 北京：北京大学出版社，2014：232.

是在下级充分自主的情况下，通过与上级沟通、协商来共同决定。因此，目标管理是一种民主参与式管理，它要求上级部门充分发挥下级的能动作用，积极参与到各项管理决策中来。

第四，整体性的管理。公共部门目标管理是一种整体性的管理，具有系统性和层次性。目标管理把公共部门的总目标逐级分解，各个分目标都以总目标为依据，用总目标来指导分目标，用分目标来保证总目标；上级决策部门以提高效益水平为主，下级工作部门以提高能力为主，实行整体管理，方向一致，相互合作，共同努力。它不像传统的公共部门管理方式那样各自为政、缺乏宏观和系统的考虑、沟通不畅、协调不力。

公共部门目标管理是一个动态循环的过程，它主要包括三个阶段：目标的制定、目标的实施、业绩考评。

首先，关于目标的制定。① 制定目标的依据：法律政策及上级的要求、服务对象要求、组织的现状。② 目标的制定程序：准备工作、初步拟定目标、初拟目标的讨论与修订、制定目标实施计划。③ 有效目标的标准：具体、切合实际、与权限一致、表达明确、具有弹性和一致性。

其次，关于目标的实施。① 实施目标管理的前提：组织成员自我管理能力较强、组织具有统一的价值理念、组织高层领导重视。② 授予有效的权限。③ 分配资财。④ 控制：环境、目标、资财和日常工作控制。

最后，关于业绩考评。① 成果评价：将目标是否实现作为衡量标准，是一种以自我评价为主、上级评价为辅的综合评价方式；成果评价与奖惩制度紧密联系。② 支付报酬。①

（二）标杆管理

标杆管理（Benchmarking Management）就是一种从自身与最佳实践的对比和分析的过程中，找出二者的差距，并采取相应的对策消除之，以实现绩效的持续改进的管理工具。由此，我们不难看出，标杆管理定义的关键是比较（Comparing）、学习（Learning）、提高（Improving）。②标杆管理在公共部门实施中的困难主要体现为多元目标的冲突及中心目标的模糊、公共部门管理绩效的难以测定、标杆变化的弹性难以确定、公共部门预算周期的限制、缺乏熟练掌握标杆管理的专门人才、公共部门的组织文化问题。③

标杆管理是一个认识和引进最佳实践以提高组织绩效的过程。在传统管理中，组织设定目标都是基于过去的业绩水平，其局限性是没有将组织目标与组织外部高标准联系起来。如果组织完成的目标经常低于设定目标，那么组织将逐步走向低效率。同时，任何组织都不是孤立存在的，如果不重视竞争对手的优势与长处并加以研究，将难以取得竞争优势。对于政治组织而言，其内部不存在为争夺市场份额而发生的生存竞争，因而明显缺少一种激励机制。引入标杆管理不仅可以改变政府组织的运行节奏，而且可以促进其及时改进，使其能应对各种根本性的变革，以便满足公众的期望，避免由于行政绩效不佳而造成公众福利的净损失。④

政府部门实施标杆瞄准的流程一般包括：① 整体规划与标杆项目的选定。这个阶段应该进行下列活动：组织确定为什么进行标杆瞄准；争取得到组织高层的支持；开发测评方

① 倪星. 公共行政学. 北京：高等教育出版社，2012：328-337.
② 陈振明. 政府工具导论. 北京：北京大学出版社，2009：238.
③ 陈振明. 政府工具导论. 北京：北京大学出版社，2009：241-243.
④ 刘厚金. 行政学概论. 北京：北京大学出版社，2015：345.

案；制订数据收集计划；与专家研究制订标杆计划；为标杆瞄准项目赋值。② 内部数据的收集与分析。这个阶段应该进行下列活动：收集并分析内部公开发表的信息；挑选潜在的内部合作伙伴；收集内部尚未公开的研究资料；进行内部访谈并调查；组织内部标杆瞄准委员会；组织对内部合作伙伴进行考察。③ 外部数据的收集与分析。这个阶段应该进行下列活动：收集外部公开发表的信息；收集尚未发表的研究资料。④ 标杆项目的绩效改进。这个阶段应该进行下列活动：确认正确的纠正性行动方案；制订实施计划；获得高层领导的批准；实施方案并评价其影响。⑤ 持续改进。这个阶段应该进行下列活动：维护标杆瞄准数据库；实施持续的绩效改进计划。①

（三）流程再造

企业再造是 20 世纪 80 年代初在美国出现的。其创始人哈默(Michael Hammer)和钱皮(Janes Champy)在《企业再造——经营革命宣言》一书中对企业再造所下的定义是：再造是对公司的流程、组织结构和文化等进行彻底的、急剧的重塑，以达到绩效的飞跃。②

根据哈默的阐述，我们不难理解企业流程再造的核心思想：通过对企业原有业务流程的重新塑造，借助信息技术，使企业由传统的职能导向型转变为以流程为中心的流程导向型，实现企业经营方式和管理方式的根本转变，最终提高企业竞争力。流程再造是一个持续改革、不断完善的过程。③哈默还从基本理念、原则和运作过程等方面进行了分析，指出：公共部门流程再造的基本理念意味着，公共部门流程再造是公共组织工作流程、观念和方法的全程革命，目的是实现整个社会公共利益最大化。流程再造是对现有流程和体系结构的变革，是对现有系统的否定，因此它给公共部门带来的变化是剧烈的、革命性的、跳跃式的，是一种创新。

公共部门流程再造蕴涵着"新公共管理"的精神，就是试图彻底改变传统的行政管理模式，创造面向顾客、服务公众的公共组织体制，重新界定政府角色，更新管理方式，以适应变化着的环境的要求。流程再造强调以信息技术为基础，围绕政府目标，改革原有的工作流程、组织结构，重新设计整个体系。视顾客满意为政府最大使命，扬弃现行的行政运行程序、层级制政府机构，创建持续流动、快捷高效、人性化的"无缝隙政府"，提升组织绩效、服务质量和自我更新能力。

公共部门流程再造的原则有三：第一，顾客至上原则，意味着以公众为出发点，流程的再造必须围绕以公众为服务中心而组织，而不是以职能为中心。第二，以流程为中心的原则，强调整体流程最优的系统思想。第三，节约成本和提高效能的原则，呼唤创新的、有活力的、以公众需求为导向的、高效率和高效能的政府，实质上就是以结果导向作为行政效能的内涵。

公共部门流程再造的运作过程包括战略决策的勾勒、启动再造、审视现有流程、重新设计、推广流程再造、评估反馈并持续改善等各个环节。④

---

① 齐明山. 行政学导论. 北京：中国人民大学出版社，2014：229 - 230.

② 邹东升. 公共行政学. 北京：北京大学出版社，2014：234 - 235. 引用 M. Hammer and J. Champy, The Reengineering the Corporation : A Manifesto for Business Revolution. New York：Harper Collins, 1994：31.

③ 陈振明. 政府工具导论. 北京：北京大学出版社，2009：219.

④ 陈振明. 政府工具导论. 北京：北京大学出版社，2009：224 - 228.

（四）战略管理

战略管理（Strategic Management）是过去几十年公共管理吸收私人部门管理最为重要的方式之一，甚至可以说，没有战略管理，就没有公共管理。与传统行政管理最为不同的地方就在于，公共管理重视战略，而传统行政管理重视过程，注重眼前。简而言之，战略管理是针对未来不确定的环境而进行的规划和管理。对此，陈振明教授指出战略管理是一个过程，它可以把传统与创新结为一体，同时又考虑制定——创造新的理念，以及实施——把新思维付诸实践。

当前最有影响的战略管理过程模式是巴可夫和纳特提出的六个阶段模式：根据环境发展趋势、总体方向及标准概念描述组织的历史关联因素；根据现在的优势与劣势、未来的机遇与威胁来分析判断目前的形势；制定出当前要解决的战略问题议程；设计出战略选择方案以解决需要优先考虑的问题；根据利害关系和所需要的资源评价战略选择方案；通过资源配置和对人员管理需要优先考虑的战略。我们将公共部门战略管理过程划分为战略规划、战略实施和战略评价三个阶段。①

战略管理是从企业的战略规划发展而来的，20 世纪 80 年代开始被引进公共行政组织。它是指政府部门从自身实际情况出发，结合外部环境而制定的长期发展方向、目标、任务和政策以及资源配置方面的决策。政府部门战略管理主要不是针对组织内部，而是强调组织适应外部环境和预期外部环境的变迁。同时，政府部门战略管理与企业战略管理的区别在于，它必须考虑政治因素的影响。

公共行政组织实施战略管理，首先是因为经济全球化以及政治、经济发展一体化，使国际竞争更加激烈，政府治理的外部环境更为多样和复杂。通过战略管理，可以提升政府适应环境和处理公共事务的能力，使政府在国际竞争中处于有利地位。其次是因为面对复杂多变和不确定的外部环境，政府的功能和角色也处于不断的变化之中。通过战略管理，不仅可以使政府及其领导人树立系统、整体、发展和开放的观念，以维持国家、社会长期持续发展的能力，实现公共利益，亦可以明确政府角色和行为方式以及公共政策的方向，为企业组织和民间组织的发展创造并提供良好的秩序和政策环境。

对于发展中国家来说，可以战略性地规划国家产业发展方向和产业结构布局，平衡地区间的差距，确定国家战略性资源配置的优先次序，从而为经济发展指明方向。政府部门战略管理一般分为四个步骤：① 界定组织的内外环境；② 制定战略规划；③ 实施战略规划；④ 进行战略评价。②

公共部门战略管理与私人部门不同，它具有前瞻性、全局性、公共性、权威性、模糊性、参与性等特征。其价值是有利于公共部门使命的实现、更好地实现公共利益，帮助公共部门适应复杂的环境。其具体流程包括环境分析、战略规划、战略实施、战略评估等环节。公共部门战略管理的基本原则是以社会公众的共同需要为出发点、保证战略管理过程的灵活性。

公共部门战略管理的常规方法主要有以下几点：

（1）SWOT 分析法，又称态势分析法，最早应用于企业管理领域，是一种能够较客观

① 陈振明. 政府工具导论. 北京：北京大学出版社，2009：248.
② 刘厚金. 行政学概论. 北京：北京大学出版社，2015：343.

而准确地分析和研究企业现实情况的方法。SWOT 分析通过对优势、劣势、机会和威胁的综合评估与分析得出结论，然后再调整组织资源及策略，最终达成组织目标。

（2）组建 SMG（战略管理小组）。战略管理过程，不能靠领导者一个人来完成，一般来说，必须建立战略管理小组来加以整体协作。SMG 由代表组织内、外部利益的不同个体所构成，它不但是组织创造变革理念的源泉，也是组织创造关于如何进行变革的理念的主要源泉，战略管理过程依赖于 SMG 得到这些理念。战略管理小组既要营造创新，又要促进各利益相关者达成共识。参与过程也是相互协调、促进发展以克服阻力的过程。参与过程使得参与者及其所代表的利益群体能够更好地接受这一过程带来的结果，为以后的共同行动打下基础。这一点对于利益相关者众多的公共部门尤其重要。①

公共部门的战略管理，是一个使组织和领导者能够通过资源分配和工作分工来达到组织目标的过程。作为一种政策工具，战略管理提供了一种全面、综合的组织观念，可以实现重心从即时的工作任务向组织整体目标、产出和影响转变，更好地实现对组织资源和目标的控制。但是，它需要花费大量的管理时间用于分析资源，同时战略管理不仅要让人明白组织要做什么，还要说明组织不做什么，对于公共部门来说，这可能产生政治上的困境，因为它可能会激起反对派和利益团体的反对。②

三、社会化手段

（一）社区治理

社区治理是社会化管理的基本手段。对此，许克祥教授指出社区治理是治理理论在社区领域的实际运用，是指政府、社区组织、居民及辖区单位、营利组织、非政府组织等基于市场原则、公共利益和社区认同，协调合作，有效供给社区公共物品，满足社区需求，优化社区秩序的过程与机制。社区治理强调治理主体的多元化及互动、治理过程复杂化和长期化以及治理内容多样化。社区治理的功能：有助于社区经济的发展；实现社区文化的繁荣；促进社区环境的美化；有助于社区治安状况的改善。③

社区治理指开发和利用社区文化资源、人力资源，在社区内通过建立各种敬老院、福利院、康复中心、医疗站、托儿所、幼儿园等设施，对老年人、儿童和残疾人等实行社区照顾；调动社区居民不定期地参加保护社区环境的清洁卫生工作，美化居住环境；加强社区治安管理等。社区治理的优点在于：不花或者很少花政府的钱；调动公民积极参与，受到广泛的支持和欢迎。但是，社区治理作为一种政策工具，是虚假无力的，往往只能作为一种辅助工具来使用。④

（二）志愿者组织

作为一种政策工具，志愿者组织的活动不受国家强制力和经济利益分配的约束。志愿者组织可以提供某些社会服务，例如慈善机构为穷人提供医疗保健、教育和食品，志愿者团体提供诸如海滩和公园的公益服务等。

① 许克祥. 公共管理学. 合肥：中国科学技术大学出版社，2014：229 - 234.
② 吴爱明. 公共管理学. 武汉：武汉大学出版社，2012：271.
③ 许克祥. 公共管理学. 合肥：中国科学技术大学出版社，2014：252 - 253.
④ 吴爱明. 公共管理学. 武汉：武汉大学出版社，2012：274 - 275.

志愿服务的最大优点是创新，即创造性地迅速确认并满足需求的能力(例如在救灾方面，志愿者组织的行动往往比政府快)。由志愿者提供社会服务还可以减少对政府行动的需要或减轻政府的负担。但是，其应用范围有限，大量的经济与社会问题不能通过这种手段来处理；志愿者组织容易蜕化变成准官僚机构，从而降低它的效能和效益。①

(三)公众参与

伴随着日益增长的民主化浪潮，公共管理中的公众参与越来越成为一种重要的手段。在公共政策制定过程中，公众的政治参与是衡量一个国家政治民主化和现代化的重要标志。尽可能地让更多的人参加，让公众充分表达对公共政策的看法和意见，增进政策制定者和公众的互动，这样有助于提升公共政策的合法性，拓展民主的广度和深度。

公众参与是在公共政策的形成过程中，确保政策符合民意及政策合法化的根本途径，因此进行充分的公众参与是非常必要的。引入"公民参与的有效决策模型"，根据实际情况选择相应的公众参与形式，从而为公共政策制定中的公众参与提供路径依赖，有助于推进我国公共决策的科学化、民主化和法制化。

目前我国公共政策制定中公众参与缺失的主要原因有：

① 外部因素的制约：公众参与的制度缺位，参与机制不完善；政策制定者对公众参与的主观排斥也是不容忽视的因素；政治信息短缺也会影响公众参与。

② 公民素质的限制：公众参与的意识薄弱，公民责任感不强；公众参与能力的有限性也是其政治参与的障碍因素；公共选择理论的所谓"搭便车"行为的影响。②

公众参与是衡量现代社会民主化程度和水平的一项重要指标，它的具体形式很多，包括直接选举和全民公决，还包括公共决策听证会。其中，公共决策中的听证制度是现代民主社会普遍推行的用于保证各方利益主体平等参与公共决策过程，最终实现决策民主化、公开化、科学化和公正的一种重要制度安排。

(四)听证会

行政听证制度是指行政主体在制定法规、规章或其他规范性文件，或是做出直接影响利害关系人权利义务的决定前，就有关事实问题和一些法律问题听取利害关系人意见的一种程序性法律制度。

听证渊源于英美普通法的自然正义观念的听取两方面意见之法理，最初仅用于司法权的行使，作为司法审批活动的必经程序，谓之"司法听证"。后来随着司法听证的广泛应用和不断发展而移植到行政领域，形成"行政听证制度"，即在政府行政决策过程中，听取有关专家学者的意见，特别是听取与该政策有利害关系的当事人的意见，把行政决策变成集思广益、有科学根据并有制度保证的过程。③

综观国内外，在现代行政权力日益膨胀的情形下，行政听证制度设置的目的在于增强个人权利对抗公权力的能力，是防止行政权力滥用的有效手段。同时，它又是以公众直接参与的方式弥补了立法代表制度和行政机关首长负责制在反映民意方面的不足与缺陷，拓

---

① 邹东升. 公共行政学. 北京：北京大学出版社，2014：236.

② 陈振明. 政府工具导论. 北京：北京大学出版社，2009：266－271.

③ 邹东升. 公共行政学. 北京：北京大学出版社，2014：238.

宽了民主的广度，推进了民主向纵深发展，进一步提高了人民群众当家做主的地位，是人民主权的直接表现。所以，行政听证的起点应是"以权力制约权力"；听证适用范围应覆盖行政权力全部领域（除免除事项外），以此最大限度地达到行政听证制度追求的价值目标和丰富的民主内涵。

一般来说，听证会的形式有四种：一是正式听证和非正式听证；二是事前听证、事后听证和结合听证；三是辨明性听证和审讯性听证；四是自行听证与委托听证。

听证会应当奉行公开、公正、参与的原则。

四、公共管理方法的发展趋势

随着 21 世纪知识经济、智慧城市的到来，为了应对日益复杂和不断变化的外部环境，各国政府都在不同程度地开展公共管理的创新运动，公共管理方法的创新就是其中的一个重要组成部分。从全球范围来看，公共管理方法的运用出现了一些新的趋势。

（一）方法运用日益综合化

公共管理的根本目标是有效地增进与公平地分配社会公共利益。为了实现这一根本目标，需要有不同阶段的具体目标的实现予以保证。公共管理的具体目标是多元的，如公共管理要维持良好的社会秩序和政府稳定，要促进社会经济的发展，要提高社会公众生活的质量，要促进民主参与的发展，提升公民对政府的信任；同时，公共管理也要回应全球化提出的挑战、提高国家在国际上的竞争力，如此多元的目标仅靠一到两种公共管理方法是难以实现的。不仅如此，当代社会所面临的公共问题的复杂性，使得任何单一的公共管理方法都不能完全解决某一公共问题，这就对公共管理方法的运用提出了新的要求。公共组织必须根据要达成的目标的层次性和重要程度，针对公共问题的特点，综合运用各种公共管理方法，系统地解决公共问题。①

（二）规范管理和权变管理相结合

公共管理规范化是公共事务日趋复杂，以及社会公众对公共管理的期望不断提高的表现。规范管理可以减少公共管理工作中的随意性，保证组织系统协调有序地运转，降低公共管理系统运行成本，为组织创造一种相对稳定的内部环境。规范管理和权变管理相结合具体体现在：一是权力运作方向的规范化，即政府越来越倾向于减少行政权力对微观经济生活的直接干预，改革资源配置方式，主要依靠法律手段和经济手段进行公共管理，规范政府的公共管理职能和公共管理行为。二是权力制约机制的规范化，即在科学界定政府职能和权限的基础上，对于需要保留的权力，进一步加强对权力的监督制约。三是权力运行程序的规范化，即在公共管理改革的过程中增强权力运作过程的透明度和可预见性，建立和完善相应的听证制度、信息查询制度和咨询制度等。规范管理对于维持公共管理主体的稳定运作，强化公共管理主体的协调机制具有不可替代的作用。但是在科学技术飞速发展、社会全面进步、人们的观念变革日新月异的前提下，公共管理面临的内外挑战是严峻和复杂的，也是不断变化的，它要求公共管理者必须以创新的方式及时应对公共管理中出现的新情况、新问题，使创新贯穿于公共管理的整个过程。因此，在重视规范管理的同时，有必

---

① 张志刚. 公共管理学. 大连：大连理工大学出版社，2008.

要运用权变方法对公共组织进行管理，即对公共组织及其环境的特点进行诊断，根据组织及环境的特点来确定公共组织的目标，并调整组织结构，协调组织活动，使组织能适应环境的变化而存在和发展。权变管理是在规范管理基础上的发展，为更高层次的规范管理提供依托和框架，而规范管理则是权变管理的逻辑延续，有助于维持和巩固权变管理的成果。

（三）技术化程度不断提高

当代公共管理所要处理的公共事务数量繁多，所面临的社会公共问题比历史上任何时代都更为复杂、更具有变化性，并且公共问题彼此之间相互联系、相互影响，形成了一个类似网络的结构，这对公共组织及其成员而言既是压力，也是推动公共管理方法技术化的巨大动力。此外，公共组织本身也随着社会的发展、公共事务的日益扩张而日渐庞大，单是公共组织自身的管理就要求采用先进技术以提高效率。面对这样复杂的内外环境，技术化就成为公共管理方法发展的一个必然趋势。公共管理方法的技术化，使公共管理条理化、有序化，提高了公共组织运作的效率，也提高了公共管理的绩效。①

本 章 小 结

公共管理技术与方法是公共管理不可或缺的组成要素，是实现公共管理目标的重要途径。随着社会的发展及公共管理内容的变迁，公共管理的方法与技术在不同时期表现出不同的侧重与内涵。传统的行政方法多采用行政指令、经济处罚、法律手段及思想教育手段等，注重过程管理，目的是提高组织的行政效率。而公共管理阶段的方法与技术，则较多地借鉴了工商部门的管理经验，并结合政府的职能转变、机构改革等环节，采用购买服务、目标管理、战略管理、多元协作共治等，注重管理的结果。虽然在不同时期管理手段与方法运用的侧重点不同，但公共管理方法与技术的综合运用程度、规范化程度及技术化程度不断提高是其发展的必然趋势。

复 习 思 考

1. 比较分析传统行政方法与当代公共管理新工具之间的联系与区别。
2. 举例说明市场化各种工具在当代公共管理中的具体应用。
3. 举例说明社会化各种手段方法在当代公共管理中的具体应用。
4. 分析采用市场化工具在推进公共服务民营化的过程中，应考虑的限制因素或条件。

★ 阅读材料

[1] [美]彼得·德鲁克. 管理的实践. 北京：机械工业出版社，2009.
[2] [美]艾尔弗雷德·D·钱德勒. 战略与结构：美国工商企业成长的若干篇章. 昆明：云南人民出版社，2002.

---

① 张志刚. 公共管理学. 大连：大连理工大学出版社，2008.

★主要参考文献

[1]　应松年，马庆钰. 公共行政学. 北京：中国方正出版社，2004.

[2]　丁涛. 行政管理学. 合肥：合肥工业大学出版社，2005.

[3]　许法根. 公共行政学. 浙江：浙江大学出版社，2008.

[4]　丁煌. 行政管理学. 北京：首都经济贸易大学出版社，2013.

[5]　刘厚金. 行政学概论. 北京：北京大学出版社，2015.

[6]　杨艳. 公共管理. 北京：国家行政学院出版社，2005.

[7]　倪星. 公共行政学. 北京：高等教育出版社，2012.

[8]　吴爱明. 公共管理学. 武汉：武汉大学出版社，2012.

[9]　许克祥. 公共管理学. 合肥：中国科学技术大学出版社，2014.

[10]　陈振明. 政府工具导论. 北京：北京大学出版社，2009.

[11]　魏娜. 公共管理的方法与技术. 北京：中国人民大学出版社，2011.

[12]　陈振明. 政策科学教程. 北京：科学出版社，2015.

[13]　汪大海. 公共管理学. 北京：北京师范大学出版社，2009.

[14]　蔡小慎. 公共行政管理学. 大连：大连理工大学出版社，2007.

[15]　邹东升. 公共行政学. 北京：北京大学出版社，2014.

第四章　公共组织

　　了解组织在国家形成中所起到的作用，科学管理原理、科层制原理对政府组织建设的影响作用，以及新公共管理运动对公共组织发展的影响。掌握政府组织、事业单位、社会组织的主要特征。熟悉政府组织、事业单位、社会组织在变革中面临的主要问题及解决思路。

河南省警务机制改革跌宕起伏引发的思考

　　2010 年，河南在全省推行以"减少层级、警力下沉、一警多能、综合执法、从优待警、严格奖惩、强化保障"为主要内容的新型警务机制改革。

　　改革的核心要求是"撤销公安分局、做大派出所"，各市城区撤销公安分局，新建大派出所，由市公安局直管派出所，打破了 60 多年来市公安局下辖分局、分局下辖派出所的三级管理模式。通过此次改革，意在减少指挥层级，将警力集中到基层，提高警务效能。

　　河南省公安厅一位负责人算了一笔账：以前一个公安分局机关科室队所约有 30 个，这些科室人少的有两三个，多的有十几人。这样，一个公安分局机关有上百名民警坐班，而一线派出所平均也就八九人。改革后，警力下沉，如新乡市公安局通过改革实践，街面见警率大幅提升，一线基层警力由过去的 25% 升至 70%。

　　在这次警务机制改革之后，郑州市原有的 114 个公安派出所被缩减整合为 29 个公安派出所，原来大一点的派出所也就 20 多个人，新派出所则是 100 人以上。新组建的大派出所下辖四队一室，分别是案件侦办大队、治安管理服务大队、交管巡防大队、警务综合大队和执法执纪办公室。

　　在减少公安行政层级的同时，将各警种的职能进行整合并下沉到公安派出所，由公安派出所统一管理交警、巡特警、治安警、刑警，实行"四警合一"的警务人员职能模式。

　　改革后的派出所，"将纪委、督查、法制三部门整合为一个'监察室'，监察室的人员、财务全部隶属市局，对派出所施行'体外监督'，监察室的人员均称'特派员'"①。

　　这次精简机关、下沉警力的做法，使郑州市的社区民警增加了近千人，改革要求真正实现警务室民警专职化，做到"一室一警"，警务室民警要脱离派出所的一般性日常工作，在警务室扎下根来，随时接受群众问询、求助，帮助办理各类证照，做到"开门、亮灯、有人"，对那些长期扎根警务室、工作业绩突出的民警，在具备条件时，可以高配职级，享受副科、正科，甚至副处级待遇。

　　河南省以"减少层级、警力下沉"的警务机制改革引起广泛关注，大部分的舆论为改革

---

① 石玉. 内部监督垂直化杜绝不少人情案. 南方都市报，2010 - 11 - 11. AA25.

叫好，认为这代表了政府组织的改革方向，符合服务型政府建设的要求。

但改革结果却事与愿违。"2013 年，郑州乃至河南省其他 17 个市的市民发现，派出所的大门外又挂上了公安分局的牌子。但和他们过去所熟悉的公安分局相比，它的名字有了很大改变。更主要的是，一个区级行政区划里竟然有好几个分局！"[①]"原来的三级管理层级体制恢复，改革宣告失败。"[②]

河南省在改革的短暂几年后，重新恢复公安分局，但"分局"的数量却是以前的近三倍，领导的数量也随之增多。以前郑州市共有 10 个公安分局，分局局长、政委的行政级别是副处级，加上其他局领导，一共有五六个人，多的有七八个，所有分局领导加起来不到 100 人。现在，一个分局的局长、政委仍然是副处级，算上其他领导，处级领导加起来总计有 200 人。

河南省警务机制改革的跌宕起伏，出乎许多人的预料。一个看起来有理论依据、设计周密的改革新举措，为什么在集中力量、全力推行的情况下，短短几年就宣告失败？对于问题的解答，我们只有在认识政府组织历史进程的同时厘清方向，找到组织变革中的影响要素，才能坚定不移地推进改革进程。

案例思考题：

1. 河南省警务机制改革的理论依据是什么？

2. 河南省警务机制改革的跌宕起伏反映了政府组织改革的方向究竟何在？

3. 中国的政府组织改革到底承担了什么样的历史沉疴？在政府组织改革中整体设计与具体措施如何才能进行更好地衔接，对改革成效又会产生什么影响？

人是一种群居动物，并且具有思维能力，为了更好地生存与发展，当一群人聚集在一起，进行某种社会活动时，就要开始考虑如何计划活动方式及安排人员组成，这就是组织形成的缘由。[③]

人类有意识的组织活动与无意识组织活动的区别，就是会直接影响到活动所能产生的收益。原始人类在活动中发现组织的作用，应该与其狩猎活动的开展紧密相关。对小型猎物的狩猎，如兔子，依靠个人的力量就可以完成。对大型猎物或猛兽的狩猎，如鹿群或者熊，就必须依靠群体的力量才能完成。在群体进行狩猎活动的时候，如何进行计划安排，与狩猎的成效有直接的关联。这个时候，这个群体就必须考虑"组织"这个问题，也就是要考虑谁来指挥狩猎，人员如何分工，活动如何安排，猎物最后如何分配等问题。将这些考虑内容予以归纳并施行于群体活动之中，经过多次狩猎检验其成效之后，一个收益比较好的狩猎的群体活动形式就会逐渐成型，也就意味着一种"组织"形式开始产生。

---

① 田北北. 河南警务改革 4 年后郑州恢复公安分局领导数量翻倍. 法制晚报，2010 - 4 - 10.（转引自凤凰网. http://hn.ifeng.com/zixun/yaowen/detail_2014_04/10/2110075_0.shtml）

② 张卫东. 公安行政组织改革的困境与出路：以郑州市警务机制改革为例. 铁道警察学院学报，2015(1)：103.

③ 根据组织理论的研究，组织的形成可分为"自组织"与"他组织"两种形式。"组织"是指系统内部的有序结构及其形成的过程，自组织与他组织是系统进化的两种重要形式。进化论的观点认为，如果一个系统在实现时间、空间或功能的结构过程中，没有外界干预，系统在"遗传""变异"和"优胜劣汰"机制的作用下，各子系统依靠某种相互默契的规则，发挥自身的作用又相互协调地自发形成某种有序的结构，则这种系统是"自组织"形式；"他组织"是指系统只能依靠外界的特定指令来推动自身向有序演化，从而被动地从无序走向有序。

伴随着部落活动、部落之间的战争活动不断发生，①人类群体的聚集规模也越来越大，当部落联盟产生的时候，如何管理几十万、几百万人甚至更多人的这个庞大群体，"组织"就成为管理者首先要考虑并予以解决的问题。从部落的狩猎、战争等活动的开展就可以看到，要想将群体形成一个"组织"，至少要考虑到三个要素：如何对人员进行分工、如何形成人员活动结构以及如何形成一个指挥协调系统。在部落联盟、国家的形成过程中，管理者考虑较多的是如何以组织要素对联盟或国家进行有效管理。这些要素不同的内容构成及其关联设计，都会产生不同的效果。

第一节 组织与国家管理

组织是人类在社会活动中为了更好地生存与发展而创建的一种群体聚集与协调的活动形式。当一群人聚集在一起，有相应的活动目标，有可供识别的群体边界，并通过一定的设计在群体中形成活动的分工系统、结构系统与指挥协调系统，一个有意识设计的群体活动的组织形式就形成了。②

人的群体活动需要组织，是因为组织能够为群体活动提供有益的帮助与结果。而组织形式与内容的构成，需要进行精心设计，才能达成良好的效果。在组织设计过程中，大致有以下几个方面的要素需要予以认真研究：第一，组织目标构成是组织的核心，人们聚集到组织之中，是为了一定目的而来，组织目标的设定，关系到能否对组织成员产生吸引力与凝聚力，也对其他组织要素的设计产生关联影响。第二，分工是组织的基础，在组织群体中，通过分工，可以将复杂劳动简单化，提高工作效率，获得更多的产出，在分工的基础上选拔适应的人员工作，再进行合作，会获得更大的生产力量。第三，组织结构与指挥协调系统可以将群体活动有序化，在分工的基础上实现有效协作，有利于在提高效率的基础上更好地实现组织的目标。第四，激励奖惩是调动组织人员工作积极性与创造性的保障，通过有效的绩效评估与管理制度，组织可以有效地管理及利用人力资源，实现组织运作的良性循环。

组织形式是一个开放的系统，任何一个群体都可以根据情境的需要，围绕组织目标，对分工、合作、结构、指挥、协调、激励等组织构成要素进行自我设计，形成新的组织形式，

---

① 在中国古代传说中，从轩辕战炎帝、蚩尤开始，反映的是部落酋长或邦国邦君之间互相征伐兼并的过程。在战争中，对于军队的管理更体现出组织的重要性。

② 关于组织的概念有多种解释。例如："组织被定义为为了实现某种目的聚集起来的一群人。"——[美]罗伯特·B·登哈特. 公共组织理论. 5 版. 扶松茂，等，译. 北京：中国人民大学出版社，2011：12."组织就是指人们为了实现一定的目标，互相协作结合而成的集体。"——王乐夫，蔡立辉. 公共管理学. 北京：中国人民大学出版社，2012：55."组织，就是人们按照一定的目的、任务和形式编制起来的社会集团，是处于一定社会环境中的各种组织要素的有机结合体，是为了实现某种目的而有意识建立起来的人类群体。"——傅明贤. 行政组织理论. 北京：高等教育出版社. 2000：2."组织是一种人们有目的地组合起来的社会单元，它由两个或多个个体组成，在一个相对连续的基础上运作，以实现一个或一系列共同目标。根据这个定义，制造工厂或服务公司是组织，学校、医院、教堂、军队、零售店、警察局以及地方、州和联邦政府机构等也都是组织。"——斯蒂芬·P·罗宾斯，蒂莫西·A·贾奇. 组织行为学. 14版. 孙健敏，等，译. 北京：中国人民大学出版社，2012：5."组织是由人及其相互之间的关系构成的。当人们之间相互作用以完成实现目标的基本活动时，组织就存在了。"——[美]理查德·L. 达夫特. 组织理论与设计. 10 版. 王凤彬，等，译. 北京：清华大学出版社，2011：12.

以适应情境发展需要。在人类社会活动过程中，随着国家的出现，如何以合适的组织形式对国家进行管理，是管理思考中首先面对的重要问题。

一、封建制、中央集权制与国家管理

人类文明的起源纷繁复杂，有独立起源并有文字记载的文明不是很多，并且大多数在发展中就中断消亡了。中国古代文明自建立之后得以绵延久远，持续传承，形成独特的历史传统。中国古代文明能够延续传承，是与组织者对于国家构成的精心设计密切相关，组织要素的设计、实践与创新，就是其中的重要内容。

中国古代部落联盟的形成与发展，司马迁在《史记·五帝本纪》中有清楚的记载，叙述了黄帝、颛顼、帝喾、唐尧、虞舜五帝统治过程。五帝时期邦国之间的组织形式类似一种邦国之间的联盟，"这种联合体有两个显著的特点，一是内部小邦林立，各为相对独立的政治实体，构成一个个贵族政治单元；二是其最高首领虽有支配天下万国的某些特殊权力，但自身宗主国的地位并不稳固。"①

五帝时期部落联盟首领职位是以禅让方式承继，即经过推荐，部落联盟首领在品行、才能得到认可的下属中选择考察，将首领位置予以转让。②

到了大禹，开始将首领位置转让给自己的儿子，并在以后形成了世袭。中国开始了以血缘家族为权力传承对象的"家天下"国家统治形式，夏朝建立以后，王的权力更大，但是对于邦国以何种形式进行有效管理，一定是当时坐在王位上的人考虑的比较多的问题。③

中国古代的国家形态，以夏、商、周为三代。夏朝本身提供的材料太少，依据考古发现，可以大概确定这是一个朝代，主要的依据是后人的记载。商朝有了自己的文字记载材料甲骨文，可以明确是一个朝代，但甲骨文过于简略，释义难断，因此对于商朝的国家形态还是难于进行整体研究。周朝有了自己的文献记载，战国时期各国留下的文献记载也较多。因此，对于国家形态的研究，从周朝开始才较为全面准确。④

夏、商两代，王邦与众邦之间的联盟管理形式没有大的变化。周朝建立以后，周王对于邦国的管理采取在血缘宗法基础上的分封制，周王将血缘宗室成员以及功臣分封到各个邦

---

① 杜勇. 中国早期国家的形成与国家结构. 北京：中国社会科学出版社，2013：37.

② "一般是前任共主在担任了一段时间这个职务后，便要让另一酋邦的首领来继承自己的职位。继承者来自各邦贵族的推举，应现任共主的认可，并应经过一段时间担任某项公职的考验，方能就任为新的共主。这就是人们所说的'禅让制'。舜继承尧、禹继承舜担任联盟的共主，都是通过这样的禅让实现的。"——沈长云，张渭莲. 中国古代国家起源与形成研究. 北京：人民出版社，2009：245.

③ "禅让制"到禹的时候终止，禹将共主之位传给自己的儿子启。在这之后，共主开始成为"国君"，"禅让制"被"家天下"所替代，有学者认为这是我国由原始公社制的"大同"社会向"小康"即阶级社会过渡的主要标志。"'家天下'是我国古代王朝 以贯之的 一项最根本的国家制度。所谓'家天下'就是整个国家奉一家族为最高统治者，该统治家族以'天下'即整个国家为自己的一家之私，将这种统治权力当作家族的私有财产世代传袭下去。"夏开启王位世袭后，遇到了来自各方面势力的反对，举兵征伐不断，其中比较有名的就是"后羿"率领有穷氏发起的战争，曾一度取夏而代之。"总计夏前期自启开始的这场捍卫夏后氏世袭王权即夏的'家天下'的斗争，一共经历了四代五王，近百年时间。"——沈长云，张渭莲. 中国古代国家起源与形成研究. 北京：人民出版社，2009：247-250.

④ 赵伯雄. 周代国家形态研究. 长沙：湖南教育出版社，1990：7.

国做邦君，即在"封土建国"基础上形成封建制。①

第一，封建制以分封血缘亲属为邦君的组织形式，加强了王室对于诸侯的统治。

"封建制或曰分封制，是西周政治体制的一项重要创新。"以自己的宗室成员为主分封建国，这就改变了过去外服诸侯全为地方土著的格局。"这样一种性质的共同体只是伴随着周初的封建开始出现的。过去一些旧史著作，如《史记》中曾有所谓的'夏分封''殷分封'之类说法，然究其实，所谓夏商的分封只是指夏商部族自身的分裂繁衍，与周的封建并不是一回事。"②

对于周朝的统治形式，传统看法认为，周王将国都附近的地区划为王畿，直接统辖，王畿以外分封诸侯。在王畿内部，除了分封卿大夫以采邑外，也分封畿内诸侯，受周王控制，地位接近采邑。在分封过程中，周王对于诸侯的封地规模也做了限制要求，"天子之田方千里。公侯田方百里，伯七十里，子男五十里，不能五十里者，不合于天子，附于诸侯曰附庸。"③

由此可见，周朝通过封建制，从组织形式上将王邦对于诸侯的管理转虚为实，确立了周王室与诸侯之间的统治与被统治之间的关系，建立了"封建君主制"。周王对诸侯有统治权，由册命制度与礼仪制度进行强制规范。诸侯对周王室要尽到朝觐、纳贡、出兵的义务，天子可通过巡狩控制诸侯。

在加强王邦对诸侯管理的同时，周朝对民众也进行了组织管理。周朝京畿之内的地方曰乡，京畿之外的地方曰遂。乡的居民是"国民"，可以入伍参战；遂的居民是"野民"，需要服劳役。乡的居民以五家为一行政单位，五家为比，按照比、闾、族、党、州、乡六级组织管理，乡有乡师、乡老和乡大夫掌管政教。④

东周时期，周王室迁都之后，丢掉大片国土，势力衰落。诸侯通过兼并壮大，力量反超王室。同时，经过几百年的延续，诸侯与王室之间的血缘关系也越来越疏远，感恩与支持的道义感也逐渐淡化。诸侯"小君"独立性更加强大。到了春秋时期，诸侯实际上已经将周王室视为一个名义上的盟主。

第二，春秋列国在组织形式上的变革差异，对兼并争霸的局面产生重要影响。

春秋时期，诸侯国为了兼并争霸，都从组织角度对国家的管理进行了多种形式的变革尝试，尤其是对于国家决策的组织形式，在西周内朝、外朝形式内容构成上进行变革。⑤

"春秋时期，列国历史传统不同，政治经济的发展水平参差不齐，内、外朝制度亦各具特点。大体而言，鲁、卫、郑、宋、楚，是一个系统，公子、公孙组成了内朝，世族大家组成

---

① 封建制产生于周初周公平定管、蔡与武庚发动的叛乱之后，周公吸取教训，"故封建亲戚以藩屏周"。相关文献记载了分封情况，《左传》昭公二十八年："昔武王克商，光有天下，其兄弟之国者十有五人，姬姓之国者四十四人。"《荀子·儒效》：周公"兼制天下，立七十一国，姬姓之者四十四人。"参见：赵伯雄. 周代国家形态研究. 长沙：湖南教育出版社，1990：21.

② 沈长云，张渭莲. 中国古代国家起源与形成研究. 北京：人民出版社，2009：305 - 306.

③ 赵伯雄. 周代国家形态研究. 长沙：湖南教育出版社，1990：34.

④ 黄崇岳. 中国历朝行政管理. 北京：中国人民大学出版社，1998：45.

⑤ 周朝初期，周王遇到疑难问题，根据五类意见做决定：王意、龟卜、筮占、卿士、庶民。"外朝、治朝是周初政权机构的基本格局。外朝（国人集会）是一种咨询机构；治朝（卿事寮）是中央最高官署，是内朝。"到春秋时期，神职人员退出，只有王与卿大夫决议。——郝铁川. 周代国家政权研究. 合肥：黄山书社，1990：38.

了外朝；齐是一个系统，羁旅之士、布衣之士等微臣卑职组成了内朝，世族大家组成了外朝；晋是一个系统，内朝、外朝全为异姓和非常疏远的贵族所把持，因此，内、外朝实际上没有什么区分；秦是一个系统，羁旅之士组成了外朝，公族组成了内朝。"①

　　组织内涵构成对管理成效有明显的影响，春秋时期诸侯国内、外朝组织形式的变革内容对其日后的国家发展产生了深远影响。秦国在其中逐渐发展壮大，以后秦孝公任用商鞅变法，对官制进行变革，打破"亲亲尚恩"任官标准。"商鞅变法之后，秦国打破了领主贵族任官制度，建立了地主阶级的外朝官僚机构，宗室内朝势力受到沉重打击。"秦国广揽人才，国力渐强，终于在秦王嬴政手中一统天下。

　　第三，中央集权制通过对郡县官僚机构的直接管理，实现了皇权对地方的彻底控制。

　　秦始皇统一中国后，从组织角度对整个国家的管理结构与管理系统进行了彻底变革，建立了中央集权制，与以前的封建制有了根本性的区别。②秦朝建立的中央集权制，以政府为组织形式，对国家的管理主要体现了三个方面的内容：① 通过以皇帝为中心的中央政务运行系统，将国家的管理权力集中予以控制，皇帝集国家的决策、人事、财政、军事、司法等大权于一身。② 通过在地方实行郡县制，地方主要官吏由皇帝任命，不能世袭，官俸谷禄，皇帝通过控制官僚机构对地方实施了控制。③ 自中央到地方实行法令一统，一切按照皇帝的旨意行事。

　　对于地方的管理，秦朝以县为行政管理单位。县有县令，统管一切事务。县丞，副职，管文书、监狱。县尉，副职，管征兵、地方安全。县下设乡、里、亭。③县对地方管理的主要任务是维持社会治安、管理户籍人口、征税派役等。秦始皇建立的中央集权制的主要内容，在汉朝得到了承继与加强，以后为历朝历代所承继，是中国专制集权国家的主要组织特征，也是中国专制集权社会得以延续两千多年的组织基础。

　　以秦汉为标志的专制集权国家的出现，其国家管理的根本目的是为了维护"家天下"的巩固稳定，所以国家行政组织设计的内容变化也是围绕皇权巩固而进行，为皇家利益进行服务。从秦汉以后，对于地方的管理，行政组织的主要任务就是在维稳的基础上，完成征税派役任务，以满足"家天下"利益需要。④

　　在中国两千多年的专制集权统治中，无论社会面临什么样的问题，国家行政组织运行的首要任务是满足"家天下"利益巩固与维护的需要，而这个过程消耗了社会主要的财力物力。例如在明朝，朝廷要经常举行宴会，凸显皇恩。明朝宫廷宴会有大宴、中宴、常宴、小宴之分。大宴主要有郊祀庆成宴和元旦、冬至、万寿圣节三大节宴。⑤中宴有中宫皇太后及

① 郝铁川. 周代国家政权研究. 合肥：黄山书社，1990：44.
② "中国古代帝国阶段始于战国之后的秦王朝。帝国时期的专制主义的中央集权，是自上而下、层层行政隶属的、单一制的中央集权国家结构，其机制就是郡县制。在帝制国家结构中实行的郡县制，与先秦时期的采邑和分封制是完全不同的。采邑与分封都是世袭的，而郡县制中的各级官吏都是皇帝和中央直接任免的。"——王震中. 中国古代国家的起源与王权的形成. 北京：中国社会科学出版社，2013：518.
③ 《汉书·百官公卿表》载：大率十里一亭，亭有长；十亭一乡，乡有三老，有秩、啬夫、游徼。三老掌教化，……皆秦制也。""亭与掌管民事的乡、里组织有别。亭是专门负责巡察盗贼、监视百姓和维持社会治安的官吏。"——黄崇岳. 中国历朝行政管理. 北京：中国人民大学出版社，1998：124.
④ 明朝在地方实行的里甲制，清朝在地方实行的保甲制，在实质内容上与秦汉地方管理制度相似。
⑤ 《清史稿·礼志七》："顺治八年，定元旦、冬至、万寿圣节为三大节。"

皇后的寿诞宴、皇太子千秋节宴，以及四夷贡使的上、下马宴。常宴有祭祀宴，元宵、端午等节令宴，对文武百官的恩赐宴，朝觐与巡狩赐宴等。小宴有游宴、召对赐宴、征伐赐宴、殿衔落成宴等。

大宴礼仪繁复，所耗费的人力、物力和财力极为庞大。"如郊祀庆成大宴，所需的上中下宴桌多达二千五百桌，千秋节及节令宴需要一千二百桌。"为了做好这项工作，要有一个专门的部门光禄寺负责供应，并且由其他部门进行配合，如礼部负责出具与宴人员名单，纠仪御史等官员负责纠察宴会之中的礼仪。典礼宴会耗费巨大，给国家增加了财政负担。"正德元年，武宗登基前后进行了一系列的典礼。……一年之内，典礼耗费约 400 万两白银。"

万历年间，财政状况已经难堪重负，皇帝以五个儿子要行婚的名义，要户部准备白银 2400 万两。而这时候，国家已经兵患四起，财政紧张，不得不增加税收。"'明末三饷'指明末加派的辽饷、剿饷和练饷三项赋税的合称，始征于万历四十六年(1618)，一直延续到明朝灭亡，前后近三十年。据《明史·杨嗣昌传》称，三饷加派总额为 1679 万两。"①三饷加派，致使"民穷盗起"，是导致明亡的重要原因。②

在中央集权制主要内容形成以后，中国两千多年以来，国家对社会的行政管理方式与内容没有根本性的变化，这既使得中国传统文化得以延续，也形成了中国的专制集权对社会管理的故步自封。与中国不同，欧洲一些国家在中世纪后期出现了与政府组织保持相对独立的市民社会，"从西欧的历史来看，中世纪后期以来，随着商业的复兴，城市中出现了大量的以行会为代表的经济实体，经济领域从'家'不断往外扩展，直至彻底转移出'家'，而形成了一个同'家'与'国'都相对独立的领域，这就是市民社会。……由此，农业社会以'家'为单位的社会组织方式发生了改变，在市民社会这个领域中出现了新的组织形式，并进而改变了国家的组织形态。"③进入近代以后，一些以民主共和为基础的现代国家开始形成。在民主共和的现代国家中，公民权利占据主导地位，国家权力是来自于公民权利的让渡与委托，在政府管理上以满足公众利益需求为根本目标。

随着将公民权利与公众利益需求的满足，作为国家管理根本追求目标的价值认同的普及，国家对于社会的管理开始从组织形式上进行新的设计，以适应社会发展需要。从 19 世纪后期开始，科学管理原理与科层制原理等研究结果的出现，推动了行政组织自身的发展以及对社会管理的发展。

二、科学管理原理、科层制原理与行政组织发展

行政组织是国家为了管理国家及社会事务而设立的组织系统。在古代国家中，行政组织主要是指国家的行政机关，在现代国家中，广义的行政组织还包括立法机关、司法机关、军队等职能部门。

19 世纪以后，随着工业化进程的不断加速，社会问题层出不穷，现代国家行政组织规模不断扩大，对社会的干涉逐渐增加，政府权力在社会生活中也发挥着愈来愈重要的作用。

---

① 赵克生. 明代国家礼制与社会生活. 北京：中华书局，2012：53，72，78.
② 崇祯皇帝为了节省财政，精简驿站，其中的一名驿卒李自成因此而失业，李自成后来起兵反明，最终推翻了大明王朝。
③ 石国亮. 论私人组织、公共组织与社会组织. 中国行政管理，2010(10)：89.

这个时候，"早期政府组织中普遍存在的任人唯亲、裙带关系的弊端随之显现出来，公共利益以及政府公共权力主体的威信和形象因此受到极大损害。在此背景下，迫切需要打造一种能够与代议制民主相匹配的治理工具，以保证政府职能履行的高效、精确、稳定和有序。"①科学管理原理与科层制所强调的科学、理性原则与政府组织建设需求不谋而合，从而为其组织理论在政府组织领域的应用提供了一展身手的舞台。

第一，科学管理原理推动了行政组织管理水平与管理效率的提升。

20世纪后期以来，麦当劳经历了在全球的快速扩张，麦当劳在国外的快餐店已经超过了在美国本土的数量，并且在为世界各地的消费者提供快餐服务的同时，以一种快餐生产管理的模式，为其他快餐企业所模仿借鉴，带动了整个快餐业的扩张与发展。

麦当劳管理模式中最为醒目的内容有两点。一是在分工基础上所体现出来的工作效率。麦当劳将快餐食品制作从一次性完成变成了分工操作，使得复杂工作简单化，例如要求一个工作人员将一只活鸡变成炸鸡块，是一个充满挑战性的工作，而通过分工，将鸡的采购、宰杀、清洁、切块、调味、烹炸交给不同的人去完成的时候，每个人都会很容易地上手操作，这就极大地提高了工作效率。二是在标准化基础上所体现出来的品质保证。麦当劳将炸鸡从采购开始就制定了相应的工作标准，切块大小、调味配备、烹炸时间等工作程序，一切按照标准进行，这就保证了在任何地方、任何工作人员炸出的鸡块，其口味基本相同。

麦当劳在管理中采用的分工流程与标准化操作的管理方法，使得其组织形式很容易被复制，不仅带动了其自身的扩张发展，也为其他快餐业的发展提供了组织形式借鉴。在麦当劳管理模式获得成功的背后，体现的就是20世纪初，泰勒在科学管理原理中所阐述的基本内容。

泰勒致力于提高工厂工作效率的实验及研究，通过对工人搬运铁块、铲煤动作、铲子标准等一系列实验，他对于在分工、标准化操作基础上的效率的提升有了惊人的发现。泰勒将实验过程及结果进行系统总结，提出了科学管理原理。

科学管理原理要求在组织形式上落实以下要求：对工作内容进行分工，将复杂劳动分解为简单的操作组合；对每个操作动作进行实验，寻找最佳操作方法；将最佳操作方法变为工作标准，并以劳动纪律予以确定；用标准化操作方法对工人进行培训，使其快速成为熟练工人；通过流程将分工予以组合，形成标准化的工作分工组合流程。

科学管理原理提出后，首先应用在美国工厂装配线上并大获成功。福特汽车厂在此基础上开创了流水线生产方式，大幅度地提升了工作效率，并为整个制造业所采用，对大规模的工业生产发展起到了根本性的推动作用。

科学管理原理在企业获得成功后，也同时引起了政府部门的关注。"工厂装配线是受泰勒思想影响的主要领域，但是，科学管理原理应用于政府部门的时间并不比它晚多少，热情的支持者认为泰勒的思想可以应用于公共部门。"②在科学管理影响下，政府部门开始通过分工、标准化、工作纪律、工作流程等的改进，提高行政组织的自身建设。

---

① 李东. 历史视野中的政府组织：论政府组织的三种历史类型. 西北大学学报(哲学社会科学版)，2011(5)：119.
② [澳]欧文·E. 休斯. 公共管理导论. 3版. 张成福，等，译. 北京：中国人民大学出版社，2007：32.

第二，科层制原理构建了行政组织的基本组织结构与理性管理原则。

在科学管理原理影响行政组织建设的同时，韦伯提出的科层制原理也因为其对组织建设具有明显的针对性而广受行政组织关注。韦伯认为行政组织需要权威，而权威主要来源于三个方面，第一种权威是"魅力型权威"，主要是由组织的领导者个人魅力所产生，如魅力型领导者所具有的影响力；第二种权威是"传统型权威"，主要是由文化习俗所形成，如部落酋长所具有的权威；第三种权威是"法理型权威"，是由法律规章所规定的职权内容所确定的权威，如宪法所赋予的总统的权威。韦伯认为前两种权威具有非理性特点，对于组织来说，要想保持组织权威的稳定性与规范性，"法理型"权威是最好的选择，组织应该在法律规章与理性的基础上进行组织设计。

以法理理性为基础，韦伯提出了"理想的行政组织模型"。韦伯所提出的这种组织模型被称为"科层制"或"官僚制"，它主要包括几个方面的内容：组织工作要进行明确的分工，根据工作任务需要，通过考试方式选择专业人员承担工作任务；组织要建立自上而下的等级权力结构，以层级指挥的方式来推动组织工作开展；组织的运作要以制度、纪律、成文文件为依据，组织中的人际关系是理性的工作关系而不能掺杂私人情感。

韦伯提出的科层制的一些内容在早期社会活动中已经有过相应实践，例如中国历史上所构建的等级权力结构、层级指挥与科举制度等，都有过漫长的实践过程。但与韦伯的科层制相比，其中最大的差别是专制集权的官僚组织是建立在人格化的基础之上，就是官僚组织必须是对掌权者个人负责，尤其是必须绝对对皇帝负责；韦伯的官僚组织是建立在非人格化的理性基础之上，就是官僚组织最终只能对法理负责。人格化与非人格化的差别会推动行政组织构建及运作产生巨大的差异，其实质就是"人治"与"法治"的差别。因此，韦伯所提出的科层制正是适应了以民主共和为基础的现代国家行政组织建设的需要。

第三，大政府模式推动了二战以后行政组织的快速扩张。

在科学管理原理、科层制原理等相关理论的指导下，现代国家行政组织的自身建设得到了极大推动，政府部门从专业角度适应社会发展的需要有了明显改善，面对工业快速发展，城市人口聚集等新出现的情况，政府不断扩大职能，增设管理部门，以适应城市发展所带来的公众对教育、医疗、卫生、交通、水电等基础设施建设的需要。

20世纪30年代，资本主义世界发生了一次大的经济危机，在美国表现得最为严重。1933年罗斯福就任总统以后，开始在美国推行"新政"。"新政"的主要内容就是政府开始介入经济发展等活动，实行金融管制，为公众提供社会福利保障等公共服务。

在"新政"实行之前，资本主义国家的发展普遍遵循斯密所提出的政府充当"守夜人"的角色，政府对经济发展采取不干预政策。其主要表现为：财产私有，私人有权拥有及支配自己的财富；经济自由，政府中立，不随便干预经济活动，使每个人得以按照自己的意志，自由地进行其经济活动，如此才能有效率；分工生产，通过自由贸易，进行商品交换。

"新政"的实施，打破了政府不干预经济发展的政策，使得美国迅速摆脱经济危机，经济及社会发展获得了新的动力，取得巨大成效。此后凯恩斯对国家干预经济在理论上进行了系统总结，主张国家采用扩张性的经济政策，通过增加需求促进经济增长。凯恩斯认为，"只有国家干预经济，才能保证有效需求在充分就业的情况下达到与总供给的均衡。"[①]政

---

① 约翰·梅纳德·凯恩斯. 就业、利息和货币通论. 北京：华夏出版社，2005：297.

府干预经济与社会发展，即意味着政府部门在组织结构及职能上要进行扩张，而科学管理原理、科层制原理等理论的应用，为政府部门扩张提供了基础。

在二战以后，西方国家开始构建福利型国家，政府管理的事务越来越多、规模越来越大。以英国为例，在这个一贯奉行自由经济的国家，政府也开始举办国有企业，涉及钢铁、煤炭、铁路、航空、电信、银行等领域，"到1950年，英国国有资产约占全国资产的1/5"。①英国1946年实施的《国民健康服务法》，建立了由中央政府统一领导、地方基层参与执行的医疗管理体制，并明确所有国民免费享有医疗卫生服务权利。"1950年，英国用于社会保障方面的支出为6.5亿英镑，1960年增至14.9亿英镑，1970年增加到39.2亿英镑，1980年又猛增到235.1亿英镑；整个20世纪70年代，英国社会支出占政府财政支出的比例都接近或超过60%。"②在政府组织大规模扩张的过程中，政府自认为无所不能，可以对社会活动进行全面干预，被称为"全能政府"或"无限政府"。

三、新公共管理运动与公共组织发展

"无限政府"在人类历史上所取得的成效前所未有，但是在发展过程中也遇到了诸多难题，"无限政府"遇到的直接障碍是行政成本与公共支出的增加对公共财政构成了巨大的压力。③与此同时，在对科层制进行观察研究的基础上，帕金森定律揭示政府部门具有自我扩张的倾向，会对效率实现带来负面影响；交易成本原理揭示政府部门的增加会影响效率提升、增加成本开支；公共选择原理揭示政府部门在权力扩张的过程中会追求自我利益、进行权力"寻租"。有关"无限政府"模式的诸多研究，都揭示出政府部门依据自身组织的扩展，对社会进行全面干预的管理方式已经走到了尽头，必须对此进行变革。在这之后，新公共管理理论与治理理论分别从组织变革的视角，对传统的以政府组织为主的管理社会方式提出质疑，并提出了改革设想。

新公共管理运动始于20世纪80年代，④改革者提出国家对社会的管理要从以建设政府组织为主的行政管理的视角，转到以实现公共利益为主的公共管理的视角。随后，这场诞生于西方的行政改革影响波及全世界，并被冠以一系列名称，如新公共管理、新公共行政、重塑政府、管理主义等。新公共管理运动在其发展过程中，陆续融合了新公共服务、治理理论等诸多内容。新公共管理运动改革的依据，主要有两个方面，一是效率模式假设，二

---

① 阎照祥. 英国政治思想史. 北京：人民出版社，2010：442.

② 张菊梅. 二战后英国公共服务供给模式变革及对中国的启示. 学术论坛，2012(2)：68.

③ 以美国为例，政府功能的扩展导致实际中政府工作人员急剧增加。1960年，美国政府中有880万名政府雇员（含联邦政府与地方政府），到1990年为止，联邦政府的雇员已经上升到310万人。在同一时间，州和地方政府的雇员翻了一倍多，达到1545万人。——参见［美］史蒂文·科恩，威廉·埃米克. 新有效公共管理者：在变革的政府中追求成功. 2版. 土圴岭，等，译. 北京：中国人民大学出版社，2001：26.

④ 戴维·奥斯本在其于20世纪末提出的政府再造五项战略中对新公共管理的实践过程进行了简要的归纳，"政府再造诞生于近乎20年以前公共生活的边缘，并伴随美国1978年开始的'反税收运动'以及1979年英国玛格丽特·撒切尔的大选而成长。随着澳大利亚和新西兰1983年和1984年的工党政府竞选以及撒切尔1988年'下一步行动'机构改革措施的出台，政府再造运动在20世纪80年代全面铺开。"——［美］戴维·奥斯本，彼德·普拉斯特里克. 摒弃官僚制：政府再造的五项战略. 谭功荣，等，译. 北京：中国人民大学出版社，2002：9.

是功能模式假设。

第一，新公共管理从效率实现上对政府组织进行了改革。

从效率模式的假设来看，一方面是政府功能和管理权限在二战后发挥到极致的背后，政府部门追求自我膨胀倾向、维护垄断地位的潜在愿望和追求部门利益最大化等问题无法避免，随之而来的诸如机构臃肿、等级森严、形式主义泛滥等现象随处可见，公共管理的效率及效果实现都受到负面影响；另一方面，随着通信和运输等技术的发展，私营部门面临着激烈的技术革新和全球竞争压力，掀起了大规模的精简和改革浪潮，企业效率不断提高，并推动了企业效果的实现。

"无限政府"在效率、效果实现上出现的问题，尤其是与企业相比较所存在的差距，使其面临巨大的改革压力。在这种情况下，"人们普遍假设提高政府组织效率的最佳甚至唯一的方法是用某种建立在市场基础上的机制代替传统的官僚体制。"[1]效率模式假设是要求政府部门在组织管理上向企业学习，改造科层制，在借鉴企业管理方法的基础上，通过效率的提升，最终取得更好的管理效果。

第二，治理从功能实现上对政府组织进行了改革。

从功能模式的假设来看，认为公共管理所遇到的问题是政府试图以政府组织作为唯一组织形式去实现其功能，而对于政府来说，"不同类型的功能需要对应不同的组织治理形式，才能使其实现程度达到最优。有些功能的实现最好是依靠政府，有些则需要依靠非营利部门，还有些功能则是营利组织的强项。"[2]

功能模式假设是要求公共管理改革的路径是以多种组织形式去实现政府的功能。伴随着公共管理必须从组织形式上进行改革的呼声，治理理论提出了改变政府部门一家管理社会的主张，采纳动员非政府部门、公众参与等组织形式，与政府部门一起来实施对社会的治理。[3]

治理（Governance）相对于管理（Government），其最大的区别就是国家管理社会的主体不同，治理要求以多元主体实施对社会的合作共治，管理是以政府组织单一主体对社会进行管控。在管理情境下，社会管控相对较为简单，主要是突出政府部门的强制权力，被管理者的参与权力受到忽视；在治理情境下，多元主体之间如何进行协调互动变成一个突出问题，政府部门不仅要以平等关系对待其他参与主体，而且要以主导者的角色，做好多元主体之间的沟通、交流、协商、合作工作，并且通过自身组织建设的变化，来适应合作共治的需要。

多元主体参与社会治理提出以后，从组织视角来看，公共管理开始从注重政府组织自身建设转到加强公共组织建设之上来，而政府部门在其中仍然扮演着主要角色，担负着艰巨的任务。

---

① ［美］B·盖伊·彼得斯. 政府未来的治理模式. 吴爱明，等，译. 北京：中国人民大学出版社，2001：25-25.
② ［美］史蒂文·科恩，威廉·埃米克. 新有效公共管理者：在变革的政府中追求成功. 2版. 王巧玲，等，译. 北京：中国人民大学出版社，2001：2.
③ 在英语中，现代国家治理一般使用 Governance 或 Public Governance（通常译为"公共治理"）或 Good Governance（通常译为"善治"）表述，而传统的国家管理则使用 Government（通常译为"统治"或"国家管理"）或 Administration（通常译为"行政"或"行政管理"）或 Regulation（通常译为"管制"或"规制"）表述。

第二节　公共组织的主要类型及特征

治理所提出的与政府部门一起参与社会管理的多元主体有多种构成，如私营企业、中介服务、志愿者组织、公众参与等；其中，以是否营利为判断标准，将不以营利为目的、参与社会治理的组织称为公共组织。

公共组织是指不以营利为目的，以追求公共利益提高为价值取向，以服务公众为宗旨的组织。在公共组织构成中，主要包括政府组织、准政府组织、非政府组织。

在公共组织构成中，还有一种较为特殊的组织——公共企业。"相对于其他公共部门而言，公共企业造就了特殊的管理问题，最值得注意的就是对这种以营利为目标的公共组织的控制与责任问题。"[①]公共企业既包括传统的邮局，供水、排水、供电、供气等具有一定垄断性的公用事业组织，也有像银行、航空公司等参与市场竞争的国有企业。公共企业在提供公共产品与公共服务的过程中，有营利追求，其管制及改革的内容较为复杂，在此不作为本章的介绍内容。

一、政府组织

在所有的组织中，政府组织无疑是最为重要的组织，承担着管理社会，提供公共服务的主要任务。政府组织有广义与狭义之分，广义的政府组织包括立法机关、司法机关与行政部门等，狭义的政府组织一般是指行政部门。[②]从狭义上所理解的政府组织，是指拥有公共行政权力、承担国家和社会公共事务管理职能的政府行政部门。

政府组织在管理社会过程中，通过税收和对国有资源的占有控制，获得开展活动的财政等资源，并在此基础上履行政府的基本职能。现代政府组织的组成及活动，都具有以下基本特征：

第一，政府组织是根据法规组成的。政府组织的组织结构、职位权力、人员选择配置等都要有法规依据。

第二，政府组织要依法行使行政权力。政府组织在行政执行过程中，行政权力获得国家暴力支持，对国家及社会事务实施管理。

第三，政府组织要履行其基本职能。政府以税收为基础形成公共财政，并以公共财政支出形式履行其基本职能。政府组织要为社会提供水电、交通等基础设施，为公众提供国防、治安、教育、医疗等基本保障，为经济发展提供政策调控支持，解决与协调各种社会冲突，保护环境与自然资源，为满足公众需求最大限度地提供公共产品与公共服务等。

第四，政府组织要从总体上协调各种组织的活动。在治理环境下，政府组织要主导多元主体的活动，实现和谐共治。

---

① ［澳］欧文·E. 休斯. 公共管理导论. 3版. 张成福，等，译. 北京：中国人民大学出版社，2007：110 - 111.

② "狭义的政府组织仅指行政组织，广义的政府组织还应包括立法机关和司法机关，甚至军事机关。在当代，由于政党组织（特别是执政党）与国家权力紧密相连，人们倾向于把政党组织视为准国家权力。这样，广义的政府组织还应把政党组织也包括进去。"——李传军. 公共组织学的研究视域. 广东行政学院学报，2008(2)：33.

　　根据政府组织构成的基本特征要求，各个国家的政府组织在具体组成形式上都会受到国情的影响，呈现出一定的差异。以中国为例，从 1949 年中华人民共和国建立以后，到改革开放之前，中国的政府组织一直是以"苏联模式"为借鉴，以适应计划管理的需要，构建了对社会进行全面干预与管控的政府组织形式。

　　"有计划的社会生产"是马克思、恩格斯关于社会主义经济设想中的一个重要观点。第一次世界大战的时候，德国成立了"战时工业委员会"和"战时原料管理处"，前者负责分配政府订货和管理军需生产，后者下属 59 个军需公司，专门管理征集和分配各种工业原料，把重要原料和货物优先给予垄断组织。"在德国战时计划经济中体现出来的以国家力量为核心的制度设计为列宁关于社会主义计划经济的蓝图设计提供了直接的体制性依据。列宁以德国战时计划经济为原型，描绘出一个全民的国家的辛迪加设想。"[①]

　　斯大林时期，国家对社会的干预与管控更是全面加强，对大中小型企业，无一例外地实行工业国有化，由最高国民经济委员会及其所属各管理总局，直接进行垄断计划管理。农业方面，实行"粮食征集制"，就是由国家确定征收粮食的计划总额，自上向下，逐级摊派，直到每个农户，按国家规定的固定价格向农民征收。社会方面，在政府组织层级管理下，国家对各个方面实行全面管控。苏联以政府组织全面计划管控社会的模式被称为"苏联模式"。

　　二战结束以后，苏联向社会主义国家的国家管理输出"苏联模式"。中国对于"苏联模式"的接受是基于自身的迫切需要，"我们从一开始就是自觉自愿接受苏联模式的。斯大林向中国推行苏联模式，没有遇到什么阻力。因为我们党内缺乏懂经济的专家，在解放战争后期就面临管理大城市、管理经济的困难，一开始建国，就急需苏联在这方面提供援助。"[②]

　　1949 年 5 月 17 日，苏联驻华代表科瓦廖夫在致斯大林的报告中，汇报了毛泽东对于即将夺取全国政权以后，如何管理这个国家的担忧。5 月 12 日，当解放军已经陈兵江北，准备渡江发动总攻之际，毛泽东与朱德、刘少奇、周恩来、陈云等会见了科瓦廖夫。

　　毛泽东在介绍了战争局势后谈到，不久前他跟民主人士座谈过，他们表示："你们共产党有政治、军事中心，这是你们力量的所在，但是你们没有经济中心，这是你们的弱点。"

　　毛泽东同志说："我们了解自己的弱点，我们也感觉得到，不仅我们领导人没有领导经济的经验，我们整个党都没有。……我们就是这样的。我们知道总的方向，怎样发展我国的经济，我们朝这方向努力，结果怎样，我们说不清，因为心中没有底。我们要加快建立经济中心。"

　　毛泽东提出，要派刘少奇为首的代表团去莫斯科寻求支援。[③]

　　1949 年 6 月，刘少奇率中共代表团访问苏联，在代表团回国的同一火车上，就带回了斯大林派来的管理城市和经济的苏联专家。"第一批到达中国的 250 名苏联专家是按照中共领导的要求配备的。其中一部分人负责制定国家管理体制和未来的部委职能和章程，并参加组织和建立国民经济管理系统的实际工作。""这样，从国家经济计划整体编制，到具

---

① 任晓伟. 苏联计划经济模式的历史原点：论德国"一战"期间的计划经济及其对列宁的影响. 当代世界社会主义问题，2007，(3)：69.

② 马龙闪. 苏联计划经济走过的坎坷道路. 探索与争鸣，2015，(2)：90.

③ 沈志华主编. 俄罗斯解密档案选编：中苏关系. 第 2 卷 1949.3－1950.7. 上海：东方出版中心，2015：51－51.

体实施的政府机构设置，以至基层的工厂企业，都是按照苏联的一整套计划经济管理模式实施的。这样，在中国就牢牢地确立了苏联的计划经济体制模式。"①

"苏联模式"在中国政府组织的形式构成及对社会管理方式上影响深远，在改革开放以后，中国才逐渐对这种组织形式与管理方式进行系列改革。

二、事业单位

事业单位，在西方被称为准政府组织，其英文是 Quasi-autonomous Non-governmental Organizations（缩写为 Quangos），是介于政府组织与非政府组织之间的一种公共组织。这种公共组织随处可见，如学校、医院、图书馆与科研机构等，它们充斥在社会生活的方方面面。准政府组织以非营利的活动为基础，以增进公共利益为目标，通过法律或政府授权行使一定的行政权力，对特定的公共事务进行管理并提供公共服务。

在西方发达国家，准政府组织兴起于 20 世纪 50 年代，在后来的"新公共管理运动"的带动下得到蓬勃发展。"这些萌生于相对成熟的自由民主体制之下的新型组织，其产生的过程是代议制社会内部的一次'再委托'，民选政府获得执政权力后，通过授权的方式委托相应机构完成部分公共事务。"②准政府组织的这一特点使其不同于其他一般的社会组织，它们不属于政府行政部门，但是却拥有一定的公共权力，从而在国家政治生活中发挥着独特的作用。

事业单位是具有中国特色的组织称谓，是中国在计划经济体制下产生的一种公共组织，非营利性与公益性是其基本属性。相关的研究认为，"这种计划经济体制下产生的事业单位实施对社会公共事务的行政化管理，是高度集中的政府管理体制的重要组成部分，具有准政府组织的性质。"③1955 年 7 月，在全国人大常委会《关于 1954 年国家决算和 1955 年国家预算的报告》中，我国从经费使用的角度上首次使用了事业单位的概念。此后，事业单位的概念得到普遍使用，并在不同时期有着不同的定义。

1998 年国务院发布第 252 号令《事业单位登记管理暂行条例》，对事业单位进行规范管理，把事业单位规定为，为了社会公益目的，由国家机关举办或者其他组织利用国有资产举办，从事教育、科技、文化、卫生等活动的社会服务组织。④事业单位在我国是一个数量极为庞大的组织，涉及教科文卫、农林水、广播电视、新闻出版等多个领域，单位总计有 100 多万个，工作人员在 3000 万以上，其承担的职能千差万别，管理上也较为复杂。⑤

我国的事业单位虽然与准政府组织有相似之处，但是在自治性、内部管理等方面仍然具有自己的特点。其基本特征主要表现为以下几个方面：

第一，事业单位由政府主办并主管。我国的事业单位主要分布在科学研究机构、教育机构、文化机构、卫生医疗机构、体育机构等，都是由各级政府主办并主管，同时接受各级党委的领导。

① 马龙闪. 苏联计划经济走过的坎坷道路. 探索与争鸣，2015，(2)：90.
② 古明明. 准政府组织研究：一个正在兴起的公共组织研究领域. 国外理论动态，2016，(5)：134.
③ 王乐夫，蔡立辉. 公共管理学. 北京：中国人民大学出版社，2012：65.
④ 陈桂生，张霁星. 准政府组织管理，北京：人民出版社，2009：229.
⑤ "据有关统计显示，截至 2005 年底，全国事业单位总计 125 万个，涉及教科文卫、农林水、广播电视、新闻出版等多个领域，工作人员超过 3035 万人，是国家公务员的 4.3 倍，占全国财政供养人数的近 80%。"——汪孝宗. 全国事业单位人数占财政供养人数的 80%. 中国经济周刊，2009(23)：35.

第二，事业单位的经费主要由公共财政供给。事业单位除了自身有限的服务收费外，其大部分的运行成本都是由公共财政来提供，这其中包括人员的工资支出、办公成本与服务成本等。

第三，事业单位的管理方式与行政单位类似。由于事业单位从一开始就仿照行政单位管理，其组织机构、职位编制等都是由政府主管单位确定，所以事业单位的内部管理与政府部门相类似，管理人员拥有相对应的行政级别。

三、社会组织

社会组织，通常又称为非政府组织，是指不属于政府组织系统，不以营利为目的，主要开展公益性社会服务活动的组织。①对于非政府组织，经常使用的和其相关的表达有：第三部门、非营利组织、公民社会组织、民间组织、社会组织、社会团体、志愿组织、草根组织、公益组织等。

各国在用词习惯及对组织范围的界定上有所差异，这些概念的内涵和外延有时候基本一致，可以相互通用；有时候它们又有不可忽略的差异，或者是相互包含的关系，或者是相互交叉的关系。其中，判断其是否具有差异性的指标主要有三个：非政府性、非营利性、公益性。如果在这三个指标上具有同一性，上述这些概念就可以相互通用。

非政府组织的发展，与现代社会中公众参与公共治理的觉悟与要求逐渐提高有关。随着社会的发展与进步，公众对于国家所提供的管理与服务的要求越来越高，除了效率与效果之外，公众更加关注公平公正、公民权利保障、民主参与等价值理念的落实，要求政府提供公共服务的平等与公正，强调公共管理者对决策与执行的责任承担，强调政府对公众需求的回应等。这些理念的发展，推动公众参与逐渐走上社会管理的舞台。公众参与的初衷是公众通过一定的组织形式，通过参与公共管理过程来保障公众享受公共服务的权利。其基本的依据是认为以政府组织单一主体方式，无法实现有效提供公共服务的任务。

对于非政府组织，我国政府的官方用语一般将其称为社会组织，各级政府在民政部门下设立"社会组织管理局"，对社会组织进行管理。从社会组织在我国的发展来看，其概念经历了从社会团体到民间组织再到社会组织的演变过程。②在政府用语中，社会组织主要

---

① "所谓非政府组织，是指主要由志愿人员组成，不以营利为目的，主要开展公益性或互益性社会服务活动，处于政府组织和市场组织以外的，地位合法的自治型社会组织。对于非政府组织，较普遍的是用剩余法来界定：政府为第一部门，企业为第二部门，剩下的为第三部门即非政府组织。非政府组织也可称为非营利组织，二者在内涵和外延上是一致的。非营利组织强调的是其和企业的区别，非政府组织强调的是其和政府的区别。相对于'非营利组织'一词来说，'非政府组织'一词在国际社会更为通用。"——李传军. 公共组织学的研究视域. 广东行政学院学报，2008(2)：33.

② 有学者研究认为，中华人民共和国成立以来我国非政府组织的发展经历了探索与受挫时期(1949—1978年)、恢复与发展时期(1978—1995年)、大发展与变革时期(1995年至今)三个阶段。"如果说，我国在新中国成立以后并没有真正意义上的非政府组织，那么1995年成为一个关键性的转折点。这一年世界妇女大会在北京召开。期间，中国有很多人民团体、社会团体、学者和政府官员参加了世妇会'非政府组织论坛'。会上，我国的有关组织机构与其中一些非政府组织进行了沟通，特别是与一些资助型的国外NGO(非政府组织)建立了联系。"——孙静. 建国以来我国非政府组织的发展历程及启示. 山东师范大学学报(人文社会科学版). 2011(4)：108.

是指：由社会公众自愿组建、成立的非政府、非营利，具有组织章程、合法注册的组织，包括社会团体、民办非企业、基金会三大类型。

根据民政部提供的资料，截至 2016 年一季度，全国经民政部门依法登记的社会组织达到 66.48 万个，其中社会团体 32.9 万个，基金会 4841 个，民办非企业单位 33.1 万个[①]。民政部社会组织管理局的官网"中国社会组织"[②]，将在民政部注册登记的社会组织分为六种类型：社会团体[③]，民办非企业单位[④]，基金会[⑤]，国际性社团[⑥]，外国商会[⑦]，涉外基金会[⑧]。

社会组织独立于政府和企业之外，主要是由志愿者自愿结成、自主管理，不以营利为目的，以实现社会公平正义价值观或为社会提供公益性服务为宗旨。社会组织一般具有以下特征：

第一，社会组织不隶属于政府，是非政府性的自治组织。社会组织在组织上保持相对独立性，但是关注与政府的合作，接受政府的指导与资助，以合法组织的形式参与社会治理。

第二，社会组织具有非营利性。社会组织提供社会服务可以收取一定的费用，但这些费用基本是服务的成本价值，应该保持较低的利润率，其开展活动所得的盈余不得在组织成员中分配。

第三，社会组织成员具有志愿性。社会组织成员加入或退出组织基于个人意愿，没有外在强制力迫使其做出选择。但成员一旦加入组织，就必须遵守相关的规则要求，在有限的经营项目中合法开展活动。

我国党和政府认为，社会组织是我国社会主义现代化建设的重要力量，要改革社会组织管理制度，促进社会组织健康有序发展。在今后的社会组织发展中，要大力培育发展社区社会组织。一方面是降低准入门槛，对在城乡社区开展为民服务、养老照护、公益慈善、促进和谐、文体娱乐和农村生产技术服务等活动的社区社会组织，采取降低准入门槛的办

---

① 民办非企业单位是指企业事业单位、社会团体和其他社会力量以及公民个人利用非国有资产举办的，从事非营利性社会服务活动的社会组织。在民政部门登记的非营利性民办学校、民办医院、民办养老院、民办博物馆、民办社会工作机构等组织，都属于民办非企业单位。参见中国政府网：新华社.2016 年 5 月 1 日.全国经依法登记社会组织超 66 万个. http://www. gov. cn/xinwen/2016 - 05/01/content_ 5069728. htm.

② http://www. chinanpo. gov. cn/search/orgindex. html.

③ 如×××大学校友会、中国扶贫志愿服务促进会、中华司法研究会、中国湿地保护协会、中国地质学会（1922 年 2 月 3 日同类型第一个成立登记）等。

④ 如中辰养老服务事业发展中心、泛海美术馆、长江商学院、新家园社会服务中心、爱之桥服务社（1999 年 2 月 8 日同类型第一个成立登记）等。

⑤ 如中国足球发展基金会、×××公益基金会、×××大学教育发展基金会、×××慈善基金会、中国儿童少年基金会（1981 年 7 月 28 日同类型第一个成立登记）等。

⑥ 如亚洲金融合作协会、世界旅游城市联合会、国际反贪局联合会、博鳌亚洲论坛、国际风筝联合会（1991 年 8 月 19 日同类型第一个成立登记）等。

⑦ 如中国意大利商会、中国欧盟商会、中国泰国商会、中国日本商会、中国美国商会（1991 年 4 月 22 日同类型第一个成立登记）等。

⑧ 如星云文化教育公益基金会、顶新公益基金会、余彭年慈善基金会、华润慈善基金会、慈济慈善事业基金会（2008 年 1 月 14 日同类型第一个成立登记）等。

法，支持鼓励其发展；另一方面是积极扶持社会组织发展，鼓励依托街道（乡镇）综合服务中心和城乡社区服务站等设施，建立社区社会组织综合服务平台，为社区社会组织提供组织运作、活动场地、活动经费、人才队伍等方面支持。采取政府购买服务、设立项目资金、补贴活动经费等措施，加大对社区社会组织扶持力度，重点培育为老年人、妇女、儿童、残疾人、失业人员、农民工、服刑人员未成年子女、困难家庭、严重精神障碍患者、有不良行为青少年、社区矫正人员等特定群体服务的社区社会组织。①

第三节 公共组织的变革

在新公共管理的改革中，无论是从效率模式还是从功能模式出发，与私营部门相比较，政府组织总是以缺乏效率、灵活性和回应性的形象出现。同时，政府组织处于公众严密监督之下，在各方面的批评声中面临着巨大的压力，不得不寻求革新之路。"公共管理改革的战略措施包括政府权力下放、缩减政府规模、减少繁文缛节、提高决策能力、增加行政的自由裁量权、鼓励采用私营部门管理方法、结果导向、更加重视绩效测量和使政府责任更加透明化。这些改革已经改变了行政文化的内涵，并推动政府管理者在其工作职责中更加重视对政府效率（Efficiency）、效果（Effectiveness）和问责（Accountability）的追求。"②

对于中国来说，政府组织是社会管理的主体，政府组织的变革，必然也会带动其他组织的变革。因此，政府组织在对自身进行变革的同时，还要通过精心的设计，从社会治理发展的角度出发，主动引导事业单位、社会组织等其他公共组织的变革。

一、政府组织变革

在国家形成与发展的过程中，政府组织从一开始就扮演着非常重要的角色。政府组织以什么样的组织形式，如何进行社会管理，与其他社会组织的关系如何处理等问题，都是政府组织时时刻刻必须思考的内容，并且要根据社会环境的变化，及时进行变革。

我国政府组织的构建是以"苏联模式"为基础，政府组织全面计划管控社会，虽然有其优势，但也暴露出诸多的弊端。从20世纪80年代实行改革开放以后，我国开始逐渐对这种组织形式与管理方式进行改革，但是因为在社会管理中存在着巨大的惯性，使得改革仍然面临着艰巨的任务。

在河南省警务机制改革过程中，就面临着传统体制巨大的惯性引力，使得一些改革举措无法真正落实生效，改革最终宣告失败，重新回归原有的体制。例如，在减少公安管理层级的设计中，一个重要的前提条件是把交警、巡特警、刑警、治安警四警合一、一警多能。但记者在采访中得知，"一警多能的想法不切合实际，各大队分散办公，警力不集中，而且处理的事件多元化，不可能做到一警多能。"李警官拿他所在的派出所举例，他说："派出所

① 参见中国政府网：新华社. 2016年8月21日. 中共中央办公厅 国务院办公厅印发《关于改革社会组织管理制度促进社会组织健康有序发展的意见》. http://www. gov. cn/xinwen/2016 - 08/21/content_5101125. htm.
② Barbara S Romzek. Dynamics of public sector accountability in an era of reform. International Review of Administrative Sciences Vol. 66 no.1, March 2000：21.

以前是基层单位，因为随时有可能接到报警，值班人员一刻都不敢离开"；"改了之后，真正在一线的就是交巡警大队，其他的部门都成了'机关'，可是交巡警大队对刑事案件、治安案件没有处置权，这样的话，就耽误了报警人的时间。"①合并后的"大派出所"分工很细致，不像以前的派出所，除了大案交给刑警，其他的事民警都要处理。"大派出所"分成好几个部门，刑事案件、治安案件都分开处理，出警的是巡警，只负责出警了解情况，不负责案件的具体处置。在警务层级改革之后，还面临着与外部单位如何对接的问题，郑州市以前各区县检察院对嫌疑人批捕、审查、起诉阶段都是直接与各区县公安分局对接，警务机制改革后，一个区县的检察院要与好几个"大派出所"对接，因此出现问题。为了解决问题，改革后，河南省公安厅要求各区县选一个派出所作为本辖区的"中心派出所"，负责协调其他派出所的工作。因为无隶属关系，中心派出所的协调工作无法实现，最终，中心派出所形同虚设。河南省警务机制改革所反映出来的问题，正是我国政府组织改革所面临的现状，也是迫切需要解决的问题。

在新的形势下，党和政府提出要全面深化改革，完善和发展中国特色社会主义制度、推进国家治理体系和治理能力现代化。因此，政府组织需要围绕国家治理体系与治理能力现代化建设这个总体目标，从组织的视角加强自身建设，推动其他公共组织的建设与发展。

第一，创新社会管理机制，变唯一主体为多元主体。

现代政府管理的主要任务，是运用庞大的公共资源，根据社会公共需要，为公共利益最大化提供公共产品和服务。在这个过程中，依靠单一的政府组织无法完成这个任务。与此同时，公众是公共服务的接受者，对公共服务的需求配置安排以及公共服务质量好坏有切身的感受，公众参与能够直接反应社会需求，为政府以切实可行的安排满足社会需求提供有效参数。

在公共管理改革中，政府组织主要集中于掌舵性的职能，如拟订政策、建立适当的激励机制、监督合同执行等，将一些公共服务职能转移给社会，引导多元主体为实现公共利益目标服务。因此，政府部门要摆脱传统思维，抛弃自身利益，对各种多元主体、特别是在公众参与基础上形成的公共组织持支持态度，大力扶持其发展，保持其相对的独立性，发挥其独特的作用，形成多元主体共同参与的治理体系，提高社会的治理能力。

在政府组织改革中，要进一步转变政府组织职能，为其他治理主体承接政府职能提供空间。在治理环境中，非政府组织等其他治理主体对政府职能的承接是以政府组织职能的实质性转移为前提的。长期以来，一些政府组织在部门利益驱动下，不愿意转移职能、下放权力，同时，将本应由政府承担却无利可图的职能推给了社会，使得其他治理主体难以发展。因此，在改革中，要进一步转变政府组织职能，政府组织要从满足社会基本服务需求出发，集中力量履行好医疗、卫生、教育、社会保障等服务职能，同时从一些社会领域中退出，把本应由社会自我管理的领域交给其他公共组织来管理。

第二，减少管理部门与层级，推进政府组织扁平化改革。

20世纪80年代以来，私营部门在市场竞争、顾客导向和信息技术发展的影响下对组织结构进行了重组，在传统的集权化层级结构之外出现了扁平化组织结构。在扁平化组织

---

① 田北北. 法制晚报. 河南警务改革4年后郑州恢复公安分局领导数量翻倍，2010-4-10.（转引自凤凰网. http://hn. ifeng. com/zixun/yaowen/detail_2014_04/10/2110075_0. shtml）.

中,"生产单位被赋予了企业家精神,它保持一定程度的自主性,以便能够快速和充满灵活性地进行生产,同时又对市场不断变化的要求保持高度敏感。"①在借鉴私营部门组织重构经验基础上,政府组织对集权化的层级结构也进行了改革,改革的重点是强调放松管制和权力下放,减少自身管理层级,合并职能部门和机构,裁减冗员,控制组织规模,将行政组织资源尽可能地推到公共服务前沿。

在当代的治理模式下,政府组织扁平化的改革主要在两个层面开展,一方面是在中央政府组织构成中实行大部制改革,"即在政府的部门设置中,将那些职能相近的部门、业务范围趋同的事项集中起来,由一个部门统一管理,最大限度地避免政府职能交叉、政出多门、多头管理,从而提高行政效率,降低行政成本。"②大部制改革已经成为一种世界潮流,并取得了显著的成效。另一方面是各国积极探索减少行政管理层级的方法,向下放权。在行政管理层级方面,世界上绝大部分国家实行的是二级或三级制。

我国现在政府组织部门设置较多,"县级以上各级人民政府均下辖相当数量的下属机构,机构设置名目繁杂,数量众多,如办公厅(室)、职能机构、直属机构、直属事业单位、办事机构等,以及各种各样为处理临时性问题设立的临时机构,以及为协调、处理、解决机构间的问题和矛盾而设立的各种各样议事协调机构等单位或机构。"③与此同时,政府组织的管理层级设置也较多,仅在市一级政府,就有市、区、街道办三级架构,如果市级政府设置了某一个职能部门,下面的每一层级政府都要设置相应的部门来对口衔接相关业务,这不仅会造成机构臃肿、资源浪费,也会降低管理成效。

当前以互联网为核心的连接人类社会活动的网络社会正在形成,网络社会具有与传统社会本质不同的结构和特性。就结构而言,网络社会在横向体现为非中心性,在纵向体现为非科层性,而从网络社会的特性而言,还具有跨时空性与超流动性等特点。

网络社会的发展,必然会对政府组织的形式产生影响。例如从横向的改变来看,由于信息传播与处理能力的大幅度增长,网络办文、报告、审批、决策等技术条件越来越便利,管理者的管理幅度(每个管理者直接面对的下属数)可以大幅度的增长,直接反映在组织结构层面上,就是每个专业化部门管理的领域会越来越大。那么,一个自然的结果是整个组织结构会变得比原先要扁平,原先需要三级管理体系的可能两级就可以了。④这就为政府组织的扁平化改革提供了技术基础。

第三,加强问责建设,适应组织内外责任管理需要。

在公众参与发展过程中,公众意识到自己不仅是公共服务的接受者,也是"买单者",因而要求政府部门在管理中更加透明,对更加广泛的公众参与及时做出回应,并且接受公众的问责。

---

① [加]加里斯·摩根.驾御变革的浪潮:开发动荡时代的管理潜能.孙晓莉,译.北京:中国人民大学出版社,2002:74.
② "美国联邦政府在2003年前,内阁长期保持14个组成部门,现今政府部门调整为15个;英国是发达国家中较早实行大部门体制的国家,部门数量维持在18个左右;法国自第五共和国以来,平均每届政府的部的数量增加到20个左右,随后开始整合各部门,每届政府基本稳定在15个部左右。"——邓剑伟,杨添安.当代治理模式下公共组织的变化和趋势.北京理工大学学报(社会科学版),2016(3):95.
③ 杨桦.公共行政发展与我国行政组织结构的问题与优化.广东行政学院学报,2012(3):58.
④ 何哲.网络社会时代的政府组织结构变革.甘肃行政学院学报,2015(3):25.

　　从政府组织重构的改革内容来看,如在行政组织扁平化改革中,放松管制和权力下放意味着"公共行政责任出现分散和行政人员的自由裁量权将得到增加"[1],对这些自由裁量权的使用如何进行监督是从公共管理内部到外部各界普遍关心的问题。在扁平化组织中,管理者为了维持组织的有效运转,必须寻找新的控制方式。"管理者必须认识到反馈系统的重要性,因为它帮助人们掌握信息但又无须进行直接的业务控制。必须侦测到那些警告信号,知道需要什么样的帮助,或者是克服迟钝或者是应对不受人欢迎的趋势。"[2]私营企业依靠财务数据的反馈实施管理控制,而公共管理有效的反馈系统则是问责,如在政府组织重构的改革中强调对工作责任的明确分配并确定清晰的报告路径,多方面建立问责控制系统。

　　新公共管理的变革措施影响到了行政问责的变化,当政府组织从传统的依赖制度和程序的管理方法向增加弹性管理、放松管制和借鉴企业方法转变的时候,行政问责的内容也发生了改变。"在新公共管理中,行政问责的内涵已经不仅限于政府就公共资源的一般管理及使用做出说明,它还包括政府必须围绕如何有效率和有效果地管理及使用公共资源做出说明并承担政策及决策的责任。"新公共管理对行政问责内容的影响主要表现在"使得问责重点从行政过程问责(Process Accountability)转向更为重要的行政结果问责(Results Accountability)"[3]。

　　"结果导向型"行政问责要求政府组织在组织内部要建立新的责任评价体系:有清晰的行政结果是否完成的判断指标;有推进行政结果实现的绩效评价体系;建立了常规的相关资料收集方法;建立了对行政内部决策和公众质询周期性的信息收集和分析体系。[4]

　　在西方国家,围绕公众与基层政府部门进行沟通的途径,有多种多样的公众团体参与问责的形式,如社区服务组织、非政府组织、社区协会、研究机构等。"这些公众团体能够增加公众表达意见的渠道,并说清楚公众的利益所在"[5],保证了公众意志更能引起相关部门的重视,并最终使公众意志得到体现和维护。同样,在我国的环境保护中,在现有的乡镇污染预防中,由于村民在环境和法律知识、舆论影响能力等方面处于绝对劣势地位,因此,较为可行的办法是引入环保组织等社会组织,通过环保组织帮助村民进行监督和举证,并与政府部门进行沟通,提高公众问责的效率和有序性。

　　在建立政府部门与公众问责的沟通回应制度中,政府部门接受质询的强制性、沟通程序的可操作性和沟通多途径的设计是制度具备可行性的关键因素。与此同时,我国目前急需构建以政府组织为主的公共组织及其运行的评价体系,"以此审视公共组织的行为是否

---

① Peter Aucoin and Ralph Heintzman. The dialectics of accountability for performance in public management reform. International Review of Administrative Sciences. Vol. 66, 2000: 47.

② [加]加里斯·摩根. 驾驭变革的浪潮:开发动荡时代的管理潜能. 孙晓莉,译. 北京:中国人民大学出版社, 2002: 77.

③ Christopher Hood. The "new public management" in the 1980s: variations on a theme. Accounting Organizations and Society, 1995, 20(2/3): 94.

④ Karen Horsch. Results-Based Accountability: theory and practice. Harvard Family Research Project. The Evaluation Exchange, 1996, 2(1): 1-2.

⑤ ANSA-EAP. A Manual for Trainers on Social Accountability. Manila: Affiliated Network for Social Accountability in East Asia and the Pacific. 2010: 27.

体现了公共性和公共利益的要求，是否能够有效回应新时代治理环境的挑战，是否有效回应了民众的需求，是否需要实行改革以进一步优化公共组织的结构和运行过程"①。

第四，注重人性的特征，对科层制理性原则进行必要的补充。

在以科学管理原理、科层制为代表的古典组织理论中，组织形式是以理性为基础，组织模型设计偏向于机械模型。这个模型把组织作为可操作部件的结构，每个部件都可以单独改变，以提高整体的效能。由于理性系统强调的是结构特征而不是参与者的特征，泰罗和韦伯把组织隐喻为"机器"，把组织中的人隐喻为"齿轮"和"螺丝钉"，因此，理性系统视野里的价值观是"没有人的组织"，或者说将组织里的人也视为是"机械的人"。

理性组织适用于以生产线为主的大规模制造业生产，能够有效地提高效率。但是，政府组织主要是与人打交道，无论是政府内部的指挥协调、考核奖惩，还是政府与外部的沟通服务，都会面对复杂的人际关系状态变化，以绝对静止的、封闭的理性原则去对待千变万化的人际状态，就会使得组织管理面临诸多的矛盾与冲突。

组织理论研究已经揭示，人不仅是"经济人"，也是"社会人"，还是需要"自我价值实现的人"。人在组织活动中，除了需要制度纪律进行约束规范以外，还需要人际沟通与情感交流。组织要提供一个正常的人际沟通与交流环境，通过人性化管理措施的注入，在组织中形成良好的人际关系状态，以提升组织的凝聚力。

在现代治理环境中，政府组织需要时刻关注外部的公众需求变化，而科层制具有天然的将自身与公众隔绝的惯性。科层制"由于强调集权主义，强调下级对上级在职务上的绝对服从，从而抑制了员工的积极性和创造性。而官僚制对官员队伍的专业化和专家治国的强调，更是将'理性无知'的社会民众排斥在政府行政之外，从而在某种程度上剥夺了基层成员的公众参与权利，使行政失去其民主特质"②。科层制演变成了排斥公众的"官僚主义"。

在适应民主与公平正义等现代价值理念的氛围中，政府组织必须对科层制的理性原则加入人性化的内容。在注入人性化管理措施的过程中，政府组织不仅要关注内部自身的需求，更为重要的是要关注服务对象与社会公众的人性需求，努力通过组织变革来适应公共服务中多样化的人性需求。

二、事业单位变革

西方国家推动准政府组织的发展，主要是基于两个方面的考虑。一方面，是政府组织以科层制为基础，具有稳定性，但是在发展中又出现僵化陈旧、缺乏灵活性的特点。随着社会的发展，现代社会中公共事务变得越来越庞杂和多样化，需要具有灵活应变的组织去解决方方面面的需求，同时减轻公共财政负担。"NGO 的大量涌现更多是为了解决社会性的基层事务，而准政府组织则带有一定的政府背景，在较高层次的公共行政问题上发挥着更大的作用。"③另一方面，对于科技、教育、文化、医疗卫生等领域的管理，需要有较高的专业知识背景，以专业人员为主构成的准政府组织有利于实行专家管理，取得更好的成效。

我国事业单位的发展，虽然取得了巨大的成效，但是由于从一开始就是仿照行政组

① 张成福，李丹婷，李昊城.公共组织及运行评价的国际经验与启示.北京行政学院学报，2012(2)：41.
② 彭新武.从官僚制到后官僚制：当代公共组织范式的嬗变.哲学研究，2010(5)：121.
③ 古明明.准政府组织研究：一个正在兴起的公共组织研究领域.国外理论动态，2016(5)：135.

织进行组织形式设计与管理，所以在组织形式与管理上与行政组织没有本质的区别。科层制所拥有的弊端在事业单位都可以找到，诸如官本位意识、机构自我扩张、服务效率低下等问题普遍存在，而事业单位的公共财政支出十分庞大，构成了沉重的财政负担。因此，改革开放以来，我国对事业单位进行了多次改革，取得了一些成效，但仍然面临着艰巨的任务。

从公共组织视角来看，我国事业单位的改革，需要突出解决以下几个方面的难题：

第一，保持事业单位组织形式的灵活性，改革机构设置的行政化倾向。

事业单位行政化首先表现在其组织形式上。我国事业单位具有政府机关的科层结构，政府将事业单位按照行政机构进行管理，事业单位也按照科层结构设置内部机构，与政府部门机构进行承接对应，按照行政管理模式管理内部事务。事业单位组织形式首先是满足行政主管部门的需要，在总体上与行政组织没有本质区别。

事业单位在组织形式上的行政化倾向，使得事业单位失去了组织形式的灵活性，与多种形式满足公共服务、减轻财政负担的初衷相背离。因此，对事业单位要在组织形式上进行松绑，以灵活的组织形式去适应新型的公共服务需求，是事业单位改革中必须考虑的重要问题。

第二，保持事业单位的相对独立性，避免管理人员出现官本位化倾向。

我国事业单位与政府机关一样，具有相应的行政级别配置，因此，事业单位的领导往往将自己视为是管理部门的领导，以官本位的意识处理上下关系，开展管理活动。在国家管理体系中，是按照行政级别的高低进行资源配置，级别高的事业单位能够获得更多的资源。在事业单位内部，也是遵循同样的方式，使得管理人员视官本位为工作中心，削弱了其工作服务意识。

事业单位人员向官本位看齐，容易产生官僚化倾向，严重背离了事业单位需以专业管理提升公共服务的价值取向。因此，事业单位改革要借鉴法人治理结构等形式，逐渐取消事业单位的行政级别，保持其组织管理与运行的相对独立性。

第三，设计适宜的绩效评估方式，提升事业单位的工作绩效。

我国对事业单位改革的总体思路是进行分类改革，对履行行政职能的行政类事业单位，尽可能与行政部门合并；对公益类事业单位，政府进行全额拨款或差额拨款资助；对于经营服务类事业单位，将其转为营利性企业，取消财政拨款。

事业单位无论是全额拨款还是差额拨款，都涉及公共财政的支出与效益衡量问题。绩效评估问题解决不好，不仅会带来公共资源的浪费，也会助长事业单位内部"吃大锅饭"，人浮于事。因此，事业单位改革中要因事而异，根据不同类别事业单位的特点，设计相应的绩效评估方案，以提升事业单位的工作绩效。

三、社会组织变革

在我国，社会组织必须接受党和政府的领导，因此，社会组织的发展与改革也要在党和政府的领导下进行。当前，社会组织的改革与完善，更多地是要求政府部门转变观念，认识到改革社会组织管理制度、促进社会组织健康有序发展，有利于厘清政府、市场、社会关系，完善社会主义市场经济体制；有利于改进公共服务供给方式，加强和创新社会治理；有利于激发社会活力，巩固和扩大党的执政基础。

在社会组织改革中，要注重从总体上、以发展的眼光解决一些突出的问题，推动社会组织健康有序更好地发展。

首先，切实转变观念，认识到社会组织是推动我国社会发展的重要力量。

长期以来，在"苏联模式"影响下，我国政府组织习惯对社会进行全面管控，对社会组织的发展往往以政府的对立物予以看待，在发展上以限制为主，在管理上强调控制，这就阻碍了社会组织的正常发展。①当前，党和政府已经明确提出社会组织是我国社会主义现代化建设的重要力量，在促进经济发展、繁荣社会事业、创新社会治理、扩大对外交往等方面发挥了积极作用。因此，各级政府组织要切实转变观念，从积极意义上看待社会组织的存在，以主动作为来推动社会组织的发展。

其次，完善相关法规，为社会组织发展创造良好的法律环境。

近年来我国社会组织有了较快发展，但是相关的法律法规还很欠缺，对于社会组织从登记到监管的法规细则还有缺失，这不仅给政府管理社会组织带来了难度，也影响到社会组织自身的建设与发展。因此，要尽快完善相关法规内容，可以考虑社会组织法的制定。②与此同时，还需要尽快制定直接登记的社会组织分类标准和具体办法；加快修订出台社会团体、基金会和民办非企业单位登记管理条例；研究制定志愿服务和行业协会、商会等方面的单项法律法规。

再次，减轻社会组织的官办色彩，扶持社会组织独立发展。

我国的社会组织从一开始就实行双重管理体制，即由登记主管机关和业务主管单位作为双重主体负责管理。因此大多数社会组织是在政府机构改革的过程中，从政府行政部门、事业单位或国有企业的某些职能部门转化而来的，带有浓厚的官办色彩。这种特点，使得社会组织在管理上往往延续原有的行政组织管理模式与思维，过分依赖政府，缺乏自主性，对社会组织的发展形成了一定的制约。因此，政府要从社会组织的非政府性质考虑，以其独特的生存与发展过程，去满足某些特殊的公益及社会服务需要。

最后，加强对社会组织财务的监管，健全社会组织的信用数据库。

社会组织的理事虽然是决策者，但不是财产的所有者，在保全社会组织财产的动机和责任心上，绝大多数理事没有企业股东对企业财产那样强烈关注。所以，要发挥行政组织的指导作用，帮助社会组织建立与健全内部财务制度；同时，要通过审计、税务等部门的配合，对社会组织的财务进行相应的监督。还可以将监督结果对社会公布，进而建立、健全相应的社会组织信用评估体系以及更加全面的社会组织信用数据库。

---

① "'民间组织''民间社会''市民社会''公民社会'一直都是十分敏感的字眼。因为自建国到改革开放前，我国奉行的是一种政治上高度一元化的组织和领导体制，公与私、国家与社会、政府与民间几乎完全合为一体，或者说，公吞没了私，国家吞没了社会，政府吞没了民间。在这样一种政治背景下，对于不少人来说，'市民社会'就是资产阶级社会，'公民社会'或'民间社会'则意味着与政府的对立。"——孙静. 建国以来我国非政府组织的发展历程及启示. 山东师范大学学报（人文社会科学版），2011(4)：108-109.
② 《关于改革社会组织管理制度促进社会组织健康有序发展的意见》已经提出：国务院法制办要抓紧推动修订《社会团体登记管理条例》等行政法规。民政部要会同有关部门尽快制定直接登记的社会组织分类标准和具体办法，加快修订出台社会团体、基金会和民办非企业单位登记管理条例，研究制定志愿服务和行业协会、商会等方面的单项法律法规，加快调研论证，适时启动社会组织法的研究起草工作。

本 章 小 结

　　组织形成有其构成要素，围绕组织目标，对分工、合作、结构、指挥、协调、激励等组织构成要素进行自我设计，其内容变化，都会对组织形式及其活动成效产生影响。中国古代的封建制与中央集权制内涵构成及实践效果的差别，就是组织设计成效的体现。科学管理原理与科层制原理所强调的科学理性原则，适应了现代政府组织建设的需要，为政府组织扩张提供了理论支持。新公共管理理论与治理理论适应了现代社会人性发展需要，推动了国家及社会管理从一元主体走向多元主体的合作共治。政府组织、事业单位、社会组织是我国公共组织的主要表现形式。对于中国来说，政府组织是社会管理的主体，政府组织在对自身进行变革的同时，还要主动引导事业单位、社会组织等其他公共组织的变革。

复 习 思 考

　　1. 秦国的内外朝决议组织形式有什么特点？其会对国家发展产生什么影响？

　　2. 集权制与封建制有什么区别？其对国家及社会的管理会产生什么影响？其对社会变革创新又会产生什么影响？

　　3. 在民主共和的现代国家，国家组织形式为什么要进行新的设计？

　　4. 科层制原理为什么能够适应以民主共和为基础的现代国家组织建设的需要？

　　5. 新公共管理与治理理论如何论证对社会的管理必须从一元主体走向多元主体？

　　6. 为什么说在我国政府组织变革中，观念转换是重要影响因素？

　　7. 为什么说我国的政府组织变革是影响事业单位、社会组织变革的主要因素？

★阅读材料

　　[1] [美]罗伯特·B·登哈特. 公共组织理论. 扶松茂，等，译. 5 版. 北京：中国人民大学出版社，2011.

　　[2] 杜勇. 中国早期国家的形成与国家结构. 北京：中国社会科学出版社，2013.

　　[3] 黄崇岳. 中国历朝行政管理. 北京：中国人民大学出版社，1998.

　　[4] [美]史蒂文·科恩，威廉·埃米克. 新有效公共管理者：在变革的政府中追求成功. 2 版. 王巧玲，等，译. 北京：中国人民大学出版社，2001.

　　[5] 陈桂生，张霁星. 准政府组织管理，北京：人民出版社，2009.

★主要参考文献

　　[1] [美]罗伯特·D. 登哈特. 公共组织理论. 扶松茂，等，译. 5 版. 北京：中国人民大学出版社，2011.

　　[2] 王乐夫，蔡立辉. 公共管理学. 北京：中国人民大学出版社，2012.

　　[3] [澳]欧文·E. 休斯. 公共管理导论. 3 版. 张成福，等，译. 北京：中国人民大学出版社，2007.

　　[4] 沈长云，张渭莲. 中国古代国家起源与形成研究. 北京：人民出版社，2009.

［5］ 杜勇. 中国早期国家的形成与国家结构. 北京：中国社会科学出版社，2013.

［6］ 赵伯雄. 周代国家形态研究. 长沙：湖南教育出版社，1990.

［7］ 黄崇岳. 中国历朝行政管理. 北京：中国人民大学出版社，1998.

［8］ ［美］史蒂文·科恩，威廉·埃米克. 新有效公共管理者：在变革的政府中追求成功. 2版. 王巧玲，等，译. 北京：中国人民大学出版社，2001.

［9］ ［美］B·盖伊·彼得斯. 政府未来的治理模式. 吴爱明，等，译. 北京：中国人民大学出版社，2001.

［10］ 陈桂生，张霁星. 准政府组织管理. 北京：人民出版社，2009.

［11］ 李传军. 公共组织学的研究视域. 广东行政学院学报，2008(2).

［12］ 李东. 历史视野中的政府组织：论政府组织的三种历史类型. 西北大学学报：哲学社会科学版，2011(5).

［13］ 石国亮. 论私人组织、公共组织与社会组织. 中国行政管理，2010(10).

［14］ 古明明. 准政府组织研究：一个正在兴起的公共组织研究领域. 国外理论动态，2016(5).

［15］ 张成福，李丹婷，李昊城. 公共组织及运行评价的国际经验与启示. 北京行政学院学报，2012(2).

［16］ 彭新武. 从官僚制到后官僚制：当代公共组织范式的嬗变. 哲学研究，2010(5).

［17］ 朱玉知. 深圳行政三分改革的反思：基于组织理论的视角. 学术论坛，2011(7).

［18］ 邓剑伟，杨添安. 当代治理模式下公共组织的变化和趋势. 北京理工大学学报：社会科学版，2016(3).

［19］ 何哲. 网络社会时代的政府组织结构变革. 甘肃行政学院学报，2015(3).

第五章 公共政策

【学习目标】

公共政策是行政管理专业学习的核心内容，通过本章节的教学，使学生了解公共政策的基本理论和基本方法，认识在现代社会发展进程中公共政策的重要地位，了解公共政策的制定和执行主体及过程等，培养和提高学生运用公共政策的相关知识分析问题和解决问题的能力。

【引导案例】

余杭中泰垃圾焚烧厂事件引发的相关政策制定的思考

余杭中泰垃圾焚烧厂事件，是指 2014 年 5 月 11 日发生在杭州城西，居民为反对杭州市余杭区中泰乡九峰村生活垃圾焚烧发电厂项目建设，封堵高速公路与省道、打砸车辆等违法事件。

中泰垃圾焚烧厂规划选址中泰乡原九峰矿区，四面环山，部分居民担心，焚烧厂的建设所产生的烟尘，排放的二噁英等有害物质会影响周边的空气、水源和土壤等，并对周边居民的身体健康产生影响。

2014 年 5 月 10 日，在不明真相和冲动群众的煽动下，余杭中泰及附近地区人员大规模性聚集，封堵 02 省道和杭徽高速公路，一度造成交通中断，一些不法分子甚至趁机打砸、损坏车辆，围攻、殴打执法民警和无辜群众。

事件进展：

2014 年 5 月 11 日下午 4 点，杭州市政府召开新闻发布会，就杭州城西余杭区九峰垃圾焚烧项目做出必要的解释，并将对 2014 年 5 月 10 日数千群众在余杭中泰及附近地区聚集一事做权威发布，明确了"在没有履行完法定程序和征得大家理解支持的情况下一定不开工，九峰矿区停止一切与项目有关的作业活动"。

后续处理：

杭州市余杭区有关负责人说，在余杭区人民政府发布的通告中，政府还承诺在项目前期过程中，将邀请当地群众全程参与，充分听取和征求大家意见，以保证广大群众的知情权和参与权。杭州市余杭区有关负责人 11 日对新华社记者表示，项目在没有履行完法定程序和征得大家理解支持的情况下，一定不开工。①

---

① 百度百科：余杭中泰垃圾焚烧厂事件. https：//baike. baidu. com/item/％E4％BD％99％E6％9D％AD％E4％B8％AD％E6％B3％B0％E5％9E％83％E5％9C％BE％E7％84％9A％E7％83％A7％E5％8E％82％E4％BA％8B％E4％BB％B6/13867257？fr＝aladdin.

案例思考题：

1. 本案例涉及哪些问题？
2. 政府有自身的利益吗？
3. 政府应该代表谁的利益？
4. 公共政策制定主体应该包括哪些人？
5. 公共政策制定的程序应该包括哪些？
6. 如果你是该部门的管理人员，你应该怎么做？

第一节 公共政策与公共政策分析

政策是人类社会发展到一定历史阶段的产物，是随着阶级和国家的出现而形成的社会政治现象。在现代复杂的社会里，公共政策可以说无处不在，已经渗透到社会生活的各个层面。比如，当你上学的时候，可能会享受国家的各项教育补贴；当你毕业工作以后，可能需要缴纳个人所得税；当你想买车的时候，你会关注限牌政策……这些都与公共政策有着密不可分的联系。因此，我们需要对公共政策有所了解和认识。

一、公共政策的内涵及特征

（一）公共政策的内涵

政策概念的形成，要比政策实践晚得多，在西方国家，政策（Policy）一词是由政治（Politics）一词派生出来的。中国古代虽然没有政策一词，但也有类似、相通的概念，如策略、国策等，《战国策》即战国时游说之士的策谋和言论的汇编。

当代"政策"一词经常为人们在日常生活中所使用，如"教育部权威发布 2017 年高考加分项目最新政策"等。怎样理解"公共政策"一词的基本含义呢？

1. 国外学者的界定

公共行政学的鼻祖伍德罗·威尔逊（Woodrow Wilson）认为，公共政策是由政治家即具有立法权者制定的并由行政人员执行的法律和法规。[①]威尔逊主要是从政策制定和政策执行的角度对公共政策进行界定，并借助政策的概念解释了政治和行政的不同，对理解公共政策具有重要的启发意义。

公共政策学的创始人哈罗德·拉斯韦尔（Harold D. Lasswell）在《权力与社会》（1970）一书中指出，公共政策实际是"一种含有目标、价值和策略的大型计划"[②]。这一定义突出了公共政策的设计功能及其目标取向。

美籍加拿大学者戴维·伊斯顿（David Easton）在《政治系统》（1953）一书中，确定了政治系统的概念。他强调政治系统是一个对社会进行权威性价值分配的行为系统，由整个政治活动组成，并以人际互动为基本单位。政治系统的主要功能是根据社会系统的需要，通

---

① 伍启元. 公共政策. 中国香港：香港商务印书馆，1989：4.
② Harold D Lasswell and Kaplan A. *Power and Society*. Yale University Press，1970：71.

过政策的制定和执行对全社会的价值进行权威性的分配。而这种权威性的政策制定和执行其实是一种政治现象。①他对政策概念的解释主要出于传统政治学原理的视角，侧重于公共政策的价值分配功能，认为公共政策是政府进行社会性利益分配的主要形式，即决定什么人取得什么和取得多少。

美国学者罗伯特·艾斯顿（Robert Eyestone）在《公共政策的思路：对政策领导的研究》（1971）一书中指出，从广义上讲，公共政策就是"政府机构与其周围环境之间的关系"②。这种理解是从政治系统角度认识公共政策，认为公共政策是政府与其环境互动的结果，突出了环境因素的作用，强调了政治系统的功能。

英国学者理查德·罗斯（Richard Rose）在《英国的政策制定》（1969）一书中提出，不应该把公共政策只看作某个孤立的决定，而应把它看作是由"或多或少有联系的一系列活动所组成的一个较长的过程"，以及这些活动对有关事物的作用和影响。③尽管罗斯的定义并不十分明确，但它却包含了一种很有价值的见解，即公共政策是一个活动过程或一种活动方式，而不仅仅是一个关于做什么事的决定。

美国学者斯图亚特·内格尔（Suarts S. Nagel）认为，公共政策是政府为解决各种各样的社会问题所做出的决定。政策研究是对公共政策的性质、原因及效果进行的研究。④内格尔的这种观点突出了公共政策的问题导向及实践特征。

美国学者詹姆斯·安德森（James E. Anderson）在《公共政策制定》（2003）一书中认为：公共政策是一个或一组行动者为解决一个问题或相关事务所采取的相对稳定的、有目的的一系列行动。⑤这种定义更关注政府实际所做的事情，而不是那些仅仅被提出或打算去做的事情。此外，它还区分了政策与决策的不同，决策本质上是指在众多预案中做出特定的选择，而政策却明显带有过程的特征。

2. 中国学者的界定

台湾学者伍启元先生在《公共政策》（1989）一书中提出："公共政策是政府所采取的对公私行动的指引，公共政策是将来取向的，公共政策是目标取向的，公共政策是与价值有密切关联而受社会价值影响的，公共政策是由政府或有决策权者所采取或选择的，公共政策是具有拘束性而为大多数人所接受的行动指引。"⑥

北京大学宁骚（2003）认为："公共政策是公共权力机关经由政治过程所选择和制定的为解决公共问题、达成公共目标以实现公共利益的方案。"⑦

厦门大学陈振明（2003）认为："政策是国家机关、政党及其他政治团体在特定时期为实现或服务于一定社会政治、经济、文化目标所采取的政治行为或规定的行为准则，它是一

---

① David Easton. The Political System. New York：Kropf，1953：129.

② Robert Eyestone. The Threads of Public Policy：A Study in Policy Leadership，Bobbs – Merril，1971：18.

③ Richard Rose. Policy Making in Great Britain，Macmillan，1969.

④ ［美］斯图亚特·内格尔. 政策研究百科全书. 北京：科学技术文献出版社，1990：7.

⑤ Anderson James E，Public Policymaking，Houghton Miflin Company，2003：2.

⑥ 伍启元. 公共政策. 中国香港：香港商务印书馆，1989：4.

⑦ 宁骚. 公共政策学. 北京：高等教育出版社，2003：3.

系列谋略、法令、措施、办法、方法、条例等的总称。"①

上述是我国学者对公共政策所做的定义中较有代表性的观点。总体而言,台湾学者较注重对西方学者观点的借鉴和吸收,但他们在一定程度上都忽视了政党在国家政治生活中扮演的重要角色;大陆学者都突出了政策具有的目标取向,特别强调政党对政策过程的指导作用。

在本书中,公共政策被定义为社会公共权威在特定情境中,为达到一定目标而制定的行动方案或行动准则。其作用是规范和指导有关机构、团体或个人的行动,其表达形式包括法律法规、行政规定或命令、政府大型规划、具体行动计划及相关策略等。

(二) 公共政策的特征

1. 公共性

公共性是指公共政策要体现最广大人民的意愿并代表广大人民群众的根本利益,解决民众最关心的公共问题。政策目标和具体实施步骤的确定要符合广大民众的要求和利益。在制定程序上,从问题认定、方案规划到政策的合法化,都要经由法定的民主政治程序。

2. 阶段性

公共政策有一个发生、发展的变化过程,表现出阶段性的特征。政策过程可以分为两大主要阶段,即政策制定阶段和政策实施与调整阶段。前一个阶段涉及问题觉察、议程建立、方案论证、政策采纳及其合法化等环节;后一个阶段涉及政策实施、信息反馈、效果评估、调整变更和政策终结等环节。

3. 合法性

从广义角度而言,公共政策的合法性主要是指公众对该政策的认可和接受程度。狭义而言,公共政策的合法性就是其合法律性,即政策制定的主体、过程与程序合乎法律的相关规定。

4. 权威性

公共政策的权威性是以其合法性为基础的,公共政策一旦制定和执行,对全社会来说,便成为一种有约束力的行动准则和行为规范,违反政策规定,必然要受到相应的处罚。

5. 稳定性

公共政策必须保持一定的稳定性,朝令夕改会丧失政策的严肃性和权威性,大大降低公众对政策的信任程度,导致政策难以贯彻执行。但事物都是发展的,没有一成不变的东西,公共政策应该随着环境的变化而有所调整,但保持相对稳定是必要的。

二、公共政策分析与公共政策学的兴起背景

(一) 公共政策分析

公共政策分析(Public Policy Analysis),是公民、组织和政府就相关政策问题所进行的

---

① 陈振明. 公共政策分析. 北京:中国人民大学出版社,2003:43.

分析。其目的在于正确认识公共问题，做出正确的选择，采取正确的行动。

首先，公共政策分析是一个跨学科的、应用性的研究领域，涉及政治学、经济学、社会学、哲学、数学、统计学等。

其次，公共政策分析既是方法论，又是艺术；既要有科学方法，又要有管理艺术。

最后，公共政策分析涉及从问题发现到问题解决的全过程。

（二）公共政策学的兴起历程与背景

随着公共政策分析的不断推进，有关公共政策的知识、思想和观点也随之产生与发展，公共政策学作为一门新兴学科也就诞生了。公共政策学就是一个综合运用各种知识和方法来研究政策系统和政策过程，探求公共政策的本质与规律的学科。其目的就是提供政策相关知识，改善公共决策系统，提高公共政策的质量。

公共政策学的形成标志是 1951 年，拉纳和拉斯韦尔主编《政策科学：范围和方法的新近发展》的发表，书中首次提出并界定了政策科学这一概念，对社会科学中的政策研究方向即政策科学的对象、性质和发展方向等问题加以论述，奠定了政策科学发展的基础。拉斯韦尔认为：公共政策学就是以制定政策规划和政策替代方案为焦点，动用新的方法论对未来发展趋势进行分析的学问。因此，拉斯韦尔被誉为"现代政策科学的创立者"。

而后的突破是叶海卡·德洛尔的"三部曲"：《公共政策制定检讨》(1968 年)，《政策科学构想》(1971 年)，《政策科学进展》(1971 年)。他对公共政策科学的一系列基本问题做了进一步具体详尽的论证，讨论了公共政策科学的对象、性质、范围及方法论问题。这标志着传统政策科学的确立，后来专业研究及研究生教育的形成，如哈佛大学肯尼迪政府学院、杜克大学政策科学研究以及兰德公司研究生院等的出现，都对公共政策的研究与普及起到了推动作用。

公共政策学兴起的背景体现在以下几方面：第一，社会问题的复杂化、政府目标的多元化使得公共政策频繁失败。究其原因是少数人决策、处理时间紧迫、一致意见难以达成、决策者个体因素、政策分析的缺失。第二，科学技术的迅速发展为解决社会问题提供了新的方法、技术或工具。20 世纪五六十年代，西方国家的自然科学和社会科学取得了巨大的成就，这种成就部分体现在技术与方法的突破上，如计算机、数据库的发展，统计学、运筹学的出现，数学模拟、回归分析及民意调查的运用等。第三，思想库的成熟，如布鲁金斯学会(1927 年)、兰德公司 RAND(1948 年)、中国国际问题研究所 CIIS(1956)以及野村综合研究所 NRI(1965 年)。

三、政策系统与政策环境

公共政策是以系统的形式存在并发挥作用的，公共政策系统是政策研究的重要内容，是研究公共政策过程的前提。公共政策系统是由政策主体、政策客体及其与政策环境相互作用而构成的社会政治系统，是公共政策运行的载体，是政策过程展开的基础。

政策系统内部各因素的联系是否得当，直接影响到政策的运行是否顺畅，并决定政策效果的好坏。在本节中，将从政策主体、政策客体及政策环境三个层面来分析公共政策系统的基本构成。

（一）公共政策主体

一般而言，公共政策主体是指直接或间接地参与公共政策全过程的个人、团体或组织，主要包括立法机关、行政机关、司法机关、政党、利益集团、思想库、大众传媒和公民个人等。公共政策主体不仅参与和影响公共政策的制定，而且在公共政策的执行、评估和监控等环节都发挥着积极的能动作用。

在公共政策主体的分类上，存在着官方决策者和非官方参与者、体制内和体制外等划分方式。美国学者安德森认为，官方决策者是指那些拥有法定权威参与制定公共政策的人们，包括立法者、政府首脑、行政人员和法官，而非官方参与者包括那些参与政策过程的利益集团、政治党派、研究组织、大众传媒和公民个人。这些非官方参与者通常并不具有合法的权力去制定具有强制力的公共政策，而主要是在政策制定过程中提供信息、施加压力、游说官方决策者。①琼斯和马瑟斯把政策提案者（即政策制定者）分为政府内部和政府外部两大类。政府内部的提案者包括行政长官、官僚、咨询者、研究机构、议员及其助手；政府外部的提案者包括利益团体和协会、委托人团体、公民团体、政治党派和传播媒介等。②

虽然这两种分类方式的划分标准不同，但它们对公共政策主体的分类大致是相同的。拥有法定权威的官方决策者大致等同于体制内政策主体，没有法定权威的非官方参与者大致等同于体制外主体。综合这两种分类方式，我们可以从官方和非官方角度来探讨公共政策主体的构成及其行为，前者着重探讨权力配置问题，后者着重探讨政策参与问题。

1. 官方决策者

一般而言，官方决策者是指广义的政府，即立法机关、行政机关和司法机关。在现代西方政治体制中，这三大系统分别掌握着立法、行政和司法三种权力。但在我国，执政党在公共政策制定中有着极为重要的地位。所以，在我国，官方决策者包括立法机关、行政机关、司法机关和执政党。

（1）立法机关。立法机关是公共政策主体最重要的构成部分，其主要职责是立法，即履行制定法律和政策这一政治任务。立法机关在西方主要指国会、议会、代表大会一类的国家权力机构，在我国则是指全国及地方各级人民代表大会及其常务委员会。由于政治体制不同，各国的立法机关在公共政策的制定与执行等过程中所扮演的角色、所起的作用不尽相同。

（2）行政机关。行政机关是贯彻执行国家的法律和政策，管理国家的内政、外交等行政事务的机关，它掌握国家行政权力，运用公共政策对社会公共事务进行管理，是立法机构所确立的国家意志的执行者。在西方国家，随着行政权力的不断扩张，行政机关在政策制定过程中的地位和作用越来越突出，出现了所谓的"行政国家"。我国国家行政机关是指国务院及其组成部分和地方各级人民政府，它们是国家权力机关的执行机关，行使国家行政权。

（3）司法机关。司法机关作为政府的重要组成部分，也是公共政策的重要主体。在我国，作为司法机关的人民法院和人民检察院是国家权力结构中的重要组成部分。按照宪法规定，人民法院是司法审判机关，独立行使审判权；人民检察院是司法监督机关，独立行使检察权。行政机关、社会团体和个人无权干涉。我国的国家司法权为全国人民代表大会赋予，不独立于立法机关，只独立于行政机关。从实际情况来看，司法机关的作用更多地表现在政策执行和政策监督等方面。

（4）中国共产党。我国现行的政治体制是中国共产党领导的议行合一体制。从制度层

---

① 詹姆斯·E. 安德森. 公共决策. 北京：华夏出版社，1990：44-48.
② [美]斯图亚特·内格尔. 政策研究百科全书. 北京：科学技术文献出版社，1990：76.

面来看，全国人民代表大会是最高权力机关，行使国家的立法权；从政府运行来看，中国共产党是我国政府系统的领导核心，左右着政府运行过程，主导着公共政策的制定。我国公共政策的制定与执行过程，实际上是"以中国共产党为首的所有履行当代中国社会公共权力的组织机构的决策与执行的过程"①。

2. 非官方参与者

非官方参与者包括利益集团、政治党派、大众传媒、思想库和公民个人等。它们作为体制外的力量，通过游说官方决策者，施加压力，从而影响公共政策的制定与实施过程。

（1）利益集团。利益集团是指由相同价值需求和利益倾向的个人所组成的团体或团体间的联盟。从公共政策视角来看，利益集团具有两大特征：第一，有共同的利益和主张；第二，影响公共政策的制定。利益集团实现其利益的主要方式是影响公共政策的制定。以美国为例，利益集团影响公共政策制定的方式和途径主要有直接游说、间接游说、司法诉讼、政治捐款、示威抗议等。

（2）政治党派。政治党派可以作为利益集团的一种特殊类型，通常以政治联盟的形式出现。其关注的政策范围比一般的利益集团要广，对政策制定的影响比一般的利益集团更大。在西方两党制或多党制下，政党的中心任务是争取在竞选中获胜，竞选获胜的政党或政党联盟有权分配政府的主要职位，组建政府，从而才有可能把自己的政治纲领和政策主张转换为真正意义上的公共政策。

（3）大众传媒。大众传播媒介主要包括广播、报纸、电视、书刊、互联网等。在现代社会，大众传媒是社会公众获取信息的主要来源，对公共政策的制定与实施有着非常重要的影响。大众传媒的作用主要体现在以下两个方面：第一，传播公共政策信息，实现政府与社会公众的双向沟通；第二，引导社会舆论，影响公共政策议程的设置。大众传媒通过影响和引导社会舆论，从而影响政府的公共政策议程设置。

（4）思想库。思想库或脑库是现代政策研究组织的别称，是公共政策主体的一个十分独特而又非常重要的构成要素。在现代社会中，社会问题日益复杂，对公共政策的质量提出了越来越高的要求。政策研究机构的崛起，代表了未来公共政策的发展趋势。思想库是由专业人员组成的跨学科、跨领域的综合性政策研究组织，它的出现对促进公共政策质量的提高有着积极的影响。一般来讲，可以把思想库区分为以下几种类型：官方思想库、半官方思想库、民间思想库、国际思想库等。

（5）公民个人。公民是公共政策主体中容易被忽视的一部分，虽然公民没有明确的组织，力量比较分散，但却是最为广泛的非官方政策主体。公民个人通过各种政治参与途径，可以从不同角度影响或制约公共政策的制定与执行。在不同的政治体制下，公民作用于公共政策的过程、方式、效果也各不相同。

（二）公共政策客体

公共政策客体是公共政策所发生作用的对象，包括公共政策所要处理的社会问题和所要发生作用与影响的社会成员（目标群体）两个方面。

---

① 胡伟. 政府过程. 杭州：浙江人民出版社，1998：17.

1. 社会问题

人们在生活中会经常面对各种问题，在这些问题中，有些是只涉及个人的纯粹私人问题，有些则是对社会中许多人产生影响的社会问题。只有社会问题才可能成为公共政策的客体。

社会问题通常是由客观存在的社会结构失衡所引发的，通常一些社会问题还反映了社会的实际状态与社会期望之间的差距，这些差距或偏差往往会导致社会的紧张状态。出现这种紧张状态时，社会中一些人就会对社会的某一方面表现出焦虑和不满，或提出一定主张，当这些不满或主张没有得到有效回应，并且持这一观点与态度的人越来越多时，则说明发生了社会问题。

2. 目标群体

公共政策的间接客体是社会成员，即目标群体。所谓目标群体，就是那些受公共政策规范、管制、调节和制约的社会成员。作为公共政策客体的目标群体与公共政策主体之间是相互作用、相互影响的。

公共政策主体对公共政策问题的界定和解决问题的目标直接规定了目标群体的范围和性质，但目标群体并不是消极被动的，而是具有能动性的，对公共政策主体起着反作用。

（三）公共政策环境

公共政策是环境的产物，受到自然和社会的各种因素的制约和影响。公共政策主客体所需要的物质、能量和信息归根结底是从环境中得到的。同时，政策系统也向环境输出公共政策产品，造成政策环境的变化。在此重点讨论对公共政策产生较大影响的相关政策环境因素。

1. 自然环境

自然环境是指一个国家所处的地理位置和自然状况，包括地形、地貌、气候、土壤、水系、矿藏等自然构成。自然环境是人类生存发展的基础和摇篮，也是公共政策系统赖以生存的基石，它为公共政策的制定和执行提供了一些必要的自然条件。并且，自然环境会对公共政策产生持久性的影响。

自然环境会与国家政治、经济、文化、军事等方面相互作用，并对公共政策产生深远影响。比如，一个国家在调整经济结构时，所制定的政策就要充分考虑到所拥有的自然资源。如澳大利亚拥有辽阔富饶的草原，所以政府把畜牧业的发展视为国家的首要任务；中东的沙特阿拉伯等国地处沙漠，发展不了农业生产，但拥有丰富的石油资源，所以石油开采与炼制就成了整个国民经济的主要支柱。总之，自然环境作为政策环境的一个重要方面，对政策系统存在着直接或间接的影响，而这种影响是持久性的。

2. 经济环境

经济环境是对公共政策具有重要影响的各种经济要素的总和。它包括生产力的性质、结构，生产资料所有制的形式、经济结构、经济制度、经济体制、经济总量等。社会经济环境对公共政策的制定具有决定性的影响。

经济环境是人类社会生活中最基本的环境，政策系统不可能超越经济环境所提供的条件和要求；从公共政策的可行性而言，只有正确地认识经济环境，才能有效地制定和执行公共政策。

3. 文化环境

文化环境是通过间接的方式影响公共政策的。任何公共政策不可避免地要处于一定的文化氛围当中，而在各种文化中，政治文化对公共政策的影响最大。政治文化通过社会化过程代代相传。

在社会化过程中，个人通过学校教育以及周围人和传媒的影响逐渐形成了与政治有关的价值观、信仰和态度，逐渐固化并体现在行为中。无论是公共政策的制定者还是执行者，都会处在一定的文化传统氛围中，并在公共政策的形成与实施过程中反映出来，诸如主观判断、价值选择等，都会受到来自于文化环境的影响。

4. 国际环境

所谓国际环境是指一国同其他国家和地区在政治、经济和文化等方面的关系。在现代社会中，每个国家都不可避免地置身于国际环境中。

随着全球政治经济一体化进程的加快和信息技术的高速发展，国与国之间的相互依赖程度不断加强，国际环境对各国的公共政策正发挥着越来越大的影响。把公共政策置于国际背景中考虑，是每个国家制定和实施公共政策尤其是外交政策的基本需要。

第二节　政策决策体制与政策工具

一、西方国家分权制衡体制下的公共政策

通常西方国家在宪政的基础上，普遍采用分权制衡的制度安排，分权制衡最典型的或者说狭义的表现就是三权分立。法国启蒙思想家孟德斯鸠在《论法的精神》中提出了著名的"三权分立"理论，将国家权力分为三种：立法权、行政权和司法权。所谓三权分立是通过法律规定，将三种权力分别交给三个不同的国家机关管辖，既保持各自的权限，又要相互制约保持平衡。近代的西方资本主义国家在彻底推翻了封建主义统治之后建立起了分权制衡的政治体制。虽然西方发达国家都普遍推行三权分立体制，但是由于国情不同，政治文化传统不同，使得三权分立体制在不同的国家有着不同的表现形式。总的来说，可以分为总统议会制、内阁议会制和联邦委员会制。

（一）总统议会制

美国是最为典型的推行总统议会制的国家。在总统议会制下，总统既是国家元首又是政府首脑，立法、司法、行政三项国家权力完全分立并且相互制衡。

在三权分立的原则下，立法权属于国会。从纵向层次说来，议会分为联邦议会（国会）和地方议会。从内部结构说来，议会又分为参议院和众议院。参众议院的议员由民众选出，对自己的政党和选民负责。国会拥有最高立法权、宪法修改权、对外宣战权和国家财政监督权。地方议会拥有地方立法权和地方财政监督权。行政权属于国家总统、联邦政府、地方行政长官和各级地方政府。国家总统拥有最高行政权、最高军事指挥权、立法提案权、国会决议的否定权。总统和地方行政长官均由选民直接选出，对选民直接负责。司法权属于联邦最高法院和各级地方法院。各级法院均有独立的司法审判权，联邦最高法院具有立法监督权和宪法解释权。

在总统议会制下，公共决策的最大特征是"代议制"。代议制要求由选民一方面选出能够胜任的总统和地方行政长官，然后通过议员代表自己参与公共决策，通过总统和地方行

政长官任命自己所属的行政官员执行公共决策。各政党、社会集团和选民组织一方面可以通过自己在议会中的代表来表达自己的利益要求，另一方面也可以通过所谓的"院外集团"游说不能代表自己的议会议员，使其接受自己的观点，在议会中为自己服务。这样，民众意愿可以通过议员进入议会，议会中通过政治互动达到意见的均衡，从而形成公共决策。

(二) 内阁议会制

内阁是指在国家元首之下，由议会中占有多数席位的政党独自或联合组成的国家最高行政机构，这一机构的最高长官称为"内阁首相"或"内阁总理"。内阁议会制最早产生于 18 世纪的英国。英皇威廉三世在世时曾经选拔出少数国会议员，与自己秘密商讨重大国策。这些人后来形成固定的国家首脑机构，称为"内阁"。现代西方国家的内阁是在首相或总理大臣的领导下，总揽国家行政权力，并且向议会负责。这种政治体制被西方资本主义国家普遍采用。根据公共决策权力核心的不同，内阁制又可分内阁议会制和总统内阁制。例如，英国、日本等君主立宪制国家和英联邦国家，内阁总理在公共决策中处于核心位置，可以说属于内阁议会制；而法国虽然也设置了内阁总理，但国家总统在公共决策中处于核心位置，可以说属于总统内阁制。

与总统议会制相比，内阁议会制具有一些明显的特征。第一，国家元首处于"虚位"状态。不论是君主立宪政治文化传统所遗留的皇帝，还是现行民主共和政治体制下所产生的国家总统，都仅仅是名义上的国家元首。仅在国家礼仪性、法定程序性的国家事务中行使职权，并在政治调节和国家象征等方面发挥影响作用。第二，在内阁体制下，国家立法、司法、行政三权总体上贯彻分立原则，相互制衡。内阁一般由议会中多数党组成，多数党领袖担任内阁总理或内阁首相。内阁的工作要对议会负责，并与议会相互监督。第三，尽管实行分权制衡，内阁总理或首相仍然是国家权力的中心。他可以利用自己政党在议会占有多数席位的优越条件和不受虚位元首约束的特殊地位来影响甚至操纵议会，形成对自己政党有利的政策。

内阁议会制下的公共决策过程与总统议会制基本上是一致的。社会民众的意愿通过政治代表进入议会或内阁，同样是在立法、司法、行政三权政治互动中产生公共决策。但是在政治互动的过程中，总统议会制下的三权出现重大矛盾往往可以继续共存，由此体现一种公共决策过程的混乱；而内阁议会制下的三权出现重大矛盾往往不可以继续共存，要么倒阁，要么解散议会，由此达成议会与内阁的一致。所以，在内阁议会制下的公共决策往往因国家高层人事变动而出现混乱。

通常而言，实行内阁议会制的国家元首处于"虚位"状态，但是较为特殊的是法国的政治体制。法国既坚持西方国家分权制衡的基本原则，由内阁行使国家行政权，同时总统作为国家元首又具有相当大的政治权力。因此，这一政治体制也被称为"总统内阁制"。法国推行这样一种政治体制，主要是因为多个政党并存而且势均力敌。由此引起的多党竞争使社会政治体现出一种极大的不稳定状况。

不论是内阁议会制还是总统内阁制，虽然都以分权制衡为基本政治原则，通过政治互动形成公共决策，但是在公共决策过程中起核心作用的因素不同。内阁议会制下，内阁总理或首相是国家权力的核心，在公共决策的过程中起着决定性作用。在总统内阁制下，总统是国家权力的核心，在公共决策的过程中起着决定性的作用。

(三) 联邦委员会制

议会制的另一种形式是联邦委员会制。联邦委员会制同样坚持分权制衡的政治原则，联邦议会是最高权力机关，由民选产生，拥有立法权和国家公共事务的最高决策权。联邦委员会是国家最高行政机关。其职责是贯彻执行联邦议会的决定，且无权解散联邦议会。同时，联邦议会也无权对联邦委员会提出不信任案，不能迫使联邦委员会总辞职。联邦委员会由若干委员构成，联邦委员会委员，不再享有议员的议会表决权，而只享有议会的发言权和公共决策的建议权。在联邦委员会中，委员地位平等，讨论的一切问题要以多数通过才能形成决议，并以联邦委员会的名义发布执行。在公共决策过程中，联邦委员会的委员如果发生意见分歧，提案需交与联邦议会讨论决定。

联邦委员会制最初由瑞士创始，而且只在瑞士推行。瑞士联邦委员会由 7 人组成，这 7 人分别担任 7 个部的部长，任期 4 年。联邦议会在这 7 名委员中选举产生联邦委员会主席、副主席各 1 名，任期 1 年。联邦委员会主席不能连任，1 年期满后由副主席接任，同时再由议会选出新的副主席。联邦委员会主席既是国家元首，又是政府首脑，对外代表国家，对内主持联邦委员会的工作。

很明显，这种公共决策的联邦委员会制充分体现了国家立法机构的最高权力地位，由议会产生国家行政机构和政府首脑，政府的公共决策必须经由议会表决。与总统议会制、内阁制比较，联邦委员会制避免了总统或内阁总理权力过大、地位特殊给公共决策造成的影响。

二、中国政治体制下的公共政策

中国实行人民代表大会制度，体现了马克思主义的"议行合一"基本原则。"议行合一"是马克思在批判资产阶级议会民主制和总结工人运动经验的基础上提出来的，并在苏联加以实施。我国的人民代表大会制度是对马克思列宁主义的"议行合一"理论的继承与发展。不仅我国核心的政治体制体现了"议行合一"，一年一度的人民代表大会的会议过程也体现了这一原则。大会主席团在人民代表大会的会议过程中起决定作用，比如会议的日程、方案表决办法都由主席团决定。主席团的主要成员不仅来自人大系统，还有政治局和国务院，当然，来自不同系统的成员首先是人大代表。人大代表既可以是议事代表，又可以是党政机关工作人员，这本身就是"议行合一"的表现；决定人民代表大会会议议程的主席团制度则进一步表明，"议"和"行"既是联署办公的机构统一，又是利益一致基础上的职能合一。

在议行合一体制下的公共政策，具有两大基本特征：其一，从宪法规范的权力关系来看，全国人民代表大会是国家最高权力机关，行使国家的立法权，在国家机关体系中居首要的、全权的地位；其二，从政府系统与中国共产党的关系上看，中国共产党是中国政府系统的领导核心，左右着各级政府的运行，主导着公共政策的制定。

1.党的政策

中国共产党制定的政策是其在一定历史时期为实现一定的目标和任务而规定的调整国与国之间、团体与团体之间、人与人之间关系与行为方式的依据和准则。例如：土改政策、农村土地承包责任制等党的政策往往以直接和间接两种形式形成国家的公共政策。

首先，直接形式。党的历次代表大会和中央全会通过的政策性文件，以及党的主要领导人所发表的重要讲话。如中国共产党十一届三中全会公报、邓小平同志的南巡讲话等。党的这些政策都是直接采取公共政策形式贯彻于社会生活的各个领域和各个方面。

其次，间接形式。一方面是中共中央与国家其他机构联名发布的政策文件。如中共中央与国务院联名发布的《党中央国务院关于切实加强农业基础建设的若干意见》等。另一方面是中共中央单独提出政策倡议，国家有关机构据此制定具体的政策方案，并依照法定程序加以通过。如《中共中央关于构建社会主义和谐社会若干重大问题的决定》等。[①]

2. 人民代表大会

在议行合一的政治体制下，人民代表大会是国家的最高权力机关，国家行政机关由人民代表大会产生，并对它负责。此外，国家主席、政府总理的权力同样来自于人民代表大会；而且，他们是人大所制定的政策的贯彻者、执行者。作为最高行政首长的政府总理，有义务向全国人大及其常务委员会提出议案。行政立法权在整个立法体系中虽然占有不小比重，但都要接受人大的监督。

立法是人大的首要职权，主要表现为以下几种形式：可以制定和修改宪法、基本法、其他法律、地方性法规等。总之，全国人民代表大会是国家最高权力机关，行使国家的立法权，在国家机关体系中居首要的、全权的地位。

3. 国家行政机关

国家行政机关是指国务院及其组成部分和地方各级人民政府。制定公共政策是国家行政机关重要的职能表现，行政部门所做的决策，即行政决策，乃是当代中国公共政策的重要组成部分。其主要有以下几种形式：行政法规；行政措施、决定和命令；部门规章；地方性规章；地方性行政措施、决议和命令等。

4. 国家司法机关

从我国目前情况来看，司法机关的作用更多地表现在公共政策执行和监督方面，并没有真正成为公共政策制定主体。其原因如下：① 从我国司法机关参与立法过程的情况来看，现行法律未对法律草案的起草人做出明确规定，实践中通常由法律议案的提案人所属机构或部门起草；② 我国司法机关在法律实施过程中做出的相关判决和裁定，并不能作为以后适用法律的基础，是一种非规范性的法律文件，并不具有公共政策表现形式的一般性特征。

三、政策工具的构成与运用方法

关于政策工具，不同的学者给出了不同的解释，在此我们的界定是：一个行动者能够使用或潜在地加以使用，以便达成一个或更多目的的任何事务。政策工具就是达成政策目标的手段。根据加拿大公共政策学者豪利特和拉米什的分类方法，将政策工具分为强制性工具、非强制性工具和混合性工具。

(一) 强制性工具

强制性工具是指借助国家或政府的权威及强制力，迫使目标团体及个人采取或不采取某种行为。其主要包括管制、公共企业、直接提供。

1. 管制

管制是由政府做出的，它们必须为目标团体及个人所遵守、服从，不服从将受到惩罚。管制采取了不同的形式，如规章、标准、许可、禁止等。政府管制存在于社会生活的许多领域。

---

① 公共政策学读书笔记：《互联网文档资源》(http：//wenku. baidu. c)2016－12－24 11：31：15.

管制的优点：建立管制所需要的信息相对比较少；管制较容易实施；在运行管理中，管制的不确定性较低；相对于其他工具来说，管制更适用于危机管理；管制比其他工具（例如补助或者税收）的成本更低；采取管制措施能够表现出政府部门的快速行动，对公众而言具有政治感染力。[①]

管制的缺点：管制通常会对市场主体或社会行为形成约束或限制，从而扭曲了经济行为、社会行为或私人活动的自愿性，这在一定程度上可能会导致经济效率的降低。同时，管制一般过于刻板而无法区别特殊的情形，缺乏灵活性等。并且，对于管制的具体实施，其监督和检查成本是比较高的，如工业用地出让制度中，因企业原因造成的土地闲置。[②]

2. 公共企业

公共企业又称为国有企业、国家企业或准国营企业，可以把它看作是管制的一种极端的形式，在因资本投入无利可图而私人企业不愿提供社会需要的物品和服务的条件下，公共企业是一项有效率的政策工具。[③]

公共企业作为政策工具为政府提供了不少便利。首先，当由于资本成本过高或预期收入低的原因，私人企业不能提供社会所需的足够的某些物品与劳务时，公共企业就是一个很有效率的政策工具。其次，在许多情况下，建立公共企业所需的信息成本比使用非强制性工具和管制要低一些。因为政府作为所有者可以通过自己的企业做其想做的任何事情，所以并不需要在使用政策工具时收集关于目标行动或者最终目的与目标对象偏好方面的信息。再次，从管理角度而言，如果管制已经被广泛使用，公共企业可能会简化管理。最后，公共企业创造的利润可以充实公共基金，并用来支付公共支出。[④]

公共企业的不足之处也是显而易见的。首先，因为公共企业的管理者可以采取很多规避手段，所以政府往往发现自己很难控制公共企业。股东涣散且与其个人利益关系不大，以至于股东也难以对公司进行有效控制。其次，因为即使公共企业长期经营不善也不会导致破产倒闭，所以他们往往低效运行。事实上，大量的公共企业都持续流失资金，这是近年来许多国家都在力图推动公共企业私有化进程的主要原因。再次，很多公共企业拥有垄断地位，如电力公司和供水公司，垄断使他们得以将低效率的成本转嫁给消费者，这与处于垄断地位的私人公司的战略没有什么不同。[⑤]

3. 直接提供

直接提供是由政府机构及其雇员直接提供公共物品或服务，这是一种容易为人们所忽略的基本的和被广泛运用的政策工具。政府所做的大量事情，如国防、外交、警察、消防、教育、社会保障、公有土地管理、公园和道路的维修、人口普查、地理测量等都采取这一途

① 陈庆云. 公共政策分析. 北京. 北京大学出版社，2006：84.
② 赵德余. 公共政策共同体、工具与过程. 上海：上海人民出版社，2011：86.
③ 陈庆云. 公共政策分析. 北京：北京大学出版社，2006：84-85.
④ ［加］迈克尔·豪利特，M. 拉米什. 公共政策研究. 庞诗，等，译. 北京：生活·读书·新知三联书店，2006：154-155.
⑤ ［加］迈克尔·豪利特，M. 拉米什. 公共政策研究. 庞诗，等，译. 北京：生活·读书·新知三联书店，2006：156.

径或办法。①

直接提供的政策工具具有以下优点：首先，与其他强制性政策工具相类似，因为信息成本低，所以直接提供政策易于建立。其次，大量机构要求直接提供以使他们得以获得高效运转所需的资源、技能和信息。再次，直接提供避免了间接提供下的很多麻烦，比如讨论、协商等，需要大量信息，往往使人们过多地将注意力集中于讨价还价而不是事情的结果。②

直接提供这一政策工具的缺陷也十分明显。虽然技术上政府可以做私人部门做的任何事情，但在实践中并非如此。首先，官方机构做事往往缺乏灵活性，这些机构比较注重法律规则的价值、信守正规的操作程序。其次，凌驾于机构与官员之上的政治控制会影响到社会物品与服务的提供，使政府往往采取干预的手段为政府的再次选举服务而不是为公众服务。再次，由于官僚机构不是竞争主体，他们往往不会充分重视成本问题，而这些成本最终将由纳税人承担。最后，项目的执行可能会因为政府内部机构职能的交叉与冲突而陷入困境。③

（二）非强制性工具

非强制性工具是指没有或很少有政府参与，它的任务是在自愿的基础上完成的，主要包括家庭与社区、志愿者组织和市场。

1. 家庭与社区

政府间接地通过消减服务职能而鼓励家庭和社区提供服务。在所有的社会关系中，朋友和邻居提供了大量的物品和服务，对于实现政府政策目标有帮助的物品和服务，政府可以采取措施来扩大其影响。政府可以采取间接手段，通过减少政府服务来促进私人、社区服务的发展，也可以采取直接的手段来促进家庭和社区服务的影响范围。

促进家庭与社区成为公共政策工具之一的主要优点是，他们不需要政府指出什么，除非政府选择对家庭和社区的这些行动授权或提供补贴。而且，在大多数社会中，他们的职能都赢得了广泛的政治支持。④

除非政府向他们提供补助或补贴，通常家庭与社区不会耗费政府的资金。与其他政策工具相比，家庭与社区在许多服务领域，比如长期照顾残疾人等，显得更为合适。而且家庭与社区作为一种政策工具在大多数社会中易获得广泛的政治支持。

该政策工具的主要缺点：它们通常无力解决复杂的社会问题，大规模的需求还需要政府集中提供而不是由家庭和社区分散提供公共服务。此外，还会产生公平方面的问题，服务的需求者难以获取同等的资源、享受同等的服务。因此，在现代社会中，家庭与社区往往只能作为处理复杂的社会问题的辅助工具。⑤

---

① 汪大海. 现代公共政策学. 北京：清华大学出版社，2010：255.
② Based on Christopher K. Leman, "The Forgotten Fundamental" in Salamon (ed.), Beyond Privation：60.
③ ［加］迈克尔·豪利特，M. 拉米什. 公共政策研究. 庞诗，等，译. 北京：生活·读书·新知三联书店，2006：157.
④ ［加］迈克尔·豪利特，M. 拉米什. 公共政策研究. 庞诗，等，译. 北京：生活·读书·新知三联书店，2006：147.
⑤ 陈庆云. 公共政策分析. 北京：北京大学出版社，2006：83.

2. 志愿者组织

志愿者组织是指"既不是（政府）强迫成立也不是以营利为目的的行为组织"①。作为一种政策工具，志愿者组织的活动免受国家强制力和经济利益分配的约束。志愿者组织提供某些社会服务。例如，慈善机构为穷人提供医疗保健、教育和食品，志愿者团体提供诸如清洁海滩和公园的公益服务等。②

该政策工具的主要优点：所提供的服务是可靠的和低成本的，可以减轻政府的负担。志愿者组织提供的服务是低成本的，具有较高的灵活性和回应性。志愿者组织是一个公平的政策工具，它们通常把那些在危难中需要帮助的人们作为目标群体，能起到"雪中送炭"的作用，是社会公平机制有益的和必要的补充。志愿者组织的活动能够促进公民社会的建设，提高政治参与水平。

该政策工具的主要缺点：应用范围有限，容易蜕化成准官僚机构；不适用于解决复杂的经济与社会问题，从而使其效率和效力大打折扣，丧失优势。

3. 市场

市场是一种最重要且最具有争议性的非强制性工具。消费者和生产商之间自愿的相互作用往往会产生令双方都满意的结果。市场在提供大部分私人物品上是富有效率的手段，是资源配置的有效工具。

然而市场并不是万能的，它不能充分提供大部分公共产品，不能提供国防、警察、路灯以及其他类似的公共物品与服务，而且市场是一个高度不公平的政策工具，它仅仅满足那些有支付能力的人们的需求。

（三）混合工具

混合工具兼有强制性工具和非强制性工具的特征。混合工具允许政府将最终决定权留给私人部门的同时，可以不同程度地介入非政府部门的决策形成过程。③混合工具具体包括以下内容：

1. 信息与规劝

政府向社会发布信息，说服人们做还是不做某事。这种政策工具容易使用，而且稳定，是一种民主手段，只是相对软弱，效果有限。因为政府向个人和公司提供信息并期待它们的行为发生预期的变化。如政府要求烟草公司在烟盒上印上"吸烟有害健康"的标识，以引导公民不吸烟或少吸烟。但是，信息传播并不具有强制性，公众并没有义务做出特定的回应。

规劝是政府试图说服人们去做或不做某事，力求改变人们的偏好和行动，而不是仅仅向人们提供信息并期待其行为发生预期变化，但是规劝并不运用奖励和惩罚手段。例如，政府规劝人们参加体育锻炼，形成良好的生活习惯，节约用水，节约能源，采用公共交通工具等。

---

① Robert Wuthnow，"The Volunatary Sector：Legacy of the Past，Hope for the Future" in Robert Wuthnow（ed.），Between States Marbets：The Voluntary Setor in Comparative Perspective（Princeton：Princeton University Press，1991）：7.
② 汪大海. 现代公共政策学. 北京：清华大学出版社，2010：255.
③ ［加］迈克尔·豪利特，M. 拉米什. 公共政策研究. 庞诗，等，译. 北京：生活·读书·新知三联书店，2006：158.

该政策工具的主要优点：当问题还没有明确的解决办法时，规劝是较好的首选工具，如果单单通过规劝就能解决问题，那么就不必采取其他措施；如果找到了更好的政策工具，改变或放弃规劝工具也比较容易；规劝工具容易实施，成本很低；规劝与强调自由和个人责任的民主观念相一致。

该政策工具的主要缺点：规劝是一个虚弱无力的政策工具。政府采用规劝工具，只是希望或劝导人们做某事，如果没有其他工具的配合，这类工具的效果往往是有限的。

2. 补贴

补贴是政府给个人、公司、社会团体的财政转移形式，目的是让受资助者采取政府所希望发生的行为。补贴的形式有拨款、税收减免、凭单、低息贷款等。拨款通常提供给生产者，目的是使生产者提供更多的物品和服务，以满足社会需求。税收减免是一种隐蔽的补贴形式，它实施比较容易，并不涉及直接的支出，对政府而言具有相当大的吸引力。凭单是政府给予某一特定物品或服务的消费者开具的具有一定面值的证明，消费者在购买物品或服务时将凭单交给自己选择的供给商，后者则将收到的凭单交给政府来获得相应的补偿。另外，低于市场利息的贷款也是补贴的一种形式。

该政策工具的主要优点：容易确立和实施，是一种灵活的政策工具；能够鼓励创新；补贴的管理和实施成本较低；具有较高的政治可行性。

该政策工具的主要缺点：不适合处理危机、补助过多会导致失效，并难以撤销；补贴（税收减免除外）需要财政资金，而增加开支总是比较困难的；收集关于补贴的相关信息成本较高；补贴一旦建立起来，就难以取消。

3. 税收和使用者付费

税收是一种法律上规定的由个人和公司对政府的强制性支付，其主要目的是增加政府的财政资源。它可以用作一种政策工具进而促进政府所希望的行为或限制所不希望的行为。使用者付费是税收作为一种政策工具的创新应用形式，是管制和市场两种政策工具的结合。政府不用禁止或限制某种行为，只需设定收费的水平，运用市场力量来控制这种行为的数量。税收和使用者付费的工具表现为在特种税收、污染治理和城市交通控制等方面。[1]

该政策工具的主要优点：比较容易确立；是一种灵活的政策工具；可以提供持久的财政激励；使用者付费有助于创新；由于它将调整行为的责任留给个人和公司，从而减少了官僚机构的执行任务。

该政策工具的主要缺点：确定引发预期行为的税率和收费水平需要大量信息；不能满足危机时期快速反应的要求；比较繁杂，可能会提高管理成本。

第三节　公共政策的主要过程

一、政策制定

政策制定（Policy-making）是政策过程的首要阶段，有广义和狭义两种解释。广义的政

---

[1] 刘翠翠. 发展低碳建筑的政策完善研究. 湖南大学硕士论文，2011.

策制定，如德洛尔将它理解为整个政策过程，把政策执行、政策评估等环节称为后政策制定阶段；但大多数学者对政策制定做狭义理解，即把它理解为政策形成，指从政策问题界定到政策方案抉择以及合法化的过程。本书从狭义的角度对政策制定各个阶段展开讨论。

（一）政策问题的确认

所谓政策问题的确认是指对于政策问题的察觉、界定和描述的过程。从认识论的角度而言，这是一个从对客观事实的感性认识到理性认识的过渡。问题确认是问题求解过程中最为关键的一环。对问题进行明确和系统的阐释是探求问题解决方案的有效途径。政策问题的确认有以下三个步骤：

1. 问题察觉

问题察觉是指某一社会现象被人们发现并扩散，逐渐引起社会公众和政府有关部门关注的过程。[①]在这个过程中，人们普遍感到应该行动起来以改变目前的这种状态。问题察觉能否实现，不仅取决于客观条件，而且还取决于相关人员的主观条件，如政治立场、思想意识、个人利益、价值观念等。

2. 问题界定

问题界定是指对问题进行特定分析和解释的过程。第一，要通过一定的方法对问题进行必要的归类，可以根据问题的性质、作用、范围等进行归类。第二，需要对问题进行必要的诊断。诊断要回答两个方面的质疑：一方面是现实状态与理想状态的差距何在，另一方面是原因何在。第三，需要把问题情境转变为实质的问题。问题界定的主要目标就是要把复杂、混沌的问题情境总结概括为清楚明了的实质性问题。

3. 问题描述

问题描述是指运用可操作性语言（如运用数量的、文字的、符号的、图表的等表达方式）对问题进行明确表述的过程。在一般的决策系统中，政策问题的确认与政策方案的选择之间往往存在着一定的裂痕。因为对政策问题的确认与最终的决策经常是两个系统。为了进行有效的政策制定，问题确认过程中应该注意两点：一是问题描述应做到真实详尽，切忌人为地夸大或缩小；二是尽量缩短报告链条，减少报告层次。对于问题的描述要尽量做到以客观代替主观，以直接代替间接，以准确的事实代替加工过的材料，坚持实事求是的原则。

（二）政策议程的确立

所谓政策议程是指将政策问题提上政府部门的议事日程。政策制定是一个复杂的活动过程，它由一系列的功能活动或环节所构成。社会问题一旦被认定为公共政策问题，就要使该问题进入公共政策议程。安德森认为人们向政府提出的各种要求，只有一小部分得到了公共决策者的关注，"那些被决策者选中或决策者感到必须对之采取行动的要求构成了政策议程"。[②]政策议程的确立是政策制定的关键环节。

现代社会存在着大量需要解决的问题，一些社会问题能被提上政策议程而另一些则不能。社会问题要进入政策议程，既要有能够发现问题的观察机制，又要有公众与政府、上级

---

① 谢明. 政策分析概论. 北京：中国人民大学出版社，2004：175.
② ［美］詹姆斯·E. 安德森. 公共决策. 北京：华夏出版社，1990：69.

与下级之间良好的沟通机制。社会问题进入政策议程的途径通常有以下几种：

1. 政治领袖

安德森认为："无论是出于政治优先权的考虑，还是因为对公众利益的关切，或者两者兼而有之，政治领导人可能会密切关注某些特定的问题，将它们告知公众，并提出解决这些问题的方案。"①由政治领袖提出相关问题并进入政府的政策议程，这一途径在很多国家都是富有成效的。

2. 政治组织

政策议程的形成往往是一个复杂的过程。通常情况下，单靠个人的力量是难以实现的，必须借助一定的组织形式（如政党、政治团体和社会组织等）。通过组织来集中、归纳和反映其所代表的集团利益、要求和呼声，使之列入政策议程，以政策的形式给予回应和解决，这就是这些组织的主要职责。

3. 行政人员

国家行政机关的工作人员在执行政策以及处理公务的过程中，因其接触范围较广，掌握信息较多，对群众在生产和生活中遇到的实际问题也会比较了解。他们常常能在无意中发现与原有政策相关的新问题，因而将之列入政策议程。

4. 利益集团

利益集团是在政治共同体中具有特殊利益的团体，它们在政治生活中的一个主要目的就是影响决策过程，通过各种手段迫使政府将相关利益问题列入政策议程，以便实现自己的目的和主张。

5. 专家学者

在各自的研究领域中，专家学者通过对课题的分析，能够发现某些重要问题，并凭借其专业优势和特长，取得对经济建设和社会发展产生巨大和深远影响的成果，也能通过各种渠道，将其列入政策议程。

6. 社会公众

公众在日常生活中，对某些关乎公众切身利益的问题，或者公众的某些权益受到损害等问题，一般会通过各种渠道，向政府反映，以求得到解决。如果反映的群体呼声比较强烈，很快便会得到政府相关机构的关注，进而将上述问题列入政府的政策议程。

7. 大众传播媒介

大众传播媒介通常是指广播、电视、报纸、杂志、互联网等。在现代信息社会，大众传媒的影响力越来越大，大众传媒具有信息量大、涉及面广、影响力强和传播迅速等特点，某些社会问题经过传媒的报道，会形成强大的舆论压力，从而促使政府将相关问题提上政策议程。

8. 危机和突发事件

危机和突发事件会让相关问题的解决变得十分迫切，进而促使这一问题被提上政策议程。例如，某段时间小煤矿爆炸的事故频繁出现，这促使政府将关闭小煤矿的问题迅速提

---

① [美]詹姆斯·E. 安德森. 公共决策. 北京：华夏出版社，1990：72.

上政策议程，并对之采取行动。

（三）政策方案的论证

政策论证是指政策方案不可能凭空杜撰，必须有根有据，作为政策的立论基础。提供这些根据，便是政策论证。

政策工作者需要向多方论证：第一，向上级领导论证，说明为什么应当选择这个方案；第二，向立法机关论证，以求特定的政策能够在法定程序上获得通过；第三，必要时还要向媒介或社会公众做论证或解释，以求获得公众的理解和支持。

政策论证的基本要素包括以下几点：

（1）政策信息（Policy-relevant Information）。它是所有政策论证的起始点，通过多种方法提供的政策相关信息构成了分析者所支配的论据。

（2）政策主张（Policy Claim）。它是政策方案所要建议的、作为政策相关信息的逻辑推理结果，是政策论证的结论。

（3）立论理由（Warrant）。它是一种解释框架或解释方式，它与人的知识、经验、信仰有关。

（4）立论依据（Backing）。它是将信息转变为政策主张的深层次的理由。

（5）反驳（Rebuttal）。它是立论理由的反驳、排斥或限定。

（6）可信度（Qualifier or Credibility）。它是指各种主客观条件对政策主张的支持程度。

（四）政策合法化

经过政策论证最后抉择出的政策方案，并不能立即付诸实施，它需要按照一定程序予以审查，取得合法地位，才能使公共政策在全社会具有约束力与权威性。这一过程就是公共政策的合法化。

1. 政策合法化的涵义

政策的合法化是指经过政策论证与建议得到的政策方案上升为法律或获得合法地位的过程。它由国家政权机关依据法定权限和程序所实施的一系列立法活动与审查活动所构成，合法化使政策获得了法律的保护，具有了强制力，为政策的执行提供了必要条件。

2. 政策合法化的地位和作用

（1）政策合法化是公共政策制定过程的重要阶段，又是公共政策执行的前提。政策方案只有经过合法化的环节，才能成为合法有效的公共政策，才能有执行效力。

（2）政策合法化是决策民主化、科学化和法制化的具体体现。政策合法化是一个吸收民众参与公共决策、加强政治沟通与协调的过程；也是一个决策优化，对决策方案不断修改、完善的过程；更是一个坚持由法定的决策主体，依照法定的权限和程序进行公共决策，对决策行为实施法制监督的过程。

（3）政策合法化是依法治国的需要。依法治国，建设社会主义法治国家，是我国基本治国方略所要达到的目标，制定公共政策需要经过政策合法化的环节，这也是依法治国的基本要求。

3. 政策合法化的基本程序

所谓政策合法化的程序是指政策方案获得合法地位的主要步骤、次序和方式。不同的政策方案、不同的合法化主体，往往导致不同的合法化程序。

(1) 立法机关的政策合法化程序。

立法机关作为国家权力机关，其政策合法化一般要经过下列程序：

第一，提出议案。政策议案的提出主体可以是立法机关的民意代表、有关委员会以及领导机构等。按照立法机关的议事规则，提出议案的同时，不一定要提出法律或政策的具体草案。但政策合法化是将已经过政策论证而获得的政策方案提交立法机关审议批准，因此，提出议案的同时也就提出了相应的政策方案。

第二，审议议案。议案审议即由权力机关对议案运用审议权，决定其是否列入议事日程，是否需要修改以及如何进行修改的专门活动。

第三，表决和通过议案。议案一般采取过半数通过原则，有关宪法的议案一般要三分之二以上的绝对多数通过。

第四，公布政策。政策方案经表决通过后，有的还需要经过其他机关或其他形式的批准、认可之后，才成为正式的公共政策。

(2) 行政机关的政策合法化程序。

行政机关政策合法化的程序是与政府决策的领导体制紧密相连的。领导体制的不同往往导致政策合法化程序的差异。我国行政机关的领导体制是行政首长负责制，因此，行政机关的政策合法化程序具体如下：

第一，法制工作机构的审查。由法制工作机构审查政策方案的合法性，可以保证相关政策符合法律的要求，不会与现行法律发生冲突。

第二，领导决策会议决定。一般性的政策方案由主管的行政领导拍板后颁布；重大的政策方案则要召开领导常务会议、全体会议或行政首长办公会议讨论，由行政首长行使最后的决定权。

第三，行政首长签署发布政策。行政首长在各级政府机关中处于核心位置，拥有最高决策权和领导权。

二、政策执行

(一) 政策执行的内涵

政策执行是政策过程的中间环节，是将政策目标转化为政策现实的唯一途径。政策执行是政府公共管理活动的基本环节，是实现公共政策目标的最直接的决定因素。

政策执行在政策过程中具有的地位和作用，表现为以下几点：第一，政策执行是实现政策目标的重要途径。公共政策的价值和意义只有通过政策执行才得以实现。第二，政策执行是检验政策质量的唯一环节。公共政策经过程序化的逻辑推理和理论预设后，无论其构建多么完美，都仅仅是纸面上的东西，其正确与否、质量优劣、效果有无都必须经过政策执行才能得到检验。第三，政策执行是制定后续政策的基本依据。公共政策由制定到执行再到制定，体现了理论与实践的逻辑循环过程。政策执行是政策制定的检验、完善过程，也是政策再制定、再决策的追踪、提高过程。政策执行过程中反馈过来的实践经验与相关政策信息，是公共政策再决策和制定后续政策的基本依据和重要参考。

(二) 政策执行的过程及影响因素

政策执行是一个复杂的过程，它以政策目标为导向，包含一些基本环节及一系列的功能性活动的开展。其具体内容如下：

1. 政策宣传

政策宣传是政策执行过程的起始环节。要使政策得到有效执行，必须在思想上统一人们的认识，政策宣传就是统一人们思想认识的一个有效手段。执行者只有了解政策，才能积极主动地执行政策；政策对象只有知晓了政策，才能理解并接受政策。

2. 政策分解

政策分解是实现政策目标的必要环节。政策分解的本质就是制定公共政策的实施计划。一项公共政策的推出，往往只是指出实现目标的基本方向，比较抽象。要使公共政策的执行能够顺利进行，就必须在政策目标的指导下，对总体目标进行分解，编制出政策执行活动的"路线图"，明确各环节、各阶段的工作任务及目标，使政策执行有条不紊地进行。制定执行计划，应遵循客观性原则、适应性原则、全面性原则和一致性原则。

3. 物质准备

物质准备是保证公共政策执行能够顺利实施的经济基础，是必不可少的环节。物质准备通常是指必需的财力（经费）和必要的物力（设备）两方面的准备。只有做好充分的物质准备，才能为有效地执行政策创造有利的条件和环境。

4. 组织准备

组织准备工作是公共政策具体贯彻落实的保障机制，组织功能的发挥情况直接决定着公共政策目标的实现程度。组织准备不仅仅是解决组织形式问题，还包括建立精干高效的组织机构、配备胜任称职的领导者和政策执行的组成人员，制定必要的规章制度，使人力、物力、财力得到最合理的利用。

5. 政策实验

政策实验是公共政策实施过程中的重要环节。政策实验既可以检验公共政策，如发现偏差，及时反馈信息，修改和完善相关公共政策；又可以从中取得具有普遍指导意义的经验，如实施的方法、步骤、注意事项等，为公共政策的全面实施提供保障。政策实验分为三个阶段：选择实验对象、设计实验方案、总结实验结果。

6. 全面实施

政策的全面实施是公共政策执行过程中操作性与程序性最强，涉及面最具体又最广泛的一个环节。全面实施公共政策要求严格遵循政策的相关规定，做到原则性与灵活性相统一，具体问题具体分析，充分发挥政策执行主体的积极性，与目标群体积极沟通，以保证公共政策目标的圆满实现。

三、政策评估

（一）政策评估的内涵

所谓评估，就是估量和评价，通常是指根据一定的标准对事物做出优劣判断。政策评估就是依据一定的标准和程序，对政策的效益、效率及其价值进行判断的一种政治行为。政策评估的作用主要表现为以下几个方面：

第一，政策评估是检验公共政策效果的基本途径。为了避免政策实施的盲目性，有必要及时对公共政策效果进行分析和判断。

第二,政策评估是决定公共政策未来走向的重要依据。公共政策走向一般分为三种,一是延续,二是调整,三是终结。无论采取哪种走向,依赖于对政策执行效果进行的全面系统的分析和科学合理的评估。

第三,政策评估是合理配置政策资源的基础工作。政策评估一方面可以使决策者从整体和全局出发,使有限的资源产生更大的效益;另一方面可以防止因过多考虑局部利益所带来的资源过度投入。

第四,政策评估有利于促进政策的科学化程度。随着社会条件的不断变化,那种无跟踪、无反馈,期望一劳永逸的公共政策模式已经不可能再为公众所接受,要建立科学的公共政策模式就必须大力加强制度建设,完善公共政策的基本程序,做好政策评估,提高公共政策的质量。

(二) 政策评估的过程与方法

1. 政策评估的主要过程

政策评估是一种有计划、按步骤进行的活动,是一个有规律可循的系统过程。正规的、科学的公共政策评估,一般要经过准备、实施和结束三个阶段。

(1) 准备阶段。

作为一项复杂的、系统的工作,政策评估在实施以前必须进行周密的组织准备工作,这是评估工作的基础和起点,也是政策评估得以顺利进行和卓有成效的前提条件。组织准备阶段的主要任务包括:

第一,确定评估对象。这实质上是解决评估什么的问题。公共政策通常具有相关性,某一结果的产生往往是多项公共政策共同作用的产物,要清楚地划出一项政策作用范围的边界并不容易。

第二,制定评估方案。评估方案是评估实施的依据和内容,评估方案设计的合理程度直接关系到政策评估质量的高低和评估活动的成败。

第三,挑选和培训人员。评估的过程实际上是一种理论研究过程,它对评估人员的理论素养要求很高,评估人员自身素质和理论水平将直接影响公共政策评估的质量。

(2) 实施阶段。

实施评估是整个公共政策评估活动中最为重要的阶段,实施评估工作的好坏与整体评估活动的成败紧密相关。实施评估阶段关键是一些具体调查方法和评估方法的运用。该阶段的主要任务是:

第一,利用各种调查手段,全面收集公共政策制定、执行、影响和效益等方面的信息。信息是公共政策评估的基础,评估政策的过程其实也是收集信息、处理信息的过程。收集信息的常用方法有观察法、查阅资料法、调查法、个案法、实验法等。

第二,综合分析公共政策的相关信息。要求在广泛收集公共政策相关信息的基础上对那些有关公共政策的原始数据和信息资料进行系统的整理、归类、统计和分析。

第三,综合运用适合的评估方法,对公共政策进行评估,得出相应的评估结论。在实施评估的过程中,评估者应该坚持评估材料的完整性以及具体问题具体分析的科学性这些基本原则,客观、公正地反映出公共政策的实际效果。

（3）结束阶段。

结束阶段是处理评估结果、撰写评估报告的阶段。公共政策评估离不开价值判断，通常个人的价值判断会受到客观条件和一些非理性因素的影响，难免会有疏漏。因此，收集公共政策的评估信息，并在得出评估结论后，还必须认真审查。

第一，评估主体自检，分析统计评估信息所得出的相应结果的可信度与有效度。

第二，让评估结论与公共政策设计者、决策者、执行者、参与者会面，以便发挥评估的诊断、监督、反馈和完善作用，提高公共政策的科学性。

第三，就是撰写评估报告和总结评估这两方面的工作。

第四，结束阶段还要注意妥善处理公共政策决策者与评估者之间的分歧，实现公共政策决策者与评估者之间对评估报告的最大限度的协调。

2．政策评估的方法

评估方法对公共政策评估具有非常重要的意义，换言之，公共政策评估的成功与否往往取决于评估方法使用是否得当。公共政策评估的方法主要有：

（1）前后对比法。

这种评估方法是将公共政策执行前后的有关情况进行对比，然后评估政策效果和政策价值的一种定量分析方法。它有四种最基本的表现方式：

第一，简单对比分析。将公共政策客体在接受公共政策作用后产生的某种变化值减去此前得到的数值，两者之差就是公共政策效果。

第二，投射对比分析。将公共政策执行前的倾向线投射到公共政策执行后的某一时间点上，代表若无该公共政策的实施此点会发生的情况，然后与公共政策执行后的实际情况进行对比，以确定公共政策的实际效果。

第三，"有一无"对比分析。在公共政策执行前和公共政策执行后两个时间点上，分别就有政策和无政策两种情况进行对比，然后再比较两次对比的结果。

第四，实验性对比分析。在公共政策执行之前就将评估对象分为两组，一组为实验组，一组为控制组，前者被施加公共政策影响，然后比较这两组在公共政策执行后的情况，并对公共政策效果做出评估。

（2）专家评估法。

组织有关方面的专家审定各项有关公共政策的记录，进行实地考察，评定公共政策执行的效果，撰写评估报告。

（3）目标群体评估法。

由相关公共政策的目标群体以自己的亲身感受和对相关公共政策的个人理解来评定该公共政策的执行效果。

（4）执行群体评估法。

由相关公共政策的执行人员对公共政策的影响和公共政策目标的实现程度进行评估。

四、政策变迁

（一）政策调整

所谓政策调整，就是以政策评估获得的相关政策反馈信息为基础，对公共政策方案及公共政策目标进行不断地修正和补充的行为。政策调整的原因是多方面的，具体有以下几点：

第一，政策问题的变化。公共政策意在解决社会公共问题，现代社会，公共问题涉及范围越来越广泛，问题之间相互交叉，某领域内出现了新问题，就会引起相关公共政策的变动。因此，政策问题本身在公共政策制定或执行过程中发生改变，通常要求对相关公共政策也要做出相应调整。

第二，政策目标的变化。政策目标是公共政策考量的重要的基础性因素，公共政策内容的确定、方案的选择与评估、执行的效果等都是以政策目标为导向的。由于社会公共问题的发展变化，决策者会将原来模糊、不准确的目标更加明确化，校正或修订原有的政策目标。

第三，政策环境的改变。系统论告诉我们，系统的发展往往是随着系统环境的变化而发生的。或者说，系统的发展是其适应环境变化的调适过程，公共政策环境与公共政策运行是紧密相连的，公共政策环境诸要素的变化必然导致已有公共政策的不适应，进而引发相关公共政策的调整，这也是改革的本质和精髓所在。

第四，政策方案缺陷的暴露。任何一项公共政策，不论其实施前的论证多么充分，执行多么严格，都不可避免会存在某些缺陷。有的公共政策在实施前，或者政策执行初期，缺点不一定会立即暴露出来，但随着公共政策实施的深入，政策的不全面性就开始暴露出来。政策调整可以弥补公共政策自身的缺点，从而更好地解决问题。

第五，政策主体的变动。公共政策的制定与执行或多或少地会反映政策主体的价值与偏好。公共政策主体的变动，必然会导致新的公共政策主体对原有公共政策方案的某些方面产生不同的观点，进而带来公共政策的调整。

第六，政策资源发生变化。公共政策任何一个阶段和环节都需要一定的资源支撑。但公共政策的资源并不是永恒不变的，它与国家财政预算、国家经济状况、总体收支平衡有着密切的联系。如果经费短缺，国家对一些公共政策经费的拨付出现中断，相关公共政策就会被迫做出调整。

政策调整的形式通常表现为以下几个方面：

第一，政策补充。它是指对原有的公共政策规定不够明确的或尚未规定的部分进行补充和完善，使相关公共政策更加具体化、明晰化，增加新的公共政策内容。

第二，政策修改。它是指对原有的公共政策主要部分保留，对部分不适应的内容和条款进行相应的修改与完善。

第三，政策分解。从内容上看，政策分解并不是将旧的公共政策完全抛弃，而是将仍然有效的部分保留下来，与其他的公共政策一起组合为一项新的公共政策。

（二）政策终结

1. 政策终结的基本内涵

"终结"一词，通常是指某一活动或事物在时间和空间上的终止或结束。所谓政策终结，即公共政策主体通过对相关政策进行慎重的评估后，采取必要措施，中止那些过时与失效政策的一种行为。政策终结不是一种自然形成的现象，而是一种主动行为，是公共政策主体在公共政策的执行、评估和调整过程中发现问题并予以纠正，旨在提高公共政策绩效的主动行为。

2. 政策终结的作用

从政策终结的结果来看，其作用突出表现在以下三个方面：

第一，有利于节省政策资源。对任何政府而言，政策资源都是有限的。执行一项不该延续的公共政策，政府付出的不仅是成本，有时还会阻碍社会的发展。

第二，有利于提高行政效率。不终结那些失败或者失效的公共政策，就会给其他公共政策的执行带来负面影响，甚至会干扰新的公共政策的推行与实施效果，最终导致行政效率低下。

第三，有利于公共政策的质量提高。公共政策的制定是面向未来的活动，而未来会出现许多意想不到的因素。建立有效的政策评估和终结机制，有利于及时地发现问题并纠正错误。

3. 政策终结的方式

由于政策终结涉及面广，通常会直接影响到某些当事人的切身利益，因此，在具体实施过程中大多采用渐进的终止方式，具体如下：

第一，缩减。缩减指的是采用渐进的方式实现公共政策终结，其目的是为了缓冲政策终结所带来的社会动荡，协调好各方面的关系，尽可能地减少损失。

第二，合并。合并指的是旧的公共政策虽被终止，但原有的政策功能并不取消，而是将其合并到其他政策机构当中。

第三，废止。废止就是终止相关公共政策的执行，如果一项公共政策针对的社会问题已经获得解决；或由于某种原因，该政策问题已经不复存在，这项公共政策就应该予以废止。同样，一项公共政策执行一段时间后，出现了严重的后果，该项公共政策也应该立即废止。

4. 政策终结的策略

公共政策的终结是一个政治过程，是支持和反对政策终结的各种力量相互作用的结果。为了尽可能地消除政策终结所面临的障碍，可以采取以下几种策略：

第一，重视说服工作，消除抵触情绪。应该通过有效的宣传和说服工作，向各利益相关方说明政策终结的必要性和重要性，提高思想认识水平。

第二，公开评价结果，争取支持力量。吸纳社会公众参与相关公共政策的评价，并向社会公众公开政策评价的结果，是争取潜在支持者的有效方法。

第三，旧政策终结与新政策出台并举。为了缓冲政策终结的压力，可以采用新政策出台与旧政策终结并举的方法，及时地采用新政策替代旧政策，减少政策终结带来的不确定性。

本 章 小 结

本章主要探讨了公共政策与公共政策分析，包括公共政策的内涵及特征、公共政策分析与公共政策学的兴起背景以及政策系统与政策环境；接着分析了政策决策体制与政策工具，包括西方国家分权制衡体制下的公共政策、中国政治体制下的公共政策以及政策工具的构成与运用方法；最后介绍了公共政策的主要过程，包括政策制定、政策执行、政策评估以及政策变迁。

复 习 思 考

1. 在制定公共政策时，政府应该代表哪些人的利益？
2. 举例说明现实中的公共政策应该如何更好地使用相关政策工具？
3. 如何看待公共政策制定程序的重要性？

★阅读材料

[1] [美]威廉·邓恩. 公共政策分析导论. 北京：中国人民大学出版社，2002.

[2] 钱再见. 现代公共政策学. 南京：南京师范大学出版社，2007.

[3] 陈振明. 公共政策分析. 北京：中国人民大学出版社，2002.

[4] [美]约翰·W. 金登. 议程、备选方案与公共政策. 北京：中国人民大学出版社，2004.

[5] [加]迈克尔·豪利特，M. 拉米什. 公共政策研究：政策循环与政策子系统. 北京：三联书店，2006.

★主要参考文献

[1] 谢明. 公共政策导论. 北京：中国人民大学出版社，2015.

[2] 陈庆云. 公共政策分析. 北京：北京大学出版社，2011.

[3] [加]迈克尔·豪利特，M. 拉米什. 公共政策研究：政策循环与政策子系统. 北京：三联书店，2006.

[4] 陈庆云，鄞益奋，曾军荣，等. 公共管理理论研究：概念、视角与模式. 中国行政管理，2005(3).

[5] [美]约翰·W. 金登. 议程、备选方案与公共政策. 北京：中国人民大学出版社，2004.

[6] [美]米切尔·黑尧. 现代国家的政策过程. 北京：中国青年出版社，2004.

[7] 张金马. 公共政策分析：概念、过程、方法. 北京：人民出版社，2004.

[8] 陈振明. 公共政策学. 北京：中国人民大学出版社，2004.

[9] 陈振明. 政策科学：公共政策分析导论. 北京：中国人民大学出版社，2003.

[10] 宁骚. 公共政策学. 北京：高等教育出版社，2003.

[11] [美]威廉·邓恩. 公共政策分析导论. 北京：中国人民大学出版社，2002.

[12] [美]托马斯·戴伊. 理解公共政策. 中国台湾：韦伯文化事业出版社，1999.

[13] 张金马. 政策科学导论. 北京：中国人民大学出版社，1992.

第六章　公共财政管理

【学习目标】

通过对本章的学习，能够理解公共财政与公共财政管理的含义，掌握公共支出和公共收入的概念、特点、组成以及功能，了解政府预算是政府的基本财政收支计划，掌握编制政府预算的原则和一般过程。本章将对公共财政的基本概念、公共收入、公共支出及公共预算等知识进行介绍。

【引导案例】

2008 年中国 4 万亿救市计划[①]

2008 年全球金融危机袭来，为了挽救略显疲态的中国经济，G20 峰会前，中国政府提出了 4 万亿人民币（约合 5860 亿美元）的拯救经济计划。这是一笔空前的巨款，"4 万亿"是什么概念？这相当于中央政府最好年景（2007 年）全年财政收入的 80%。同时是美国 1680 亿美元经济刺激方案的 3.5 倍。然而即便加上金融纾困计划的 7 000 亿美元，美国的"救市"资金只占美国 GDP 的 5%，而中国经济不到美国一半，4 万亿却占了 GDP 的 16%。

毋庸置疑，在世界经济放缓的大背景下，中国政府在 2008 年执行的 4 万亿救市计划对经济增长的稳定做出了重要贡献，在短期内稳定了 GDP 的增长率。然而，现在越来越多的学者和专家指出 4 万亿救市计划对中国经济实则产生了长期的负面影响，使结构本已失衡的中国经济走向进一步的失衡。从需求的角度看，GDP 由最终消费支出、资本形成总额以及货物和服务净出口三个部分构成。GDP 增长的三大需求贡献程度即是各自增量在 GDP 增量中所占的比重，这个指标可以告诉我们 GDP 增长的动力主要是来自消费、投资还是出口拉动的。4 万亿救市计划旨在拉动内需，通过拉动内需来稳定经济的增长。然而，4 万亿救市计划推出的第一年（即 2009 年），GDP 增长率的 9.2%，仅是资本形成对 GDP 拉动的百分点就达到了 8.4，对 GDP 增长的贡献率为 91.3%，资本形成对 GDP 的贡献程度之高是我国改革开放三十多年来所罕见。该年最终消费支出对 GDP 拉动的百分点为 4.4，对 GDP 增长的贡献率为 47.6%，这也仅仅是一个历史平均水平。这说明依靠内需来拉动经济增长，其最终结果是仍然依靠投资，而消费需求对经济增长的作用仍然没有被有效地释放出来。

在拉动经济的出口、投资和消费这三驾马车中，由于世界经济增长放缓对我国出口的冲击，结构调整的目标由传统的出口和投资拉动经济增长转到主要依靠内需拉动增长。然而，4 万亿救市计划仅仅只是做到了使投资对经济的拉动作用立竿见影，并没有刺激到国内消费，从而使结构调整的目标打了很大的折扣。

在 4 万亿救市过程中，由于大部分资金流入了国有企业，以及财政扩张推高物价后的

---

① 案例来源："揭开中国政府 4 万亿救市的神秘面纱". 凤凰网，2008 - 11 - 21.

信贷紧缩政策下的民营经济生存环境的恶化，那么，"国进民退"将是不争的事实。由此，在劳动者报酬的构成中，增加的将主要是国有部门而非民营企业，因此，即使劳动者报酬上升了，那么劳动者之间的收入差距也将会拉大。另外，由于大部分就业由民营企业所承担，如果这部分劳动者的工资没有明显的提升，那么最终结果是，基尼系数很有可能会上升。这个结果将会是一个很有趣的现象，即劳动者报酬与基尼系数同时上升。因此，还无法证明 4 万亿救市计划是否改善了收入分配结构。

案例思考题：

1. 政府拿的 4 万亿救市资金为何对经济产生了影响？
2. 政府从哪里拿出 4 万亿资金的？
3. 政府拿出 4 万亿资金的程序如何？

第一节　公共财政与公共财政管理

在日常的社会经济生活中，无论是衣食住行、社会环境，还是国家的经济建设，我们每天都能感受到公共财政活动的存在，各种各样的财政现象和财政问题影响着我们生活的方方面面。那么究竟什么是公共财政？什么是公共财政管理呢？

一、公共财政的含义

所谓公共财政，是指以国家（或政府）为主体，通过政府的收支活动，集中一部分社会资源，用于履行政府职能、提供公共产品以满足社会公共需要的经济活动。

市场失灵论是公共财政的理论核心。在完全竞争的条件下，市场机制起到最主要的作用，是通过市场竞争机制，使资源配置的效率实现最大化。但是，市场机制并非完美无缺，其本身存在信息不充分、垄断、外部性等问题，因此需要发挥政府公共财政的作用，以弥补市场缺陷，从而促进分配公平。据此，公共财政应包含如下几个方面的含义：

第一，公共财政的主体是政府。政府的权力来源于社会公众的让渡，为了满足政府的公共活动，由政府向公民征收税收，进而形成公共财政收入，再通过公共财政支出的方式提供公共产品或公共服务。

第二，公共财政的对象是为公众提供公共产品或公共服务。政府按照公共财政支出预算向公民提供公共产品或公共服务，成为公共财政活动的对象。

第三，公共财政的目的是满足社会公共需要。满足社会公共需要是公共财政活动的出发点和归宿。社会公共需要决定着公共财政活动的方向、范围和效果。[1]

二、公共财政管理的含义与目标

（一）公共财政管理的含义

依据公共管理中的计划、组织、领导、控制等内容和公共管理的三个层次——宏观层

---

[1] 宋体富，梁朋. 公共财政学. 北京：首都经济贸易大学出版社，2016.

次解决制度化问题，中观层次解决运行机制、过程问题，微观层次解决具体的管理实践问题。公共财政管理主要包括公共财政的组织管理、公共财政的决策管理、公共财政部门的职能管理、公共财政的信息化管理四个方面。

1. 公共财政的组织管理

公共财政的组织结构内涵承接于公共财政职能，一般来说，公共财政职能包括资源配置职能、收入分配职能和经济稳定职能。履行公共财政职能，必须凸显公共财政管理体制作为财政管理的核心和最基本的管理制度。其实质是国家管理、规范财政分配关系，划分各级政府之间财权和财力或同级政府各财政职能机构之间职责分工的根本制度。

2. 公共财政的决策管理

公共财政决策既是公共财政管理的起点，又贯穿于公共财政管理过程的始终。公共财政管理过程就是一个不断决策和实施决策的过程。从一个孤立的管理过程来看，公共财政管理过程可分为决策制定、决策实施以及效果评估等环节。公共财政决策只是这一过程的起点，在其他环节也都包含着决策的活动。公共财政决策体制是国家为了有效处理财政事务，对决策权力进行分配，并确定决策程序、规则、方式的根本制度。

3. 公共财政部门的职能管理

财政部门设置原则是：一级政权，一级财政。其目的是为了保证各级政府财权和事权的统一。其财政部门，从上到下形成了一个以财政税务部门为主体，其他有关单位为辅助的管理系统。这个系统在中央设置财政部以及预算署等，在地方各级政府设置财政局。这些部门分别负责编制各级财政预算，负责财务收支管理。

4. 公共财政的信息化管理

财政信息化管理是以组织实施阶段输出的信息为依据的，根据输出信息监督、检查财政活动与目标是否背离信息反馈。然后，决策部门又依据反馈信息对偏差及时采取措施进行调节、控制，从而保证财政活动的正常运行和原定目标的实现。财政管理信息化加强了财政部门与外界联络的沟通。[①]

（二）公共财政管理的目标

20 世纪 90 年代中期以来，公共财政管理的目标主要分为三大基本类别：

第一，政府应保持可持续的财政状况。收支的水平、债务的水平、其他财政总量应该促进经济稳定，并且具有中长期的可持续性。该目标可理解为：财政总额不应简单地视为一系列收入和支出活动的简单汇总，而是通过自上而下的限制性程序，影响预算决策的和预先设定的固定限额。如果仅以当前年度的政策意图衡量公共财政管理，或是以确认当期发生负债的收付实现制来衡量公共财政管理，则年度预算很难达到"可持续性"这一目标。

第二，将资源有效地分配给各部门、各机构和各项目。公共资金分配的方案应该建立在项目有效性的基础上。将资金从效率较低的部门重新分配到效率较高的部门是公共财政的改革方向。然而，许多国家推行的社会福利计划使得国家预算倾向于刚性，更加难以实施再分配。

第三，提升公共服务效率。政府应该关注公共服务的质量和可获得性。公民通过政府

---

① 舒成. 西方发达国家的公共财政管理理念及其启示. 江西社会科学，2010(3)：188-191.

提供的或未能提供的公共服务来认知政府，公共服务可以看作是联系公民与政府之间的桥梁。提供公共服务不仅是公共财政管理的目标，更是提高公共管理整体能力和管理导向的目标，特别是评价公务人员的动机和行为的关键基点。重新定位公共财政管理，已经成为新公共财政管理的主要目标。改善公共服务的政策应当以绩效为导向，包括产出目标、绩效预算、绩效合同、绩效工资、绩效报告和审计。权责发生制、加强内部管理和审计能力、综合财政信息系统等也应提上公共财政管理的改革议程。

第二节 公共收入与公共支出

就一般意义而言，公共财政包括两个阶段的活动：一是政府将私人部门的一部分社会资源转移到公共部门的过程，即公共收入阶段；二是政府以其所取得的社会资源生产或提供公共物品或服务的过程，即公共支出阶段。

一、公共收入

公共收入(Public Revenue)，亦称财政收入或政府收入，系指政府为履行其职能而取得的所有社会资源的总和。公共收入按收入形式来划分，可以分为税收以及非税收入。非税收入包括公有企业收入、公债、行政规费以及其他收入，与税收一起组成了公共收入的几大形式，即我们通称的"税利债费"。本节就公共收入的这几种主要形式展开讨论。

(一) 税收

税收是一个古老的财政范畴，在各种不同的社会形态的国家中，对税收的含义和特征的理解也不完全相同。

1. 税收的概念

早在18世纪，古典经济学之父亚当·斯密就认为税收是"人民须拿出自己一部分私人的收入，给君主或国家，作为一笔公共收入"。马克思认为："赋税是政府机器的经济基础，而不是其他任何东西。"我国财税学界比较有代表性的观点认为：税收是国家(政府)为了满足社会公共需要，根据其社会职能，凭借政治权力，按照法律规定的标准，强制的、无偿的参与社会剩余产品分配而取得财政收入的一种规范形式。

税收实际上是将一部分社会资源从私人部门转移到公共部门的过程。对税收的概念，可以从以下三个方面来理解：

(1) 政府征税的目的是为了满足公共支出。税收是一种以政府为主体的收入形式和分配活动。在税收分配活动中，政府是征税主体，单位和个人是纳税主体，两者是一种权利与义务的关系，是一种强制性、无偿性的缴纳关系。

(2) 税收是政府财政的主要收入形式。为了满足国家一般社会公共需要，税收、公债、官产收入、财政发行、国有企业利润上缴等多种形式都曾经被政府采用以取得必要的物质资产，但在这些财政收入形式中，产生最早、运用最普遍、筹集财政资金最有效的形式是税收。税收是一国政府财政收入的主要来源。

(3) 政府征税的依据是公共权力。在现代社会中，政府可以凭借两种权力来取得财政收入，即公共权力和财产权力。公共权力与财产权力的最大区别在于，前者是强制的，它的行使不必经过被执行者的同意，而财产权力的行使则是建立在自愿、有偿的基础上。税收分配可以超越所有制形式，向单位和个人征收实物和货币，因此，税收分配的结果必然使社会产品的所有权发生转移，即由经济单位和个人转为政府所有。

2. 税收的特征

税收作为政府凭借公共权力参与社会产品分配取得财政收入的主要形式，它具有强制性、无偿性、固定性三大形式特征。

（1）强制性。税收的强制性主要表现为税收由国家强制力保证其实施，如果纳税人没有依法履行纳税义务，征税机关可以依据相关法律、通过国家强制力保证税收的实现。

（2）无偿性。税收的无偿性是指国家征税、纳税人缴纳税款后国家并不向纳税支付任何直接对价补偿，征税的过程是财产由纳税人向国家单向而非双向转移的过程。

（3）固定性。税收的固定性是指国家通过法律的形式征税，按照法律明确规定的征税对象、税率、计税依据等课税要素予以征收，非经法定程序，不得随意改变。其含义主要强调了征税标准明确，税法稳定，纳税人必须依法纳税。[①]

3. 税收政策的原则

在各国的税制设计中，公平原则和效率原则通常是税收制度最重要的两个原则。

一种有效率的税收是能将税收负担最小化的税收。这种税收具有较低的遵从成本，并且易于监督和管理。人们也许就正确的答案很难达成一致，但肯定能够找到正确答案。公平问题则不同，这类问题属于规范性问题，这意味着不存在如效率问题涉及的那种绝对没有争议的税收公平原则。然而，还是存在一些为公民所接受的税收公平原则，人们希望他们的税收制度是公平的。有两条最为人们所认同的税收公平原理，即效益原则和支付能力原则。根据效益原则，人们应该根据他们从政府提供产品中获得收益的多少来纳税。根据支付能力原则，人们应该按照他们的实际能力来纳税。

（1）效益原则。所谓效益原则，是指从政府开支中受益的人应该支付相应的费用。这一原则从公平的角度看显然是可取的。看起来人们应该为他们得到的好处付费，不应该强迫人们为别人受益的事情付费，这样做恐怕是仅有的公平的办法。事实上，效益原则是把税收看作是为政府提供物品而支付的一种价格。如同人们为他们从私营部门获取的物品付费一样的。人们为从公共部门获得的受益付费，因而是公平的。

例如，用燃油税来为公路融资就具有基于效益原则征税的特征。那些使用公路的人也必定会使用汽油，这就意味着，那些从公路中受益的人承担了建筑和维护公路的成本。燃油税抬高了汽油的价格，因而会降低人们使用公路的积极性。在公路拥堵的情况下，燃油税可以起到与价格类似的调节公路使用的作用，因而也具有效率的意义。

尽管效益原则具有内在价值，却还不能用作税收的唯一原则。一方面，很难从公共物品意义上确定政府带来多少实际福利；另一方面，政府还需要采取行动为那些不幸的人们提供帮助，以增进他们的福利。很多社会福利项目显然不能满足效益原则的标准。社会福利项目的基本理念在于，经济状况较好的人应该帮助那些经济状况糟糕的人。

（2）支付能力原则。支付能力原则是税收公平原则的第二条重要的原则。支付能力原

---

① 李建军，苏明萃. 现代财政制度下的税收特征：税收"三性"释义. 税务研究，2015（2）：28-31.

则指的是个体应该按照他们的能力大小来纳税。事实上，支付能力原则在实施过程中会存在一些难题。

政府的许多活动都是为了提供一般的公共物品，这方面的例子包括国防、法院、监狱以及制定法律和提出政府计划等。尽管政府在这些方面有可能将一些计划福利以某种方式与具体的个体联系起来，但这方面的对应性通常是比较松散的，这是因为政府开支带来的福利广泛散布于社会成员之间。在这种情况下，如何将税收负担公平地在不同成员间进行分配？人们广泛接受的一种方案是要求人们根据他们的能力按比例承担税负。按能力支付税负背后的理念实际上是因为作为整体的社会想要帮助其不幸的成员，那些经济条件比较好、拥有更多资源的人们应该进行捐助来帮助其他人。

4. 税种分类

一个国家的税收制度往往由多个税种组成，实行复合税制。对于税收制度分别按照一定的标准进行分类，有利于税制的比较分析和税收的征收管理。

(1) 按照课税对象的性质分类。根据课税对象性质的不同，可把税收分为三类：商品税、所得税和财产税。这种分类方法也是各国常用的税收分类方法。商品税以商品为课税对象，所得税以所得作为课税对象，财产税以动产或不动产形式存在的财产为课税对象。由于各国税制千差万别，所以采用此种分类方法结果也不尽相同。以征税对象为标准，我国把税收分为五大类：流转税类(增值税、营业税、消费税等)、所得税类(企业所得税、个人所得税等)、资源税类(资源税、土地使用税、耕地占用税等)、财产税类(房产税、车船税等)、行为税类(印花税、筵席税等)。

(2) 按照税收负担能否转嫁分类。以税负能否转嫁为标准可以把税收分为直接税和间接税两类。直接税是指税款由纳税人直接负担，税负不易转嫁，纳税人与负税人一致的税，如所得税、财产税等；间接税是指税收负担易转嫁给他人，纳税人与负税人不一致的税，如营业税、消费税等。需要说明的是，某种税之所以归属于直接税或间接税，只是表明这种税在一定条件下有税负转嫁的可能性，在实际中是否真正能够转嫁，则必须根据它所依存的客观经济条件来判断。

(3) 按照课税标准分类。按照课税标准或计税依据分类，可将税收划分为从量税和从价税。从价税是指以征税对象的价格为依据、按照一定比例征收的税，如增值税、营业税等；从量税是指以征税对象的数量为依据，按照规定的固定税额计征的税，如资源税等。从量税的税额会随课税对象实物量的变化而变化，但不受价格影响；从价税的税额会随课税对象的价格变化而发生同向变化，收入弹性大，能适应价格引导资源配置的市场经济的要求，便于贯彻税收政策和增加税收收入，因而被多数税种采用。

(4) 按照税收管理权限分类。以税收管理权限为标准(即按照税收收入所有权)分类，可将税收分为中央税、地方税和中央地方共享税。中央税是指收入划归中央、税收使用权归中央的税，如消费税等；地方税是指收入划归地方，税收使用权归地方的税，如资源税等；中央与地方共享税是指税收收入在中央与地方之间按一定比例分成的税，如增值税等。这里所说的收入使用权不考虑中央对地方转移支付导致的实际收入使用权的变化。

5. 课税主体、课税客体和税率

不管什么样的税收，总离不开三方面的内容，即向谁课税，对什么课税和课征多少税。

相应的，课税主体、课税客体和税率也就成为税收的三个基本要素。①

（1）课税主体。课税主体，是课税客体的对称，亦称纳税人或纳税义务人，也就是税法上规定的直接负有纳税义务的人。

在税法上规定直接负有纳税义务的，可以是自然人，也可以是法人。法定的课税主体有缴纳税款义务。值得注意的是，课税主体或纳税人并不一定就是税负的承担者，即负税人。纳税人和负税人不一致的情况是经常发生的。例如，消费税是由消费品的生产者或经营者缴纳的，但纳税人可以把税款加在消费品价格上转嫁给消费者。因此，生产者或经营者只是纳税人，真正的负税人是消费者。在某些情况下，纳税人和负税人又是一致的。例如，对一般劳动者课征的个人所得税以及对一部分企业课征的法人所得税，由于不存在税负转嫁的可能，纳税人就是负税人。

（2）课税客体。课税客体俗称课税对象，也就是对什么课税。

政府进行课税，仅规定课税主体是不足的，还必须进一步规定对什么东西课税。例如，仅仅规定企业有纳税义务，但不明确对它们课征什么税或对它们的什么东西课税，就无法将该收的税收上来。而规定对什么东西课税，就是在规定课税对象。

通常以课税对象为标志划分税种并规定税名。如对个人所得的课税，就叫个人所得税；对财产的课税，就叫财产税等。值得注意的是，课税客体或课税对象不一定就是税收的源泉即税源。税收作为 GDP 再分配的一种形式，其税源只能是在 GDP 初次分配中已经形成的各项收入，它主要是工资、利息、利润、地租等。这些税源可以是直接的课税对象，也可以不是直接的课税对象。例如，对财产的课税，课税对象是特定的财产，而税源只能是各种收入；对农民课税，税源是农民的收益，而课税对象却可以规定为农民所占用的土地量或利用土地所生产的农作物产量；对企业的课税，税源是企业的利润额。因此，只是在少数情况下，课税对象同税源才是一致的。而对于大多数税种来说，二者并非一致。课税对象解决的是课税的直接依据问题，税源则是税收收入的最终来源。

（3）税率。税率是所课征的税额与课税对象之间的数量关系或比例，也就是课税的尺度。税率也是税收制度的核心要素。在课税对象既定的前提下，税收的负担程度和政府课税的程度就主要体现在税率上。一般来说，税率越高，税收负担越重，政府的税收就越多。税率通常用百分比的形式表示。它又可具体分为比例税率、累进税率和累退税率三种形式。

所谓比例税是指对纳税人的收入征收同样比例的税，不考虑纳税人的收入水平。随着纳税人的收入增加对其收入征较大比例的税，这种税称为累进税。随着纳税人的收入增加对其征较小比例的税，这种税称为累退税。

比例税率，就是对课税对象规定的课税比率，不随课税对象数额的变化而变化，而保持在一个不变的水平上。例如，对商品的课税，按商品销售额课征 20% 的税款。两个销售额分别为 20 000 元和 200 000 元的企业，都按 20% 的税率计征税款。对 20 000 元的销售额按 20% 的税率计征的税款为 4000 元，而对 200 000 元的销售额按 20% 的税率计征的税款为 40 000 元。

累进税率，就是按照课税对象数额的大小，规定不同等级的税率，课税对象数额越大，税率越高。累进税率又可以进一步分为全额累进税率和超额累进税率。全额累进税率是随课税对象数额的增加，税率逐步提高，全部应税数额都适用相应的最高等级的税率课征。假定全额

---

① 高培勇. 公共经济学. 北京：中国人民大学出版社，2008.

累进税率规定为：所得未满 1500 元的，税率为 10%；1500 元及以上未满 2000 元的，税率为 15%；2000 元及以上未满 3000 元的，税率为 20%。若某纳税人的所得额为 2800 元，那么，这 2800 元要全部按照 20% 的税率计税。超额累进税率是把课税对象按数额大小划分为若干等级部分，对每个等级部分分别规定相应的税率，分别计算税额，而后相加即为应征税款。

例子：

表 6-1　2015 个人所得税税率表

级数	当月应纳税所得额	税率(%)	速算扣除数
1	不超过 1500 元	3	0
2	超过 1500 元至 4500 元的部分	10	105
3	超过 4500 元至 9000 元的部分	20	555
4	超过 9000 元至 35 000 元的部分	25	1005
5	超过 35 000 元至 55 000 元的部分	30	2755
6	超过 55 000 元至 80 000 元的部分	35	5505
7	超过 80 000 的部分	45	13 505

请用上述税率表(表 6-1)，计算一下所得为 8000 元时，在全额累进税率和超额累进税率下，分别应缴纳多少个人所得税？

全额累进：$(8000-3500) \times 10\% = 450$

超额累进：$1500 \times 3\% + 3000 \times 10\% = 345$

如果所得为 8001 元，在全额累进税率下和超额累进税率下，分别应该缴纳多少个人所得税？

全额累进：$(8001-3500) \times 20\% = 900.2$

超额累进：$1500 \times 3\% + 3000 \times 10\% + 1 \times 20\% = 345.2$

显然，如果使用全额累进税率的话，所得仅差 1 元，税收可能相差 450 元左右。两种累进税率相比，全额累进税率计算简便，但累进比较急剧，特别是在两个级距的临界部分可能出现税负增加超过课税对象数额增加的不合理现象。超额累进税率计算比较复杂，但累进程度缓和，更能体现税收公平原则。

最后来看累退税率。累退税率，与累进税率正相反，就是按照课税对象数额的大小，规定不同等级的税率，课税对象数额越大，税率越低。所以，在累退税率下，边际税率随课税对象数额的增加而下降。

例子：美国的联邦保险捐助税(该税收入主要用于为退休工人和残疾工人及其抚养人提供福利)，税率为 15.02%，2005 年社会安全福利保障税的征收适用于纳税人最先收入的 90 000 美元薪资，即超过该金额(90 000 美元)的薪资部分税率为 0。也就是说，对于年工薪额 90 000 美元和 180 000 美元的雇员来说，他们所缴纳的联邦保险捐助税是一样的，均为 $90\,000 \times 15.02\% = 13\,518$ 美元。

政府可以通过多种形式取得履行其职能所需要的公共收入，但税收是最有效或最佳的形式。在现代经济社会中，税收是公共收入的主要支柱。

(二) 国有资产收益

作为公共收入的一部分，国有资产收益主要是指政府根据国有产权所获得的股息、利润等收入，其来源是国有企业或国家参股企业的劳动者在劳动剩余时间内为社会创造的剩余产品价值。

1. 国有资产收益的组成

现阶段国有资产收益的组成具体包括股息、红利、利润、租金、资产使用费等收入。

（1）股息、红利收入。股息、红利收入是指实行国有资产股份制经营方式中，国家股份在一定时期内根据企业的经营业绩为国家财政提供的收入。

（2）上缴利润。上缴利润是指国有企业将实现利润的一部分按规定，或者根据承包合同，上缴国家财政，是国有产权在经济上的体现。上缴利润的真正来源，是企业职工在剩余劳动时间里为社会创造的剩余产品的价值。

（3）租金收入。租金收入是指租赁经营国有资产的承租人按租赁合同规定，向国家缴纳的租金。租金是承租人有偿使用、支配国有资产的报酬。

（4）其他形式的收入。除以上常见的几种国有资产收益形式外，还有一些其他的收入形式，如资源补偿费收入，资产占有费收入、国有股权证转让收入、国有资产转让收入等。

2. 国有资产收益的基本分类

（1）按形成来源，可分为经营性收益和非经营性收益。经营性收益是指企业占有使用国有资产或者国家投资人的资本金，通过正确的生产经营决策，加强生产经营管理，进行技术创新，促使劳动生产率提高和产品成本下降而获得的生产经营净成果；而非经营性收益是指不是由于企业自身的努力得来，而是通过一些客观因素使企业获得的收益，如国家特许垄断经营、自然资源的级差地租等。

（2）按财政管理体制，可划分为中央收益和地方收益。中央收益是指按照现行财政管理体制，直接解缴给中央金库的国有资产收益，其主体部分是归属中央直接管辖的国有企业的经营利润；地方收益指解缴给各级地方政府金库的国有资产收益，主要归属地方政府管辖的国有企业的经营收益。

（3）按初次分配的结果，可划分为企业留存收益和企业上缴收益。企业留存收益是指按照国家有关规定，留归企业自行分配的部分国有资产收益，主要用于企业扩大再生产等；而企业上缴收益是国家作为国有资产所得者，依据国家投资人的资本金所形成的生产资料所有权从企业获得的投资回报。企业应上缴的国有资产收益包括国有企业应该上缴国家的利润、股份有限公司中国家股东应分得的股利、有限责任公司中国家作为出资者按出资比例应分得的红利、各级政府授权的投资部门或机构以国有资产投资形成的收益应上缴国家的部分、国有企业的产权转让收入、股份有限公司国家股股权转让收入、有限责任公司国家出资转让收入、其他非国有企业占用国有资产应上缴的国有资产收益以及其他按规定应上缴的国有资产收益等。[①]

(三) 公债

1. 公债的内涵界定

政府在组织公共收入时，一方面可以凭借政治权力，采取无偿的形式来进行，如课征

---

① 李忠信，王吉发. 国有资产管理新论. 北京：中国经济出版社，2004.

税收；另一方面还可以依据信用原则，采取有偿的形式来进行，如发行公债。这就是说，公债是政府取得公共收入的一种有偿形式。

公债在将私人部门占有的一部分资源转移到公共部门，从而为政府取得公共收入这一点上，同税收的功能并无差别。但它也有自身的如下特点：

（1）公债的发行或认购是建立在资金持有者自愿承受的基础上的。对于公债，买与不买或认购多少，完全由资金持有者视本身情况自主决定。政府发行公债，所依托的是信用，而不是政治权力。

（2）公债的发行是有偿的。通过发行公债取得公共收入，政府必须按期偿还，除此之外，还要按事先约定的条件，向认购者支付一定数额的对暂时让渡资金使用权的报酬，即利息。

（3）公债的发行较为灵活。公债发行与否以及发行多少，一般完全由政府根据公共收支的状况，灵活地加以确定，而不像课税那样，通过法律形式预先规定。

总之，公债的内涵可以这样界定：公债是政府举借的债，是政府为履行其职能的需要，依据信用原则，有偿、灵活地取得公共收入的一种形式。

2．公债的基本功能

公债作为一种公共收入形式出现要比税收晚得多。公债的基本功能是弥补财政赤字，即公债是作为政府筹集资金的一种手段。公债具有以下基本功能：

（1）为政府的消费性支出而融资。政府的全部支出根据其性质的不同分为消费性支出和投资性支出。消费性支出具有消耗性、受益的当期性等特征，宜通过经常性收入，其中主要是税收来融资。出于财政稳健性的考虑，多数国家一般不允许经常性支出出现赤字，只有在战争、严重自然灾害等非可控因素发生的条件下出现的经常性支出赤字才会用公债来弥补，典型的如各种新政府成立之初发行的公债，其中，中华人民共和国成立之初发行的"人民胜利折实公债"是最具创新性和代表性的案例。

（2）为政府的投资性支出而融资。政府投资具有各种不同的形式，既有一般性建设项目，如各种基础设施的建造；也有特殊的投资需求，如战争等。如果把战争视为一种投资的话，那么它就是一类特殊的风险投资，其特征在于收益的高度不确定性。投资性支出具有建设周期时间长、受益年限长、成本可补偿等特征，因此，这类支出可以通过发行公债进行融资。

（四）规费

规费作为"税利债费"中的一部分，是公共收入的又一个途径。规费是政府部门为社会成员提供某种特定服务或管理所收取的手续费和工本费。规费通常包括两类：一是行政规费。这是附属于政府部门各种行政活动的收费，名目很多，范围很广，如护照费、户籍规费、商品检验费、毕业证书费、律师执照费等。二是司法规费。它又可分为诉讼规费和非诉讼规费两种，前者如民事诉讼费、刑事诉讼费；后者如出生登记费、财产转让登记费、结婚登记费等。

政府部门收取规费的数额，在理论上通常有两个标准：一是所谓填补主义，即根据政府部门提供服务所需的费用数额，来确定规费的收取标准；二是所谓报偿主义，即以居民从政府部门服务中所获得效益的大小，来确定规费的收取标准。事实上，政府在规费数额的确定上，并非完全依据理论的标准来进行。通常的情况是，规费数额的确定，既不衡量当事人所获得的效益，又不依据其付出的服务费用（往往超过服务费用）。故现实中各国规费的高低标准不一。

（五）其他收入来源

除了"税利债费"外，政府也可以通过其他形式取得公共收入。这包括政府引致的通货膨胀、捐赠等。

1. 政府引致的通货膨胀

政府引致的通货膨胀是指：为了弥补政府提供的物品或服务的费用而扩大货币供给，从而造成物价的普遍上涨。

为了弥补政府支出，政府可以印刷钞票，或者采用扩大货币供给的手段。不管怎样，由此而带来的货币供给增加，导致物价水平的普遍上涨，即发生通货膨胀。因货币供给增加而导致的物品或服务的市场价格上涨，进而导致人们手中持有的货币的购买力下降，政府部门所能支配的资源即公共收入增加。也就是说，政府引致的通货膨胀，实质上是一种社会资源的再分配。其净效应也是将私人部门占有的一部分资源转移到公共部门，只不过它采取的是一种隐蔽的形式。就这个意义来说，它和税收无异，因而政府引致的通货膨胀被人们喻为"通货膨胀税"。

2. 捐赠

政府有时也能得到来自个人或组织的捐赠，这往往发生在政府为某些特定的支出项目融资的情况下。例如，政府为了建立专门用于向遭受自然灾害地区的灾民或其他生活陷于困难之中的人们提供救济的特别基金，会要求或号召人们对这样的基金提供捐赠。在战争期间，许多国家的人们都曾接到过政府要求捐助物资或人力的请求。例如，2008年我国四川汶川地震发生后，全国人民纷纷捐款帮助受灾群众渡过难关。

不过，尽管来自个人或组织的捐赠可以构成公共收入的来源，但它只能在特殊时刻，且获得大众广泛认可的情况下才能实施，因而捐赠只是政府的一个很小部分的公共收入来源，其作用常常是微不足道的。

二、公共支出

（一）市场失灵与公共支出的必要性

我们倾向于将市场经济条件下的生产能力看作是理所当然的。设想一下，你不是通过交换来获得你所要消费的东西，而是自己来生产这些东西。当你必须自己生产粮食，自己制作衣服（从制作布料开始），自己建造房子，自己制造汽车（包括制造钢铁、塑料，提炼汽油等），自己制造手表等的时候，你就知道离开市场有多艰难了。市场经济中的合作，使我们可以消费远比自己能够生产的多得多的东西。因交换而实现的专业化和好处，是构成市场经济条件下生产力的关键要素。

一般来说，政府活动成本需要通过强制的税收来供给，公民在纳税后，可以选择消费一些公共部门的产品，如公路、公园等，而不需要支付额外的费用，公民也不以他们的意志为转移地接受一些产品，如国防。政府活动从根本上说是带有高压和强制性的，而市场活动则是基于自愿协议的。假如市场真的如上所说运作良好，那么，为什么还需要政府呢？

尽管有些人认为如果没有政府，我们会生活得更好些，但是大多数人还是认为政府的存在有其作用，而政府之所以必要的根本原因在于市场存在失灵。市场失灵主要表现在以下三个方面：

1. 市场失灵：公共物品或服务

公共物品或服务(Public Goods or Services)是向整个社会共同提供的，全体社会成员联合消费，共同受益；一个或一些社会成员享受这些物品或服务，并不排斥、阻碍其他社会成员同时享用；它在技术上没有办法将拒绝为其付款的社会成员排除在受益范围之外。典型的公共产品如社会治安、国防、公园、马路等。

具有如此特点的物品或服务，消费者不愿为此付出价格，企业不愿也没有能力生产或提供，市场机制的作用在公共物品或服务上发生了失灵，然而这些产品对人们来说又必不可少，所以它的生产或提供自然要寻找非市场的方式。

2. 市场失灵：收入分配不公

效率并不是评判社会资源配置状况的唯一目标。在很多情况下，公平也是必须予以考虑的重要因素。

在市场经济中可以观察到的一个基本事实是，由市场决定的居民收入的初次分配(纳税前收入的分配)并不公平。这是因为，在市场经济条件下，决定居民收入状况的因素，一是每个人所能提供的生产要素，如劳动力、资本、土地等的数量；二是这些生产要素在市场上所能获得的价格。由于人们所拥有或继承的生产要素存在差别，人与人之间的收入分配往往会有差距，如果任由市场机制进行分配还将会加大这种差距，形成所谓的财富分配的"马太效应"，导致诸如代际贫困、富余阶层财富的浪费、社会冲突等一系列影响社会可持续发展的问题。因此，市场在收入分配方面发生失灵，对于它的调节自然也要另辟他径——非市场的方式。

3. 市场失灵：经济稳定发展

在宏观经济领域层面，自发的市场机制并不能自行趋向于充分就业、物价稳定和适度的经济增长。这一点早已被凯恩斯学派所证明，在他们看来，自由放任的市场机制在实现宏观经济水平方面的失灵，一方面是由于价格信号在某些重要的市场上并不具有伸缩自如、反应灵活的调节能力；另一方面，从总供求角度来看，不同经济主体在实现其经济利益上所具有的竞争性和排他性，也会使市场的自发力量不能经常保证总供求在充分利用资源水平上相一致。可见，既然市场机制本身不具有保证经济持续稳定增长的可能，经济稳定发展的目标就要借助外力(非市场的方式)加以实现。

(二) 公共支出的三大功能

由于市场机制在许多领域存在失灵，政府的介入和干预便有了必要性和合理性。公共支出便是政府实现弥补市场失灵的主要手段。1959 年，美国著名学者理查·A·马斯格夫出版了《The Theory of Public Finance》这部财政学经典名著，该书以财政职能为中心构建财政理论框架，对现代社会财政职能进行了划分，将政府的经济职能概括为资源配置、收入分配、稳定经济和发展三大职能。

1. 资源配置职能

财政资源配置职能是指国家或政府对经济运行中的资源进行直接和间接的干预，弥补市场配置缺陷，以达到合理配置资源、提高资源配置效率的功能。财政配置职能的依据是资源配置上的市场失灵。其主要表现是：① 市场机制不能提供具有非竞争性、非排他性及存在"搭便车"问题的公共物品。② 市场无法解决外部效应问题。③ 市场机制具有"不完全性"。处于体制转轨中的我国更是存在"市场残缺"问题，价格扭曲、信息失真、地区封锁等的种种限制及垄断存在都妨害市场竞争。④ 市场无法提供非竞争性产业及耗资大、周转慢但起主导作用的产业的投资。

2. 收入分配职能

在由市场机制所决定的国民收入初次分配中，每个社会成员所拥有的生产要素的数量和质量不尽相同，提供生产要素的机会也不尽相同，所以国民收入初次分配不能完全体现公平原则。财政收入分配职能主要指的是政府部门运用各种政策手段对由市场体系所决定的收入分配状况进行调节，解决收入分配的不公平问题。

分配职能是财政的基本功能。由于国民收入的初次分配是在创造它的物质生产领域进行的分配。经过这次分配得到的收入，也称原始收入。初次分配主要由市场机制形成，政府通过税收杠杆和法律法规进行调节和规范，一般不直接干预初次分配。① 财政的分配职能是对社会经济活动中已经进行或完成的各种财富和收入分配的结果所出现的偏差进行纠正、调整或再分配。财政收入分配职能的目标就是通过收入再分配机制，调整由市场决定的收入和财富的分配，以达到分配公平，实现社会收入的公平合理分配状态。

收入分配公平包括经济公平和社会公平两个层次。经济公平是市场经济的内在要求，它强调的是要素投入和要素收入相对称，这是在平等竞争的环境下由等价交换来实现的，基本要求是既能激励追求收入的动机，又能吸引种种资源参加生产。社会公平是指将收入差距维持在社会各阶层人们所能接受和不危及社会稳定与秩序的范围内。

关于收入再分配有几个紧密联系的原因。其中一个原因是，采用公共政策来改善处于不幸状态的社会成员的福利，为处境困难的人们提供一个安全网，以及确保每一个人都能达到最低生活标准。另外一个原因是，应该将实现更广泛的平等作为社会目标。尽管这两个目标涉及的范围具有相似性，但需要注意的是，它们毕竟是两个不同的目标，意味着不同的公共政策。帮助穷人不一定就等于促进社会平等。

富裕国家的穷人要比贫穷国家的穷人的境况好得多，这表明改善穷人福利要与社会一般生活水准的提升保持一致。从极端意义上说，平等目标的实现可以通过将高于平均水准的人的财富给予低于平均水准的人，直到社会中每一个人的财富相等的程度。可是，这样做将会摧毁生产动力，形成一个人人平等却十分穷困的社会。例如，我国 1949 年以后实施的计划经济便出现了上述情景。从这个极端的例子中可以看出，平等的目标与消除贫困的目标必定是不一样的。

对高收入的个体征更高的税可以促进社会平等，但却可能降低高收入阶层创收的积极性。二者的结合最终会导致总体税收的下降。同样，对投资收入征税将会降低储蓄和投资，造成经济生产力的下降。这样做会促进平等目标的实现，可付出的代价也许是降低经济增长，从而使低收入的社会阶层的境况变得更加糟糕。当我们在设计一种税收制度的时候，这些问题是不能不加以考虑的。②

---

① 百度搜索：https://baike. baidu. com/item/％E5％88％9D％E6％AC％A1％E5％88％86％E9％85％
8D/10637246.

② 林德尔·G. 霍尔库姆. 公共经济学：政府在国家经济中的作用. 北京：中国人民大学出版社，2012.

3. 经济稳定和发展职能

从经济学角度看，由于市场机制自身的调节，必然会使宏观经济的运行呈周期性波动状态，伴随高通胀低失业或者低通胀高失业现象，在失业和通货膨胀的背后，存在一个市场缺陷，市场经济不能自发地实现经济稳定。所以，财政发挥经济稳定和发展职能具有内在性要求。

经济稳定包含充分就业、物价稳定、国际收支平衡等内容；经济发展是指一个国家的产品和劳动数量的增加，以及随着产品和劳动数量增加而带来的产出结构、收入结构、经济条件、政治条件、文化条件的优化。财政的经济稳定和发展职能是指政府部门运用宏观经济政策有意识地干预经济运行，尽可能地实现充分就业、物价稳定、国际收支平衡基础上的经济稳定增长。[①]

(三) 公共支出的分类

公共支出总是由不同项目的支出所构成的。对此，可根据分析问题的不同需要而做如下分类：

1. 按照性质分类

按照公共支出的性质来分类，可分为消耗性支出和转移性支出。

(1) 消耗性支出(Exhaustive Expenditures)直接表现为政府购买物品或服务的活动，包括购买进行日常政务活动所需要的或用于进行投资所需要的物品或服务的支出。前者如政府各部门的行政管理费，后者如政府各部门的投资拨款。消耗性支出由这些物品或服务的数量与它们的价格相乘来计算。这些支出项目的目的和用途虽然有所不同，但具有一个共同点：政府一手付出了资金，另一手相应地获得了物品或服务，并运用这些物品或服务来履行政府的各项职能。就是说，在这样的一些支出安排中，政府如同其他经济主体一样，在从事等价交换的活动。之所以称这类支出为消耗性支出，是因为这类支出反映了公共部门要占用社会资源的要求，由政府部门运用这些资源，就排除了私人部门运用它们的可能性。因此，这类公共支出是计入GDP(国内生产总值)的。

(2) 转移性支出(Transfer Expenditures)直接表现为货币无偿的、单方面的转移，主要包括政府部门用于养老金、补贴、债务利息、失业救济等方面的支出。这些支出的目的和用途当然也有不同，但有一个共同点：政府付出了资金，却无任何资源可得。在这里，不存在任何交换的问题。这些公共支出并不反映公共部门占用社会资源的要求，相反，转移只是在社会成员之间的资源再分配，公共部门只充当中介人的作用。

按照公共支出的性质将全部公共支出区分为消耗性支出和转移性支出，有比较强的经济分析意义。因为前者所起的作用，是通过支出使政府所掌握的资金和其他经济主体所提供的物品或服务相交换。在这里，政府直接以物品或服务的购买者身份出现在市场上，因而对生产、就业以及社会总需求有着直接的影响。这类支出当然也会影响到GDP的分配，但这种影响是间接的。后者所起的作用，则是通过支出过程使政府所掌握的资金转移到特定的领受者手中，它只是资金使用权的转移，对GDP的分配有直接影响，但对生产、就业以及社会总需求的影响是间接的。

---

① 贺忠厚. 公共财政学. 西安：西安交通大学出版社，2007.

2．按照目的性分类

按照公共支出的目的性来分类，可分为预防性支出和创造性支出。

（1）预防性支出（Precautionary Expenditures）指的是用于维持社会秩序和保卫国家安全，不使其受到国内外敌对力量的破坏和侵犯，以保障人民生命财产安全与生活稳定的支出。这类支出主要包括国防、警察、法庭、监狱与政府行政部门的支出。

（2）创造性支出（Creative Expenditures）指的是用于改善人民生活，使社会秩序更为良好、经济更加发展的支出。这类支出主要包括经济、文教、卫生和社会福利等项支出。

3．按照政府的控制能力分类

按照政府对公共支出的控制能力来分类，可分为可控制性支出和不可控制性支出。

这里所说的控制能力，就是指政府可根据经济形势的变化和公共收入的可能而对公共支出进行调整（增减）的能力。不可控制性支出可解释为根据现行法律和契约所必须进行的支出，也就是说，在法律或契约的有效期间内必须按照规定准时如数支付，不得任意停付或逾期支付，也不得任意削减其数额。这类公共支出主要包括两大项，一项是国家法律已有明文规定的个人所享受的最低收入保障和社会保障，如失业救济、食品券补贴等；另一项是政府遗留义务和以前年度设置的固定支出项目，如债务利息、对地方政府的补助等。

与此相反，可控制性支出可解释为不受法律和契约的约束，由政府部门根据每个预算年度的需要分别决定或加以增减的支出。

4．按照受益范围分类

按照公共支出的受益范围来分类，可分为一般利益支出和特殊利益支出。

所谓一般利益支出，指的是全体社会成员均可享受其所提供的效益的支出，如国防支出、警察支出、司法支出、行政管理支出等。这些支出具有共同消费或联合受益的特点，所提供给各个社会成员的效益不能分别测算。

所谓特殊利益支出，指的是对社会中某些特定居民或企业给予特殊利益的支出，如教育支出、医药支出、居民补助支出、企业补助支出、债务利息支出等。这些支出所提供的效益只涉及一部分社会成员，其中每个社会成员所获效益的大小有可能分别测算。

第三节　公共预算与政府决算

一、公共预算

每年 1 月中上旬，我国财政部会将当年中央预算（草案）送全国人大常委会预算工作委员会，预算工作委员会从工作层面进行预先审查，为初审和审批做准备。每年 2 月上中旬，财政部将当年中央预算（草案）提交全国人大财政经济委员会，由财政经济委员会进行初步审查。每年 3 月上中旬，全国人民代表大会审查批准中央预算草案，法定预算正式产生。财政部在全国人民代表大会批准中央预算草案后的 30 日内批复中央各部门预算。中央各部门在财政部批复本部门预算之日起 15 日内，批复所属各单位的预算。在财政经济委员会会议进行初步审查、全国人民代表大会会议进行审查时，财政部要派有关负责人到会，对预算草案做出解释，回答代表的提问。①那么到底什么是公共预算？为什么政府需要做预算？公共预算的一般程序是怎样的呢？

（一）公共预算的含义

公共预算是指政府在每一个财政年度编制的、按照一定法律程序审查批准的、具有法律效力的公共财政收支计划，它是存在于市场经济中并且与公共财政相适应的政府预算形式。公共预算反映政府活动的范围和方向，它是政府提高公共财政收支效率、促进社会公共利益、实现社会公平的基本公共财政手段，也是政府对经济社会活动进行宏观调节和控制的重要杠杆。

公共预算过程分为公共预算的编制、执行和决算三部分。公共预算编制是对财政年度内公共财政收支进行测算和计划的活动；公共预算执行是由本级财政部门负责的，它包括公共收入预算执行、公共预算支出资金拨付和公共预算调整三个环节；公共决算是对公共预算执行结果的总结和评价，其目的是为了集中反映公共预算活动的基本情况和政府绩效，为编制新的公共预算提供参考。②

（二）公共预算的原则

政府预算是政府的基本财政收支计划，是按照一定的标准将财政收入和支出分门别类地列入特定的收支分类表格中，以清楚地反映政府的财政收支状况，透过政府的财政预算，可以使人们了解政府活动的范围和方向，也可以体现政府的政策意图。③

政府预算是社会发展到一定历史阶段的产物，虽然在中国古代和古罗马时期已有对财政收支的粗略估计和对国家收支的记账，即政府预算的萌芽形式，但是比较完备的财政预算制度最先形成于17世纪的英国，是当时新兴的资产阶级与日趋没落的封建贵族阶级为争夺国家财政权而进行长期斗争的产物。它规定政府的财政收支必须按年度编制计划，经过议会的审批，并在议会的监督下执行。后来各国纷纷效仿，到20世纪，绝大多数国家建立了政府财政预算制度。随着经济的发展和社会的进步，政府预算制度也在不断地改进和完善，目前政府预算作为宏观经济政策的作用被人们逐步认识，政府预算已成为政府进行宏观调控的重要手段和工具。

政府预算的编制反映政府的政策意图，影响所有社会成员的切身利益，因此政府预算需要遵循一定的原则。目前，大多数国家的预算主要遵循以下几条原则：

1. 预算的法定性

公共预算的产生过程必须严格按法定程序，而且公共预算的收支范围和方向均有相应的法规为依据。公共预算的法定性原则要求在预算管理的各个环节都必须遵循法定程序，经立法机关批准，受立法机关约束。经法定程序审批后的公共预算，即成为具有法律效率的文件，预算部门必须无条件执行，不得随意更改。如遇特殊情况需要调整原定预算，同样必须遵循法定程序，不得在法律范围以外调整或变更预算。在许多情况下，预算在财政年度开始后尚未经立法机关批准，在此期间政府的开支所需要的资金，美国规定由立法机关临时

---

① 何之嵩. 基层阳光财政建设问题研究. 山东：山东师范大学，2013.
② 侯敏. 我国公共预算模式构建研究. 成都：四川大学，2005.
③ 古南荣. 对我国财政预算公开的若干思考. 财会月刊，2010(11).

解决；英国则通过"暂准拨款"临时解决，一般可批准所需资金的 1/4；在荷兰、葡萄牙和拉丁美洲国家，预算批准期间，行政部门可以开支，但是每月金额不得超过上年同期水平。[①]

2. 预算的可靠性

公共预算必须真实可靠，这条原则的内容包括：要求预算所列的每一收支项目的数字指标必须根据充分确凿的资料进行科学的计算，不得假定和任意编造；要求性质不同的预算收支应该严格区分，不能随意混淆；要求预算中的预计数应该尽量准确地反映出可能出现的结果。

3. 预算的完整性

政府预算必须是完整的，政府收支都应在公共预算中得到反映。[②] 应该列入政府预算的一切财政收支都要反映在预算中，不得打埋伏、造假账，预算外另行预算。也就是说政府所有的财政活动都不能脱离预算的管理和监督，即使是经立法机构批准的非预算资金的活动，也应在预算内有所反映，并接受预算管理。

4. 预算的统一性

在分级管理的财政体制中，虽然各级政府都设有财政部门，也有相应的预算，但整个政府预算应该是一个统一的整体，由单位预算、部门预算和各级政府总预算等自下而上逐级汇编而成，各级政府总预算共同组成统一的政府预算，形成统一的有机整体。

5. 预算的年度性

所谓预算的年度性是指政府必须按照法定预算年度编制政府预算，这一预算要反映全年的财政收支活动，同时不允许将不属于本年度财政收支的内容列入本年度的政府预算之中。[③]在现代预算确立的早期，年度预算的编制源于立法机关的要求。在近代英、法等国，代表新兴资产阶级利益的议会（立法机关）经过与君主政体的长期斗争，最终取得了控制课税权和批准税收提案的权力，作为对国王财政权进行限制的工具。自此以后，立法机关对财政事务的注意力便转向支出控制上，进而要求政府每年提交预算报告，并经议会审批后方可实施。因此，以立法为依据、按年度编制并审议预算的做法，普遍被各国采用并延续下来。[④] 任何一个政府预算编制和执行都有一个时间上的界定，预算年度就是指政府预算收支起止的有效期限，通常为 1 年。

目前世界各国采用的预算年度有两种：历年制预算年度，即从每年 1 月 1 日起至同年的 12 月 31 日止，我国即实行历年制预算年度；跨年制预算年度，即从每年的某月某日开始至次年的某月某日止，中间历经 12 个月，但却跨越了两个年度，如美国的预算年度是从每年的 10 月 1 日开始，到次年的 9 月 30 日止。[⑤]各个国家在确定预算年度时会考虑既有的习惯、议会的会期、税收和生产的旺季等因素，因此选择的预算年度会有所不同。

6. 预算的透明性

公共预算必须向全社会公开，其内容具有透明性。公共预算本质上是反映公共需求和

---

① 张青. 论公共预算的特征与原则. 中国农业银行武汉学院培训学报，2005(06).
② 许琼. 公共预算法学维度的考量. 长沙：湖南大学，2009.
③ 吴静. 政府采购预算研究. 北京：中央民族大学，2010.
④ 吴静. 政府采购预算研究. 北京：中央民族大学，2010.
⑤ 吴静. 政府采购预算研究. 北京：中央民族大学，2010.

公共供给的计划，政府实际是代表公众来履行这一职责的。公共预算的透明性不仅是政府清正廉明的要求，而且便于公众监督和有利于预算效率的提高。当然，一些涉及国家防务安全等方面的收支需要有保密期的规定。透明性要求预算易于被公众及其代表所理解和审查其内容。

透明性原则受到国际机构的高度重视，是评价一国是否符合市场经济特征的重要标尺。国际货币基金组织在 1998 年公布了《财政透明度优化策略章程——原则和宣言》，建议各国在自愿的基础上致力于实现财政透明度的一般要求和最低要求。①

2014 年 8 月我国对预算法进行了全面修订，指出预算法立法的目的是"为了规范政府收支行为，强化预算约束，加强对预算的管理和监督，建立健全全面规范、公开透明的预算制度，保障经济社会的健康发展"。

（三）公共预算的类型

预算分类是按照形式、方法、性质、范畴和时间跨度对预算进行划分的方式，它主要有以下几种划分方式：②

1. 按照形式划分

按照预算的形式，可以将其分为单式预算和复式预算。

（1）单式预算。单式预算也称为单一预算，它把政府的全部预算收支加以汇集，然后将财政收支计划通过一个统一的计划表格来反映。在政府预算产生之后相当长的时期内，世界各国实行的都是单式预算，我国在 1992 年以前一直采用单式预算形式。

单式预算的优点是能直接反映政府预算收支的全貌，从整体上说明其构成，平衡关系明了，便于考察政府预算收支的总体规模；其缺点是各类性质不同的收支无对应关系，结余或赤字的原因不易分清，无法对收支转化做分类分析和分层管理，也不利于宏观经济分析和财政收支效益的考核。

（2）复式预算。复式预算是把政府预算的全部收支按预算收入的来源和支出性质的不同，分别编入两个或两个以上的系列所形成的预算计划。③复式预算是在单式预算的基础上发展演变而成的一种经济分析预算，其基本原理是将收支按经济性质分别对应汇编成两个或两个以上的收支平衡表。复式预算的共同特征是以特定的预算收入来保证特定的预算支出，两者之间具有密切联系和相对稳定的对应关系。

复式预算的优点是能适应市场经济发展所带来的预算资金分配格局的变化，有助于对政府预算资金进行成本-效益分类、分析和控制，可以清晰反映预算平衡和预算结余或赤字的原因，以便区别情况，有选择地采取有效手段进行调整和控制。复式预算的特点决定了它更有利于加强预算管理和对整个财政活动及国民经济的分析和控制。但复式预算也有一些缺点：由于是两个或两个以上的预算组成，其完整性受到一定的影响；经常预算的结余和赤字都将转入资本预算，可能会影响到对财政赤字、财政平衡的判断；不同预算之间存在项目划分标准如何统一的问题；预算编制的方法复杂，工作量较大。单式预算与复式预

---

① 张青. 论公共预算的特征与原则. 中国农业银行武汉学院培训学报，2005(06).

② 宋体富，梁朋. 公共财政学. 北京：首都经济贸易大学出版社，2016.

③ 张弘力. 建立我国公共预算的基本思路. 纵横经济，2001(04).

算各有优劣，采取哪种形式应结合本国的国情以及经济发展的需要。

2. 按照编制方法划分

按照编制方法，可以将其分为增量预算和零基预算。

（1）增量预算。增量预算是以前期的预算或者实际业绩作为基础，并在此基础上增加相应的内容来进行新的预算编制。它的财政收支计划指标是在以前财政年度的基础上，按新的财政年度的经济发展情况加以调整后确定的。

增量预算的优点是整个预算是稳定的，因为其变化是循序渐进的，并且由于预算建立在一个相对稳定的基础上，因而容易把控，并且系统容易理解和操作，协调预算也容易实现。但是其也有缺点，即该预算方式假设了接下来的工作方式都按部就班，难以启发新观点，并缺乏降低成本的动力等。

（2）零基预算。零基预算（简称 ZBB）就是指在编制预算时，一切从零开始，对新的预算年度中想要做的所有事情进行重新审核，重新审核每项工作计划并测定不同层次服务所需要的资金，[①]而不是仅仅修改上年预算或检验新增部分，以达到节省开支、有效使用资源的目的。

零基预算强调一切从计划的起点开始，提高部门的工作效率，改进本年度预算执行过程中花钱不当或方法不妥的地方，用更好、更有效率的方案加以替代，因此有可能消除基数预算存在的弊端。

3. 按照能否直接反映其经济效果划分

按照能否直接反映其经济效果划分，可以将其分为计划项目预算和绩效预算。

（1）计划项目预算。计划项目预算（简称 PPBS）起源于美国，在绩效预算的基础上发展起来，它是以国家确定的目标为依据，着重按项目安排和运用定量分析方法编制的一种预算制度。[②]

计划项目预算的基本步骤包括：按政府确定的目标划分项目，如把国防活动划分为战略报复、一般兵力、运输及后勤等 11 种主要计划，把这些主要计划构成一个总系统；在此基础上，再划分诸多细项目，构成总系统的子系统，然后在子系统的基础上再划分诸多细项目，构成必需的资源，以及对选定的项目配置资源，并确定这部分资源的费用，从中选择一种最佳的办法；安排计划，既要考虑过去计划决策的执行情况，更要考虑现在正在设计的未来计划，要善于把两者有机地结合起来进行考虑。

计划项目预算具有把安排的项目和政府的中、长期计划相结合，重视成本-效益分析而对项目之间进行比较以及对目标、计划和预算根据项目发展变化情况进行调整的特点，因此计划项目预算能结合政府活动的长期计划和年度预算所包括的各项活动规划，并进行方案分析，从而选择出最好的方案，[③]为政府决策提供重要依据。

（2）绩效预算。所谓绩效预算，就是以项目的绩效或效益为目的，以成本为基础而编制的预算。绩效预算最先是由美国的经济学家提出并推行的。政府绩效预算的管理逻辑是：

---

① 李克勤. 零基预算法在我国高校财务预算中的应用分析. 行政事业资产与财务，2011(04).
② 计划项目预算制-经济学派-EMBA百科全书.
③ 计划项目预算制-经济学派-EMBA百科全书.

根据对内外环境的评估设置公共服务战略目标，在该目标指导下确定事务或服务计划并测算实施成本，财政资金注入后将计划付诸实施并考核实际产出或结果，将实际结果与绩效目标进行比较后提交绩效报告，该报告成为下一个预算周期满足支出单位请款要求的重要参考依据。绩效预算要求政府的每笔支出必须符合绩、预算、效的三要素要求。"绩"是指申请拨款所要达到的业绩指标，它是量化的，可考核的；"预算"是指业绩预算，它表明公共劳务的成本，具有明确量化的标准，不能量化的支出通过政府公开招标、政府采购或社会实践中产生的标准财务支出来衡量；"效"是指业绩的考核包括量和质两个标准。绩效预算产生于政府各部门分配预算指标之中，作用在于解决各单位该得到多少拨款才合理，是实物量与资金供给量相匹配的预算，是实现财政收支平衡的有效手段。从绩效预算制度本身来看，它要求政府的预算职能完整、编制时间充分、支出科目科学、数据资料可靠；从支撑绩效预算的非正式制度而言，它要求民主化程度高、从业人员素质强、法律体系完备与组织文化先进开放等。①

绩效预算的优点是改变了传统预算注重投入而忽视产出的做法，重视对预算支出项目的效益考察，有助于提高财政资金的使用效益。但是绩效预算需要建立起一些能够适应绩效预算要求的辅助系统，包括工作计量体系、绩效计量体系等，而政府一些部门的支出难以用数字来表明其预期的经济效益，缺乏绩效的计量指标和方法，也就无法实行绩效预算。另外，绩效预算方法要求对政府每一笔拨款所要达到的目标进行描述，并且提出衡量达到目标的量化标准等，这需要花费很多时间进行大量细致的工作。

4. 按照层级划分

按照预算的层级不同，政府预算可以划分为中央预算和地方预算。目前绝大多数国家都施行多级预算。

(1) 中央预算。中央预算是中央政府履行职能的基本财力保障，它经过法定程序审查批准，并且能够反映中央政府活动的财政收支计划。②

国防、外交、国家安全和国家机关运转所需的经费主要由中央财政预算承担，并且中央财政预算在政府预算体系中占主导地位，因为它不仅负责地区发展的协调、国民经济结构的调整，还实施宏观调控以及由中央直接管理的事业发展的支出等。

(2) 地方预算。地方预算是指经法定程序审查批准的，反映各级地方政府活动的财政收支计划，它是政府预算体系的有机组成部分。③在我国，地方预算包括省、市、县、乡四级预算。地方预算承担着地方行政管理和经济建设、文化教育、卫生事业以及抚恤等支出，因此它在政府预算体系中具有基础性地位。④

除上述几种类别外，根据不同的分类标准还有功能预算和部门预算；年度预算和中长期预算；正式预算、临时预算和追加（修正）预算等。⑤

① 王晓平. 对我国政府绩效预算问题的初步思考. 商业会计, 2006(05).
② 吴静. 政府采购预算研究. 北京：中央民族大学, 2010.
③ 吴静. 政府采购预算研究. 北京：中央民族大学, 2010.
④ 吴静. 政府采购预算研究. 北京：中央民族大学, 2010.
⑤ 陈玉, 许慧慧, 等. 公共预算的内涵与完善公共预算管理制度. 东方企业文化, 2011(01).

（四）公共预算的一般过程

1. 西方国家政府预算的一般程序

一般情况下，西方国家中央财政部门的预算程序包括以下几个步骤：

（1）政府预算的准备与编制。它主要包括：确定预算期内政府预算收入和支出的总规模；根据各部门的总体目标、项目安排、资金使用计划、成本-效益分析，以及与总体社会经济发展目标的一致性分析，确定政府预算支出按部门、按项目的最初分配；各支出部门对预算的最初分配进行反馈，在财政部门已确定预算支出的总体方向与优先次序情况下，就某些项目的具体细节进行协商；财政部门根据反馈的信息和协商结果，制定预算草案。

（2）政府预算的审定。它主要包括：预算草案的审批；财政主管部门最后的预算草案会通过不断的反馈和修订来制定出，并通过审批形成提交议会审批的预算案；议会审议并决定政府预算案。

（3）政府预算的实施。它主要包括：预算资金的发放，由财政主管部门负责对政府预算资金的发放进行管理和控制，以保证各部门能及时得到足够的预算资金；对预算投资项目的管理，各预算支出部门需准备投资资金需求的全年时间表，组织与管理投资项目的投标与合同签订，保证投资项目的执行符合有关法律与规定，并向财政主管部门要求发放投资资金；对采购的管理，由主管部门负责制订统一的采购合同规则并保证投标的竞争性，支出专业部门负责管理采购工作，包括广告、详细的成本估算、项目投标的评估、与合同单位谈判、对合同实施进行监督等。

（4）对政府预算执行的审议。它主要包括：预算执行的报告，各支出部门应定期准备预算执行进度情况的报告及报表，并由财政主管部门合并编制年度报表；预算的监督和评估；财务稽核与资金管理，财政部门应有有效的资金管理计划。

（5）政府决算。政府决算是经法定程序批准的年度预算执行结果的会计报告，既是预算执行情况的总结，也是政府职能履行状况的反映。决算一般由财政部门负责编制，由报表和文字说明组成，需经本级立法权力机关审议通过。

一般来说，政府预算包括以上几道程序，但各国也可能在一些具体问题上存在差别。例如，欧洲国家议会大都只有削减预算的权力，没有增加预算的权限，但法国和美国的议会兼有削减和增加预算的权力。

2. 我国政府预算的程序

我国政府预算的程序一般包括四个部分，分别是预算的编制、审批、执行以及决算。以我国中央政府部门预算为例，主要包括下述内容：

（1）预算的编制。在正式编制预算之前，通常需要做好一系列的准备工作：

第一，收入预算的测算。各部门测算收入要根据下一年度增减变动因素以及历年收入情况来进行，部门收入预算由一般预算收入和基金预算收入两部分组成。

第二，支出预算的测算。部门支出主要有一般预算支出和基金预算支出，其中一般预算支出分为行政事业支出、生产建设和事业发展支出两个部分。

第三，国务院下达编制预算草案的指示，财政部门部署编制预算的具体事项。

第四，对预算科目和预算表格进行适当的修改。

在做好准备工作的基础上，按照"两上两下"的程序编制预算：

"一上"是指部门收支安排建议数需按照国务院以及财政部关于编制预算的指示和要求，结合社会经济发展以及本部门的情况提出并对财政部门和有预算分配权的部门进行上报。

"一下"是指部门预算控制数的下达。首先财政部门与有预算分配权的部门认真审核和汇总部门报送的预算建议数，然后根据已审核的部门建议数与财政收入测算数来对收支预算草案进行审核汇总并且报国务院批准，根据国务院的批准数落实到各个部门，即这是一个确定部门收支规模和财政拨款数额的过程。

"二上"是指部门预算草案根据预算控制数来进行编制并报送到财政部。部门在接到有预算分配权以及财政部门的预算控制后，要对所属的二级预算单位下达控制数到并且落实到具体项目，然后将预算草案及时报送。①

"二下"是指财政部对部门预算的批复以全国人大批准的中央预算草案批复为依据来进行。财政部要及时审核和汇总所收到的部门报来的预算草案，而且要向国务院汇报汇总的情况并等其批复，财政部在国务院批复通过后将中央预算草案提交至全国人民代表大会。②全国人大审议批准中央预算草案后，财政部根据批准的中央预算草案在规定时间内批复部门预算，部门也要在规定时间内批复所属单位预算。

（2）预算的审批。部门预算的审批主要经过以下几个阶段：

第一，财政部门审核阶段。审核主要包括预算收入测算的准确与否、预算收支科目的正确与否、预算收支有没有赤字、预算支出是否留有缺口、汇总的部门预算数是否与财政部门下达的预算支出控制数一致等内容。

第二，政府首长审核阶段。当编报完部门预算后，各部门报来的部门预算以及汇总的部门预算将由财政部门送给政府行政首长审批，而后再由其送交人民代表大会初审。

第三，人民代表大会审核阶段。

一是初审阶段。初审是指在召开人民代表大会之前，由全国人民代表大会财经委员会的预算工作委员会或者地方人民代表大会常务委员会的有关专门委员会对预算草案的主要内容进行初步审核。审核的内容主要包括：① 审查政府预算草案的合法性、真实性、政策性和合理性。譬如，预算编制的形式、编制的内容、编制的程序、编制的时间都要依法进行。② 收支项目的分类和统一性等，政府预算是否真实、完整地反映政府和部门的一切财政收支活动，收支数字是否有假定、估算或任意编造，是否打有埋伏，是否造了假账，预算外是否还另列有预算。③ 预算是否体现了当年国家财政经济的大政方针，是否体现了当地党委政府宏观调控目标和工作重点。政府预算编制贯彻党和国家的方针政策，体现政府的调控意图，主要是通过预算收支范围的调整和预算收支结构的变动来实现的等。

二是审议阶段。首先由国务院或各级政府向全国人民代表大会或各级人民代表大会做关于中央和地方预算草案的报告，报告上年度预算执行情况和本年度预算草案的内容，提请人大代表审议。在审议过程中，人民代表有权就相关问题提出质询，国务院和财政部必须做出明确答复。经讨论审查并通过报告后做出批准决议或修改决议。

---

① 陈德义，杨元元.财政投资评审在部门预算编制中的作用研究：以广州市为例.学术论文联合对比库，2012，4：17.

② 陈德义，杨元元.财政投资评审在部门预算编制中的作用研究：以广州市为例.学术论文联合对比库，2012，4：17.

第四，财政部门批复阶段。各级预算经各级人大批准后，财政部门应及时办理批复预算手续。财政部门应自全国人民代表大会批准中央预算之日起 30 日内向中央部门批复预算，中央各部门应在财政部门批复本部门预算之日起 15 日内向所属单位批复预算。

第五，部门批复预算阶段。我国预算法实施条例规定，部门要在财政部批复部门预算后的 15 日内批复所属单位预算。

（3）预算的执行。预算执行是实现政府预算的重要环节，主要包括以下工作：

第一，预算收入的执行。其组织由财政部门统一负责，征收和管理则由财政、税务、海关等部门按各项预算征收的方法以及收入的性质分别负责。

第二，预算支出的执行。预算支出的执行由各支出机关具体负责执行，财政部门处于主导地位，主要包括：按照公共财政的要求和组织预算执行的需要制定相关的法规、政策和制度；根据部门预算，编制用款计划并按计划拨付；建立经济责任制，提高资金的使用效率等。

第三，预算调整。根据国际、国内政治经济形势的变化，有时需要改变预算收入来源、支出用途以及收支规模等。

第四，预算执行情况的分析。预算执行情况分析主要通过预算执行信息反馈系统和报表报告制度获取必要的信息，分析内容包括政府宏观经济政策和重大经济举措对预算收支的影响，对比分析部门、地区之间主要收支项目的完成情况等，并将分析结果上报决策部门以供决策参考。

（4）决算。决算是预算执行的最终结果，主要工作内容包括：

第一，决算编制的准备工作，包括拟定和下达编制政府收支决算的统一编报方法、组织年终收支的清理工作、修订和颁发统一的决算表格等。

第二，按照次序进行编制决算，从执行预算的基层单位开始，自下而上，一级级编制、审核、汇总而成。①

第三，决算的审查，由财政部门负责对中央级的总决算和地方政府的总决算进行审查。

第四，决算的批准，经过逐级审核汇总编成的政府收支总决算，由财政部连同决算说明书报送国务院审查，经国务院全体会议通过后，提请全国人民代表大会审查批准。

二、政府决算

上述提到决算是预算的最后一个程序。决算是指经法定程序批准的年度预算执行结果的会计报告，是政府预算执行结果的总结，它的存在能够反映政府预算的执行情况，具有十分重要的作用和意义。

（一）政府决算的作用和意义

政府决算的作用和意义具体表现在以下几方面：

1. 能够对预算执行结果进行总结和分析

通过政府决算的编制，可以掌握政府预算和国民经济计划的实际执行情况，反映年度预算支出的规模、方向和构成，以及各种重要的比例关系，体现出国家经济建设和社会事

① 陈德义，杨元元. 财政投资评审在部门预算编制中的作用研究：以广州市为例. 学术论文联合对比库 2012，4：17.

业发展的规模和速度，同时也能了解政府相关方针政策的执行情况以及年度内财政资金运动的流向等。

2. 能够为经济决策的制定提供依据

通过政府决算的编制和分析，可以反映一年来各项经济活动的运行情况，为国家研究经济问题、制定相关经济决策提供信息和资料；同时，政府决算也是系统整理和积累财政统计资料的主要来源，掌握了这些实际运行的数据，能够为提高下一年度的预算管理水平创造有利的条件。由此可见，政府决算是研究和修订国家经济决策的基本依据。

3. 便于公开预算、决算的信息，接受监督

由于公共物品和服务的提供都是运用纳税人的资金，因此纳税人对财政资金的筹集和运用拥有知情权。编制决算是政府向人民披露信息的一项制度，通过这一制度，人民能够对财政部门进行监督，而且也能促使财政部门加强内部监督，增加政府资金运作的透明度，解决政府与纳税人之间的信息不对称问题，这对于财政部门来说是一项有效的外部约束机制。

(二) 政府决算的组成

政府决算按决算级次可划分为中央财政决算和地方财政决算，按决算范围则可划分为总决算和单位决算。

1. 中央财政决算和地方财政决算

政府决算体系与预算体系构成相同，按国家的政权机构和行政区域划分，根据我国宪法和国家预算管理体制的规定，有一级政权，便建一级预算，凡编制预算的地区、部门、单位都编制决算。因此，政府决算由中央财政决算和地方财政决算构成。

中央财政决算由中央主管部门的行政事业单位决算、企业财务决算、基本建设财务决算、国库年报等汇总而成，它由财政部审核汇总编成。地方总决算由省(市、自治区)总决算汇总而成，而省、自治区、直辖市总决算由本级政府及其所属的设区的市、自治州的总决算汇总组成；以此类推，设区的市、自治州总决算由本级政府决算及其所属县、自治县、不设区的市、市辖区的总决算汇总而成；不设区的市、市辖区的总决算由本级政府决算及其所属乡、民族乡、镇总决算汇总而成。地方财政决算由地方财政部门审核汇总，编制草案，按规定程序审批后上报汇总，最终报财政部审核汇总后编制成地方决算草案，汇入政府决算草案。

2. 总决算和单位决算

总决算和单位决算的划分依据是决算包括的范围，总决算是各级财政部门汇总本级及其下级政府的年度实际收支所编制而成的决算，它是预算执行最终结果的报告文件。单位决算则是由执行单位预算的行政、事业单位编制的决算，是构成各级总决算的基础。

(三) 政府决算编制的原则

1. 准确性原则

政府决算是政府预算执行的总结，是国民经济活动在财政上的集中反映，因此只有做到实事求是、准确地反映情况，才有利于为下一年度的预算制定以及今后的财政指导工作提供可靠的资料依据。另外，编制预算表格坚持准确性原则还有利于本年度预算执行情况的总结以及下年度预算设计和管理。

2. 完整性原则

决算作为预算执行结果的反映，要能够完整、充分地反映政府的实际收支结果，因而必须按照国家和上级决算的要求和布置的决算表格认真填报，全面落实，不能私自取舍和遗漏。

3. 及时性原则

决算编制对以后各年度的预算编制有重要的参考价值，因此在时间上有较强的要求，各地、各部门、各单位必须严格按照上级规定的年限按时编制决算，并及时送报。

（四）政府决算的过程

1. 前期准备

为了能够如实反映全年预算的执行结果，各级财政部门和行政事业单位、企业单位等在年度终结时会按国家有关的政策制度对全年的预算收支、会计账目、财产物资及相关财务活动进行年终清理、核对和结算，包括一般性准备工作和每年财政部下发的政府决算统一编报办法规定的工作，这是政府决算过程中的前期准备阶段。

2. 任务落实

我国政府的决算编制在做好年终清理的基础上，由国务院财政部门部署编制草案的具体事项，各级政府、各部门根据决算编报办法的规定和决算表格的内容，自下而上地编制、审核和汇总。

3. 按层级上报并汇总

在基层单位编制完成后，就进入决算的下一阶段，即按层级上报。其具体程序为：基层单位决算编成后，连同单位决算说明书，经机关领导审阅签字后正式报送上级单位。上级单位连同本单位决算汇总报送主管部门，汇编成部门的汇总单位决算。然后由主管部门报送同级财政部门，作为财政部门汇编财政总决算的依据。财政部在收到中央主管部门报送的汇总单位决算和各省（自治区、直辖市）报送的总决算后，首先进行全面的检查；然后根据中央各主管部门报来的汇总单位决算，汇编为中央总决算；根据各省（自治区、直辖市）报来的总决算，汇总为地方总决算；最后根据中央总决算和地方总决算汇编成国家总决算。[①]

本 章 小 结

本章主要介绍了公共财政的相关知识。公共财政管理主要包括公共财政的组织管理、公共财政的决策管理、公共财政部门的职能管理、公共财政的信息化管理四个方面。公共收入是指政府为履行其职能而取得的所有社会资源的总和。税收是公共收入的主要形式，政府取得公共收入的其他方式还包括捐赠和规费等。公共支出是指政府为了履行其职能而支出的一切费用的总和。为了更好地管理、使用政府公共收入，各国政府都建立了公共预算编制体系和方法。公共预算的编制需要遵循预算的法定性、完整性、可靠性、统一性、年度性以及

[①] 彭成洪. 政府预算. 北京：经济科学出版社，2010.

透明性原则。我国政府预算的程序一般包括预算编制、预算审批、预算执行和决算。

复 习 思 考

1. 什么是公共财政？
2. 为什么要有公共支出？
3. 公共支出的类型都有哪些？
4. 政府征税的原则是什么？
5. 税收的种类有哪些？
6. 什么是课税主体、客体和税率？
7. 公共预算的含义和原则是什么？
8. 公共预算的一般分类是什么？
9. 公共预算的一般程序都有哪些步骤？

★阅读材料

[1] 亚洲开发银行. 公共支出管理. 北京：中国财政经济出版社，2001.
[2] [美]艾伦·希克. 当代公共支出管理办法. 北京：经济管理出版社，2000.
[3] 王雍君. 公共预算管理. 北京：经济科学出版社，2002.
[4] 雷爱先. 公共支出论. 北京：中国财政经济出版社，2000.

★主要参考文献

[1] 高培勇. 公共经济学. 北京：中国人民大学出版社，2008.
[2] 王雍君. 公共预算管理. 北京：经济科学出版社，2002.
[3] 宋体富，梁朋. 公共财政学. 北京：首都经济贸易大学出版社，2016.
[4] [美]林德尔·G. 霍尔库姆. 公共经济学：政府在国家经济中的作用. 北京：中国人民大学出版社，2012.
[5] [美]艾伦·希克. 当代公共支出管理方法. 北京：经济管理出版社，2000.
[6] [美]A. 普雷姆詹德. 公共支出管理. 北京：中国金融出版社，1995.
[7] 解学智. 公共收入. 北京：中国财政经济出版社，2000.
[8] [英]西蒙·詹姆斯，克里斯托弗诺布斯. 税收经济学. 北京：中国财政经济出版社，2002.
[9] 李忠信，王吉发. 国有资产管理新论. 北京：中国经济出版社，2004.
[10] 彭成洪. 政府预算. 北京：经济科学出版社，2010.

第七章　公共部门人力资源管理

【学习目标】

通过本章学习，了解人力资源管理产生的背景，掌握公共部门人力资源管理的内涵、功能与特点，认识公务员制度的建立和发展的过程，并理解公共部门人力资源管理的现代发展。

【引导案例】

基层公务员升职之困

"对我来说，这一生基本都能看到头了。"尽管才30岁出头，在苏南某县人事局工作的小赵却已这样描述自己的"职业生涯"。"我工作也有十多年了，一直在这个单位，现在名义上是个'副主任'，级别不过是个科员。这都是熬年头熬出来的，估计以后最多也就是个'主任'，但还是科员，基本上也就这样了。"

小赵的话，折射出当前公务员群体"升职难"的困窘局面。这给很多公务员，尤其是基层公务员带来了无尽的苦恼。

近期，《瞭望》新闻周刊记者走访广东、江苏、湖南、云南、宁夏、辽宁等地的近百位公务员了解到，目前基层公务员上升通道较为单一、狭窄，公务员群体对于升职"天花板""挤行政"等现象反映强烈；而另一方面，抱紧"铁饭碗"的保守心态又让他们选择留在"体制内"，或激情坚守，或混沌度日。

多位受访公务员认为，在现行的晋升规则下，行政级别不仅决定着薪资待遇的高低，更关系着他们施展才华的舞台和空间，以及自身能力的社会认可度等"职业尊严"。如何真正激发700多万公务员的巨大"存量活力"，疏通上升通道、完善退出机制，是应该考虑的问题。

"能上去的只是少数人。"李红在宁夏隆德县乡镇基层工作了二十多年，仍是一名普通科员。由于行政级别是最低档，她的待遇一直上不去。"我都快50岁了，往上升是没啥希望了。在基层工作了这么多年，待遇一直是最低的，心里总感觉不太公平。"李红说。

在调研中记者发现，在隆德县，吃"财政饭"的公务员和事业编制人员一共有5100多人，但副科级以上干部只有400人左右。职务越高，人数越少，这样"金字塔"式的职务分布，是全国公务员系统的一个缩影。

"当年一起毕业的同学中，我回到了县里，有的同学去了省直机关，有的去了市里，还有一个进了外交部。当时觉得大家都是公务员，没啥区别。但十年后同学聚会时就发现差距了。"小赵说，"人家起点高，虽然走得也不快、很艰难，但已经高出我一截了。同学里混得最好的已经是副处了，后面还有得升。要是在我们这里，怎么可能？我们局长才是乡科级。"

在采访中记者感受到，与升职"天花板"并生的，往往是公务员的倦怠情绪。遭遇升职困难后，大多数公务员都会出现"不平—郁闷—接受—混日子"的心理波动周期。一位组织干部对记者说，如果公务员改革不能很好地畅通上升通道，就难以从根本上提振公务员队伍的"精气神"。

记者在采访中也发现，公务员群体中对"当官"没有兴趣的人不在少数，但这并不意味着他们不希望得到认可和升迁。"当官，说实话我觉得自己不是那块料。可问题是除了这个，我没有其他出路。现在很迷茫，不知道未来会如何。"在江苏省某厅工作 7 年的公务员小沈这样说。

"其实很多公务员并不是一定要当官。公务员是一个职业，而非官职。但与其他行业一样，公务员也需要职业自豪感。我们现在要探索的，就是如何建立仕途以外的上升机制，让每个公务员都能获得职业认同感。"一位组织干部这样说。①

案例思考题：

1. 案例所描述现象的实质和原因是什么？带来了什么影响？应如何解决这一问题？
2. 如何理解公务员制度中的激励机制？它包含哪些内容？

随着科学技术和知识经济的发展，人力资源在经济和社会发展中越来越表现出基础性、战略性与决定性作用。一个国家的强弱和经济发展的快慢，很大程度上取决于这个国家对知识创新和应用的能力、水平、速度和效率，归根到底取决于人才的数量和质量，取决于人力资源开发的程度和水平。

第一节　公共部门人力资源管理概述

公共部门人力资源管理是公共管理的重要组成部分，实践表明，获取和维系高质量的人力资源是保证公共管理能够良好运行以实现其管理目标的前提和基础，人们普遍认同公共部门人力资源管理是"铸就有效政府的关键因素"。② 公共部门人力资源管理的质量往往影响着公共部门的管理能力和管理水平。

一、公共部门人力资源管理的内涵

（一）人力资源

人力资源是指能够推动国民经济和社会发展的、具有智力劳动和体力劳动能力的人们的总和，它包括数量和质量两个方面。③

1. 人力资源的数量

这是标志人力资源总量的基础性指标，是人力资源量的特征。影响人力资源数量的因素主要有三个方面：第一，人口总量及其再生产状况；第二，人口的年龄构成；第三，人口

---

① 案例来源：《瞭望》新闻周刊，2014 年 04 月 21 日（经整理）。

② ［美］唐纳德·E. 克林纳，等. 公共部门人力资源管理：系统与战略. 孙柏瑛，等，译. 北京：中国人民大学出版社，2013：3.

③ 余凯成，等. 人力资源管理. 大连：大连理工大学出版社，2006：4.

迁移。①

2. 人力资源的质量

这是显示国家人力资源总体素质的指标，反映人力资源质的因素。人力资源质量是人力资源所具有的身体素质、文化素质、专业知识和技能水平以及劳动态度的统一。影响人力资源质量的因素主要有：人类体质与智能遗传；营养状况；教育状况（如国民教育发展水平、成人教育、早期教育等）；文化观念；经济和社会环境等。

（二）人力资源管理

人力资源管理指的是为实现组织的战略目标，组织利用现代科学技术和管理理论，通过不断地获得人力资源，对所获得的人力资源进行整合、调控及开发，并给予他们报酬而有效地开发和利用之。②

（三）公共部门人力资源管理

公共部门人力资源主要是指在政府组织、国有企事业单位、非营利组织中的各类工作人员的总和。这些工作既包括公务员，也包括各类专业技术人员和管理人员，还包括其他员工。其中公务员是公共部门人力资源的重要构成部分。

公共部门人力资源管理包括宏观和微观两部分。宏观层面是指整个公共部门系统，为了保证其人力资源整体结构能够有效完成工作及适应发展需要，对公共部门人力资源供求状况进行战略规划；制定人力资源管理的基本制度、政策、管理权限和管理标准；维持公共部门人力资源管理、流动和人才市场的秩序等。微观层面是指公共部门对本部门内的人力资源进行获取、支持、奖酬、开发、调控等活动和过程的总和。宏观层面与微观层面互为条件、相互保障，共同形成公共部门人力资源管理系统。③本章主要关注的是微观层面的内容。

二、从人事管理到人力资源管理

管理活动是人类社会独有的活动，人类从一开始，就存在人与人和人与事（如生产活动等）之间的关系以及处理这些关系的方式、方法。正是人与人和人与事之间的协调和调整构成了人类管理活动的最初起点。近代史上第一个被公认具有明确独立管理职能的人事管理部门是 1902 年在美国现金出纳公司设立的劳工部门，它的工作内容包括工资行政、诉怨、雇用工作情况记录和工作改善等。从此以后，类似的人事管理部门相继出现于许多公司中。因此，在人力资源管理概念出现之前，人事管理已经延续了很长历史。

从西方国家的情况来看，人力资源管理可以划分为四个重要阶段。④第一阶段（二战以前），人事管理逐渐成为管理的支持体系，确保员工按企业规定的生产程序进行工作，并在人员招聘、培训、工时记录、报酬支付及人事档案管理等方面发挥积极的作用。第二阶段

---

① 余凯成，等. 人力资源管理. 大连：大连理工大学出版社，2006：5.

② 余凯成，等. 人力资源管理. 大连：大连理工大学出版社，2006：13.

③ 滕玉成，俞宪忠. 公共部门人力资源管理. 北京：中国人民大学出版社，2003：13.

④ 以下内容整理于李佑颐、赵曙明，等. 人力资源管理的战略作用. 中国人力资源开发，2001(1)；E·麦克纳，等. 人力资源管理. 丁凡，译. 北京：中信出版社，1998；李燕萍，等. 人力资源管理. 武汉：武汉大学出版社，2002.

（二战后至 20 世纪 60 年代），随着工会运动的蓬勃发展，企业迫切需要人事部门与不断壮大的工会运动相抗衡并能有效地对付工会，这就使人事管理的作用得到扩大，成为处理劳资关系的工具，人事管理开始关注工资管理、劳资关系咨询等。第三阶段（20 世纪 60 年代至 20 世纪 80 年代），这一时期由于人事立法数量增加，企业对员工的各种歧视受到了法律诉讼和严重的处罚。因此，有效而合法的人事管理活动开始越来越重要，人事管理的作用也越来越重要，它使企业免受了许多问题的困扰，并直接促进了企业效率的提高。为此人力资源在企业管理中的地位变得不可替代。20 世纪 80 年代以后，"人事管理"进入一个新的层次——第四阶段，开始转变成为人力资源管理，其在企业管理中的作用也发生了很大的变化，高级人事主管越来越多地参与讨论有关企业未来发展方向、现有目标是否合适、以何种方式改进以达到修正后的目标等问题。这一时期发展出适当的企业文化，管理理论的研究者和实际工作者开始不约而同地接受人本管理思想。传统人事管理主要包含个人及其福利等事务方面的内容，是人事部门的行政管理与事务管理任务；现代人力资源管理则把人作为组织的首要资源，"人力资源管理工作是每一位管理者的职责与任务"[1]。

"人力资源"这个概念 1954 年由美国著名管理大师彼得·德鲁克（Peter F. Drucker）在《管理的实践》一书中提出的。德鲁克认为：人是具有组织里任何其他资源都没有的"特殊能力"的资源。但当时仍处在工业经济时代，技术设备所创造的价值远大于人力资本价值，人们还没有认识到人力资源的价值与重要性。直到美国著名经济学家西奥多·舒尔茨（T. W. Schultz）提出了人力资本（Human Capital）的概念，舒尔茨在 1960 年就任美国经济学会主席的演讲《人力资本投资》中提出："人们获得了有用的技能和知识，……这些技能和知识是一种资本形态，这种资本在很大程度上是慎重投资的结果"；"我们之所以称这种资本为人力的，是由于它已经成为人的一个部分，又因为它可以带来未来的满足或者收入，所以将其称为资本"[2]。在舒尔茨以后，一些学者以此为基础开始对人力资本进行系统研究，使人们认识到人力资源在生产中的重要地位。也就是说，在 20 世纪 60 年代以后，特别是在 70～80 年代，人力资源这个概念才被人们所重视。而进入 20 世纪 80 年代后，随着现代科学技术的高度发展和知识经济的来临，人力资本在组织中的重要性日益凸显，人力资源管理逐步被组织接受。自 20 世纪 90 年代初以来，欧美发达国家相继掀起了人力资源管理热潮，我国同时期也开始逐步重视人力资源管理。

三、公共部门人力资源管理的功能与特点

（一）公共部门人力资源管理的功能

人力资源管理是实现组织目标的一种手段。具体来说，其主要功能为：

1. 获取

它主要包括人力资源规划、招聘与录用。为了实现组织的战略目标，人力资源管理部门要根据组织结构确定职务说明书与员工素质要求，制定与组织目标相适应的人力资源需求与供给计划，并根据人力资源的供需计划而开展招募、考核、选拔、录用与配置等工作。

---

① 李燕萍，等. 人力资源管理. 武汉：武汉大学出版社，2002：18.

② ［美］舒尔茨. 论人力资本投资. 吴珠华，译. 北京：北京经济学院出版社，1992：92.

显然，只有首先获取了所需的人力资源，才能对之进行管理。

2. 支持

这是保证人力资源管理的其他功能顺利完成的支援性管理工作，主要包括职位分类。这是公共部门人力资源管理中一项基础性和应用性较强的工作，通过职位分类，明确职位的工作内容和资格条件，使工作人员清楚自己的职责和工作内容，并且提供人力资源管理的依据：第一，为组织录用、选拔和使用合适人才提供依据，根据职位分类和职位分析得出的职位资格条件，可以有针对性地录用、选拔和使用人员；第二，为进行培训提供依据，依据明确的职位说明书，就可以有针对性地培训人员；第三，为考核和人员晋升提供依据，职位分类后明确的工作内容和职责，为有效地开展人员考核提供标准，同时，也是人员晋升的标准；第四，为确定人员工资、奖酬、福利等标准提供依据。

3. 奖酬

它是指为员工对组织所做出的贡献而给予奖酬的过程，是人力资源管理的激励与凝聚职能，也是人力资源管理的核心。其主要内容为：公平地向员工提供合理的，与他们各自的贡献相称的工资、奖励和福利。设置这项基本功能的根本目的在于增强员工的满意度，提高其劳动积极性和劳动生产率，增加组织的绩效。

4. 开发

这是人力资源开发与管理的重要职能。这里的人力资源开发主要是指对组织内员工素质与技能的培养与提高，以及使他们的潜能得以充分发挥，最大程度地实现其个人价值。它包括组织与个人开发计划的制订、组织与个人培训和继续教育的投入、培训与继续教育的实施、员工职业生涯开发及员工的有效使用。

5. 调控

这体现对人力资源进行动态管理的过程。它包括：第一，对人员进行绩效考评与素质评估；第二，对员工进行动态管理，如职务升降、交流、奖惩、辞职辞退、退休等。

以上五项基本职能是相辅相成，彼此互动的。

(二) 公共部门人力资源管理的特点

1. 公共部门人力资源的特点

公共部门人力资源是整个国家人力资源总体中的一部分，除了具有人力资源的一般特性(特点)之外，还具有由公共部门自身性质所决定的特殊性质。

第一，具有政治性。

公共部门人力资源掌握着国家和公民赋予的公共权力，执行着国家的法律和重大决策，在整个国民经济和社会发展中起着重要的作用。这就要求公共部门人力资源必须拥有较高的理论水平、政策水平、法制观念和政治水准。

第二，具有公共精神与公共情怀。

公共部门人力资源从事处理公共事务、进行公共服务的活动，其行为及结果如何、职业品德与职业素质如何将直接影响到政府的地位与形象。因此，公共部门人力资源须具有公共精神与公共情怀，要有具备与公共管理活动紧密联系的职业道德、工作态度和工作作风。

2. 公共部门人力资源管理的特点

公共部门人力资源管理的特点主要表现为：

第一，国家制定专门的法律和法规对公共部门的人力资源管理行为进行规制，以保证公共部门依法合理地行使行政管理和人事管理的权力。

第二，公共部门人力资源管理的具体管理体现出自身的性质。如针对政府的工作性质与对工作人员的政治要求，强化了对其德、才的测评、评估与培训的方法与技术；而针对公共部门产出的非量化特征，也必须发展出适用于公共部门工作人员的绩效评估标准。

第三，公共部门人力资源管理的目标，是根据社会经济发展对公共部门提出的要求而设立的。它既要满足公共部门在进行社会管理提供公共服务中的人才需求，也要满足公共部门高效运作回应民众需求的管理要求，同时还应满足公共部门工作人员个人成长与职业发展的需求。

四、公务员制度

公务员指国家公务人员。他们是代表国家从事社会公共事务管理，行使行政职权，履行国家公务的人员。公务员之称，各国并不一致，英国叫"文职人员"（Civil Servant），我国一般翻译为"文官"，法国叫公务员（Fonctionnaire）。公务员制度，是通过制定法律和规章，对公务员依法进行管理的总称。

西方公务员（文官）制度，首先产生于英国，后来在美国得到了发展。英国和美国的文官制度，在公务员制度发展史中占有重要的地位。

（一）西方公务员制度的产生

中世纪以前的欧洲各国，还没有公务员或文官的概念。后来，西欧各国封建君主先后建立了统一的中央集权政府。这时，"任何一种统治的实现无一例外地需要一个与之相应的组织架构和管理体系来确保权力意志获得他人的服从"①，于是出现了由君主直接任命并协助君主进行统治、对君主负责的文职人员。他们成为欧洲国家最早的文职人员，但并不是现代意义上的公务员。②公务员制度在西方的形成经历了一个相当长的历史过程，它和各国的政治、经济发展有着密切的关系。

19世纪中叶，英国在工业革命的基础上首先进入垄断阶段，此时，政府除传统的防务、税收、公共工程等职能外，还要承担卫生、济贫、教育、通信、贸易、农业、殖民地、制造业等广泛的职能。政府职能的强化越来越要求政府管理的高效率。因此，英国政府开始寻求对整个官僚制度的改革。1848年11月开始，英国财政大臣授意斯坦福·诺斯科特和理查·杜维廉爵士，就英国官吏制度的状况进行全面调查，并提出改革意见。1853年，他们提出了《关于建立英国常任文官制度的报告》，即著名的《诺斯科特-杜维廉报告》。报告尖锐地批评了当时官吏制度的根本弊端，对文官的考试、提升、分级等提出了一整套建议，要求政府废除个人恩赐制和政党分肥制，采用公开的、竞争性的考试办法招募人才。《诺斯科特-杜维廉报告》一经公布，立即引起了强烈反响。既得利益者（贵族议员、皇室显贵）认为，公开考

---

① 周威. 英格兰的早期治理. 北京：北京大学出版社，2008：2.
② 舒放，王克良. 公务员制度. 北京：中国人民大学出版社，2011：14.

试不仅会使平民与绅士平起平坐，而且还会使没有受过上流社会道德教化的粗民与绅士为伍，因此坚决反对改革。而大多数长期被排挤在权力圈之外的新兴资产阶级，特别是经过1832 年的选举法改革获得了选举权的中小资产阶级以及广大劳动阶层，则热烈拥护改革，但是当《诺斯科特-杜维廉报告》于 1854 年 2 月提交国会讨论时，被多数保守势力否决了。

这时，克里米亚战争爆发，立即暴露了传统官僚制度的种种弊端。战争期间，由于英国政府管理的混乱、低效率，给军队造成很大伤亡。陆军部的官员既庸碌无能又玩忽职守，因药品、粮食未能及时运往前线而使士兵因重伤或饿死者数不胜数，国内舆论哗然。在这种情况下，新任内阁首相帕麦斯顿不得不于 1855 年 5 月 21 日以枢密院的名义颁布了文官制度改革的第一个正式法令《关于录用王国政府文官的枢密院令》。其主要内容有：第一，设立中央文官事务委员会，负责考试事务；第二，文官事务委员会审查应考者的年龄、身体、品德、能力；第三，文官任命以文官事务委员会发给的证明书为据。但这一改革并没有采用公开竞争的考试方法，因而只是温和的改革。

1870 年 7 月 4 日帕麦斯顿又颁布了关于文官制度改革的第二道枢密院令，内容包括：第一，实行公务员的考试任用制；第二，公务员划分为高低两级；第三，扩大财政部的人事行政管理权；第四，对已持有文官事务委员会颁发的任用证明书及由各部大臣推荐的任命者，不适用考试；第五，列举适用考试制的对象和范围等。从此以后，一切文官职位的任命，都必须根据文官事务委员会的规定，通过公开竞争考试录用。这两个枢密院令对文官制度的基本原则做了具体规定。至此，英国公务员制度在因循《诺斯科特-杜威廉报告》基本精神的基础上初步确立了起来。

自此以后，英国的文官制度虽然几经调整和改革，例如，在 20 世纪 30 年代对文官的界定和调整；20 世纪 60 年代后期的《富尔顿报告》对文官制度提出了 158 项改革建议，其中成立文官事务部、创建文官学院、改革录用文官方式等建议都已付诸实施；20 世纪 80 年代初，撒切尔夫人执政后，又对文官制度做了一些改革。但是，在 19 世纪 70 年代形成的英国文官制度的基本原则，未曾有大的变化。

美国文官制度是从建立考试录用制度开始的。1853 年，国会提出公务员的录用须经考试，尽管当时参加考试的只限于被提名的少数人，但考试毕竟作为一种新型制度在美国人事行政管理中开其先河；1870 年，内政部长科克斯发出行政命令，提出以公开竞争考试来挑选政府工作人员；1871 年，美国成立了一个独立的文官机构——三人委员会，统一负责改革事宜；1877 年，总统海斯命令在海关的税务人员中首先采用考试录用制度，并禁止这类公职人员参加政治活动，从而为在美国建立文官制度创造了开端；1883 年，美国国会通过了《调整和改革美国文吏制度的法律》，史称《彭德尔顿法》。

《彭德尔顿法》确立了竞争择优的原则，其主要内容包括：公开竞争考试，择优录用政府公职人员；政府公职人员在政治上保持中立，不得参加竞选活动，也不得因党派关系被革除职务；考核应察实绩与才干；实行试用期，称职后才正式任用等。《彭德尔顿法》标志着美国文官制度正式确立，并奠定了美国现代文官制度的基础。此后，美国国会又根据需要，先后通过了系列文官制度的法律，如 1920 年的退休法，1923 年和 1940 年的职位分类法，1939 年的哈奇法等，使美国文官制度不断充实、完善。1978 年 10 月美国国会通过了《文官制度改革法》，对实行了近百年的文官制度进行了一次全面改革，目的是进一步完善功绩制原则，提高公职人员的工作效率和工作质量，使文官制度适应新形势的需要。

世界上很多国家也相继建立了自己的公务员制度。除英、美等国外，法国和德国是较早推行公务员制度的国家。公务员制度在世界范围内的迅速发展，还是在第二次世界大战前后的时间。战败的德、日、意，改革原有官吏制度，实行了新的公务员制度。战后一批批国家相继独立后，也逐渐采用了公务员制度，使公务员制度在世界范围内得到迅速的发展。

从近代西方文官制度到现代公务员制度，这期间，它本身在不断发展、完善。实践证明，这种人事制度保证了公职人员的素质，适应了政府工作日益复杂化和专业化的需要，达到了提高行政效率的目的，为维持政局的稳定起到了积极作用。

(二) 中国公务员制度的产生

1. 中国公务员制度产生的背景与过程

十一届三中全会以前，随着中华人民共和国的成立，虽然在干部人事管理方面也建立了一些制度，但总的来看，党政机关长期缺乏严格的自上而下的行政法规和责任制，对干部缺乏正常的录用、奖惩、退休、淘汰办法。干部人事管理制度的不健全，导致用人缺乏法制，领导部门和领导者的主观随意性很大，表现出浓重的人治色彩。因而，改革与完善我国干部人事制度势在必行。十一届三中全会以后，随着国家经济体制改革的不断深入，干部人事制度改革的任务也提上了议事日程。根据形势发展的需要，1980年邓小平强调，我们思想路线已经拨乱反正，并得到确立，但组织路线未能跟上。他指出要打破老框框，勇于改革不合时宜的组织制度和人事制度。1982年、1983年，中央和地方国家机关先后进行了机构改革，并按照干部"四化"的方针，调整了各级领导班子，建立了老干部的离休、退休制度，开始逐渐废除实际上长期存在的领导职务终身制。与此同时，许多地区和部门在干部的录用、考核、交流、培训等方面也进行了一系列的改革探索。如一些部门在录用干部时采取了考试的办法；一些基层单位还大胆采用了合同制的干部聘任方式；一些机关实行了干部岗位责任制，采用民主评议的方法来考核干部；一些地区建立了干部交流制度，试行了干部回避的若干规定。但是，所有这些改革都处于试验性阶段，只是局部的单项改革，并未触及干部人事制度的整体和深层问题。①

1984年中央提出要全面改革干部人事制度，实行法制化管理。之后中央组织部、劳动人事部开始起草《国家工作人员法》，1985年改名为《国家行政工作人员条例》。在1987年10月召开的党的十三大上正式做出了要建立和推行公务员制度的决定。在1988年3月召开的全国七届人大一次会议上，进一步提出要建立和逐步实施公务员制度，要尽快制定《国家公务员条例》，研究制定《国家公务员法》。1988年3月，为进一步加强政府人事工作，更好地推行公务员制度，中央决定成立国家人事部。人事部的成立标志着公务员制度开始向实施阶段过渡。人事部从1989年起即开始组织公务员制度的试点工作，首先在国务院的六个部门即审计署、海关总署、国家统计局、国家环保局、国家税务局、国家建材局进行了部门性试点。1990年，又在哈尔滨市和深圳市进行了地区性的试点。②1993年8月14日《国家公务员暂行条例》由国务院颁布，标志着我国公务员制度的正式推行。

随着人事管理制度改革的进一步深化，原有的《国家公务员暂行条例》需要总结和完

---

① 邓凤臣，孙宝元. 中国公务员制度刍议. 求实，2005(12).
② 邓凤臣，孙宝元. 中国公务员制度刍议. 求实，2005(12).

善，立法的层次也需要提升。2000 年颁布的《深化干部人事制度改革纲要》明确提出要抓紧制定公务员法。2005 年 4 月 27 日，第十届全国人大常委会第十五次会议审议通过了《中华人民共和国公务员法》，自 2006 年 1 月 1 日生效实施。《中华人民共和国公务员法》的出台，总结和吸取了过去干部人事制度的经验，进一步推进了公务员管理的科学化与制度化。

2. 中国公务员制度的特色

我国的公务员制度与西方公务员制度既有相同点又有区别，作为一项制度都遵循一些共同的原则，如依法管理，功绩制，贯彻公开、平等、竞争和择优的原则等。但中国的公务员制度又具有明显区别于西方公务员制度的特色，主要表现在：

（1）不搞"政治中立"。中国共产党的基本路线是建立中国公务员制度的根本指导原则。建立公务员制度的目的就是要为贯彻和执行党的基本路线提供制度保证。所以，要求公务员必须始终与党中央保持一致，坚决捍卫和执行党的路线、方针、政策。而西方文官制度则强调所谓"政治中立"的原则，要求文官不得参加党派等政治活动，在公务活动中不得带有党派的政治倾向性等。[1]

（2）坚持党管干部。中国共产党是领导各项事业的核心力量，公务员制度是党的干部制度的一个组成部分。在公务员的管理上，强调要坚持党的组织领导，贯彻党的组织路线，党制定公务员工作的方针、政策，指导政府人事制度改革，保持党对政府重要领导人选的推荐权，做好对公共部门人事工作的宏观管理和监督。而西方国家实行政党政治，两党或多党竞争，轮流执政。为了避免由于政党的更替造成政府工作人员大换班的混乱，它们强调公务员是一个独立的管理系统，不受政党干预，与党派脱钩。[2]

（3）坚持德才兼备的用人标准。"德才兼备"原则，就是在选择使用公务员时，要用"德"和"才"两把尺子去衡量，要求二者同时具备，并把坚定的政治立场和正确的政治方向放在首位。这与西方公务员制度是有原则区别的。

（4）不搞"两官分途"。我国公务员制度没有"政务官"与"事务官"的划分。这是由于我国是共产党执政的国家，不搞多党轮流执政，所以不存在政务官与事务官的截然分野。而西方文官制度则实行"两官分途"，强调政务官的所谓政治化和事务官的所谓职业化。[3]

第二节　公共部门人力资源管理的主要内容

如前所述，公共部门人力资源包括在政府组织、国有企事业单位、非营利组织等中的各类工作人员的总和，其中公务员是公共部门人力资源的重要构成部分。为免内容庞杂，本节内容在阐释公共部门人力资源管理一般规律的同时主要围绕公务员管理展开。

一、获取

从公务员管理的角度来看，它主要包括公务员的考试录用制度和公务员的交流制度。

---

① 邓凤臣，孙宝元. 中国公务员制度刍议. 求实，2005(12).
② 邓凤臣，孙宝元. 中国公务员制度刍议. 求实，2005(12).
③ 邓凤臣，孙宝元. 中国公务员制度刍议. 求实，2005(12).

（一）考试录用制度

公务员制度确立的重要标志之一，就是建立公务员考试录用制度。公务员考试录用是公务员制度的"入口"，对能否吸引人才、建设高素质的公务员队伍起着决定性的作用。公务员考试录用在内容、方法、程序设计等方面有着严格的要求，它对于促进公共行政效率、效能和质量具有重要的制度保障作用。

1. 公务员考试录用制度的原则

公务员考试录用制度设计的基本目的在于拓宽选才范围，为国家机关选拔优秀人才。为达到这种目的，各国考试录用制度一般都坚持以下基本原则：

（1）功绩原则。所谓功绩原则，是指公务员的录用在公开、平等的前提下，以知识、能力、考试的结果为客观依据，不受特权、关系、身份、资历等影响，优先、公平录用或使用优秀人才。

（2）公开透明原则。这是指录用公务员必须面向社会，公开招考，包括条件的公开、过程的公开和结果的公开。贯彻公开考试原则的目的，是为了争取尽可能多的报考者，在尽可能大的范围内选拔优秀人才，并使其源源不断地充实到公务员队伍中来，保持公务员队伍的活力。

（3）平等竞争原则。这是指公民在竞争担任公职方面有平等的权利和机会，即公民在公务员录用时所处的法律地位平等，凡符合资格条件者均可报考。

（4）法制管理原则。由于公务员考试录用既关系到公共行政组织的职能履行，又关系到公民的权利实现，因此，其录用过程与结果的公正性和可靠性均需有明确的法律保障。为此，许多国家都制定了相关法律、法规，对公务员录用的标准、方法、程序及其监督等做出规定。

2. 公务员考试录用的内容

公务员考试的内容一般都自成体系，且各有不同的侧重点。从内容的构成来看，公务员考试的内容概括为以下四个方面：知识素质，主要是考察应试者的文化水平和对各种基本知识的掌握程度；智力素质，主要考察应试人敏捷、机智的程度，其目的是发现更有发展前途的人才；技能素质，主要考察应试者对知识、智力运用的能力，从而反映出应试者处理实际问题的速度和质量；心理素质，主要考察应试人的性情、意志、反应等心理气质。

3. 公务员考试录用的方法

由于公务员考试涉及的是能否录用到胜任担负国家公职的人员，因而不同的国家在设计公务员考试方法上也各显神通。经过长时间的发展，公务员考试已经拥有一套完整的方法，包括笔试、面试、文件筐测试、技术考核等。其中最重要的方法是笔试和面试。

（1）笔试。笔试是一种最古老、最常用的测验方法，用以测验应考者的知识结构、理论修养、文字表达等方面的素质和能力。其特点是经济性、客观性和广博性。笔试有两种基本的形式。一种是英国、法国、德国采用的传统论文式。它要求通过议论文或记叙文来解答命题，以此来检查报考者个人的知识结构、材料组织、逻辑推理、文字表达等素质和能力。但这种笔试形式出题内容较为狭窄，选择性较差，而且评分时容易受到应考者书法、错别字、卷面整洁等因素干扰。还有一种形式是以美国为代表的选择式。这种方式命题多样，要求以填空、选择、判断来回答问题。这种笔试方法可以检验报考者多方面的知识，而且记分单位标准化、统一化、限制性较强，便于计算机处理。我国公务员考试的笔试分为公共科目和专业科目两种。公共科目主要有申论、行政职业能力测试（试题样本见附录）。专业科目根据拟任职位的要求具体设定。

（2）面试。面试是通过主考官和应试者面对面的交谈来实现的，包括回答提问、阅读理解、论文答辩、即席演讲、案例分析等多种形式，以考察报考者个人的综合分析、应急处理、组织协调、人际关系、语言表达能力等。面试一般采用两种形式：一是结构化面试，该方法要求对试题构成、测评要素、评分标准、时间控制、考官组成、实施程序和分数统计等各环节，按结构化要求进行规范性设计。考官在与应试者以问答方式当面交谈的过程中，根据应试者的回答和行为表现，对其相关能力和胜任特征做出相应的评价。二是无领导小组讨论，是指将数名应试者集中起来组成一组应试者（一般5至7人）在不指定组长的情况下，围绕给定的问题展开讨论。考官通过对应试者在讨论中的言语和个性行为表现，对其相关能力和胜任特征做出相应的评价。

4. 我国公务员考试录用的程序与组织

（1）我国公务员考试录用的基本程序。

我国公务员考试录用的适用范围只限于录用担任主任科员以下及其他相当职务层次的非领导职务公务员，而从党群机关和企事业单位的在职人员中补充担任领导职务和副调研员以上非领导职务的公务员，则采用"交流"的方式，不在考试录用之列。

我国公务员录用的基本程序

《中华人民共和国公务员法》对公务员录用的主要程序做了规定，主要如下：

——发布招考公告。招考公告应当载明招考的职位、名额、报考资格条件、报考需要提交的申请材料以及其他报考须知事项。

——资格审查。招录机关根据报考资格条件对报考申请进行审查。报考者提交的申请材料应当真实、准确。

——考试。公务员录用考试采取笔试和面试的方式进行，考试内容根据公务员应当具备的基本能力和不同职位类别分别设置。

——确定考察人选。招录机关根据考试成绩确定考察人选，并对其进行报考资格复审、考察和体检。体检的项目和标准根据职位要求确定。具体办法由中央公务员主管部门会同国务院卫生行政部门规定。

——公示。招录机关根据考试成绩、考察情况和体检结果，提出拟录用人员名单，并予以公示。

——录用。公示期满，中央一级招录机关将拟录用人员名单报中央公务员主管部门备案；地方各级招录机关将拟录用人员名单报省级或者设区的市级公务员主管部门审批。新录用的公务员试用期为一年。试用期满合格的，予以任职；不合格的，取消录用。

此外，《中华人民共和国公务员法》第三十一条规定：录用特殊职位的公务员，经省级以上公务员主管部门批准，可以简化程序或者采用其他测评办法。

（2）公务员考试录用制度的组织。

公务员录用是一项非常严肃的工作，必须由相当层次、相当权威的机构负责组织，既要保持统一性和权威性，又要考虑各地各部门的实际情况。根据《中华人民共和国公务员法》的规定：我国公务员录用工作实行两级管理体制，即中央机关及其直属机构公务员的录用，由中央公务员主管部门负责组织。地方各级机关公务员的录用，由省级公务员主管部门负责组织。

但考虑到我国省级行政区划一般规模较大，为了提高录用工作的效率，《中华人民共和国公务员法》又规定：在必要时，省级公务员主管部门可以授权设区的市级公务员主管部门组织录用考试。

（二）交流制度

人员流动是保持组织活力的基本要素之一，正常的交流机制有利于合理地使用人力资源，协调组织内部工作关系和人际关系，达到人与事的最佳匹配。

1．公务员交流的特点

由于公务员系统是代表国家行政公共权力、管理公共事务的组织，具有权力的公共性、事务的程序性、人员的职业化等特点。因此，相对其他部门人员流动而言，公务员交流制度也有着自身的特点：

（1）形式的多样性。从公务员交流的范围来看，它包括内部交流和外部交流的各种形式。

（2）对象的特定性。公务员交流的实施一般都是针对特定职位、特定人员，既区分职位的性质，也关注个人的需求。公共行政的性质决定了公务员的交流不可能是大规模的，也不可能是频繁的，这与企业的人员流动是完全不同的。

（3）实施的计划性。作为公共人事行政的一项重要工作，公务员交流虽然要照顾个人的特殊需求，但整个交流过程绝非公务员的个人行为。公务员交流是在人事部门统一管理下的有组织、有计划、依程序而进行的强制性或指令性的人事安排。

2．我国公务员交流的形式

我国公务员可以在公务员队伍内部交流，也可以与国有企业事业单位、人民团体和群众团体中从事公务的人员交流。我国公务员交流的方式有三种，即调任、转任和挂职锻炼。

（1）调任。所谓调任，是指国有企业事业单位、人民团体和群众团体中从事公务的人员可以调入机关担任领导职务或者副调研员以上及其他相当职务层次的非领导职务。所谓"从事公务"，是指代表国家对公共事务进行的管理、组织、领导、监督等活动。调任是不同组织系统之间人员交流的一种形式。对于调任的法律规范，充分体现了公务员系统是一个开放的系统，并不是一个独立的利益集团或封闭的系统。

（2）转任。所谓转任，是指公务员因工作需要或其他正当理由在公务员系统内进行的水平调动(包括跨地区、跨部门调动)，或者在同一部门不同职位之间的转换任职。《中华人民共和国公务员法》规定：公务员在不同职位之间转任应当具备拟任职位所要求的资格条件，在规定的编制限额和职数内进行。

（3）挂职锻炼。所谓挂职锻炼，是根据培养锻炼公务员的需要，有计划地选派公务员到下级机关或者上级机关、其他地区机关以及国有企业、事业单位担任一定职务。挂职锻炼的目的在于使青年公务员了解基层情况，接受锻炼，增加基层工作经验，加强上下信息交流。公务员挂职锻炼对于培养、锻炼公务员，提高公务员的全面素质，具有现实的重要意义。

二、支持

所谓支持主要包括对公务员的分类管理。

(一) 公务员分类的形式

分类制度是人事管理的出发点。作为现代公务员制度的重要组成部分,公务员分类制度就是以特定的因素为标准对纷繁复杂的公共职能及其职位进行分类,确认不同类型公务员的界线并明晰其职能、职责,还可以针对职位类型的不同建立各自的标准和规范,以实施对公务员的有效管理,以促进公务员管理各个环节的效率和效能。

各国管理体制、文化背景不同,因而对公务员的职位与地位的理解存在着一定的差异,对公务员范围的界定及分类组织形式办法也有所不同。尽管如此,各国都对庞大的公务员队伍进行了分类,公务员分类管理具有普遍性。

一般意义上的公务员分类,在于通过对公务员在职能、事务、资格要求等方面进行区分,为政府人事管理提供科学的依据。此种涵义的公务员分类制度有两种形式,即所谓的品位分类(Rank-in-person Classification)和职位分类(Rank-in-job Classification)。

1. 品位分类

品位分类以英国为典型,它是以人为对象的分类制度。它依据公务员个人所具备的资历、学历、能力、身份等要素来划分级别。[①]品位分类着眼于人,考虑的是人本身的因素,其基本理念是通才管理。

2. 职位分类

职位分类以美国为典型,它是以职位为对象的分类制度。它依据职位的工作性质、难易程度、责任大小及所需资格条件等要素,将职位分为不同的类别和等级。[②]职位分类着眼于事,考虑的是职位本身的因素,其基本理念是"适才适用"。

在实践操作中,由于公务员类别划分包含着诸多不同的类型,因而它们在人事行政中的具体作用也是不同的,不可一概而论。实际上,由于划分标准的多种多样,世界各国公务员的划分五花八门。例如,还有政务官与事务官、中央公务员和地方公务员之别,任命官员与民选官员之分,等等。但是,其目的都在于通过对庞杂的公职人员的地位、职能、行为模式等进行分门别类,以便针对其具体特点采用更为合理、高效、人性化的人事管理模式。

(二) 职位分类管理中的基本概念

1. 职位

职位是责、权、利合理配置的具有满负荷任务的工作岗位,其主要构成要素包括岗位任务、权力、责任、报酬、资格等。职位是政府组织的细胞,是政府活动的基层单位。它是国家机关中具有一定的职务和责任、需要一定资格的人员来承担的工作岗位。

2. 职系

职系是同一专门职业中所有职位的集合,如司法行政职系、教育行政职系、工程技术

---

① 舒放,王克良. 国家公务员制度. 3 版. 北京:中国人民大学出版社,2014:52.
② 舒放,王克良. 国家公务员制度. 3 版. 北京:中国人民大学出版社,2014:51.

职系、编译职系等。通俗地讲，一个职系就是社会上的一种专门职业。在职位分类制度中，划分职系的作用还在于它可决定公务员升迁、调转的范围和途径。

3. 职等

职等是在一个职系内，根据工作难易程度、责任大小和所需资格条件对职位所做的等级和级别划分。

4. 职位分类

职位分类就是在工作分析、职位评价的基础上，将职位依据工作性质、责任轻重、复杂程度和任职资格等因素区分为若干个具有共同性的职位，分成不同的类别和等级，以为各项人力资源管理活动提供客观依据。

5. 职位说明书

职位说明书是职位的规范化文件，包括职位名称、定义和编号、权力和责任的描述、工作概述、工作范围、主要工作举例、工作要求(工作成果、控制方法、工作程序和方法)、工作环境、工作关系(上下内外)、任职者应具备的资格条件(教育、训练、知识、技能)、待遇、升迁路线等。

(三) 职位分类的程序

1. 职位调查

它是指调查、收集某个特定工作职务的目的、任务或职责、权力、隶属关系、工作条件、任职资格等相关信息资料的过程。

2. 职位分析

它是指在职位调查的基础上，对所有职位共同具有的若干因素进行分析、比较、归纳，目的在于了解每一个职位。

3. 职位评价

它是指根据职位分析的结果，对职位进行区分，划定职系、职级、职等的过程，具体包括区分职系，划分职级、职级列等。

4. 职位归级

它是指根据一定的程序，将行政机关中的职位，依据职系说明书的要求归入相应职系，再根据职级规范归入所属职级的过程。它包括：① 划分职等，即以工作的难易程度、责任轻重和所需资格条件为标准，将各职系中的职位纵向划分为若干高低不等的级别；② 制定规范，即制作职位说明书、职系说明书和职等标准，用以规范职位管理。其结果就是将原先散乱的职位整合为一个层次分明和条理有序的公务职位体系，为日后采取人事措施奠定基础。

(四) 分类制度在我国的发展

我国是一个等级制历史悠久的国家。从西周开始将人分为十等：前四等的王、公、大夫、士属于贵族阶层，后六等为庶人和奴隶。商鞅变法之后，秦国创立了二十等军功爵制，一等为最低，二十等为最高，以功授爵，官爵不分。魏晋南北朝时实行九品中正，官位的品阶基本成形，直至清末。

在 1949 年以后的干部人事制度中，职位管理实行的是行政职务和行政级别双轨制，强调的是行政职务。

1993 年国务院发布的《国家公务员暂行条例》虽然曾规定"国家行政机关实行职位分类制度"，但实际上并没有根据公务员职位的性质和特点实施分类，而仅仅是对公务员的职务进行了分类，即将公务员职务分为领导职务和非领导职务，且规定了国家公务员的等级序列。

2006 年实施的《中华人民共和国公务员法》在吸收原有分类制度合理成分的基础上，重新设计了职位分类制度。公务员法将公务员队伍划分为综合管理类、专业技术类和行政执法类等类别，并授权国务院可以根据本法，对于其有职位特殊性，需要单独管理的，可以增设其他职位类别。

三、奖酬

奖酬也称薪酬，包括工资、福利与保险。工资、福利与保险是公务员满足生存、安全等需要的基本前提，也是确保完成组织目标的主要手段，是激励的基础。在所有激励手段中，工资、福利与保险等保障无疑是最重要的激励因素。

（一）对健全合理的薪酬制度的要求

1. 公平性

员工对薪酬分配的公平感，对薪酬发放是否公正的判断与认识，是设计薪酬制度和进行薪酬管理要考虑的。

2. 竞争性

在社会上和人才市场中，薪酬标准要有吸引力，才足以战胜对手，招到所需要的人才。

3. 激励性

薪酬制度要能激励员工努力工作。

4. 经济性

提高组织的薪酬水平，固然可提高其竞争性与激励性，但同时不可避免地导致人力成本的上升，所以薪酬制度要考虑经济成本的制约。

5. 合法性

薪酬制度必须符合国家的法律和有关规章制度。[1]

（二）影响薪酬制度制定的因素

1. 外在因素

外在因素包括劳动力市场的供需关系与竞争状况、地区及行业的特点与惯例、当地生活水平、国家的有关法令和法规。

2. 内在因素

内在因素包括本组织的业务性质、内容及工作性质；组织的经营状况、发展阶段与财

---

[1] 王乐夫，蔡立辉. 公共管理学(精编版). 北京：中国人民大学出版社，2012：131.

务实力；组织的管理哲学和组织文化。[1]

（三）公务员工资

公务员的工资，是指公务员在不同职位或岗位上的工作绩效所给予的劳动报酬。公务员的工资是其个人消费品分配的最重要的形式，它涉及公务员的切身利益，是公务员及其家庭生活的基本保证。[2]

1. 公务员工资制定模式

公务员的工资关系到多方的利益，它既涉及国家机关、公务员个人的利益，在一定程度上也是其他部门确定工资的参照系。一般说来，通行的公务员工资制定模式有三种：立法模式、行政模式与集体讨价还价模式。

（1）所谓立法模式，即由立法机关在采纳公务员管理机构或相关机构建议的基础上来确定公务员工资。这种模式又有两种形式：一是在公务员总法中确定公务员工资的基本依据。例如，美国 1978 年的《公务员制度改革法》规定了功绩原则，成为公务员工资及其支付、奖金发放的重要法律依据。法国公务员的工资制度也是由《公务员总章程》规定。二是颁布有关工资方面的专门法规。例如，德国不仅制定了专门的工资法，而且还就国家机关官员、职员的工资分别进行立法。

（2）所谓行政模式，即在国家立法机关所规定的基本精神和原则的指引下，由政府通过工会组织等多方参与，制定行政法规来确定公务员的工资。一般说来，具有英国传统的国家大多采取这种模式。例如，美国的一些州就是通过制定行政法来调整公务员的工资。

（3）所谓集体讨价还价模式，即由相关部门或成员通过讨价还价等协商机制来决定公务员的工资。目前，采用该模式的国家越来越多，澳大利亚是这类国家的典型。按照澳大利亚 1999 年的《公务员法》(Public Service Act)第二十四章规定，公务员工资由 1996 年的《工作场所关系法》(Workplace Relations Act)所规定的集体讨价还价方式来决定。由雇员代表和雇主共同就工作条件、工资等协商并达成一致，并由相关部门出具符合法律规则的证明。

当然，这些模式只是依据不同主体在公务员工资制定中所起的作用来划分的。在实际操作中，这些模式是相互结合使用的。[3]

2. 公务员工资制度的结构

公务员的工资必须考虑相关的社会与经济因素，其工资结构包含着不同的因素并承担着不同的作用。一般说来，公务员的工资结构包括工资部分（包括基础工资、职务工资、年功工资和绩效工资等）和津贴部分。

其中基础工资是保障公务员基本生活的部分，为维持劳动力再生产所必需。基本工资在公务员全部收入中占有绝大部分的比重。例如，英国基本工资占工资总额的 80%～90%，而法国、德国的基本工资只占工资总额的 60%～70%。

所谓津贴(Allowance)，实际上是一种附加工资，主要是指基于额外付出或与工作相关的特殊需要而得到的补助。公务员的津贴一般可以概括为地区津贴、生活性津贴、工作性

---

① 王乐夫，蔡立辉. 公共管理学(精编版). 北京：中国人民大学出版社，2012：131.

② 谭功荣. 公务员制度概论. 北京：北京大学出版社，2007：213.

③ 谭功荣. 公务员制度概论. 北京：北京大学出版社，2007：216.

津贴等几种。津贴制度尤其可以对居于某些特殊岗位、艰苦岗位上的公务员在意外事件时或正常生活秩序受到威胁时提供必要的保障。

我国公务员工资制度贯彻按劳分配的原则，体现工作职责、工作能力、工作实绩、资历等因素，保持不同职务、级别之间的合理工资差距。《中华人民共和国公务员法》对公务员工资结构做出了明确规定：公务员工资包括基本工资、津贴、补贴和奖金。其中，基本工资主要为职务工资和级别工资。《中华人民共和国公务员法》规定：公务员实行国家统一的职务与级别相结合的工资制度。津贴、补贴和奖金是公务员工资的重要组成部分和补充。公务员津贴是对公务员在特殊劳动条件下或工作环境下付出额外劳动消耗和生活费支出所给予的适当补偿，是工资的一种补充形式。现行津贴主要有地区附加津贴、艰苦边远地区津贴、岗位津贴等。我国公务员也按规定享受住房、医疗等补贴、补助。此外，《中华人民共和国公务员法》规定：公务员在定期考核中被确定为优秀、称职的，按照国家规定享受年终奖金。

（四）公务员福利

实行公务员制度的国家也普遍建立了公务员福利制度，并将其作为公务员制度的一项重要内容加以规定。

1. 公务员福利制度的内涵

公务员福利制度是指国家为公务员提供的在工资、奖金等以外的各种形式的补助与帮助等一系列法律规范的总和。实施公务员福利制度的目的在于改善公务员的物质生活和文化生活，或者解决公务员个人难以解决的问题。[1]公务员的福利制度是公务员职业的吸引力之一。

2. 公务员福利的形式和内容

公务员福利存在着不同的形式和内容，这主要取决于一个国家的政治体制、经济发展状况、人民生活水平等方面的差异。公务员福利根据福利支付的形式，可以分为货币福利与实物福利；根据福利指向的对象，可以分为集体福利和个人福利。其具体包括：

（1）经济性福利：以金钱或实物为形式的福利。如超时酬金、住房性福利、交通性福利、饮食性福利、教育培训性福利、医疗保健福利、意外补偿金、离退休福利、有薪节假、文体旅游性福利、金融性福利、其他生活性福利。

（2）非经济性福利：目的在全面改善员工的"工作生活质量"。这类福利多取服务或环境改善形式，不涉及金钱与实物。如咨询性服务、保护性服务、工作环境保障。

四、开发

人力资源开发主要以培训为核心。通过培训提高员工的职业能力，满足员工实现自我价值的需要，构建组织文化与学习型组织，有利于改善组织的工作质量，使组织获得发展优势。

（一）培训的内涵

员工培训指的是组织根据需要，采取多种多样的形式对员工进行有目的、有计划、有

---

① 谭功荣. 公务员制度概论. 北京：北京大学出版社，2007：222.

组织、多层次、多渠道的培养、教育和训练的活动，使员工能够获得或学习特定的知识、技能、能力和态度。

(二) 培训基本程序

1. 员工培训需求分析

(1) 组织分析：进行组织分析是为了在组织环境与发展战略的分析基础上决定相应的培训，它主要是通过分析组织的环境、资源、目标等因素，来确定培训的需求与可行性。

(2) 工作分析：进行工作分析是为了在工作任务与工作绩效的分析基础上决定相应的培训，它主要是通过分析有关工作的详细内容、标准，以及达成工作所应具备的知识、能力和技能，来确定培训的需求与内容。

(3) 人员分析：进行人员分析是为了在具体任职人员的工作行为与期望行为标准的分析基础上决定相应的培训，它主要是通过分析工作人员个体现有状况与应有状况之间的差距，来确定谁需要和应该接受培训以及培训的内容。

2. 员工培训内容

一般包括知识培训、技能培训与素质培训。其中，知识培训包括基础知识、专业知识以及背景性的广度知识等；技能培训包括管理技能、基本的计算机技能、沟通技能等；素质培训包括培养员工正确的价值观、积极的工作生活态度、良好的生活习惯以及较高的追求目标等。

3. 培训效果评估

培训效果是工作人员在培训过程中所获得的知识、技能、才干和其他特性应用于工作的程度，通过对培训效果的具体测定与量化，可以了解培训所产生的收益，为培训决策及改善培训提供依据。

美国著名学者柯克帕特里克培训效果评估模型是常用的评估方法。这一模型主要分四个层次：[1]

(1) 意见评估。意见评估的主要内容是受训者对培训的反应，重点在于了解受训者的满意程度。涉及培训的各个方面，如培训目标是否合理、培训内容是否实用、培训方式是否合适、教学方法是否有效、培训教师是否具备相应的学识水平等。

(2) 学习评估。学习评估主要是对学习成果进行评估，重点在于了解受训者在知识、技能、态度和行为方式方面的收获。通常采用测试的方法，测试受训者是否掌握了培训内容。

(3) 行为评估。行为评估是对受训后的行为方式进行考察，重点在于了解受训者在工作中行为的改进。评估的工作行为变量包括工作态度、工作行为的规范性、操作技能的熟练性、分析和解决问题的能力等。

(4) 绩效评估。绩效评估是培训的投资回报率，即培训有什么收益，也就是从培训项目中获得的价值。它既可以是针对个人的工作绩效评估，也可以是针对其所在组织的整体绩效评估。

(三) 公务员培训的形式

根据国家机关的基本要求和公务员职业的特点，各国一般都建立了既相对独立又完整

---

① 吴海燕. 评估公务员培训效果要四管齐下. 中国人才，2006(3).

协调的公务员培训体系，公务员培训的形式也多种多样。各种形式的培训相映成趣，形成了一套相互配合、相互衔接的公务员培训体系。一般说来，基于职务层次、岗位等不同，培训的形式和内容也各不相同。从培训的阶段来看，可分为职前培训、在职培训和脱产培训。

1. 职前培训

职前培训是指对已被录用的公务员或已被录取而尚未正式任用的职前公务员所进行的培训，旨在使其了解自己所担负工作的性质、责任，熟悉工作环境和程序，掌握基本的工作方法和有关业务知识，培养应有的工作态度和职业道德观念。

2. 在职培训

在职培训是指对正在任职的公务员进行的"再培训"或"回归教育"，是公务员培训的主要形式，也是国外公务员培训体系和培训制度的核心部分。许多国家都根据公务员的职类和级别，实行长期或短期在职培训，其目的是更新公务员的知识，使其掌握新技术，提高其素质和能力，以适应公共行政或新职位的需要。

3. 脱产培训

脱产培训是指公务员暂时离开工作岗位，到专门培训场所接受训练。由于公务员脱产学习，没有工作压力，时间、精力都比较集中，这种培训可以促使其知识技能提高较快。此外，通过学员之间的相互交流或经验借鉴，可以促进公务员之间的学习，有利于培养解决各种问题的能力。这种培训的缺点是成本比较大。

五、调控

调控的核心是进行员工绩效考核，这是合理使用人才的基础，也是岗位结构调整的重要依据。

（一）绩效与绩效考核

绩效，也称效绩、业绩，来源于英文"Performance"。绩效的汉语意思是指"功绩"（《汉语大辞典》），"功绩、功效"（《新现代汉语词典》）。它用于描述某一系统在运行一段时间后的结果表现。它具有多因性、多维性和动态性的特点。

绩效考核是工作行为的测量过程，即用一定的标准来比较工作绩效的记录以及将绩效考核评价的结果反馈给员工的过程。

（二）绩效考核步骤

包括确定绩效考核目标、确定考核标准与绩效指标、考核实施、考核面谈、制定绩效改进计划、绩效改进指导。

绩效考核目标是在一定时间内应实现的具体目标。考核标准要注意客观公正，避免心理偏差，灵活采用多种方法。考核面谈是使下级与下属赢得互信的重要环节。绩效改进计划意味着要诊断绩效，辅导绩效，持续改进。

（三）公务员考核的内容

从公务员考核的内容看，有的国家注重全面考核，有的则侧重某一方面。因此，从考核的内容上分析，基本上可以分为两种模式：

一是综合评价模式。德国、新加坡、加拿大、澳大利亚的考核制度基本上属于综合评价模式。这种模式的特点在于其既强调职位因素，也强调品位因素；既关注结果因素，也关注过程与行为因素。

二是因素分析模式。美国、英国、法国、日本的考核制度基本上属于这种模式。采取这种考核形式的，一般分多项因素列出指标进行考核评分，设计不同的分类考核标准，而后按总分的高低不同分出若干等级。

从以上的模式区分来看，显然，我国的公务员考核制度采用的是综合评价模式。按照《中华人民共和国公务员法》第三十三条的规定以及 2007 年 1 月颁布的《公务员考核规定（试行）》，对公务员的考核，按照管理权限，以公务员的职位职责和所承担的工作任务为基本依据，全面考核公务员的德、能、勤、绩、廉，重点考核工作实绩，五个方面构成一个统一的有机体。

（四）公务员考核的方法

公务员考核的方法很多。由于考核方法直接关系到考核的结果，因此，对考核方法的选择，各个国家都十分重视，都在充分吸收各种方法的科学、合理的成分，以建立符合具体实际的考核方法。

1. 目标管理法（Management By Objectives，MBO）

著名管理学大师彼得·德鲁克在《管理实践》一书中首先提出了目标管理，"每项工作都必须为达到目标而展开。"目标管理的特点在于管理者与被管理者之间处于双向互动的过程之中。许多国家都运用目标管理法来实施对公务员的考核。19 世纪 70 年代后，美国对当时的公务员考核制度进行了改革，考核重点从成绩测量转到工作行为的考核上。1984 年，美国开始实施"绩效管理与奖励制度"（Performance Management and Award System），该制度规定，各机关必须评估员工个人工作绩效，并对绩优员工给予现金奖励。1993 年，美国又制定《政府绩效与成果法》（Government Performance and Result Act），并创设"绩效型组织"（Performance - based Organization），要求适用该制度的机关必须明确绩效目标及绩效评估标准，并对机关首长目标达成的责任做出规定。

英国也非常重视运用目标管理法来实施公务员的考核，其公务员考核基本上按照以下程序进行：部门制定年度目标、个人制定年度目标、对照检查本人年度目标落实情况、自我写出评价材料、管理者写对被评估者的评价报告、被评估人向上级提请评估复议。

目标管理法在公务员考核中的实施程序

```
（1）目标的确定
    a. 基于实际工作
    b. 雇员可以达成
    c. 工作标准与组织目标相结合
（2）目标管理的实施
    a. 目标控制
    b. 目标调整
    c. 考核过程的反馈与沟通
（3）针对目标进行考核
    a. 目标的达成
    b. 考核结果与其他管理挂钩，如工资、奖惩、晋升等
```

2. 关键绩效指标法（Key Performance Indicators，KPI）

关键绩效指标法是指运用关键绩效指标来进行工作效果的考核，其关键在于建立合理

的 KPI 体系。关键绩效指标是衡量某一职位工作人员绩效的具体量化指标，是对工作完成效果的最直接的衡量方式。对于国家机关而言，如果明确了组织职能、使命，并进行了人员责任与目标的分解，就可以建立关键绩效指标体系。具体的关键指标来自国家机关总体战略目标的分解，它们反映了最能有效影响价值创造的关键驱动因素。确定关键指标体系有一个重要的 SMART 原则。

绩效指标体系建立的基本原则

> **绩效指标体系建立的 SMART 原则**
>
> （1）明确性（Specific）
>
> （2）可衡量性（Measurable）
>
> （3）可实现性（Attainable）
>
> （4）现实性（Realistic）
>
> （5）时限性（Timeliness）

法国等对公务员进行考核运用的就是典型的关键绩效指标法。例如，在法国，公务员考核实施过程的主体部分就是分项打分。所谓分项打分，即指规定公务员考核的 14 项内容因素，在进行考核时，根据不同类别和岗位的公务员，至少应选择其中 6 项作为考核内容，建立关键指标体系，然后按总分排列优劣等次。为此，法国政府建立了一套评分平衡制度，统一了全国的评分标准，以消除各地区、各部门评分上的差别。

第三节　公共部门人力资源管理的发展

一、工作生活质量新策略

现代人力资源管理视员工为"社会人""自我实现人"，它不同于人事管理视员工为"经济人"，它认为，组织的首要目标是满足工作人员自我发展的需要。因此，在对工作人员管理时，更加注重工作人员的工作满意感和工作生活质量的提高，尽可能减少对工作人员的控制与约束，更多地为工作人员提供帮助与咨询，帮助个人在组织中成长与发展，诸如员工参与管理制度、员工合理化建议制度、目标管理方法、工作再设计、工作生活质量运动、自我考评法、职业生涯规划、新员工导师制、员工福利的选择制等。

（一）工作生活质量的含义

人力资源管理活动的结果变量是生产率（效率、效能）和工作生活质量，工作生活质量的理论基础来源于英国塔维斯托克研究所的关系研究所提出的社会技术系统概念。这一概念的基本思想在于为了提高组织工作效率，不能只考虑技术因素，还要重视人的因素，使技术因素与人的因素协调一致。工作生活质量一般有两种含义：一是指一系列客观的组织条件及其实践，包括工作的多样化、工作的民主性和员工参与管理的程度，以及工作的安全性，主要强调描述工作的客观状态；二是指员工工作后产生的安全感、满意程度以及自身的成就感和发展感，主要强调描述员工的主观需要。如果把这两种含义结合在一起，工作生活质量就是指员工喜欢他们所在的组织，同时组织也具备能够满足员工自我成就需要的工作方式。换言之，工作生活质量就是在工作中员工所产生的心理和生理健康的感觉。

学者纳达尔和劳勒从历史发展的角度探讨了不同历史阶段人们对工作生活质量的看法。他们认为工作生活质量是指通过有计划地组织干预方法，以改善组织效能与组织成员福利的过程。它包含工作环境和工作安排、员工参与、人际关系、经济报酬和福利、个人自我实现与潜能发挥。实际上表示组织成员在广义的工作环境中，个人的需求能被满足的程度，满足程度越高，表示其工作生活质量越高，反之则越低。

（二）工作生活质量的发展

早在20世纪30年代的"霍桑试验"中，组织理论家就已研究了工作本身与组织绩效的关系。20世纪60年代之前，许多理论家的研究和经验表明在组织内部，人员的工作满意度与组织的绩效有直接的关系。①

工作生活质量的实施首先是在美国发展起来的。在美国，随着二战以后经济的发展，工业自动化水平的改进，以及劳动力教育水平的提高，员工的工作价值观也发生很大的变化。人们认为工作不应仅仅是谋生的手段，而且应当成为维护自身价值和尊严的手段。这使工作生活质量这一概念引起了重视。其具体内容包括：第一，合理与公平的报酬，保持员工合理的薪金、福利收入；第二，安全和健康的环境；第三，发展人的能力。实施职务专业化和分化的同时要充分考虑发挥和发展员工的知识和技能。工作设计要力图有利于保持和扩大员工的技能和知识，参与各层次的决策。20世纪60年代以来，由于多种原因，人力资源中工作生活质量在发达国家发展成为一场普遍的社会运动。

二、政府雇员制与公务员聘任管理

（一）西方推行政府雇员制的背景

自20世纪50年代开始，西方国家开始灵活处理公务员的任期。政府雇员制是20世纪50年代前联邦德国为适应政府组织弹性化、专业化的要求而采取的公共行政改革措施。20世纪80年代以后，美国、英国、澳大利亚、日本、新西兰等国家也纷纷根据本国实际进行了本土化改造，针对某些特殊职责和专业性强的政府职位实行了公务员合同制管理模式。②

政务类公务员任职制度保持不变，依然与政党竞争共进退。但业务类公务员的录用及任期开始发生变化，政府开始招聘临时性的雇员为政府提供服务。

美国1978年公务员制度改革后，在政府部门逐年增加了临时雇员的人数，已成为一种趋势。③增加了临时录用的合同制雇员。它反映了一种社会发展趋势：未来劳动力的需求具有不确定性，临时雇员的增加有助于政府根据管理事务和劳动力的需求状况做出灵活反应。临时雇佣制也具有劳动力廉价，政府无须过多的培训，无须支付常任制公务员所享受的健康保险和退休的好处；同时，这也是对常任制公务员的一种压力和工作促进。1985年，美国政府扩大了政府部门雇佣临时雇员的权力，合同的期限增加到4年。结果该年度新增临时雇员7000名，增幅为22.4%。1985年临时合同制雇员数量为42 118名。1993年联邦

---

① 张成福，党秀云. 公共管理学. 修订版. 北京：中国人民大学出版社，2007：206.
② 宗帅. 政府雇员制度：公务员制度之外的另一种选择. 党政干部学刊，2010(12).
③ 李和中. 比较公务员制度. 北京：中共中央党校出版社，2003：139.

政府共有 157 000 名临时雇员，占联邦全部雇员的 2%。①

现在各国普遍的做法是招聘合同制雇员，签订半年、一年或两年的短期合同，这多适用于临时性的、项目性的工作。适用合同雇用的岗位和人数比例越来越大。对于政府雇员制的界定，通常认为"政府雇员制"是指由纳税人出资金，委托政府在某一时期、某一特定项目中雇用急需人员，服务于社会利益的行政机制。

公务员制度进入改革时期以来，公务员职位逐渐与整个社会的高流动融为一体，不仅实行"内部开放"即系统内的流动，而且实行"外部开放"即部分高级职位面向社会。更引人注意的是，常任制已开始强调职位的稳定和功能"常任"，而不再注重任职者的常任。而且中立原则也有所松动(比如英国)。这些变化，都可以从整个社会高流动的职业选择的发展中找到根源。②

（二）我国政府雇员制与公务员聘任管理的情况

在我国，自 2003 年吉林省政府首推政府雇员制以来，随后上海、广东、江苏、山东、湖北、湖南、安徽、深圳等先后宣布推行政府雇员制。政府雇员制将市场化、契约化的观念和做法引入了政府的人力资源管理，是政府用人机制上的创新和突破，对于淡化公共管理中的官本位色彩、促进公共管理的服务职能、建设服务型政府是一次有益的尝试。但从实践情况来看，政府雇员制作为一种新的用人制度基本上处于"试水"阶段，由于其"临时"性和"个别"性色彩，以及没有规范化的依据，因此在推行过程中逐步为聘任制公务员制度所取代。

根据《中华人民共和国公务员法》第十六章规定，公务员聘任制是指机关根据工作需要，依照法律的规定，经省级以上公务员主管部门的批准，对专业性比较强的职位和辅助性职位，以聘任合同的方式建立与公务员的任用关系。

2007 年，国家人事部决定，在广东深圳和上海浦东率先开展聘任制公务员试点，现深圳已实现公务员全员聘任，目前在聘的聘任制公务员已逾 5000 人。2008 年浙江、黑龙江等省试行公务员聘任制。近几年，江苏、河南、湖北、重庆等多省市陆续根据自身特点相继颁布相关地方性文件，在部分地区和单位进行公务员聘任制。

（三）深圳市公务员聘任制改革

1. 深圳市公务员聘任制管理改革的背景

深圳市是国内最早进行聘任制公务员改革的试点城市之一，其改革历程大概可以分为两个阶段。第　阶段是 2007 年至 2009 年，在原国家人事部确定深圳市为试点以后，深圳市按照《中华人民共和国公务员法》的规定，设置了一些专业技术类的高端岗位，在三年期间共招聘了两批聘任制公务员共 53 人。在这一时期深圳市针对聘任制公务员设立了特殊的管理制度、薪酬制度和养老制度。事实上，上海浦东区的改革，以及随后其他试点城市的改革与深圳市第一阶段改革模式非常相似。第二阶段从 2010 年开始至今，深圳市在总结第一阶段经验和问题基础上，借助国家授权其作为公务员分类管理改革探索试点城市的机会，把聘任制的实施范围扩大，规定所有新进入公务员均实行聘任制。

① 李和中. 比较公务员制度. 北京：中共中央党校出版社，2003：112.
② 田培炎. 公务员制度的理论与实践. 北京：中国社会科学出版社，1993：114.

2. 深圳市公务员聘任制管理改革的全员聘任特点

"全员聘任"是深圳市公务员聘任制管理改革最鲜明的特征，与其他城市"特岗聘任"共同构成了目前我国聘任制公务员试点改革的两大基本模式。简而言之，深圳市"全员聘任"模式有四大特色。一是所有新招聘公务员都实行聘任制管理，全部职位打通。二是聘任制与委任制公务员"同身份同管理"，即聘任制公务员除了合约管理和养老保险制度不同之外，在招考方式、岗位职责、工资福利、职务晋升、考核奖惩、职业发展等实行相同的管理制度，并同样拥有公务员身份。三是合约管理与职务常任相互衔接。《聘任合约管理办法》规定首次聘任的聘期一般为 3 年，续聘的聘期不超过 5 年，连续聘满 10 年的人员可以签订无固定期限聘任合同，同时规定对聘期内年度考核和聘期考核都称职以上的公务员，用人单位应予续聘。这些制度设计保障了勤勉尽职公务员的权益，使合同期限管理与"职务常任制"无缝对接。四是合同集约管理和赋权管理相互结合。深圳市设计了一份标准聘任合同，对合同订立、变更、解除、终止及续签环节的条文进行细化，减少合约管理的模糊性和随意性，从而保障用人单位和公务员双方的权益。同时，深圳市在工作职责和工作条件等方面赋予用人单位一定的自主权，增强合约管理的针对性和灵活性。

三、放松规制与弹性管理

（一）放松规制与弹性管理的背景

传统公共部门的人事管理模式是与科层制相适应的，其中的典型代表便是国家公务员制度。这种制度立足于政治中立和职务常任，有利于培养工作人员忠于职守的精神，有利于政府工作的稳定性和连续性，也有利于公务员公平执法。但是它也存在严重的弊端：一是刻板的规章制度和集权化的控制模式必然压抑人的自主和创造精神，影响人的积极性；二是由于晋升的内部循环和僵硬的科层制度使政府难以适应快速发展的社会需要；三是论资排辈的晋升办法使优秀人才难以脱颖而出；四是繁琐的人事规则容易导致政府的繁文缛节和低效率。这种人事管理方式适合于工业时代，但不适合信息时代的当今。[①]

20 世纪 80 年代开始，西方国家普遍推进一场被称为新公共管理运动的政府，其核心就是借鉴私营部门管理方法和市场化手段，有学者提出要建立"企业家政府"。在这场运动中，公共部门人力资源管理呈现出放松规制与弹性管理的趋势。

（二）放松规制与弹性管理的内容

传统人事管理的一个重要特点是人事权高度集中，这样用人单位缺乏必要的管理手段。在新公共管理改革中，一些国家如英国、新西兰等，下放了人事管理权力，包括编制数额、用人权、工资的决定权、奖金的发放、解雇权等下放给执行机构的负责人，从变革的趋势看主要体现为放松规制与弹性管理。

放松规制主要指人员管理由刚性管理变为更具弹性，在组织、人事、任期和条件上更具灵活性，进行人事变革、绩效工资以及聘任制改革。其主要表现在两个方面：一是简化人事规则，废除过时的、多余的和过细的程序性和形式化规则；二是指行政机构在经过授权或批准后，在人力资源管理中可以根据实际情况和需要，具有某些不受规则限制的部分"豁

---

① 王乐夫，蔡立辉. 公共管理学（精编版）. 北京：中国人民大学出版社，2012：136.

免权"。①

弹性管理主要指实行弹性化的任用制度,最典型的是合同聘用制的运用。政府进行战略规划,确定若干年内要完成的任务,然后把这些任务分解到各个部门,并据此从政府系统内部和外部招聘执行官,以固定期限合同的形式确定双方的权利和义务。②

与放松规制及弹性管理相配套,公共部门人力资源管理发生了一系列的变革:

第一,从定位看,公共管理是管理而非行政,公共管理人员也介入一些严格意义上的政治性事务,而不是政治中立或无党派立场的。

第二,直接对公众负责。公务员与公众之间存在着直接责任关系,他们为现实的结果承担责任。

第三,关注结果。组织关注的焦点是结果或产出,而不是投入,强化个体绩效和组织绩效。

第四,实行谈判工资制。在传统的政府雇佣关系中,政府以主权者的身份确定任用资格和雇佣条件,被任当事人没有讨价还价的权利。推行改革后,公务员不仅可以通过公务员工会与政府集体谈判工资报酬,在新公共管理运动中更是发展出了个人谈判工资制度,即在与政府雇员签署聘用合同之前,被雇者可以就自己的工资报酬与政府进行一对一的谈判。③

第五,推行绩效管理和绩效工资。在传统的政府雇佣关系下,没有科学和系统的绩效管理,使得报酬制度和晋升方式缺乏激励作用。工资多以职务等级工资的形式出现,只要达到某一个等级就可以拿到相应的报酬,是一种"铁饭碗"。而职务晋升主要依据的是一个人的资历。新公共管理运动倡导的以结果为导向,其中重要的一环就是要建立和完善绩效管理制度,实行绩效工资制度。④

第六,改革僵化的职务分类制度和职业发展路线。英国撒切尔夫人时期,为了打破公务员任用方面僵化的局面,实行了"快速升迁发展计划"(Fast Stream Development)和高级公务员系列。⑤

通过上述改革,在公共部门,传统人事管理模式逐步被现代人力资源管理模式取代;与此同时,公共部门与私营部门的界限也呈现出模糊化趋势。

本 章 小 结

公共部门人力资源管理除了具有人力资源管理的一般特点之外,还具有由公共部门自身性质所决定的管理内容;而从传统人事管理到现代人力资源管理的发展变化,不只是概念本身的发展变化,更重要的是管理理念与理论的发展变化。英美等国公务员制度是适应工业化大生产而建立起来的一种制度;我国公务员制度借鉴了历史与其他国家的经验,是

① 王乐夫,蔡立辉.公共管理学(精编版).北京:中国人民大学出版社,2012:136.
② 王乐夫,蔡立辉.公共管理学(精编版).北京:中国人民大学出版社,2012:136.
③ 王乐夫,蔡立辉.公共管理学(精编版).北京:中国人民大学出版社,2012:137.
④ 王乐夫,蔡立辉.公共管理学(精编版).北京:中国人民大学出版社,2012:137.
⑤ 王乐夫,蔡立辉.公共管理学(精编版).北京:中国人民大学出版社,2012:137.

有中国特色的公务员制度。公共部门人力资源管理目标与使命的实现必须依靠获取、支持、奖酬、开发与调控功能的环环相扣，其中关键的管理环节包括考试录用、交流、职位分类、薪酬管理、培训管理与绩效考核等。当代公共部门人力资源管理的变革趋势，主要体现为工作生活质量新策略、引入政府雇员制与公务员聘任管理，强调放松规制与弹性管理。

复习思考

1. 比较分析人事管理与人力资源管理的差异。
2. 公共部门人力资源管理的功能与特点是什么？
3. 列举职位分类的内容与程序。
4. 如何进行培训需求分析与培训效果评估？
5. 如何进行公务员绩效考核？
6. 分析公共人力资源管理变革的原因与主要内容。
7. 比较英、美与我国公务员制度的产生。

★**阅读材料**

[1] [美]唐纳德·E·克林纳，约翰·纳尔班迪，贾里德·洛伦斯. 公共部门人力资源管理：系统与战略. 6版. 北京：中国人民大学出版社，2013.

[2] 田培炎. 公务员制度的理论与实践. 北京：中国社会科学出版社，1993.

[3] 王亚南. 中国官僚政治研究，北京：中国社会科学出版社，1987.

★**主要参考文献**

[1] 滕玉成，于萍. 公共部门人力资源管理. 3版. 北京：中国人民大学出版社，2012.

[2] [美]唐纳德·E·克林纳，约翰·纳尔班迪，贾里德·洛伦斯. 公共部门人力资源管理：系统与战略. 6版. 北京：中国人民大学出版社，2013.

[3] 余凯成，等. 人力资源管理. 大连：大连理工大学出版社，2006.

[4] 王乐夫，蔡立辉. 公共管理学(精编版). 北京：中国人民大学出版社，2012.

[5] 陈振明，公共管理学：一种不同于传统行政学的研究途径. 北京：中国人民大学出版社，2003.

[6] 张成福，党秀云. 公共管理学. 修订版. 北京：中国人民大学出版社，2007.

[7] 张国庆. 公共行政学. 3版. 北京：北京大学出版社，2007.

[8] 黄健荣. 公共管理学. 北京：社会科学文献出版社，2008.

附录 A

2016 年广东省公务员录用考试《申论》试卷（县级以上）

（满分 100 分　时限 120 分钟）

一、注意事项

1. 申论考试是对应考者阅读能力、综合分析能力、提出和解决问题能力、文字表达能力的测试。

2. 参考时限：阅读资料 30 分钟，参考作答 90 分钟。

3. 仔细阅读给定资料，按照后面提出的"作答要求"作答。

二、给定资料

资料 1

创新，是引领发展的第一动力，在新一轮科技革命中，世界各国都在摩拳擦掌，都想以科技为核心创新发展，争取发展主动权。也许有人觉得创新应该是科研院所、"高精尖"行业与有关部门的事。殊不知，现代社会发展日新月异，竞争日趋激烈，"知足常乐"已经难以长久，"抱残守缺"更会惨遭淘汰。

就在日前，九段高手、世界冠军李世石以 1∶4 败给了机器人"阿尔法狗"。为此，有人忐忑不安：人类智慧是否真的要被机器碾压？其实，人工智能围棋软件与人类棋手的对弈，终归是人与人的对决，确切地说是在人类科技发展的基础上，某个人群研发的高科技在挑战某个人的智商。正如有评论所言，我们最该震惊的不是"阿尔法狗"的"神力"，而是其背后的研发团队、公司乃至国家的科研创新精神和战略前沿技术实力。

在新形势新机遇下，党和政府把创新摆在发展全局的核心位置，就是要以创新为支撑，趟过改革"深水区"；就是要以创新为驱动，提速发展"中国号"。因此，创新，已经成为我们每个人都要面对的新课题。创新，要从我做起，从现在做起。

资料 2

广佛地铁连通广州西朗至佛山魁奇路。作为全国首条城际地铁，广佛地铁每天运送数以万计的"广佛候鸟"。很多人也许不知道，广佛地铁的设备大部分出自国产，屏蔽门由东莞一家玻璃幕墙工厂制造，检票闸机源自佛山的五金机械厂，综合控制的"大脑"系统则出自广州天河软件园。

在背后主导一系列技术创新的，则是广州的佳都集团。这家国家火炬计划重点高新技术企业从传统电子分销转而经营"互联网＋智能轨道交通"等业务，乘国家发展轨道交通的东风；依托持续的科研投入，掌握了智能轨道交通屏蔽门、自动票检、综合控制和视频监控四大核心技术。

在完成科技转型的同时，该企业以"供应链管理模式"带动下游产业升级，在轨道交通智能化业务与智能安防业务上就有 200 多家供应商为其配套，原来传统的五金厂、玻璃厂、塑胶厂、机械厂成为高端装备、ICT 增值服务提供商。仅广州地铁上该企业供应的检票闸机设备就占了"半壁江山"。据不完全统计，该企业每 10 亿元的智能化系统产值可带动周边传统产业 50 亿元。

资料 3

2015 年 1~10 月，我国乘用车累计销售 1648.47 万辆，同比增长 3.89%，中国车市以"低增长"的方式缓慢前行，人才匮乏成为制约汽车行业快速发展的最大瓶颈。据汽车行业一位专家介绍，目前中国汽车行业研发、生产技术人才缺口 40 万，汽车销售和售后人才缺口 70 万，累计缺口达 100 多万。他说："整体而言，目前汽车行业人才参差不齐，缺乏高精尖人才，影响中国由汽车大国走向汽车强国的步伐。"

对于我国机器人产业而言，最大的难题则在于技术。近两年，中国本土机器人厂商猛增至近千家，但主要扎堆中低端机器人的制造。减速器，特别是被机器人产业内称之为机器人"御用"的 RV 减速器在我国起步太晚，基本空白。

RV 减速器设计需要专用软件，仅通过测绘无法得到精确齿形数据。零件加工精度要求极高，加工困难。由于无法简单"山寨"，RV 减速器的自主研发道路极其艰难。到目前为止，中国人申请的 RV 减速器专利仅 26 件，有效专利只有 13 件，发明专利只有 2 件，且都不属于核心技术。国外申请人在华申请了专利 47 件，其中有效的 26 件全部是发明专利。

近年来，随着创新战略的加快推进，我国研发支出呈现迅速增长趋势。研发经费占GDP 的比重逐年增长，2013 年首次突破了 2.08%。2014 年，研发经费占 GDP 的比重提升至 2.09%。数据表明，我国正在向创新型国家转变。

尽管如此，相比发达国家，我国仍有不小差距。据统计，美国 2012 年的研发投入为4535 亿美元，中国 2014 年相关投入约为 1.3 万亿人民币，不足美国 2012 年的一半。

作为科研经费投入的当然主体，目前我国超过 70% 的研发经费来自企业，但与国际同行相比，我国企业的研发投入强度还有差距，如华为的投入强度为 8.9%，而微软近14.6%；东风汽车为 2.1%，而日本丰田为 3.6%，德国大众为 5.2%。

此外，我国用于基础研究的经费长期偏少，2013 年用于基础研究的经费仅占研发经费总额的 4.7%，远低于发达国家 15%~25% 的比例。我国企业对基础研究经费的贡献很少，仅占全部基础研究经费的 1.55%，远远不及美国的 21.33%。

技术研发固然困难，不让他人觊觎自身成果也不容易。按相关规定，申请专利必须公开专利说明书。而专利说明书一经公布，专利发明的思路及技术特征就已公开。专利批准又需要长时间等待。这样一来，专利尚未得到授权保护，就可能已被侵权。盗窃专利技术的速度往往要比申请专利保护的速度快得多。因此，创新者很容易陷入这样的窘境——不申请专利，知识产权得不到保护；申请专利，知识产权也难得到保护。

更重要的是，相对于窃取专利所获得的巨额利润，侵权者所付出的违法成本明显过低。这使得许多企业不愿投入资金自主研发，而是想方设法窃取他人的专利，甚至以此为"优势"对专利拥有者展开"成本价格战"。这不仅扰乱了市场秩序，也很容易把发明者及其企业置于死地。

"好酒也怕巷子深"，企业产品没有品牌、打不出品牌，想拥有市场自然难上加难。以医疗器械领域为例，我国该领域约 80% 的 CT、90% 的超声波仪器、90% 的磁共振设备、90%的心电图机、95% 的心脏起搏器等市场被跨国公司垄断。造成这一局面的原因，一方面是国产医疗器械在核心技术上还存在不足，另一方面则不妨归结为国人的"歧视"。对此，某CT 制造企业首席执行官就曾明言，在合资期间，同一条 CT 生产线上，既贴牌生产"飞利浦"产品，也生产自主品牌的产品，一模一样的质量，贴上洋标签，市场价格就要高出许多。要想攻占国外品牌据守多年的市场，并不容易。

《中国制造2025》指出，制造业是国民经济的主体，是立国之本、兴国之器、强国之基。打造具有国际竞争力的制造业，是我国提升综合国力、保障国家安全、建设世界强国的必由之路。经过几十年的快速发展，我国制造业规模跃居世界第一位，建立起门类齐全、独立完整的制造体系，成为支撑我国经济社会发展的重要基石和促进世界经济发展的重要力量。但我国仍处于工业化进程中，与先进国家相比还有较大差距。推进制造强国建设，必须着力解决上述所反映的我国制造业存在的普遍问题。

资料4～资料12　（略）

三、作答要求

（一）请概括资料3所反映的我国制造业创新发展面临的主要问题。（20分）

要求：概括全面、准确，条理清晰。篇幅不超过200字。

（二）请根据资料4，分析说明"众创空间"对于推动"大众创业　万众创新"的积极作用。（30分）

要求：分析全面、透彻，条理清晰，表达准确。篇幅不超过300字。

（三）请根据全部给定资料（仅限给定资料），以"提高创新能力，促进创新发展"为题，写一篇策论文。（50分）

要求：

1. 对策合理，有针对性。

2. 条理清晰，论证严密，合乎逻辑。

3. 结构完整，表达准确，行文流畅。

4. 篇幅在800～1000字。

附录B

2016年国家录用公务员考试《行政职业能力测验》

（地市级）

第一部分　常识判断

根据题目要求，在四个选项中选出一个最恰当的答案。

1. "四个全面"是新一届党的领导集体治国理政的战略布局。下列与"四个全面"有关的说法正确的是（　　　）

A. 党的十八大通过了《中共中央关于全面深化改革若干重大问题的决定》

B. 十八届三中全会通过了《中共中央关于全面推进依法治国若干重大问题的决定》

C. 十八届四中全会提出了"全面建成小康社会"的战略目标

D. 习近平总书记在江苏调研时将"从严治党"首次提升到"全面从严"的高度

2. "行政机关不得法外设定权力，没有法律法规依据不得做出减损公民、法人和其他组织合法权益或者增加其义务的决定"，这体现了法治政府建设中哪项要求？（　　　）

A. 职能科学　　　　B. 守法诚信　　　　C. 执法严明　　　　D. 权责法定

3. 关于我国农业国情，下列说法错误的是(　　)

A. 五大牧区的简称为新、藏、青、蒙和陇

B. 南北方最主要的糖料作物分别是甘蔗和甜菜

C. "湖广熟，天下足"，江汉平原是最大的商品粮产区

D. 红壤是一种黏性酸壤，主要分布于长江以南的低山丘陵区

(4～20 题略)

第二部分　言语理解与表达

本部分包括表达与理解两方面的内容。请根据题目要求，在四个选项中选出一个最恰当的答案。

21. 执行力的强弱已经成为影响企业成败的关键因素。世界级优秀企业总是能够让那些令人振奋的战略规划_____地得到落实，达到甚至超出预期的目标。

填入画横线部分最恰当的一项是(　　)

A. 一丝不苟　　　　B. 不遗余力　　　　C. 分毫不差　　　　D. 滴水不漏

22. 世界上没有完美无缺的医疗体系，无论是免费医疗还是市场化的医疗体系，都各有弊端。但从生存权和人的尊严的角度看，对个人免费或少量收费的医疗实乃_____。

填入画横线部分最恰当的一项是(　　)

A. 大势所趋　　　　B. 当务之急　　　　C. 未雨绸缪　　　　D. 万全之策

23. 实际上雾霾形成的原因是多方面的，识别污染源是有效治理大气污染至关重要的环节。对京津冀区域而言，认清区域内污染源的共性及差别，有助于区域内地区_____地对污染源进行综合治理。

填入画横线部分最恰当的一项是(　　)

A. 因地制宜　　　　B. 正本清源　　　　C. 齐心协力　　　　D. 有的放矢

24. 作为一种现代产权制度，知识产权制度的本质是通过保护产权形成_____，"给天才之火添加利益之油"，使全社会创新活力_____，创新成果涌流。

依次填入画横线部分最恰当的一项是(　　)

A. 吸引　释放　　　B. 刺激　膨胀　　　C. 激励　迸发　　　D. 促进　凸显

25. 在某种程度上，各地博物馆收藏化石，是对我国化石资源最大程度的保护，但_____的是，这种方式的收藏也不能被_____，因为这就像吃鱼翅的人越多，遭到杀戮的鲨鱼就越多一样。

依次填入画横线部分最恰当的一项是(　　)

A. 遗憾　复制　　　B. 矛盾　鼓励　　　C. 不幸　推广　　　D. 尴尬　宣传

(26～60 题略)

第三部分　数　量　关　系

在这部分试题中，每道题呈现一段表述数字关系的文字，要求你迅速、准确地计算出答案。

61. 某电器工作功耗为 370 瓦，待机状态下功耗为 37 瓦。该电器周一从 9:30 到 17:00

处于工作状态，其余时间断电；周二从 9:00 到 24:00 处于待机状态，其余时间断电。问其周一的耗电量是周二的多少倍？（　　）

 A. 10   B. 6   C. 8   D. 5

62. 某单位组建兴趣小组，每人选择一项参加。羽毛球组人数是乒乓球组人数的 2 倍，足球组人数是篮球组人数的 3 倍，乒乓球组人数的 4 倍与其他三个组人数的和相等。则羽毛球组人数等于（　　）

 A. 足球组人数与篮球组人数之和

 B. 乒乓球组人数与足球组人数之和

 C. 足球组人数的 1.5 倍

 D. 篮球组人数的 3 倍

63. 某政府机关内甲、乙两部门通过门户网站定期向社会发布消息，甲部门每隔 2 天、乙部门每隔 3 天有一个发布日，节假日无休。甲、乙两部门在一个自然月内最多有几天同时为发布日？（　　）

 A. 5   B. 2   C. 6   D. 3

64. 某新建小区计划在小区主干道两侧种植银杏树和梧桐树绿化环境。一侧每隔 3 棵银杏树种 1 棵梧桐树，另一侧每隔 4 棵梧桐树种 1 棵银杏树，最终两侧各栽种 35 棵树。问最多栽种了多少棵银杏树？（　　）

 A. 33   B. 34   C. 36   D. 37

（65～70题略）

第四部分　判断推理

本部分包括图形推理、定义判断、类比推理和逻辑判断四种题型。
一、图形推理。请按每道题的答题要求作答。

71. 从所给四个选项中，选择最合适的一个填入问号处，使之呈现一定规律性（　　）

72. 从所给四个选项中，选择最合适的一个填入问号处，使之呈现一定规律性（　　）

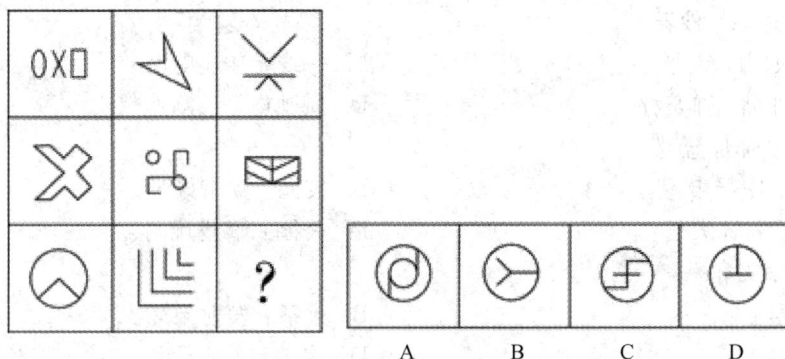

73. ①、②、③、④为四个多面体零件，问 A、B、C、D 四个多面体零件中的哪一个与
①、②、③、④中的任一个都不能组合成长方体？（　　　）

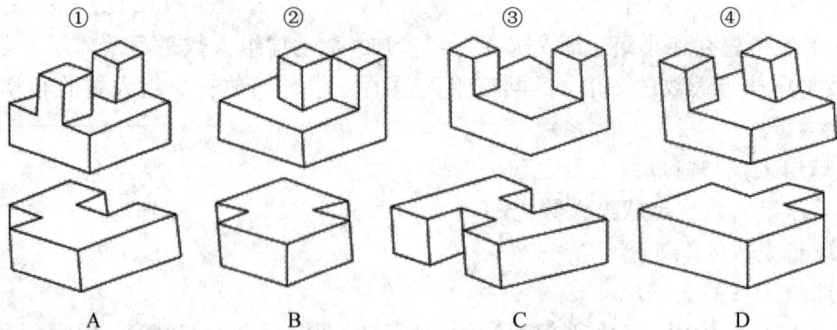

（74～80 题略）

二、定义判断。 每道题先给出定义，然后列出四种情况，要求你严格依据定义，从中选出一个最符合或最不符合该定义的答案。注意：假设这个定义是正确的，不容置疑的。

81. 土壤是岩石在风化作用下破碎，物理化学性质改变后形成结构疏松的风化壳，风化壳在气候与生物的作用下，经历很长时间形成的地表物质。与土壤自然形成过程无关的外来物质被称为土壤侵入体。

根据上述定义，下列属于土壤侵入体的是（　　　）

A. 戈壁滩中大量的沙砾　　　　　　　B. 河床上存在的大量鹅卵石

C. 考古发掘中挖出的砖瓦　　　　　　D. 岩缝中生长的野草

82. 合成字是合体字中一个比较特殊的门类。它原本是汉语中一个常用的词语、词组，但由于这些词语、词组在方言中使用的频率很高，就把这些词语在讲究字形美观的前提下原封不动地组合成了一个独有的汉字。

根据上述定义，下列汉字根据其意思不属于合成字的是（　　　）

A. 氽，读作 nì，古同"溺"，沉没，沉溺

B. 嘦，读作 jiào，方言，"只要"的意思

C. 嫑，读作 fiào，表示否定，相当于"不要"

D. 尠，读作 xiǎn，意思是稀有的、罕见的

（83～90 题略）

三、类比推理。 每道题先给出一组相关的词，要求你在备选答案中找出一组与之在逻辑关系上最为贴近、相似或匹配的词。

91. 白驹过隙：秒表

A. 恩重如山：天平　　　　　　　　　B. 一线希望：皮尺

C. 一言九鼎：弹簧秤　　　　　　　　D. 风驰电掣：测速仪

92. 森林：郁郁葱葱

A. 法庭：庄严肃穆　　　　　　　　　B. 校园：勤奋好学

C. 餐桌：饕餮大餐　　　　　　　　　D. 公园：嬉戏玩闹

93. 佩刀：刀鞘

A. 墨：墨盒　　　　　　　　　　　　B. 火箭：发射架

C. 毛笔：笔帽　　　　　　　　　　　D. 旅游鞋：旅行包

（94～100 题略）

四、逻辑判断。每道题给出一段陈述，这段陈述被假设是正确的，不容置疑的。要求你根据这段陈述，选择一个答案。注意：正确的答案应与所给的陈述相符合，不需要任何附加说明即可以从陈述中直接推出。

101. 人类与疟疾已经进行了几个世纪的斗争，但一直是"治标不治本"——无法阻断疟疾传染源。日前研究者培育出一种经过基因改造的蚊子，它具备了不再感染疟疾的能力，并且能妨碍野生蚊子繁衍，从而有效切断人与蚊子的疟疾传播途径，假以时日，就能根绝疟疾这个顽症。

以下哪项如果为真，最能支持上述结论？（　　）

A. 转基因蚊子的体质比野生蚊子差，一旦被放到野外很容易死亡

B. 转基因蚊子只在疟疾存在时才有生存优势，当生存环境中没有疟疾时，它们和野生蚊子的存活率是相同的

C. 转基因蚊子的生殖能力在繁衍了 9 代后显著增加，可能带来野生蚊子种群的灭亡

D. 转基因蚊子与野生蚊子交配产下的后代并不都具有抗疟疾基因，但在基因层面上都会产生突变，形成新型蚊子

102. 研究人员在观察开普勒太空望远镜发现的数千颗太阳系外行星后，发现银河系内拥有大量的行星，几乎每一个恒星周围都存在行星。许多恒星系统内存在两至六颗行星，其中约三分之一的行星处于宜居带上，行星表面的温度适合液态水存在，这可能意味着银河系内几乎处处有宜居的星球。

以下哪项如果为真，最能支持上述结论？（　　）

A. 只要存在水资源，就有生命存在的可能性，但不一定能完成进化

B. 许多宜居带行星与恒星之间的距离小于地球和太阳的间距，恒星释放的耀斑可能扼杀生命

C. "恒星系统内存在两至六颗行星"这一结论是根据 200 多年前的提丢斯-波得定则推算而出，非实测结果

D. 银河系内 2000～4000 亿颗恒星中 80％是红矮星，超过一半的红矮星周围环绕的行星与地球类似，并存在水和大气层

103. 近来，国外一些学者和媒体对西方民主体制较为集中地进行了反思和批评，指出西方民主正在衰败。对此，有学者认为，西方民主衰败的原因之一是其存在基因缺陷。西方民主是建立在一个假设前提的基础上的，即权利是绝对的。也就是说，权利与义务是相对的，但在西方民主模式中，权利绝对化已成为主流，各种权利绝对化，个人主义至上，社会责任缺乏。

以下哪项如果为真，最能支持学者的观点？（　　）

A. 西方民主制对权利绝对化的偏好，导致对他人权利与生存环境的忽视

B. 权利是有限度的，超越了权利的限度，就可能走向权利滥用

C. 美国两党常常把自己的权利放在国家利益之上，互相否决，危害国家和公民的利益

D. "程序万能"理论导致了西方民主制度的游戏化，民主被简化为竞选程序

（104～110 题略）

第五部分　资料分析

本部分所给出的图、表、文字或综合性资料均有若干个问题要你回答，你应根据资料提供的信息进行分析、比较、计算和判断处理。

（111～115 题略）

二、根据以下资料，回答 116～120 题。

截至 2014 年 12 月底，全国实有各类市场主体 6932.22 万户，比上年增长 14.35％，增速较上年同期增加 4.02 个百分点；注册资本（金）129.23 万亿元，比上年末增长 27.70％。其中，企业 1819.28 万户，个体工商户 4984.06 万户，农民专业合作社 128.88 万户。

2014 年，全国新登记注册市场主体 1292.5 万户，比上年同期增加 160.97 万户；注册资本（金）20.66 万亿元，比上年同期增加 9.66 万亿元。其中，企业 365.1 万户，个体工商户 896.45 万户，农民专业合作社 30.95 万户。

2014 年，新登记注册现代服务业企业 114.10 万户，同比增长 61.41％。其中，信息传播、软件和信息技术服务业 14.67 万户，同比增长 97.87％；科学研究和技术服务业 26.26 万户，同比增长 70.32％；文化、体育和娱乐业 6.59 万户，同比增长 83.51％；教育业 0.68 万户，同比增长 86.17％。

2014 年，新登记注册外商投资企业 3.84 万户，同比增长 5.76％。投资总额 2763.31 亿美元，同比增长 15.0％；注册资本 1796.39 亿美元，同比增长 23.87％。

116. 截至 2012 年 12 月底，全国实有各类市场主体户数最接近以下哪个数字？（　　）

A. 6100 万　　　　B. 5500 万　　　　C. 5100 万　　　　D. 4500 万

117. 2014 年，全国新登记注册市场主体中个体工商户所占比重约为（　　）

A. 75％　　　　B. 69％　　　　C. 85％　　　　D. 81％

118. 2014 年，以下哪个现代服务业新登记注册企业的户数同比增速最快（　　）

A. 科学研究和技术服务业　　　　　　B. 教育业

C. 文化、体育和娱乐业　　　　　　　D. 信息传播、软件和信息技术服务业

119. 2014 年，新登记注册外商投资企业户均注册资本约比上年同期增长（　　）

A. 17％　　　　B. 12％　　　　C. 8％　　　　D. 4％

120. 能够从上述资料中推出的是（　　）

A. 2014 年新登记注册现代服务业企业大部分属于教育行业

B. 2014 年末超过三分之一的农民专业合作社成立不满一年

C. 2013 年全国实有各类市场主体注册资本（金）不足 100 万亿元

D. 2013 年新登记注册科学研究和技术服务业企业不到 20 万户

（121～130 题略）

第八章　公共信息资源管理与电子政府

【学习目标】

通过本章学习，学生能够了解公共信息资源管理、电子政府、智慧政府等概念的基本含义，理解大数据、云计算、物联网及电子治理等新兴技术如何应用于公共管理领域，并能够辩证地看待新一代移动互联技术给政府管理和公众生活带来的影响。同时，通过深入了解电子政府的演进逻辑，学生能够深刻地理解信息技术创新与政府管理体制变革之间的关系。

【引导案例】

年轻的深圳很"智慧"①

2012年6月18日，深圳微博发布厅及其首批29个成员单位的政务微博在腾讯微博上线，随后在人民网、新华网、新浪网都开通了账号。截至2016年11月，深圳微博发布厅的成员单位已超过80家，基本实现各区及与民生密切相关的政府部门全覆盖。2016年，深圳微博发布厅共发布信息2.4万余条，发布突发事件信息超过100次，辟谣30次以上；"深圳发布"微信公众号发布信息2300余条。

目前，深圳微博发布厅的新浪微博平台粉丝数已突破200万，围绕深圳市公共政策、公共服务、重大活动、突发事件、民生热点等，日均发布信息数十条，月度平均阅读量超过3000万次、年度平均阅读量超过4亿次。

深圳各区、各部门也纷纷开设了政务微博，及时回应网民关心的问题，收获了大量的粉丝。据粗略统计，深圳市政务微博群的整体月度发布量超过1万条、阅读量超过8000万次、互动评论超过20万人次，逐步成为一个规模化、专业化，为市民提供全方位服务的政务资讯发布系统。目前，深圳已有超过120家政务微信开通运营，其中，"深圳出入境"服务号有超过60万人关注，"深圳交警"超过30万人，"深圳教育""宝安教育"都超过15万人……

2016年8月，深圳建立了自媒体联盟，组织招募80多家传播力和影响力较大的政务、机构和个人自媒体，加强对移动新媒体、自媒体的团结和引导。深圳市网络媒体协会还组建了由首批200名队员组成的"网络义工队"，有效实施网络监督，促进网络空间自律自净，营造良好的网络舆论氛围。

2016年12月27日，中国电子科技集团在深圳打造的城市运营管理中心实现试运行，这是全国首个新型智慧城市运营管理平台。从项目来看，一个个"互不相连"的信息孤岛有望打通；从城市的基础建设来衡量，深圳互联网普及率达86.2%，光纤入户率达80%；从全国视角来观察，深圳在中国优秀智慧城市评选活动中，以总分第一领跑全国。

---

① 资料来源：腾讯网 http://gd.qq.com/a/20170425/012266.htm，有删减。

根据深圳市信息化发展"十三五"规划，到 2020 年，深圳将建成国际一流的信息基础设施，成为"一带一路"的重要信息通信节点和重要的国际信息港，建成国家新型智慧城市标杆市，信息化整体水平迈入国际先进行列。深圳固定宽带家庭普及率和重要公益性公共场所免费无线宽带覆盖率均要达到 99%。

基于信息化，深圳将推进智慧化医疗、教育、社保和社区服务基本覆盖全体市民，让市民能获取更加便捷、高效的公共服务。规划提出，深圳将实施"市民卡"工程，建立集政务服务、公共服务、商业服务和个人电子身份识别等多功能于一体的城市一卡通服务体系，让市民凭卡能畅享城市服务。另外，深圳还计划建设深圳文体旅游信息惠民服务平台和医保健身消费服务平台，加快图书馆、美术馆等文化场馆和羽毛球馆、乒乓球馆等体育场馆，以及旅游景点景区等文体旅游资源数字化、网络化和可视化。

案例思考题：

1. 深圳政府各职能部门为什么积极开通政务微博和微信？
2. 电子政务的兴起，给公共管理模式带来哪些改变？
3. 什么是智慧城市？深圳在建设智慧城市过程中面临哪些挑战？

第一节　公共信息资源管理的内涵及重要性

一、公共信息资源管理的内涵

（一）信息资源的概念界定

"信息资源"这个术语最早由罗尔科（J. O. Rourke）在《加拿大的信息资源》（Information Resources in Canada）一文中提出。①关于信息资源的含义，至今国内外还没有形成统一的概念。其中具有代表性的含义有：美国里克斯（Betty R. Ricks）和高（Kay F. Gow）在《信息资源管理》一书中认为，信息资源包括所有与信息的创造、采集、存储、检索、分配、利用、维护和控制有关的系统、程序、人力资源、组织结构、设备、用品和设置。

随着信息化的不断发展，霍顿（F. W. Horton）对信息资源这一概念的理解也发生了变化。他一开始提出：信息资源包括各种信息的生产者、供应者、处理者、传播者，各种形式的信息，文献化与非文献化的原始数据，经过评价的信息，图书馆的库藏，信息中心的库藏，信息系统和数据库中的数据、记录，报刊、录音带和电影以及其他存储和处理媒介中的信息。在 1979 年他提出的含义是：信息资源包括所有的信息源、服务、产品和各种信息系统。之后他在 1985 年提出了更为具体的含义：从政府文书管理的角度看，单数的信息资源（Resource）是指包含在文件和公文中的内容本身；而复数的信息资源（Resources）则是指支持工具，包括信息设备、人员、环境、资金等。

列维坦（K. B. Levitan）1982 年提出了著名的信息生产生命周期说。他认为，无论从字面上讲还是从具体角度来看，信息资源就是已经建立的、因而能够再使用的信息源。德国的斯特洛特曼（K. A. Stroetmann）认为，信息资源包括信息内容、信息系统和信息基础结构三部分。

---

① 陈畴镛. 信息资源管理. 杭州：浙江大学出版社，2004：14.

中国学者孟广均等人从广义和狭义两个角度提出了信息资源的含义。[1]狭义的信息资源，指的是信息本身或信息内容，即经过加工处理，对决策有用的数据。广义的信息资源，指的是信息活动中各种要素的总称。"要素"包括信息、信息技术以及相应的设备、资金和人等。

归纳起来，信息资源由信息生产者、信息、信息技术三大要素组成。

第一，信息生产者是指为了某种目的而生产信息的劳动者，包括原始信息生产者、信息加工者或信息再生产者。

第二，信息既是信息生产的原料，也是产品。它是信息生产者的劳动成果，对社会各种活动直接产生效用，是信息资源的目标要素。

第三，信息技术是能够延长或扩展人的信息能力的各种技术的总称，是对声音、图像、文字等数据和各种传感信号的信息进行收集、加工、存储、传递和利用的技术。信息技术作为生产工具，对信息收集、加工、存储和传递提供支持与保障。[2]

随着社会的不断发展，信息资源对国家和民族的发展，对人们的工作、生活至关重要，成为国民经济和社会发展的重要战略资源。它的开发和利用是整个信息化体系的核心内容。

(二) 公共信息资源的概念界定

目前国外对公共信息资源还缺乏统一的界定，对于公共信息(Public Information)也尚无公认的定义，人们从不同的角度进行了一些相关论述，具体包括：美国图书馆与信息科学全国委员会 1990 年制定了一部行业法规《公共信息准则》，把联邦政府生产、编辑和维护的信息称为"公共信息"，认为公共信息是属于公众的信息，为公众所信赖的政府所拥有，并在法律允许的范围为公众所享用。[3]美国《公共信息资源改革法案 2001》中认为，公共信息资源等同于政府信息资源，是指那些主要为公共利用所生产或主要为内部使用但并不排除公共利用的信息资源。

在国内，学者周伟认为：公共信息指行政主体(包括行政机关，法律法规授权委托的组织，来源于纳税人税款的政府拨款的社会团体、组织等公务法人，社会组织)在行使公共权力过程或在组织职责范围内获得的信息，不包括立法机关制定的法律、法院判决与行政机关制定的行政法规、规章。[4]夏义堃博士指出，公共信息的反映对象是社会公共事务，与每一位社会成员都有着直接或间接的联系，它涉及面广，既包括政府部门发布的信息，也包括社会公益性组织等第三部门提供的信息，企业有时也提供一些公共信息或准公共信息。[5]

国内也有学者认为："公共信息资源一般是指政府为了维护公共利益和社会公平而向公众提供的信息资源。"[6]"公共信息资源管理是政府信息资源管理的新发展。"[7]其实公共信息资源和政府信息资源是两个不同的概念，公共信息资源的外延要比政府信息资源的外

---

① 孟广均. 信息资源管理理论. 北京：科学出版社，2003：29.

② 李兴国. 信息管理学 北京：高等教育出版社，2007：9-11

③ 赖茂生，等. 信息资源开发利用基本理论研究. 情报理论与实践，2004，27(3)：229-235.

④ 周伟. 当代中国公共信息公开制度及其法制化研究. 政治学研究，2003(3)：71-76.

⑤ 夏义堃. 公共信息服务的社会选择：政府与第三部门公共信息服务的相互关系分析. 中国图书馆学报，2004(3)：18-23.

⑥ 蒋永福. 论公共信息资源管理：概念、配置效率及政府规制. 图书情报知识，2006(3)：11-15.

⑦ 夏义堃. 政府信息资源管理与公共信息资源管理比较分析. 情报科学，2006(4)：531-536.

延广，即公共信息资源包含政府信息资源。

综上所述，本书认为公共信息资源管理是指以政府为主体的一切负有公共事务管理职能的组织（包括行政机关，法律法规授权、委托的组织，来源于纳税人税款的政府财政拨款的社会团体、组织等公务事业法人和社会组织）在公共管理活动所涉及的、对公共管理活动产生影响作用的信息资源的集合。从这一定义中可以看出，公共信息资源属于公共物品（Public Goods）的范畴。

（三）公共信息资源管理的概念界定

1. 信息资源管理

信息资源管理是 20 世纪 70 年代末 80 年代初在美国首先发展起来，然后渐次在全球传播开来的一种应用理论，是现代信息技术特别是以计算机和现代通信技术为核心的信息技术的应用所催生的一种新型信息管理理论。1979 年，美国学者迪博尔德（J. Diebold）发表论文《信息资源管理：新的挑战》（Information Resource Management：The New Challenge），首先提出了信息资源管理的概念。之后经过 30 多年的发展，其理论和实践研究已影响和扩展到世界许多国家和地区。目前学术界对"信息资源管理"的概念界定主要有以下几种类别[①]：

第一，管理哲学说。管理哲学说认为信息资源管理是一种哲学或思想。1988 年，美国信息管理学家马钱德（O. A. Marchand）和克雷斯林（J. C Kresslein）认为，信息资源管理是一种对改进机构的生产率和效率有独特认识的管理哲学。

第二，系统方法说。系统方法说将信息资源管理看成是一种方法或者技术。1984 年美国信息资源管理学家里克斯（B. R. Ricks）和高（K. F. Gow）认为，信息资源管理是为了有效地利用信息资源这一重要的组织资源而实施的系统方法，包括对资源的规划、组织、用人、指挥和控制。

第三，管理过程说。管理过程说认为信息资源管理是一种管理过程。1982 年，怀特（M. S. White）从信息资源管理的过程提出了管理过程说，认为信息资源管理是有效地确定、获取、综合和利用各种信息资源，以满足当前和未来的信息需求的过程。

第四，管理活动说。管理活动说认为信息资源管理是一种管理活动。比思（C. M Beath）认为，信息资源管理是把合理的信息、在合适的时间提供给决策或协调工作的活动，认为信息资源管理可被视为一种生命周期或价值链活动，包括信息的识别和存取，信息的质量、时效性和相关性的保证，未来信息的存储以及信息的处理。

我国学者认为，信息资源管理是人类管理活动的组成部分，是为了确保信息资源的有效利用，以现代信息技术为手段，对信息资源实施计划、预算、组织、指挥、控制、协调的各种管理活动的总称。

综上所述，信息资源管理的含义可概括为：信息资源管理是一种系统的管理思想和方法，是一种基于信息技术的、为满足信息需求而实施的集约化管理活动，包括对信息活动要素（信息、人员、技术设备、资金等）的规划、组织、控制和协调，以实现资源的最佳配置和提高信息资源的开发利用水平。

---

① 李绪蓉，徐焕良. 政府信息资源开发与管理. 北京：北京大学出版社，2006：14.

2. 公共信息资源管理

基于上述理解，有学者把公共信息资源管理界定为"以政府为核心的公共主体为了有效利用公共信息资源，以信息技术为手段，对公共信息资源实施计划、预算、组织、指挥、控制、协调的一种管理活动"。[①]也有学者从信息终极价值实现的角度出发，认为现代意义的公共信息资源管理是以政府为核心的多元社会行为主体及其网络化组织结构，为了最大限度地促进信息资源的全社会共享和信息资源效用价值的实现，维护社会公共利益，综合运用各种政治的、经济的、文化的、技术的管理方法和手段，在公共参与下实现的对公共信息资源的多元管理。[②]

综上所述，笔者认为公共信息资源管理是一种集成性和综合性的管理活动，是公共部门为了实现特定的目标，以现代信息技术为手段，对公共信息进行采集、加工、存储、交换共享、开发利用和服务，对信息活动各要素进行规划、预算、组织、协调、指导、培训和控制，以实现公共信息资源的合理配置，有效地满足公共部门自身和社会信息需求的活动过程。

二、公共信息资源管理的重要性及发展历程

（一）公共信息资源管理的重要性

20世纪70年代开始，西方企业界和政府提出了"信息资源管理"的概念，将信息资源视为新的生产要素和主要的公共行政资源，把信息资源管理视为企业增强竞争力和政府治理变革的主要手段之一。[③]

公共信息资源不仅可以扩大公共信息资源流通途径和提高传播效率，实现信息资源的合理配置，改善公众对公共信息的获取环境，发挥信息资源的价值，而且在政府和社会中还有更重要的战略价值。

第一，公共信息资源管理可以推动国家信息化建设。信息化社会的存在和发展的基本标志是人类绝大多数成员共同平等地享用信息技术的应用和服务。"十六大"提出我国要走出一条"以信息化带动工业化，以工业化促进信息化"的发展道路，信息化和信息产业的发展被推到了新的历史高度，实现信息化成为现代化和工业化的必然选择。而社会信息化的水平取决于社会公众对公共信息需求的满足程度，这就要求我们必须加强公共信息资源的开发利用，满足社会公众对公共信息的需求。而以公共信息资源开发利用为核心的公共信息资源管理正迎合了这种要求，强有力地推动了国家信息化建设的步伐。

第二，公共信息资源管理可以强化政府信息资源的共享。在我国，政府是最大的信息拥有者，掌握着80%的信息资源，其中公共信息资源还占了绝大部分。通过公共信息资源管理，可以实现政府的信息公开和政务公开，使社会公众可以多途径地获得更多的政府信息资源。这样，一方面可以解决政府信息资源开发利用不足的问题，提高公众对信息资源的利用效率；另一方面，可以扩大公民的知情权，制约政府官员的信息垄断行为，遏制腐败。此外，政府信息资源的公共获取，加强了政府的信息服务功能，促使政府向服务型政府转变。

---

① 黄健荣，等. 公共管理新论. 北京：社会科学文献出版社，2005：441.
② 夏义堃. 政府信息资源管理与公共信息资源管理比较分析. 情报科学，2006（04）：531-536.
③ 赖茂生，等. 信息资源开发利用基本理论研究. 情报理论与实践，2004，27(3)：229-235.

第三，公共信息资源管理可以缩小信息鸿沟。众所周知，21 世纪是知识信息时代，缩小信息和知识的差距是重要的国家战略。通过公共信息资源管理，推进公共信息资源开发利用，扩大公众交流信息和获取信息的渠道，提高社会公众获取公共信息的能力，保证所有公众能免费或以低廉的价格享用公共信息资源，从而缩小社会成员之间的信息鸿沟，增强国家的信息实力。

（二）公共信息资源管理的发展历程

1. 萌芽阶段

从 20 世纪 40 年代中期至 70 年代中期，是政务信息资源管理的萌芽阶段。政府文件数量剧增的现实压力迫使美国等西方发达国家开始关注文件的管理和利用问题。政府文件管理的起步和发展揭开了政务信息资源管理的序幕。在政务信息资源管理的萌芽阶段，政府文件管理是政务信息资源管理的核心对象。

2. 形成阶段

从 20 世纪 70 年代中期至 80 年代末期，是政务信息资源管理的形成阶段。在这个阶段，政务信息管理从狭隘的政府文件管理中独立出来，演变成为一种管理对象有明确概念、管理地位有法律保障、管理主体有明确机构和职能界定、管理内容有理论指导的专门管理活动。1980 年，美国国会通过《文书精简法案》（Paper Work Reduction Act），首次明确提出了"信息资源管理"概念和实施的具体框架。1985 年，美国联邦政府管理与预算局发布了 A－130 号通告，即《联邦政府信息资源管理通报》，首次从政府的角度对信息资源管理的概念进行了界定，标志着现代政务信息资源管理思想已经形成。

政务信息资源管理形成的四个标志：一是提出了"信息资源管理"的概念；二是确立了政务信息资源管理的法律地位；三是设立了政务信息资源管理的专门机构，并配置了专门职能；四是形成了政务信息资源管理的理论，大量出版了有关政务信息资源管理的著作和研究成果，阐述了政务信息资源管理的基本原理和方法。

3. 成熟阶段

从 20 世纪 90 年代开始，政务信息资源管理进入成熟发展阶段。负责信息资源管理的职位——信息主管（Chief Information Officer，CIO）开始在公共部门中设立。这一时期的特点主要表现为：一是政务信息资源管理由美国蔓延到世界各国，发展成为一种世界性的潮流和世界各国普遍重视并推行的一项管理活动，显示了全球化的特点；二是在现代信息技术发展的推动下，各国延伸和扩张了 20 世纪七八十年代产生和应用的"办公自动化"，实现了现代信息技术的应用与公共部门组织结构、管理方式、管理体制和服务方式变革的一体化融合；三是政务信息资源管理开始向电子政府迈进，逐步形成了面向社会的"一站式"互动服务、面向公共部门的跨部门"一体化"业务集成和"流程化"的协同办公、面向业务应用的"统一平台"信息交换与资源共享、面向数字化管理的"可持续发展"公共管理体制和运行机制。

三、政府信息公开与在公共信息资源管理中面临的挑战

（一）政府信息公开的含义

根据《中国信息化趋势报告——以公众为中心的电子政务趋势研究》，电子政务的共同

特点是：以公众为中心。要真正做到"以公众为中心"，我国电子政务的首要工作包括：做好应用导向政府网站、实现政务信息公开、与公众利益密切相关的政府服务、以行政许可法为依据的网上审批等。其中实现政务信息公开是以公众为中心的电子政务的一项重要内容，政务信息公开是信息公开制度建设过程中的一项重要任务。①

在国家电子政务总体框架的目标中提到两个概念：政务信息资源公开和共享机制、政府信息公开。笔者认为，政务信息公开实际上是指政府信息公开的法律制度，而政务信息资源公开主要指在这一法律制度中信息公开的对象是政务信息资源，政务信息资源公开的内涵较为广泛，包括政府信息资源、人大信息资源、警务信息资源、司法信息资源、审判信息资源、税务信息资源公开等。

《现代汉语词典》关于政务的解释：关于政治方面的事务，也指国家的管理工作。所谓政治，就是围绕权力关系，特别是权力关系的核心——国家政权而进行的，处理阶级阶层关系、政党关系、民族关系、国家关系以及其他有关社会关系的活动。根据这一解释，政务信息资源公开也应包括党务信息资源的公开。

在法律上，政府信息公开是指国家行政机关和法律、法规以及规章授权和委托的组织，在行使国家行政管理职权的过程中，通过法定形式和程序，主动将政府信息向社会公众或依申请而向特定的个人或组织公开的制度。对此，可以从广义与狭义两个方面来理解。

广义上的政府信息公开主要包括两个方面的内容，一是政务公开，二是信息公开；狭义上的政府信息公开主要指政务公开。政务公开主要是指行政机关公开其行政事务，强调的是行政机关要公开其执法依据、执法程序和执法结果，属于办事制度层面的公开。广义上的政府信息公开的内涵和外延要比政务公开广阔得多，它不仅要求政府事务公开，而且要求政府公开其所掌握的其他信息。

政府信息公开的方式多种多样，可以通过政府公报、政府网站、新闻发布会以及报刊、广播、电视等便于公众知晓的方式公开；在档案馆、公共图书馆设置政府信息查阅场所，并配备相应的设施、设备，为公民、法人或者其他组织获取政府信息提供便利。根据需要设立公共查阅室、资料索取点、信息公告栏、电子信息屏等场所、设施，公开政府信息。

（二）政府在公共信息资源管理中面临的挑战

1. 数字鸿沟的挑战

数字鸿沟又称为"信息鸿沟"，即"信息富有者和信息贫困者之间的鸿沟"。在英文里面，数字鸿沟通常被称为"Digital Divide"或者"Digital Gap"，本意是数字差距或者数字分裂。曹红柳和张延林认为数字鸿沟指的是在不同的社会经济层面上，就接触并获取信息与通信技术的机会及使用互联网的频率而言，个体、家庭、商业组织、地区和国家之间存在的差距。也就是在信息化进程中，不同国家、地区、行业、企业、人群之间由于对信息、网络技术发展、应用程度的不同以及创新能力的差别造成的"信息落差""知识分隔"和"贫富分化"问题。②

从全球范围来看，数字鸿沟的现象特别突出，尤其是在互联网发展的早期阶段。根据联合国人权发展报告，工业化国家只占15%的世界人口，却占整个因特网用户的88%。南

---

① 叶南平. 电子政务与政务信息公开. 中国管理信息化(综合版)，2007(02)：68 - 71.
② 曹红柳，张延林. 我国电子政务面临数字鸿沟瓶颈的发展对策. 企业经济，2011(01)：144.

亚国家占世界人口的 1/5，而可以上网的人少于 1%。非洲拥有 7.3 亿人口，却只有 1400 万根电话线，且主要集中在非洲 6 个国家。即使在高度发达的美国，在计算机技术的普及和互联网的使用上也表现出明显的数字鸿沟：东西两岸要强于内地、白人强于其他种群、高学历群体强于低学历群体；因地域、教育水准和种族不同而产生对数字化技术掌握和运用的差异，导致了不同群体在社会中面临的机遇不平等。①有一部分人认为，掌握互联网技术的人将通过互联网以更快的速度获取更大量的信息，而没有掌握互联网的人，他们获取信息的渠道将会被上层进行垄断，从而形成了以马太效应为原理的数字鸿沟。掌握技术的人知道的越来越多而没有掌握技术的人将变得越来越无知。

从表面上看，数字鸿沟的产生主要是由于以下三个直接原因所导致：通信设施基础薄弱、应用信息技术能力落后和缺少信息核心技术。这些仿佛都是技术上的问题。因此，有人认为，只要在信息化欠发达的国家和地区大力发展通信基础设施建设，如铺设光缆、建设基站、发展电话用户和上网用户等，数字鸿沟问题就会迎刃而解。然而，事实并非如此。在国际层面上，数字鸿沟是一个更为复杂的问题。这是因为数字鸿沟不仅是一个现实问题，也是历史问题；不仅是资本的问题，还关涉到制度的问题。而且，一个国家的宗教、文化和意识形态都会在数字鸿沟中显示出来。②

从我国信息化进程来看，在互联网发展的早期阶段，由于我国东西部地区经济发展不平衡，从而导致东部地区信息化程度远远高于西部地区，东部地区的信息服务业发展较快，成为"信息富区"，而西部地区由于人均收入较低，人们受教育程度低，在信息技术掌握和运用方面与东部地区形成明显的差异，成为"信息贫区"。另外，在发展早期阶段我国信息服务业主要集中在城市，而广大农村地区则基本上处于"盲区"状态。但是到今天，随着我国的信息通信技术相关基础设施越来越完善，在互联网的可获得性方面，地区之间的差距已经显著缩小，甚至有人认为，随着造价低廉但功能丰富的智能手机成为人们生活中不可或缺的一个工具，每个人都具有同样的机会和权利获得互联网信息，故而数字鸿沟终将消失。

2. 大数据时代的隐私保护

《中国人权百科全书》中将隐私定义为：隐私即秘密，是指尚未公开的、合法的事实状态和一般情况。互联网基于其虚拟的特征，在早期阶段曾经被视为能够保护个人隐私的天然良港。20 世纪 90 年代，《纽约客》曾有一句俚语闻名全球：On the Internet, nobody knows you are a dog(在互联网上，没有人知道你是一条狗)。也正是从那时候起，互联网开始兴起，不但促进了信息流动效率，而且以虚拟和高度匿名的优势吸引大批用户。使用者不需要面对面，加上他们能够有意识地隐藏身份和塑造全新形象，使得我们很难了解躲在屏幕后面的用户的真实身份。

在早期的互联网时代，隐私保护似乎只是一个关于匿名的问题，如果你不暴露与自己身份直接相关的信息，没人知道你是谁。但是随着大数据时代的来临，隐私保护变成一个更加复杂和棘手的问题。互联网尤其是移动社交网络的出现，使得人们在不同的地点和场合产生越来越多的数据足迹。装载在手机和电脑里面的各类软件，随时随地地收集着使用者工作、生活、消费、社交等方面面的信息。尽管很多公司都承诺不会泄露个人隐私，但

---

① 曹红柳，张延林. 我国电子政务面临数字鸿沟瓶颈的发展对策. 企业经济，2011(01)：141.
② 曹红柳，张延林. 我国电子政务面临数字鸿沟瓶颈的发展对策. 企业经济，2011(01)：140-141.

这种数据具有累积性和关联性，单个地点的信息可能不会暴露用户的隐私，如果有办法将某个人的很多行为从不同的独立地点聚集在一起时，他的隐私就很可能会暴露，因为有关他的信息已经足够多。这种隐性的数据暴露往往是个人无法预知和控制的。①

隐私保护与数据公开之间似乎存在两难选择。如果仅仅为了保护隐私就将所有的数据都加以隐藏，那么数据的价值根本无法体现。数据公开是非常有必要的，政府可以从公开的数据中来了解整个国民经济社会的运行，以便更好地指导社会的运转。企业则可以从公开的数据中了解客户的行为，从而推出针对性的产品和服务。研究者则可以利用公开的数据，从社会、经济、技术等不同的角度来进行研究。但是，数据公开又意味着难于有效保护个人隐私。有学者认为，大数据时代的隐私性主要体现于在不暴露用户敏感信息的前提下进行有效的数据挖掘，这有别于传统的信息安全领域更加关注文件的私密性等安全属性。②如何界定敏感信息，如何限制企业把个人信息用于商业用途，以及个人如何在信息泄露后获得赔偿，这些问题将来都需要进一步探讨。

第二节　电子政府的内涵与发展

一、电子政府的内涵与演进

（一）电子政府的内涵

电子政府是互联网和信息革命带来的新的公共行政实践。它起源于 1993 年美国倡导实施的"信息高速公路计划"。当时的美国副总统戈尔发起了一场名为"国家绩效考察"的运动，用以检视美国政府在管理和服务提供方面所存在的弊端。在这场运动中，电子政府建设作为一个重要的改革方向被提出。此后其他国家纷纷跟进，提出了适合自己国情的信息高速公路计划和构建电子政府规划，使电子政府成为各国政府争相采用的一种新的管理模式。③

电子政府，英文为"Electronic Government"或者 E-government，在国内也经常被译为"电子政务"④，其本质是政府对其管理运作和公共服务供给的信息化。简单来说，电子政府可以看成是利用信息通信技术（ICT）构建一个虚拟政府，从而使公众和其他机构能够随时随地享用政府提供的公共服务。国际经合组织（OECD）进一步指出，电子政府"并不是单纯地把信息技术应用于政府和公共事务处理上，也不是如何应用信息技术来提供信息和电子服务以提高行政效率的问题，而是政府面对信息技术所带来的新的社会范式的挑战，如何进行政府的再造，促进政府的转型，建立适应信息社会需要的新的政府治理范式，促进善治，实现善政的问题"。⑤

张锐昕教授对不同类型的电子政府概念进行归纳总结后发现，电子政府核心要素包括如下五个方面：第一，使用的工具和手段是信息技术以及网络等信息服务设施；第二，运行

---

① 冯登国，张敏，李昊. 大数据安全与隐私保护. 计算机学报，2014，37(1)：247-258.
② 孟小峰，慈祥. 大数据管理：概念、技术与挑战. 计算机研究与发展，2013，50(1)：146-169.
③ 张锐昕. 电子政府内涵的演进及其界定. 社会科学辑刊，2011(5)：48-51.
④ 由于英文单词同源，本文对"电子政府"和"电子政务"两个概念不做区分，可互换使用。
⑤ 转引自：当代政府机构电子政务创新研究. 学术论文联合比对库，2013(3).

的内容是信息、管理和服务职能，主要形式是电子服务、电子民主、电子商务和电子管理；第三，构建的前提是打破行政机关的组织界限，转变政府的内外部关系，公众参与；第四，构建的目的是为改革行政体制，提供最好的服务，构建更好的政府；第五，构建的效用是能通过提供信息向公民赋权，可引导社会进程，实现精简、高效、廉洁、公平的政府。在此基础上，她提出了一个更为宽泛的定义，认为电子政府指的是"政府机构全面应用信息技术以及网络等信息服务设施，在进行组织变革和内、外部关系转变的基础上，将其信息和管理服务职能移到网络中去运行，以改革行政体制，构建更好的政府"。[①]

从公众需求的角度来看，电子政府发展的一个理想类型是"一站式政府"（One - stop Government）。其实，一站式政府并不是新事物，它的提出源于20世纪70年代初从商业领域引入公共领域的一站式服务。根据段龙飞（2007）的考察，最初的一站式行政服务机构是由瑞士的圣加尔市和美国的IBM公司联合开发的市民办公室。[②]人们对一站式政府有着不同的理解，如果将视角定位在服务提供的前台和入口，则有单一接触说和单一站点说；如果将视角定位在服务后台管理，则有服务一体化说和全方位服务说。[③] 其中一个较为接地气的定义是："一站式政府指的是单点访问不同的公共机构提供的电子服务和信息，所有公共部门是互联的，公民可以由一个点访问公共服务网站，即使这些服务由不同的公共机构或私营服务提供者来提供。它还要求公民能以一个结构良好的、可以理解的方式访问这些服务，以满足他/她的观点和需求。"[④]电子政府兴起后，一站式政府概念重新受到热捧，在很大程度上是因为互联网"随时随地链接一切"的特性使一站式政府的建设更接近现实。从实践来看，现今英国、新加坡以及中国香港政府的门户网站已经呈现出"一站式政府"的模样。

（二）电子政府的发展阶段

从全球范围来看，政府信息化经历了多个发展阶段（见图8-1）。[⑤]在20世纪90年代以前，属于传统的数字政府（Digital Government）阶段，由于当时信息技术条件的限制，政府刚刚开始电子化的过程，政府的公共服务范式仍旧是以面对面的服务为主。从20世纪90年代开始，电子政务（Electronic Government）的概念应运而生，政府服务的效率得到极大提高，但政府提供的服务仍旧受到时间和空间的限制，政府的公共服务范式是基于服务供给的统一服务。进入21世纪以来，Web 2.0以及移动智能终端的发展引起各国和各地区政府部门的重视，利用手机、PDA和其他移动智能终端设备，通过无线接入基础设施提供信息和服务成为各国和各地区政府关注的焦点，这就是当前所处的移动政务（Mobile Government）阶段，政府的公共服务范式是基于政民互动关系的协作服务。近年来，在云计算、大数据、物联网、Web 3.0、语义网络迅速发展的背景下，政府公共服务变得更加智慧、效率更高、管理更透明，并且呈现出简便、透明、自治、移动、实时、智能和无缝对接等特征的智慧政府（Smart Government）公共服务范式。以智慧政府为目标的政府信息化建设是

① 张锐昕. 电子政府内涵的演进及其界定. 社会科学辑刊，2011(5)：50.
② 段龙飞. 境外"一站式"行政服务机构建设实践及启示. 信息化建设，2007(5)：37-40.
③ 刘红波. 一站式政府的演进轨迹与转型机理. 电子政务，2012(12)：22-29.
④ Vasavi S and Kishore S. Need for Semantic Interoperability of E-Government web services within one stop web portals：A Case Study. International Journal of Computer Science and Technology (IJCST) 2，2011：136-140.
⑤ 张建光，朱建明，尚进. 国内外智慧政府研究现状与发展趋势综述. 电子政务，2015(8)：72-79.

以智慧技术高度集成、智慧服务高效便捷为主要特征的政府信息化发展新模式，它对政府信息化建设提出新的更高要求，也为政府信息化的发展明确了方向。本章第二节将重点介绍智慧政府的相关内容。

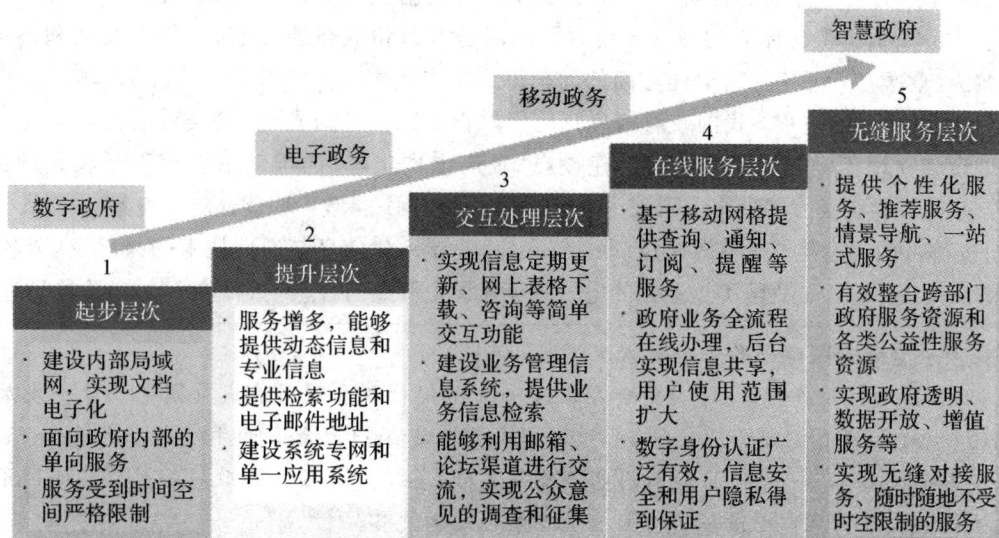

图 8-1　政府信息化的发展演进过程①

二、中国电子政府的建设状况

我国电子政府建设起步于 1993 年。当时为适应全球建设信息高速公路的潮流，中国正式启动了国民经济信息化的起步工程——"三金工程"，即金桥工程、金关工程和金卡工程。三金工程是我国中央政府主导的以政府信息化为特征的系统工程，是我国政府信息化的雏形。金桥工程又称经济信息通信网工程，它是建设国家公用经济信息通信网、实现国民经济信息化的基础设施。金关工程又称为海关联网工程，其目标是推广电子数据交换（EDI）技术，以实现货物通关自动化、国际贸易无纸化。金卡工程又称电子货币工程，它是借以实现金融电子化和商业流通现代化的必要手段。在"三金工程"推动下，部分政府部门的网络建设、电子化的深度都得到了一定的发展，并积累了一定的经验。

1999 年，国家信息化工作领导小组成立。同年，40 多个部委的信息主管部门共同倡议发起了"政府上网工程"，其目标是在 1999 年实现 60％以上的部委和各级政府部门上网，在2000 年实现 80％以上的部委和各级政府部门上网。2000 年 1 月，国家经贸委信息中心、中国邮电总局联合发起的"政府上网工程"百家城市政府上网推进交流大会召开，来自全国130 多个地级以上城市的主管科技、信息化工作的领导和各个参会城市电信部门政府上网工作的相关负责人参加。2001 年 12 月 26 日，新组建的国家信息化领导小组第一次会议做出了"中国建设信息化要政府先行"的重要决策。2002 年，随着我国加入 WTO，政府对电子政务的重要性有了进一步认识，电子政务建设被提高到一个前所未有的高度。国务院信息化工作办公室和国家标准化管理委员会在北京成立电子政务标准化总体组，全面启动电子

① 张建光，朱建明，尚进. 国内外智慧政府研究现状与发展趋势综述. 电子政务，2015(8)：72-79.

政务标准化工作，这意味着政府信息化逐渐由概念变成现实、由争论转入实施、由含混转为清晰。2004年，两部法律的颁布实施对规范电子政务发展起了重要作用：一部是7月份正式实施的《中华人民共和国行政许可法》，为落实行政许可法，各级政府采用行政干预方式，管理部门为集中办公的各窗口单位创建统一的数据交换平台，实现网上并联审批，新的电子政务系统将替代原有的独立系统；另一部是8月份获得通过的《中华人民共和国电子签名法(草案)》，可使网络信任方面的问题得到根本改善。

经过20余年的发展，我国政府信息化已经取得了阶段性的成果：各类政府机构ICT应用基础设施建设已经相当完备，网络建设在"政府上网工程"的推动下已获得了长足的进展，所有省级政府及大部分市、县级政府都建立了门户网站，政府职能部门如税务、工商、海关、公安等部门都已建成了覆盖全系统的专网。随着新一代信息与通信技术的兴起及"智慧"概念的流行，最近几年我国不少地方的电子政府建设也开始向智慧政府和智慧城市阶段迈进。

知识拓展：全球国家电子政务发展状况(2016年)

《联合国电子政务调查报告》是世界上唯一一份评价联合国所有成员国电子政务发展状况的报告。联合国经济和社会事务部(UNDESA)从2003年起每两年发布一次报告，旨在帮助各国相互学习借鉴、了解本国电子政务优势和挑战，评价本国政府相对于其他国家的电子政务发展情况，并指导其制定电子政务政策和策略。

根据《联合国电子政务调查报告》(2016年)，从全球整体发展情况来看，15%的国家电子政务发展指数(EGDI，得分越高发展程度越高)极高，处于优秀阶段；34%的国家处于良好阶段；35%的国家处于中等阶段；有16%的国家发展较为落后。与2014年数据相比，世界各国整体电子政务水平在提高。处于优秀阶段的国家有29个，其中欧洲国家占66%。

该报告显示，中国的电子政务发展指数(EDGI)为0.6071，位列第63名，与2014年相比上升7个位次，实现了从2012年至2016年的连续上升，表明近年中国电子政务综合水平稳步发展。

(资料来源：王益民.全球电子政务发展现状、特点趋势及对中国的启示.电子政务，2016(9)：62-69.)

需要指出的是，我国电子政府建设虽然起步早并取得了巨大的成就，但是仍然面临诸多急需解决的问题。国家行政学院在2014年曾对47个副省级以上地方政府和92个国务院部门及相关单位电子政务建设状况进行问卷调查，发现仍然存在诸多问题[①]：首先是管理体制和机制的问题。中央层面，存在多头管理问题，相关职能部门都从不同角度抓电子政务工作，职责有所交叉，但缺少统筹协调和顶层设计，无法形成合力，中央和地方也难以实现顺畅的业务联动；省级层面，电子政务人才队伍、编制、资金面临着较大困难。其次，在信息资源共享方面亦有很多难啃的硬骨头。国家人口库、法人单位库、自然资源和空间地理库、宏观经济库等五大国家基础信息资源库尚未建成并发挥效益；社会保障、医疗卫生、教育、社会救助等部门业务系统数据分权限并且共享困难较大，数据交换平台和交换标准尚不完备。有关部门不愿开放自身数据，信息资源目录和交换标准不统一，网络平台、数据

① 翟云.我国电子政务发展面临问题及其症结分析：以2014年电子政务省部调研数据为例.中国行政管理，2015(8)：13-18.

交换平台等基础设施不完备，法律法规和政策文件比较缺失，安全保密存在隐患，数据跨网络、跨密级交换等技术条件不成熟，信息采集、更新、审核机制不健全。如果上述问题得不到有效解决，那么我国电子政务建设恐怕只能在中低层次徘徊。

第三节　智慧政府：电子政府的最新发展

一、智慧政府的兴起

21世纪以来，新兴信息技术在政治、经济、社会、文化等各个领域不断渗透和推陈出新，特别是在移动计算、物联网、云计算、大数据等一系列技术形态的支持下，社交媒体、协同创造、虚拟服务等应用模式持续拓展人类创造和利用信息的范围和形式。新兴信息技术对现代社会的渗透已经达到无孔不入的程度，政府也同样面临着新兴信息技术所带来的巨大挑战。最近几年，政府信息化建设呈现移动性、社会性、个性化和极端数据等新特征，这些新特征是信息技术和电子政务应用创新两者交错融合、螺旋式演化发展到更高阶段的结果。[1]在这样的大背景下，智慧政府的概念应运而生，国内外都开始积极探索智慧政府的建设。

知识拓展：智慧政府在全球发达国家和地区的探索

2011年11月，美国加利福尼亚州为提高政府服务的绩效及服务能力，提出智慧政府建设框架（Smart Government Framework）。

2012年6月，韩国政府公共行政与安全部顺应时代发展构建了智慧政府实施计划（Smart Government Implementation Plan），使得韩国始终居于联合国电子政务指数排名中的领先位置。

2013年6月，迪拜专门成立智慧政府部门（Dubai Smart Government Department），负责指导和监督迪拜电子政务的转型与实施。迪拜智慧政府项目通过各部门共同努力取得了重要成就，是该地区为企业和社区生活提供政府在线服务的开创性举措，标志着迪拜开始进入智慧政府时代。

2013年9月，深圳市政府办公厅印发《智慧深圳建设实施方案（2013—2015年）》，提出要建成统一的人口、法人、空间地理等公共基础信息资源库和统一的电子政务公共平台，为城市运行管理和公共服务提供有力支撑。

2014年3月，新加坡资讯通信发展管理局推出"资讯媒体总体规划2025"（Infocomm Media Masterplan 2025），该规划的重要目标是将新加坡政府建设成为智慧政府，使新加坡成为全球领先的ICM技术使用者和倡导者。

（资料来源：笔者在张建光等（2015）的基础上整理所得。）

（一）智慧政府的内涵界定

学者张建光认为，智慧政府体现以用户为中心（Citizen - centric）、惠及所有人（For All）、泛在（Ubiquitous）、无缝（Seamless）、透明的政府（Transparent - Government）、回应

---

[1] 张建光，朱建明，尚进. 国内外智慧政府研究现状与发展趋势综述. 电子政务，2015(8)：72-79.

的政府(Responsive Government)、变革的政府(Transformational Government)和一体化的政府(Integrated Government)理念，是一种较为先进的政府信息化建设范式。在发达国家和地区与之相近的实践概念包括：Smart Government、Intelligent Government、Ubiquitous Government 以及 Government 3.0 等。尽管这些概念的表述形式有所不同，但背后却蕴含着两个共同的逻辑。一是强调社会化媒体、大数据、云计算等新一代信息通信技术(ICT)在政府管理过程中的应用，以及利用新的技术模块之间的无缝对接来提供系统化的公共产品和服务。二是强调"以人为本"或者"需求导向"，即新技术的采用能够更准确、高效地满足公众需求或者解决公共问题。

作为电子政府发展的高级版本，智慧政府可以理解为国家各级行政机关以信息技术和智能传感设备为基础，以科学决策为导向，以公民需求为皈依，深度运用大数据、云计算、物联网、移动客户端等新一代信息技术对政府组织架构以及运行流程进行持续改进，为公民提供智能化、精细化、个性化、无缝隙公共服务的新型治理模式。

已有研究显示，随着个人电脑、智能手机、平板电脑、智能电视等终端的快速普及，以政务网站、政务微博、政务微信、移动政务 APP、RSS 信息订阅、维基百科、社交网络为代表的智慧政府应用平台展现出良好的应用效果，而智慧政府有助于解决公共教育、医疗卫生、交通出行、社区安防、劳动就业、社会保障、工商纳税等政府公共服务问题，从而更好地实现政府的经济调节、市场监管、社会管理、公共服务、民意征集、政策制定、发展规划、科学决策等功能。[1]

智慧政府不是简单的网上政府，也不仅仅是治理方式的改变，它是融合事实层与价值层、感知层与决策层的智能复杂巨系统工程。费军、贾慧真提出，根据智慧政府的概念、职能和属性，应将其分为七大层面，分别为基础设施层、数据管理层、大数据应用层、政府治理层、互联网应用层、数据反馈层和信息安全保护层(见图 8-2)。[2]

基础设施层由构建智慧政府的硬件设备和基础设施组成，主要包括大型集成数据收发服务器、数据分类接收器、可移动智能传感器、网络、机房、能源供应等，这些设施为智慧政府提供硬件保障。数据管理层是将各类智能传感器接收的数据进行清洗、分类、汇总、验证、更新，保证数据质量，由云计算平台、数据仓库及备份、并行基础数据库等部分构成。

大数据应用层将高质量数据放入云平台进行数据抓取、数据挖掘、数据传送，这些数据与政府基础数据库联通，将数据实时更新，提升数据效能，并以可视化的形式运用到政府职能履行工作中，供政府决策参考。政府治理层面就是将大数据分析结果与专家经验结论、部门意见、公众诉求、媒体反馈与国外相关问题进行对照分析，从中发现决策模型并付诸实施。互联网应用层就是将有关数据分析成果、制度安排、行政执法通过互联网平台落实，目的是提高社会运行效率，提升政府监管效能以及提供定制化公共服务。数据反馈层包括公众反馈和第三方咨询机构意见反馈，用以弥补政府缺陷，优化公共服务。信息安全保护层通过建立网络安全防火墙，使用物理隔离和逻辑隔离等手段为智慧政府正常运转提供至关重要的安全保障。

① 张建光，朱建明，尚进. 国内外智慧政府研究现状与发展趋势综述. 电子政务，2015(8)：72-79.
② 费军，贾慧真. 智慧政府视角下政务 APP 提供公共服务平台路径选择. 电子政务，2015(9)：31-38.

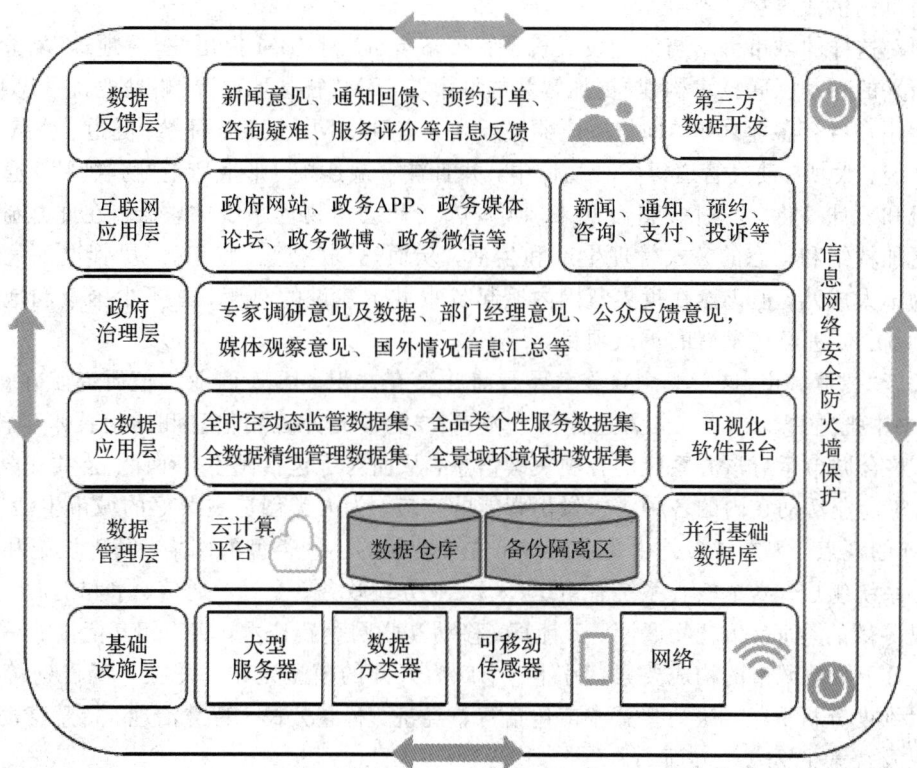

图 8-2　智慧政府的应用框架①

由于智慧政府的实践在这几年刚刚兴起，相关的经验研究还不多见。对于智慧政府的内涵，智慧政府建设过程中存在的困境与挑战，以及智慧政府所能达到的实际价值和效果，都值得进一步观察。

（二）从智慧政府到智慧城市

从概念演化的角度来看，智慧政府是在 21 世纪初"智慧城市"（Smart City）这一概念大行其道后被学者和业界提出来的。智慧政府可以看成是更为庞大和复杂的智慧城市系统的一个重要组成部分。在 20 世纪 90 年代工业化与城市化大背景之下，为应对环境与社会可持续发展等问题，智慧治理（Smart Governance）与智慧增长（Smart Growth）等议题开始受到学术界关注。

1990 年在美国旧金山举行的一场关于"智慧城市，快速系统，全球网络"的会议，可看作是对这一概念的最早期的探讨。②随着信息通信技术（ICT）的发展与网络的普及，继电子政府等概念之后，学者与城市管理者提出要整合信息通信技术与网络，获取、分析和共享城市生活的大量信息用于城市规划和管理，从而有效降低能耗、优化城市管理、提高决策的质量与准确性，更加高效地为需求多样化的市民提供个性化服务，最终治愈城市病和不

---

① 费军，贾慧真. 智慧政府视角下政务 APP 提供公共服务平台路径选择. 电子政务，2015（9）：31-38.
② 陈伟清，覃云，孙栾. 国内外智慧城市研究及实践综述. 广西社会科学，2014（11）：141-145.

断提高市民生活质量。[①]

面对这样的城市诉求与产业发展机遇，2008 年 11 月 IBM 提出"智慧地球"概念，希望基于新兴的移动互联技术构建"更加智慧的城市"。IBM"智慧地球"战略是把新一代 IT 技术充分运用在各行各业之中，即把感应器嵌入和装备到电网、铁路、桥梁、隧道、公路、建筑、供水系统、大坝、油气管道等各种物体中，并且被普遍连接，形成所谓"物联网"。通过超级计算机和云计算将"物联网"整合起来，实现人类社会与物理系统的整合。在此基础上，人类以更加精细和动态的方式管理生产和生活，从而达到"智慧"状态。[②]尽管这一大胆设想被认为不太成熟，但仍然在世界范围内掀起智慧城市建设的热潮，在不少国家和地区成为促进创新、促进经济发展的重点项目。

关于"智慧城市"这一概念，学术界目前并没有共识。IBM 商业价值研究院在《智慧地球》一书中把"智慧城市"定义为这样一个城市："能够充分运用信息和通信技术手段感测、分析、整合城市运行核心系统的各项关键信息，从而对于包括民生、环保、公共安全、城市服务、工商业活动在内的各种需求做出智能的响应，为人类创造更美好的城市生活"。[③] 根据 IBM 的观点，智慧城市是由关系到城市主要功能的不同类型的网络、基础设施和环境六个核心系统组成。六个核心系统有组织（人）、业务或政务、交通、通信、水和能源，这些系统不是零散的，而是依托物联网、云计算、移动互联网等新技术，实现相互衔接的一种协作状态。对于智慧城市的构成要素，另外一个广为人知的模型是帕特里亚·隆巴迪等学者提出的六维度分析框架，认为智慧城市包括智慧经济、智慧公民、智慧治理、智慧移动、智慧环境以及智慧生活六个方面。[④]

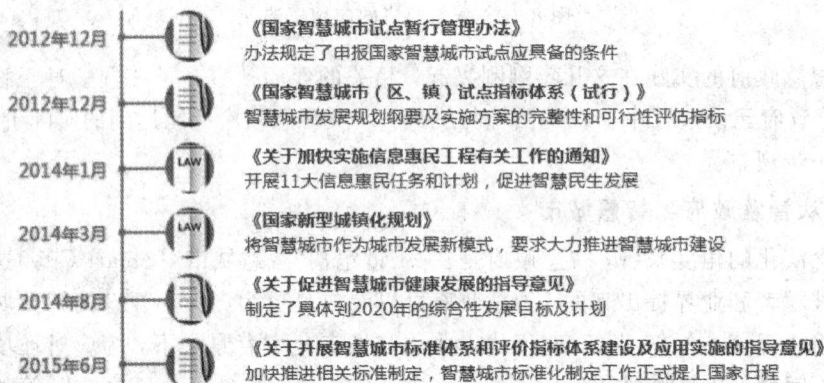

2012年12月	**《国家智慧城市试点暂行管理办法》** 办法规定了申报国家智慧城市试点应具备的条件
2012年12月	**《国家智慧城（区、镇）试点指标体系（试行）》** 智慧城市发展规划纲要及实施方案的完整性和可行性评估指标
2014年1月	**《关于加快实施信息惠民工程有关工作的通知》** 开展11大信息惠民任务和计划，促进智慧民生发展
2014年3月	**《国家新型城镇化规划》** 将智慧城市作为城市发展新模式，要求大力推进智慧城市建设
2014年8月	**《关于促进智慧城市健康发展的指导意见》** 制定了具体到2020年的综合性发展目标及计划
2015年6月	**《关于开展智慧城市标准体系和评价指标体系建设及应用实施的指导意见》** 加快推进相关标准制定，智慧城市标准化制定工作正式提上国家日程

图 8-3 中国政府推进智慧城市建设的主要政策文件[⑤]

在智慧城市建设方面，国内很多地方政府都表现出极大的热情。2009 年，北京开始实施关于智慧城市构建的目标，随后"智慧北京""智慧广州"以及"智慧南京"等智慧城市开始

---

① 于文轩，许成委. 中国智慧城市建设的技术理性与政治理性. 公共管理学报，2016，14(3)：127-159.

② 智库百科：http://wiki. mbalib. com/wiki/%E6%99%BA%E6%85%A7%E5%9C%B0%E7%90%83.

③ IBM 商业价值研究院. 智慧地球. 北京：东方出版社，2009.

④ Lombardi Patrizia, et al. Modelling the smart city performance. Innovation：The European Journal of Social Science Research 25. 2 (2012)：137-149.

⑤ 中投顾问：智慧城市专题. 网址：http：//www. ocn. com. cn/zt/zhihuichengshi. shtml.

逐步建设。在 2010 年"十二五规划"中首次提到"智慧城市"概念，至此智慧城市建设成为我国国家发展战略的一部分，促进智慧城市建设的相关政策也纷纷出台（见图 8-3），智慧城市试点数量也急剧膨胀。资料显示，截至 2016 年 6 月我国 95％的副省级城市、76％的地级城市，总计超过 500 座城市，明确提出构建智慧城市的相关方案。①需要指出的是，中国智慧城市建设尽管火热，但也出现了盲目跟风，缺乏建设标准和科学的评估体系，偏离"以人为本"核心目标等诸多问题。

二、智慧政府的管理模式创新

（一）大数据驱动的管理

随着移动互联技术深入到人类生活的各个领域，数据正以前所未有的速度在不断地增长和累积，大数据（Big Data）时代已经来到。顶级学术期刊《Nature》早在 2008 年就推出了大数据专刊，而《Science》则在 2011 年推出专刊"Dealing with Data"，重点探讨科学研究中大数据的处理问题。进入 2012 年以来，大数据的关注度与日俱增。尤其是当年 3 月份美国奥巴马政府发布了"大数据研究和发展倡议"，投资超过 2 亿美元资金，正式启动"大数据计划"，点燃了各国政府推动大数据发展的热情。2015 年 9 月份，我国出台了《促进大数据发展行动纲要》，从国家大数据发展战略全局的高度，提出了我国大数据发展的顶层设计。无论是商业领域抑或公共管理领域，大数据已经成为一个炙手可热的词汇。

"大数据"有时也称巨量资料，通俗来讲是指所涉及的数据体量大到无法利用现行主流软件工具，在一定的时间内实现收集、分析、处理或转化成为帮助决策者决策的可用信息。学术界普遍认为大数据具有"4V"特征，包括规模性（Volume）、多样性（Variety）、高速性（Velocity）和价值（Value）。② 具体而言，Volume 是指数据量大，包括采集、存储和计算的量都非常大，通常在 G 或 T（1000G）以上；Variety 是指数据种类和来源多样化，包括结构化、半结构化和非结构化数据，具体表现为网络日志、音频、视频、图片、地理位置信息等；Velocity 是指数据增长速度快，处理速度也快，时效性要求高；而在 Value 方面，大数据价值密度相对较低，单一数据的价值并不大，但将相关数据聚集在一起，就会有很高的商业价值。IBM 公司在 4V 模型基础上，增加了一个 V，即真实性（Veracity），强调数据质量，诸如数据的准确性和可信度。

那么，大数据与传统的数据库（Database）究竟有何区别？孟小峰和慈祥提出的"池塘捕鱼"和"大海捕鱼"是个很好的类比。③他们认为，"池塘捕鱼"代表着传统数据库时代的数据管理方式，而"大海捕鱼"则对应着大数据时代的数据管理方式。"鱼"是待处理的数据。"捕鱼"环境条件的变化导致了"捕鱼"方式的根本性差异。大海跟鱼塘相比，除了鱼的数量巨大和种类繁多之外，模式（Schema）和数据关系也发生变化。传统的数据库都是先有模式，然后才会产生数据。这就好比是先选好合适的"池塘"，然后才会向其中投放适合在该"池塘"

---

① 智慧城市网，网址：https：//www．zhihuichengshi．cn/XinWenZiXun/32753．html．
② Barwick Hamish．The "four Vs" of Big Data．Implementing information infrastructure symposium．
　［R/OL］［2012-10-02］．http：//www．computerworld．com．au/article/396198/iiis_four_vs_big_data
　（2012）．
③ 孟小峰，慈祥．大数据管理：概念、技术与挑战．计算机研究与发展，2013，50(1)：146-169．

环境生长的"鱼"。而大数据时代很多情况下难以预先确定模式，模式只有在数据出现之后才能确定，并且模式随着数据量的增长处于不断的演变之中。这就好比先有少量的鱼类，随着时间推移，鱼的种类和数量都在不断地增长。鱼的变化会使大海的成分和环境处于不断的变化之中。此外，在"池塘"中捕鱼，"鱼"仅仅是其捕捞对象。而在"大海"中，"鱼"除了是捕捞对象之外，还可以通过某些"鱼"的存在来判断其他种类的"鱼"是否存在。也就是说传统数据库中数据仅作为处理对象而在大数据时代，要将数据作为一种资源来辅助解决其他诸多领域的问题。

另一个与大数据关系紧密的概念是"云计算"（Cloud Computing）。"云计算"概念产生于谷歌（Google）和 IBM 等大型互联网公司处理海量数据的实践。2006 年 8 月 9 日，谷歌的首席执行官埃里克·施密特在搜索引擎大会首次提出"云计算"的概念，次年开始在美国高校推广云计算技术计划，希望利用这项技术降低分布式计算在科研学术中的成本。关于云计算的定义很多，其中广为人知的是美国国家标准技术研究院（NIST）在 2009 年提出的定义："云计算是一种按使用量付费的模式，这种模式提供可用的、便捷的、按需的网络访问，进入可配置的计算资源共享池（资源包括网络、服务器、存储、应用软件、服务等），这些资源能够被快速提供，只需投入很少的管理工作，或与服务供应商进行很少的交互。"[1]根据这一定义，云计算既是接入互联网络以获取计算能力的一条通道，同时也是一个资源池，通过多租户模式为不同用户提供服务，并根据用户的需求动态提供可伸缩的物理或虚拟资源。孟小峰和慈祥认为，如果将各种大数据的应用比作一辆辆"汽车"，支撑起这些"汽车"运行的"高速公路"就是云计算。正是云计算技术在数据存储、管理与分析等方面的支撑，才使得大数据有用武之地。[2]

大数据时代的来临，为政府的公共信息资源管理带来了机遇，同时也带来了挑战。大数据能否显著提高政府的数据管理水平，主要取决于政府数据管理方式的转变、管理能力的提升和技术创新的速度。[3]从理论上来讲，大数据能够为政府数据管理带来若干正向影响，具体表现为：

第一，政府、商业和社交网络媒体所积累的海量数据，极大丰富了以往以统计调查为主的政府数据来源渠道。大数据所具有的规模性和多样性，从数据量的角度提升了数据分析质量，甚至可能实现从"抽样调查"到"全样本分析"的范式转变。

第二，推动政府提升数据分析技术，降低数据采集成本。大数据规模巨大、类型和来源多样并且动态更新，要求政府必须提升数据存储与处理能力，在硬件上加强大型服务器等基础设施层的建设，在软件上推动技术创新和人才培养。

第三，大数据能够促进政府数据管理体制的变革，实现实时数据分析。传统的政府数据采集方式，主要以逐级汇总的历史数据为主，数据周期长，信息咨询功能具有时滞性。但是大数据管理系统能够利用物联网、互联网等渠道实时记录和上传信息，通过云计算平台进行快速分析和计算，使得数据实时分析和报告成为可能。

第四，大数据能够促进政府数据与其他部门的数据实现信息共享。移动互联技术的广

---

① 秦荣生. 大数据、云计算技术对审计的影响研究. 审计研究，2014(6)：23 - 28.
② 孟小峰，慈祥. 大数据管理：概念、技术与挑战. 计算机研究与发展，2013，50(1)：146 - 169.
③ 于浩. 大数据时代政府数据管理的机遇、挑战与对策. 中国行政管理，2015(3)：127 - 130.

泛应用，能够使政府与商业部门、科研机构深度对接数据，有利于在保证信息安全的前提下构建开放的数据平台，最大范围地实现信息共享。

小案例："互联网＋"智慧森防

"互联网＋"智慧森防由四川省森林病虫防治检疫总站、四川省林业信息中心牵头，联合成都乐创信息科技有限公司共同开发建设。系统建设历时 8 年，关键技术之一的"森林资源数字化管理技术研究与应用"获得四川省科技进步三等奖。

主要功能与解决方案：

1. 依靠长期积累的经验和数据，利用大数据决策能力，智能、科学地规划调查对象、调查区域、类别和时间，确定调查强度和调查精度，科学分配调查资源；

2. 跨界融合，打破封闭式的专业调查形态，采取有偿购买调查数据和提供咨询的方式，发动一切可参与调查和咨询的人员，充实调查资源，扩大森防调查范围，夯实调查强度；

3. 自定义林业有害生物监测预警预案，自动响应，自动发布虫情趋势预报；

4. 通过全面的空间对象数据建模、高效率的空间分析算法、林业资源数据共享平台、大数据决策分析能力以及依据规范鲜明的图形特征和立体感知功能（立体感知功能是指空间感知，森林防火可以从地面到树上到各个维度发生火警的可能性）。森防主管机构可以直观地审视森林健康态势，监测和防治资源配置、趋势预演、预案模拟等，极大地提高了分析决策能力；

5. 利用微信公众号、森防 APP、官方门户网站等多种途径发布和获取实时森防调查成果、森防虫情动态、森防趋势预报、防治办法等，森防行政管理机构、科研院所、专业技术人员、林农林企业和社会化监测和防治服务提供商之间，可针对具体问题及时沟通、咨询答疑，同时，有助于商业机会的发现、咨询和获取。

（资料来源：中国电子政务网，http://www.e-gov.org.cn/article-164713.html，有删减。）

需要指出的是，尽管基于大数据的管理带来诸多积极效应，但其潜在风险不容小觑，具体表现为：

第一，海量数据的质量问题。数据量大不一定就代表信息量或者数据价值的增大，相反很多时候意味着信息垃圾的泛滥。一方面，很难有一个系统能够容纳下从不同数据源集成的数据；另一方面，如果在集成的过程中仅仅简单地将所有数据聚集在一起而不做任何数据清洗，则会使过多的无用数据干扰后续的数据分析过程。[①]

第二，更为严重的是大数据失真问题。关于大数据的一个普遍观点是，数据自己可以说明一切，数据自身就是事实。但实际情况是，如果不仔细甄别，数据也会欺骗，就像人们有时会被自己的双眼欺骗一样。一方面，大数据可信性的威胁之一是伪造或刻意制造的数据，而错误的数据往往会导致错误的结论。倘若数据应用场景明确，就可能有人刻意制造数据、营造某种"假象"，诱导分析者得出对其有利的结论。由于虚假信息往往隐藏于大量信息中，使得人们无法鉴别真伪，从而做出错误判断。另一方面，数据可信性的威胁之二是数据在传播中的逐步失真。其中一个原因是人工干预的数据采集过程可能引入误差，由于

---

① 孟小峰，慈祥. 大数据管理：概念、技术与挑战. 计算机研究与发展，2013，50(1)：146-169.

失误导致数据失真与偏差,最终影响数据分析结果的准确性。此外,数据失真还有数据的版本变更的因素。在传播过程中,现实情况发生了变化,早期采集的数据已经不能反映真实情况。[①]

(二)物联网与万物互联

物联网概念起源于美国麻省理工学院(MIT)在 1999 年建立的自动识别中心(Auto-ID Labs)提出的网络无线射频识别(RFID)系统——把所有物品通过射频识别等信息传感设备与互联网连接起来,实现智能化识别和管理。早期的物联网是以物流系统为背景提出的,以射频识别技术作为条码识别的替代品,实现对物流系统进行智能化管理。随着技术和应用的发展,物联网的内涵已发生了较大变化。2005 年联合国下属的国际电信联盟(ITU)在突尼斯举行的信息社会世界峰会(WSIS)上正式确定了"物联网"的概念,并随后发布了《ITU Internet reports 2005—the Internet of things》,介绍物联网的特征、技术和面临的机遇与挑战。该报告指出,人类正站在一个新的通信时代的边缘,信息与通信技术的目标已经从满足人与人之间的沟通,发展到实现人与物、物与物之间的连接,无所不在的物联网通信时代即将来临。换句话说,物联网使我们在信息与通信技术的世界里获得一个新的沟通维度,也就是"物"的维度,将任何时间、任何地点、连接任何人,扩展到连接任何物品,万物的连接就形成了物联网(见图 8-4)。

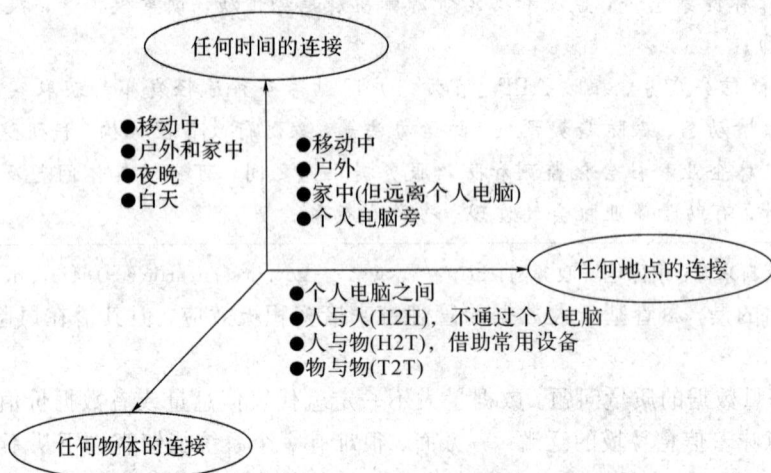

图 8-4 物联网中的连接维度[②]

学者孙其博认为物联网概念有狭义和广义之分。狭义的物联网是指连接物品到物品的网络,实现物品的智能化识别和管理。广义的物联网则可以看作是信息空间与物理空间的融合,将一切事物数字化、网络化,在物品之间、物品与人之间、人与现实环境之间实现高效信息交互方式,并通过新的服务模式使各种信息技术融入社会行为,是信息化在人类社会综合应用达到的更高境界。从通信对象和过程来看,物联网的核心是物与物以及人与物

---

① 冯登国,张敏,李昊. 大数据安全与隐私保护. 计算机学报,2014,37(1):247-258.

② 孙其博,等. 物联网:概念、架构与关键技术研究综述. 北京邮电大学学报,2010,33(3):1-9.

之间的信息交互。物联网的基本特征可概括为全面感知、可靠传送和智能处理。① 全面感知是指利用射频识别、二维码、传感器等感知、捕获、测量技术随时随地对物体进行信息采集和获取。可靠传送，意味着通过将物体接入信息网络，依托各种通信网络，随时随地进行可靠的信息交互和共享。智能处理则是指利用各种智能计算技术，对海量的感知数据和信息进行分析并处理，实现智能化的决策和控制。

物联网在国民经济和公共服务领域有广泛的应用前景。在经济领域包括智能工业、智能农业、智能电网、智能物流、智能公交等的应用，主要目的是提升工业、农业、物流行业的工作效率，有效改善管理工作精细程度。比如，在农业精细化管理中，由传感器、无线采集器、智能网关、无线控制器、监控管理系统5个基本部件组成，可采集空气温度、空气湿度、土壤温度、土壤湿度、光照强度、二氧化碳浓度6种常用环境参数，结合3G通信技术、图像监测技术，对温室环境进行有效的监测控制，达到节省成本，增产增收效果。②

在社会服务领域，物联网在医疗卫生行业应用，可实现条码化的病人身份管理、移动医嘱、诊疗体征录入、移动药物管理、移动检验标本管理、移动病案管理数据保存及调用、婴儿防盗、护理流程、临床路径等管理。利用RFID技术和IC卡的结合构建的"电子医疗"体系，将实现远程医疗和自助医疗，降低公众的医疗成本，可实现集个人ID信息、社保、医保、医疗、金融等服务于一体的"一卡通"，有助于解决异地就医刷卡结算等问题。③

在环境保护领域，物联网与环保设备的融合实现了对工业生产过程中产生的各种污染源及污染治理各环节指标的实时监控。在排污企业排污口安装无线传感设备，不仅可以实时监测企业排污数据，而且可以远程关闭排污口，防止突发性环境污染事故的发生。④

小案例：物联网创新消防管理模式

借助已建成的低功耗物联网应用网络，广州南沙区开始运用物联网技术试水探索室内消防的大数据管理新模式。2017年国庆长假后的第一周，坐落于广州南沙资讯科技园的鹤年堂中医城天花板上的280个传统烟雾报警器进行了统一换新。这批陆陆续续上岗的消防"哨兵"将直接通过低功耗物联网通信网络(LoPo - IoT)，与园区的消防管理平台进行无线通信，依托物联网技术，打造智慧化和数字化的消防报警监管系统。

在古香古色的中医城里，燃点普遍较低的中药材随处可见，一套能够灵敏应对现场突发火灾的消防系统显得极其重要。以LoPo - IoT南沙网络为通信支撑的智慧消防报警监管系统，一改此前传统消防系统的有线供电及通信方式，采用独立供电、无线通信，有效地打破了消防系统在布线、紧急应用等多个方面的瓶颈。

据园区物业管理方介绍，新上岗的独立式烟雾报警器，与LoPo - IoT智能呼叫设备、南沙LoPo - IoT网络、专业的消防管理平台共同组成全新的智慧消防报警监管系统。根据消防分布要求布置的烟雾报警器是系统的前线"哨兵"。当发生火灾时，烟雾报警器第一时间与LoPo - IoT基站进行无线通信，将报警信息上报给消防监管平台，并同时发出高

---

① 孙其博，等. 物联网：概念、架构与关键技术研究综述. 北京邮电大学学报，2010, 33(3)：1 - 9.

② 王玉梅. 物联网在公共服务平台中的应用创新. 商业时代，2013(32)：54 - 55.

③ 王岑. 利用物联网提升政府公共服务和社会管理能力. 中共福建省委党校学报，2011(4)：14 - 21.

④ 王岑. 利用物联网提升政府公共服务和社会管理能力. 中共福建省委党校学报，2011(4)：17.

分贝的报警声，警示在场人员及时撤离，或者到应急区域躲避灾害。消防管理人员收到后台报警信息和告警短信后，迅速调度消防员，进行灾情控制和处理，从而达到智能快速消防监管的目的。

（资料来源：新华网，http://www.xinhuanet.com/info/2017-10/16/c_136683180.htm，有删减。）

（三）电子治理与线上公民参与

电子治理（E-governance）研究最初主要是信息技术带来的决策、权利分配及协作的新模式。作为公共管理领域的电子治理概念第一次被提出是 2003 年 12 月在印度德里召开的第一届国际电子治理大会（International Conference on E-Governance，ICEG）上。在这次会议上，电子治理成为一个有关公共事物信息技术应用的新的表述。2004 年，在韩国汉城（现改名为首尔）召开的第二十六届行政学国际会议上，电子治理成为会议的主题，与会代表着重探讨电子治理给民主、行政和法律带来的机遇与挑战。根据这次大会的主旨演讲，电子治理不是信息技术在公共事务领域的简单应用，而是一种更多地与政治权力和社会权力的组织与利用方式相关联的社会-政治组织及其活动的方式，电子治理涉及公众如何影响政府、立法机关，以及公共管理过程的一系列活动。[①]

此后，电子治理逐渐成为一个与传统的电子政府相区别的概念，开始受到学术界和各国政府部门的重视。有学者认为，电子政府是主要集中于政府、政府管理和政府服务范围内的虚拟政府形式及其活动，而电子治理则是更广泛地应用于政治、社会群体相互间关系领域的虚拟政治-社会结构及其相互关系方式。[②]

沙龙·达维斯（Sharon Dawes）认为，电子治理通常可以用五个具有内在关联的目标来描述：[③]

第一，政策框架——与信息有关的法规与政策为电子治理提供了合法性基础。它们为政府、个人、私有部门对信息的收集、使用、保护与共享设定了政策目标，明确了规则与条件。

第二，提升公共服务——电子治理关于提升服务的目标蕴含了一种常识性的途径，即以客户导向代替组织视角，为公民和企业提供开放、方便和多样的信息与服务。

第三，高质量与低成本的政府运作——包括一整套管理、专业和技术方面的改进目标，不仅关注效率的提高，更注重于基础设施投资、信息管理与使用、组织创新、风险管理、采购改革、团队能力建设及绩效评估等方面。

第四，民主程序中的公民参与——经常也被称为"电子参与"，覆盖了民主程序中的各个领域，包括了技术和信息内容的开放与使用、公众与政府的互动、政治议题的公共表达以及公众咨询（在议题设置程序中让人民参与进来）。

第五，行政与体制改革——着重于政府的责任、透明度与信任度。改革既包括政府的架构与流程，也包括政府在授权私有部门和非政府部门提供公共服务时的角色与责任。改革还涉及政府文化，以及如何理解公共服务与治理、公民、社会的关系等。

电子治理给传统的政府管理体制和政社关系带来冲击。行政事务由中央政府垂直地分

---

① 杨国栋，吴江．电子治理的概念特征、价值定位与发展趋向．上海行政学院学报，2017，18(3)：64-70.
② 王浦劬，杨凤春．电子治理：电子政务发展的新趋向．中国行政管理，2005(1)：75-77.
③ Dawes Sharon．电子治理的演进及持续挑战．郑磊，纪昌秀，等，译．电子政务，2009(10)：108-125.

配到各级政府部门，平行地扩散到市民社会当中去，是 20 世纪中央集权占据优势条件下，传统体制政府管理的基本模式。到了 21 世纪，公共管理领域权力分散扮演了越来越重要的角色，电子治理所提供、所具有的技术性价值，进一步推动和加速了这种权力分散的趋势，并"已经深刻地影响到了统治的本质（Essence）"。在政府-公众关系中，市民社会的作用得到了更多的重视和加强，一些诸如在线意见组、公开在线协商等类似的系统，极大地方便了公众要求和意见的汇集、搜集工作。①

电子治理对民主也有直接的影响，在新的技术条件下，可以有效增强公众参与的地位和提高公众参与的质量。在这种意义上，电子治理有助于诸如网上投票、在线互动等活动的展开，这些形式为公民参与决策过程提供了操作平台，同时也是信息时代推动和增强公众民主参与的切实可行的方法。②

然而电子治理在各国政府应用过程中遇到了不少难题和瓶颈，遭遇了来自各方面有形和无形的制约和阻力，主要表现在信息技术支持、政府观念的转变、经济实力的保障、数字鸿沟的存在、文化冲突等。另外，有学者在 2009 年分析了来自美国、中国、澳大利亚等国家的电子治理状况后指出，由于电子治理的单项流动，或由于政治家的不坚定以及由于政府越来越透明，作为公民职责和权力应用的电子治理越来越变得不起作用。③因此，信息技术在多大程度上能够改良治理模式，仍然需要更多的观察和经验总结。

本 章 小 结

本章介绍了公共信息资源管理及电子政府的概念及演进过程，重点分析了智慧政府的兴起背景及其含义，以及更为复杂的智慧城市系统。在此基础上，本章着墨于与电子政府发展相关的几个热点与前沿话题，分别是大数据驱动的管理、物联网与万物互联，以及电子治理与网上公民参与。同时，本章简要指出了移动互联网发展中所面临的两大挑战，包括数字鸿沟以及在大数据时代的隐私保护。

复 习 思 考

1. 电子政府不断演进的动力来自哪里？是技术驱动还是需求驱动？
2. 智慧政府的兴起，给公共管理带来哪些变革和挑战？
3. 中国的电子政务发展面临哪些问题？如何解决这些问题？
4. 在大数据时代，如何才能有效保护个人隐私？
5. 智慧城市会不会沦落为新瓶装旧酒的营销口号？

★阅读材料

　　[1] 张锐昕. 电子政府与电子政务. 北京：中国人民大学出版社，2011.

---

① 王浦劬，杨凤春. 电子治理：电子政务发展的新趋向. 中国行政管理，2005(01)：75-77.
② 王浦劬，杨凤春. 电子治理：电子政务发展的新趋向. 中国行政管理，2005(01)：75-77.
③ 朱新现. 国内外电子治理研究文献综述. 中国行政管理，2010(10)：100-103.

[2] 徐继华，等.智慧政府：大数据治国时代的来临.北京：中信出版社，2014.

[3] [美]米切尔.伊托邦：数字时代的城市生活.吴启迪，等，译.上海：上海科技教育出版社，2005.

★主要参考文献

[1] 曹红柳，张延林.我国电子政务面临数字鸿沟瓶颈的发展对策.企业经济，2011(1)：140-144.

[2] 陈伟清，覃云，孙栾.国内外智慧城市研究及实践综述.广西社会科学，2014(11)：41-145.

[3] 段龙飞.境外"一站式"行政服务机构建设实践及启示.信息化建设，2007(5)：37-40.

[4] Dawes Sharon.电子治理的演进及持续挑战.郑磊，纪昌秀，译.电子政务，2009(10)：108-125.

[5] 费军，贾慧真.智慧政府视角下政务 APP 提供公共服务平台路径选择.电子政务，2015(9)：31-38.

[6] 冯登国，张敏，李昊.大数据安全与隐私保护.计算机学报，2014，37(1)：247-258.

[7] IBM 商业价值研究院.智慧地球.北京：东方出版社，2009.

[8] 刘红波.一站式政府的演进轨迹与转型机理.电子政务，2012(12)：22-29.

[9] 孟小峰，慈祥.大数据管理：概念、技术与挑战.计算机研究与发展，2013，50(1)：146-169.

[10] 秦荣生.大数据、云计算技术对审计的影响研究.审计研究，2014(6)：23-28.

[11] 翟云.我国电子政务发展面临问题及其症结分析：以 2014 年电子政务省部调研数据为例.中国行政管理，2015(8)：13-18.

[12] 孙其博，等.物联网：概念、架构与关键技术研究综述.北京邮电大学学报，2010，33(3)：1-9.

[13] 王浦劬，杨凤春.电子治理：电子政务发展的新趋向.中国行政管理，2005(1)：5-77.

[14] 王岑.利用物联网提升政府公共服务和社会管理能力.中共福建省委党校学报，2011(4)：14-21.

[15] 王益民.全球电子政务发展现状、特点趋势及对中国的启示.电子政务，2016(9)：62-69.

[16] 王玉梅.物联网在公共服务平台中的应用创新.商业时代，2013(32)：54-55.

[17] 杨国栋，吴江.电子治理的概念特征、价值定位与发展趋向.上海行政学院学报，2017，18(3)：64-70.

[18] 于浩.大数据时代政府数据管理的机遇、挑战与对策.中国行政管理，2015(3)：127-130.

[19] 于文轩，许成委.中国智慧城市建设的技术理性与政治理性.公共管理学报，2016，14(3)：127-159.

[20] 张建光，朱建明，尚进.国内外智慧政府研究现状与发展趋势综述.电子政务，2015(8)：72-79.

［21］　张锐昕.电子政府内涵的演进及其界定.社会科学辑刊，2011(5)：48－51.

［22］　朱新现.国内外电子治理研究文献综述.中国行政管理，2010(10)：100－103.

［23］　Barwick Hamish. The "four Vs" of Big Data. Implementing information infra-structure symposium. ［R/OL］［2012－10－02］. http：//www. computer-world. com. au/article/396198/.

［24］　iiis_four_vs_big_data (2012).

［25］　Lombardi Patrizia，et al. Modelling the smart city performance. Innovation：The European Journal of Social Science Research 25. 2 (2012)：137－149.

［26］　Vasavi S and Kishore S. Need for Semantic Interoperability of E－Government web services within one stop web portals：A Case Study. International Journal of Computer Science and Technology (IJCST) 2 (2011)：136－140.

第九章　公共部门绩效管理

【学习目标】

本章学习要求学生全面掌握公共部门绩效管理前沿理论与实践问题、绩效评估方法，树立绩效意识，培养开展绩效评估的实际能力；掌握公共部门绩效管理的内涵与特征；了解公共部门绩效管理兴起的背景和过程；掌握当代中国公共部门绩效管理问题与发展趋势；掌握公共部门绩效管理的主要过程和基本环节；熟悉绩效管理的工具和方法，掌握一到两种常规工具和新方法。

【引导案例】

请人民评判："民评官"政绩评价机制

日前，天津市和平区2016年20项"民心工程"群众评议会在第二十中学举行。天津市和平区商务委、区建委、区市容园林委、区房管局、区民政局、区法制办、区人力社保局、区市场和质量监管局、公安和平分局、公安交管和平支队、区教育局、区卫计委、区司法局、公安消防和平支队、区残联、区文化和旅游局、区环保局、区体育局、五大道管委会、区繁华办等单位负责人，面对群众代表提出的问题，都一一作答。能答复的问题马上进行了答复，能解决的进行了郑重承诺；不具备条件的也都做出了负责任的清楚解释，赢得了群众代表的理解。活动实况将以录播方式通过和平区新闻中心有线电视向全区播放。

会后，和平区有关部门将把群众评议代表提出的意见建议进行汇总、梳理和分类，将工作任务分解，确定整改期限，反馈给有关被评议部门。被评议部门制定整改措施和下一阶段工作计划，对能解决的问题立即解决，一时解决不了的，积极创造条件推动解决，确保对群众的承诺按时间和进度要求全部兑现。区绩效办和民心工程指挥部将做好跟踪督查，抓好落实。

此次评议会是和平区第二年开展"民评官"活动的"年中"部分。今年"民评官"活动继续把20项民心工程作为评议内容，并将评议范围进一步扩展，凡是与群众接触最直接、群众感受较深的项目均列入这次评议内容。去年"民评官"活动选择了14个单位作为参评单位，今年将参评部门增加到20个。凡是与群众密切相关的民心工程项目的主责部门，均参与今年"民评官"活动，面对面接受群众评议。今年"民评官"活动继续分为年中和年底两次进行。年中的群众评议会以"述职＋质询"的形式进行；年底的群众考评会，以"述职＋打分"的形式进行。年底考评会主要汇报全年民心工程的完成情况及这次活动中提出问题的整改落实情况，评议代表当场打分，现场公布成绩。最后的考评成绩，将与绩效考核和有关评优工作挂钩。

请群众代表当"考官"，让政府相关部门的"一把手"当"考生"，对20项民心工程的完成情况进行评议，这是和平区，也是本市问政于民的一个创新举措。这次开展的"民评官"活动主要是搭建一个群众问政的平台，围绕民心工程的实施，请群众挑毛病、论优劣；让干部诚恳回答百姓的质询，郑重承诺需要整改的问题；在整改过程中，让有关部门和社会共同监督。通过评议中的问题导向、评议后的倒逼效应，形成"民心工程"干得好不好、自己说好不能算、领导说好还不行、最终要让群众来评判的政绩评价机制。

（来源：中国经济新闻网）

案例思考题：

1. 用公共部门绩效管理相关理论，分析"民评官"评价机制与公共部门传统绩效评价的差别。

2. 结合公共管理学理论和相关知识，阐述"民评官"的当代价值。

3. 进一步思考"民评官"评价机制实行的基础和条件。

第一节　公共部门绩效管理概述

一、公共部门绩效管理的内涵与功能

（一）公共部门绩效管理的内涵

1. 绩效的内涵

"绩效"一词最早用于投资项目管理领域，后来在企业管理尤其是人力资源管理中得到广泛应用。从层次上而言，绩效包括组织绩效、部门绩效和个人绩效三个层面。从内容上而言，绩效包括行为和结果两个方面，即当对绩效进行考察时，既要考虑投入(行为)，也要考虑产出(结果)。这在英国学者布伦布拉赫对绩效的定义中得到体现，即"绩效是指行为和结果，行为由从事工作的人表现出来，将工作任务付诸实施。(行为)不仅仅是结果的工具，行为本身也是结果，是为完成工作任务所付出的脑力和体力的结果，并且能与结果分开进行判断"[1]。

总的来说，绩效的内涵可以从以下几个方面理解：[2]第一，绩效是人们行为的后果，是目标的完成程度，是客观存在的，而不是观念中的东西；第二，绩效必须具有实际的效果，无效劳动的结果不能称之为绩效；第三，绩效是一定主体作用于一定客体所表现出来的效用，即它是在工作过程中产生的；第四，绩效应当体现投入与产出的关系；第五，绩效应当有一定的可度量性。对于实际结果的度量，需要经过必要的转换方可取得，具有一定的难度，这正是评估过程中必须解决的问题。

2. 绩效管理内涵

理论界和实践者对绩效管理并无统一的定论，正如理查德·威廉姆斯指出："事实上，绩效管理本身就代表着一种观念和系统，特别是到了 20 世纪 80 年代后期和 90 年代早期，绩效管理逐渐成为一种非常流行的观点。但是绩效管理的本质含义仍然比较模糊。"[3]夏夫里兹和卢尔认为，"绩效管理是组织系统整合组织资源达成其目标的行为，绩效管理区别于

---

[1] 王爱冬. 政府绩效评估概论. 北京：高等教育出版社，2010：2 - 3.

[2] 范柏乃. 政府绩效评估与管理. 上海：复旦大学出版社，2007：6.

[3] 陈宝胜. 中国公共部门绩效管理发展趋势研究. 经济与管理，2007，21(10)：74 - 78.

其他纯粹管理之处在于强调系统的整合，它包括全方位控制、监测、评估组织所有方面绩效。从某种意义上说，绩效管理代表着组织全方面的管理工作，因为管理工作的目的便是提高绩效。"①美国国家评估中心的绩效衡量小组曾给它下了一个经典性的定义：所谓绩效管理是"利用绩效信息协助设定同意的绩效目标，进行资源配置与优先顺序的安排，以告知管理者维持或改变既定目标计划，并且报告成功符合目标的管理过程"②。

综上所述，本书将绩效管理定义为根据组织绩效战略和目标，搜集绩效信息设定绩效目标，进行资源配置与优先顺序的安排，以不断促进绩效改进。它包括制定绩效计划、实施绩效评估、开展绩效控制、进行绩效申诉等管理过程。

3. 公共部门绩效管理内涵

与企业绩效管理相同，公共部门绩效管理也是一个过程管理，主要是指公共部门在履行公共责任过程中，对内部制度与外部效应、数量与质量、经济因素与伦理因素、刚性规范与柔性机制等方面，以公共产出的最大化和公共服务最优化为目标，实施的一种全面、系统的管理。③公共部门绩效管理强调以绩效为本，以服务质量和社会公众需求的满足为基本价值取向，运用绩效目标、绩效信息、绩效激励、绩效合同、绩效成本、绩效程序、绩效规制、绩效申诉等管理手段和管理机制，提高公共部门能力，优化公共部门形象，蕴含了公共责任和顾客至上的管理理念，是公共部门管理制度、管理机制和管理方法的创新。④

(二) 公共部门绩效管理的功能

1. 增强公共部门管理的科学性

绩效管理需要通过设置科学合理的绩效指标体系，该指标体系不仅作为标准引导个人和组织行为向着高绩效发展，同时也作为比较的标尺，对个人和组织的工作效率、效果和效益进行评价，作为进一步改进组织绩效的依据。这有助于公共部门管理目标的分化和资源的合理配置，绩效评估的数据和信息可以帮助公共部门全面了解公共部门运作情况，从而更好地开展内部管理，把提高绩效的努力贯穿于公共管理活动的各个环节，从整体上增强公共部门管理的科学性。

2. 提高公共部门的服务效率

由于其提供公共产品和服务的特点，其评估的标准不可能像微观主体一样以单一的盈利为标准，但是为了促进市场经济的健康发展，公共部门也要与市场经济主体一样保持高效率，以尽可能少的成本提供尽可能多的服务。⑤对此，绩效管理能够达到这样的目的：通过设置绩效评估指标和开展评估活动，限制和约束公共部门及其人员的行为，接受不同社会主体的监督，从而降低公共部门不作为和乱作为的频率，不断提高政府工作效率和服务质量。

3. 强化公共部门主体的责任意识

由于公共部门以公共权力为依托，具有权威性、稳定性和非竞争性，使得公共部门

① 付亚，许玉林. 绩效考核与绩效管理. 北京：电子工业出版社，2004.
② 张成福，党秀云. 公共管理学. 北京：中国人民大学出版社，2001.
③ 范柏乃. 政府绩效评估与管理. 上海：复旦大学出版社，2007：21.
④ 范柏乃. 政府绩效评估与管理. 上海：复旦大学出版社，2007：21.
⑤ 周志忍. 公共组织绩效评估：英国的实践及其对我们的启示. 新视野，1995，5：40.

及其工作人员往往缺乏服务意识、竞争意识和责任意识。绩效管理能够从三个方面增强公共部门及其工作人员的责任性：一是绩效管理和绩效评估本身可以给公共部门及其人员提供外在约束和压力；二是绩效评估结果可以与后续的奖惩、晋升直接挂钩，直接鞭笞公共部门工作人员更好地服务；三是绩效评估结果的公开透明性在很大程度上推动公共部门及其工作人员对公民的需求及时做出反应，改善公共服务的质量与效率，使其对服务结果负责。

4．加强公共部门的工作透明度

绩效管理强调公共部门的活动以公众为中心，在充分了解公众需求基础上设计绩效评估指标、确保绩效信息来源的多样化和公开性、要求评估主体的多元化。这为公共部门与社会公众搭建了良好的沟通交流平台，不仅有利于公众更好地了解和监督公共部门，也有利于公共部门信息公开化，使得公共部门向着阳光型、开放型政府模式转变，提高公共部门工作透明度。

二、公共部门绩效管理的特征

为了清晰地理解公共部门绩效管理的特征，既要从外部视角厘清公共部门绩效管理与私人部门绩效管理的区别，也要从内部视角厘清公共部门绩效管理与绩效评估的区别。

（一）公共部门绩效管理与私人部门绩效管理的区别

由于私人部门的管理目标清晰明确，提供的产品与服务的投入和产出都容易测量，因而其绩效管理往往容易操作。公共部门管理的复杂性决定其绩效管理比私人部门更加困难。

第一，公共部门的管理目标往往比较复杂模糊，需要综合考虑经济与社会发展目标，近期与长期目标，有形与无形目标。同时，不同发展时期还要面临目标选择，例如公平与效率目标，这些都增加了绩效评估的难度。

第二，公共部门绩效评估指标难以量化。公共产品具有非竞争性和非排他性，且公共服务往往是无形的，很难将其量化为具体的评估指标。

另外，公共产品缺乏价格信息机制和市场交易机制，公共产品的数量与质量，社会公众的消费偏好等也缺乏相应的反馈机制，这些都增加了公共部门工作质量考核的难度，因而更需要考核指标在设计上要全面、合理、公正、周密。①

（二）公共部门绩效管理与绩效评估的区别

公共部门绩效管理与绩效评估互相区别又密切相关。总的来说，公共部门绩效管理是一个集综合性、系统性和全面性为一体的过程，而绩效评估是公共部门绩效管理整个大系统中的一个子系统，是绩效管理一项重要而又关键的内容。公共部门绩效管理包括了绩效计划、绩效信息、绩效评估、绩效反馈以及结果运用等多个环节，它们共同发挥作用促进整个绩效管理的运作。绩效评估是其中一个环节，但是绩效评估实施效果好坏不仅与自身体系完整建构、方式方法的合理运用有关，还与绩效管理的整体功能以及其他各个子系统功能的有效发挥有关。

---

① 刘华．公共部门绩效考核指标体系的构建．东南学术，2013(2)．

（三）基于比较的公共部门绩效管理特征

1. 公共部门绩效管理是以绩效评估为核心的过程管理

在地方政府实践中，常常把绩效管理等同于绩效评估，并未真正注重和理解完整的绩效管理还包括绩效计划、绩效实施、绩效反馈、绩效改进与结果的运用等系统管理过程。根据绩效管理和绩效评估关系可知，绩效评估是绩效管理中内在的、不可缺少的核心，它是绩效目标的具体化，是绩效反馈和绩效结果运用的基础依据，为整个公共部门绩效管理奠定基础，为整体绩效水平的提升提供参考。

2. 公共部门绩效管理凸显公共管理的价值取向

绩效管理的价值取向具有多重性，包括市场取向、效率取向和社会取向等，与企业组织重视效率取向不同，公共部门的公共性、服务性和公益性决定其应该以公共利益为出发点和价值导向。这意味着公共部门在绩效管理过程中应重视责任性和回应性，追求公民至上的原则，奉行公民满意原则，在评估的要素、模式、组织结构中，都要以公民为服务对象，了解公民服务需要和促进公民满意程度提高。

3. 公共部门绩效管理强调多元主体

传统的公共部门强调政府作为单一主体对社会进行管理，但绩效管理强调多主体、多中心理念，强调全员参与价值，并倡导将这样的理念和价值嵌入到绩效评估指标体系中。绩效管理主要从以下几个方面倡导多元化：一是公共事务参与主体多元化。政府要适当放权，将专业性、具体性和技术性比较强的社会事务，尽量交由社会中介组织、专业机构、合作组织和非营利组织完成。二是评估主体多元化，强调评估过程中由多主体全方位对公共部门及工作人员工作进行客观评估。

4. 绩效管理重视管理方法和技术

传统公共部门在公共事务管理中更多地使用行政的、法律的、经济的和思想教育等手段。绩效管理更加强调管理的科学性和合理性，在借鉴私人部门绩效管理手段的基础上，结合公共部门自身特点，形成可操作性和实效性强的绩效管理方法和体系，基于充分的绩效信息和系统化的指标体系进行管理，为公共部门提供了全新的管理手段和工具，促进公共部门绩效管理水平的提高。

三、公共部门绩效管理的发展

（一）公共部门绩效管理兴起的背景

1. 现实问题：公共部门管理中的"效率赤字"

20世纪70年代，西方发达国家面临着经济危机、财政危机、管理危机以及公民信任危机等各种严峻的问题，这些问题直接指向公共部门的工作流程和工作效率，掀起了重塑政府的改革运动。在这种"以企业家精神改革政府运动"中，绩效评估与绩效管理被引进到公共部门，旨在通过设置绩效指标和评估提高政府工作效率，提高公共人员的服务意识、服务能力和服务质量，重塑政府与社会的关系。

2. 社会呼吁：公民对高质量公共服务的强烈需求

随着公民权利的发展以及公民社会的兴起，公民越来越关注公共部门行动，呼吁更高质量的公共服务，期望参与到公共政策的实际过程中，要求增强政府的责任性和回应性。从新公共管理运动开始，"顾客至上""公民至上"成为一种全新的理念。为了顺应公民的参与需求，公共部门更加关注责任性和回应性，绩效管理正是在这种理念下不断发展，其以顾客为中心，外部公民满意度为公共部门绩效评估的终极标准，评估过程也吸纳公民广泛参与。

3. 理论先导：新公共管理理论的兴起

新公共管理理论对公共部门绩效管理产生的影响包括：① 新公共管理理论强调责任机制，以结果和顾客为价值导向，这为公共部门绩效管理的实施奠定了制度基础。② 新公共管理认为政府应重视管理活动的产出和结果，应关注公共部门直接提供服务的效率和质量。因此，政府管理应该通过使命、目标以及产出或结果逐级描述，直至分解成"可测量的绩效示标"，从而最终通过绩效的是否达成来体现行政机构和管理者的责任。① ③ 新公共管理将传统责任机制转变为由公共管理者直接对公众负责的责任机制，因而其责任更容易进行衡量，而公共责任的落实就必然需要具有评价和衡量功能的绩效管理工具的运用。②

（二）公共部门绩效管理的发展阶段

公共部门绩效管理的产生和发展有着特殊的历史背景和深刻的社会原因，它经历了效率考察阶段，逐渐形成强调管理过程的绩效管理；同时随着治理理论的兴起，绩效管理运用到治理过程中，出现绩效治理的新趋势。

1. 效率考察阶段

效率是传统行政管理研究的精髓，被认为是行政管理的起点和归宿。效率讲求投入与产出之比，关注时间、任务、程序、规则等管理要素，重视测算管理过程，要求尽可能减少投入、节约成本。③ 20 世纪 30 年代，西方发达国家开始在公共行政和管理领域使用绩效这一概念。但受私人管理部门的影响，早期西方政府绩效评估主要强调的是效率，从 1979 年到 1985 年期间进行雷纳效率评审、部长管理信息系统、财务管理新方案及一些局部的改革措施，直接目的就是追求投入产出的最大化，侧重点在于经济和效率，而贯穿其中的绩效管理是局部的、分散的早期尝试阶段。这种以效率为中心的评估一直持续到 20 世纪 80 年代。

2. 绩效评估阶段

这一时期主要是 20 世纪 80 年代之后，这一阶段形成较为系统化的绩效评估体系，绩效评估取代效率评估，评估的价值取向由单纯追求效率转变为对经济、效率和效益的追求。从 1986 年开始的改革运动，如下一步行动、公民宪章运动、为质量求竞争等，已开始关注质量和公共服务，而绩效评估也逐渐地走向普遍化、规范化、系统化和科学化的成熟阶段。其主要表现在建立了系统化和规范化的绩效评估机制；把外部市场和公众引入绩效管理的评价系统，使其成为评价主体；采用先进的绩效评估技术，如信息收集处理技术、以多样化的数学模型为标志的分析技术等。④

---

① 王艳. 新公共管理运动对政府绩效管理的影响与启示. 兰州学刊，2004(6).

② 王艳. 新公共管理运动对政府绩效管理的影响与启示. 兰州学刊，2004(6).

③ 卓越. 政府绩效管理概论. 北京：清华大学出版社，2007：8.

④ 王艳. 新公共管理运动对政府绩效管理的影响与启示. 兰州学刊，2004(6).

3. 绩效管理阶段

从20世纪90年代至今，西方各国逐渐从强调绩效评估阶段走向全面性的绩效管理阶段，把政府绩效管理纳入法制化、规范化轨道。美国政府于1993年颁布了《政府绩效及结果法案》，以立法形式确定了政府绩效管理的定位，形成了包括绩效计划、绩效预算、绩效合同、绩效程序、绩效规制、绩效审计、绩效评估、绩效控制和绩效申诉等在内的管理过程。这促进了公共部门从结果导向的管理走向过程导向的管理，使工作人员的工作处于被监督和控制状态，增进绩效的提高和目标的达成。

4. 绩效治理阶段

随着治理理论的发展，很多学者指出未来绩效管理将走向绩效治理阶段，公共部门的绩效管理将更加外部化，重点在于促进国家治理能力的提升。治理理论认为，进入到21世纪，公共部门会遇到更多挑战，这意味着其角色将发生变化，未来的政府不可能是社会管理的唯一主体，公民、私营部门和其他非政府组织将与政府共同成为社会的管理主体。政府的作用越来越多地不仅仅是规制者、资助者和服务提供者，而是作为推动者和社会其他部门如商业机构、非营利组织和公民的合作伙伴，并关注重要的社区问题是否被识别和有效地着手解决；同时公民的作用也不仅仅是投票人，他们被呼吁帮助识别重要问题、提供解决方法、判断目标是否达成，等等。①

（三）我国公共部门绩效管理的主要问题

随着我国机构改革的不断深入，一些地方政府和部门已经开始尝试政府绩效评价的实践活动，并取得了一些成绩。但是由于中国公共部门实行绩效管理起步较晚，没有实践经验，因而政府绩效管理仍存在许多问题，需要进一步发展探索。

1. 公共部门绩效管理理念落后

首先，很多公共部门还没有树立绩效管理理念，思维还滞留在以往最基础的考核阶段，对绩效管理没有足够的重视。绩效管理缺乏统一部署和规划，不同的上级主管部门都有各自独立的绩效考核指标，并对下级进行单线考核，不仅导致下级部门人员疲于应付，增加工作负担，还加重整个部门的绩效考核成本。其次，很多公共部门工作人员不能正确看待和接受绩效管理，甚至对绩效管理有抵触心理。他们往往将绩效管理看成是一种外在的约束和压力，而不是提升绩效和促进职业发展的重要工具。理念的落后形成了“内绩效考核、外绩效管理”的状况：绩效评估在设计指标时缺乏科学性，延续了宽泛的常规形式、单一的评估主体、主观性过强、行政权力过分集中、权利不下放等。

2. 公共部门绩效管理指标体系缺乏科学性

首先，在指标内容设计上，很多公共部门片面地将经济绩效等同政绩，而忽视自然、社会和人的长远发展。因而，在追求效率优先、经济增长优先的价值驱动下，导致指标设计有所偏颇，造成大量低水平的重复建设，给社会的可持续发展带来危害。其次，在指标设计过程上，没有按照绩效指标设计的基本原则建立评估模型和指标体系，也很少按照科学的绩

---

① 卓越，赵蕾．公共部门绩效管理：工具理性和价值理性双导效应．兰州大学学报（社会科学版），2006，34(5)：27－32．

效指标设计技术、方法设置权重，即便是初步建立了相应的原则、指标、模型、技术和方法，也缺乏系统性和科学性。

3. 公共部门绩效管理的过程思维尚未形成

在我国当前公共部门中，绩效管理被片面地理解为绩效考核，止步于考核是否达到了预定的指标标准，忽视绩效管理的其他环节，尚未形成绩效管理全过程思维。首先，忽视绩效规划和绩效信息环节。各个部门没有将绩效管理作为一个整体性战略提上工作日程，且不能全方位地搜集了解各个主体关于绩效方面的信息。其次，缺乏绩效反馈和对绩效结果的合理运用。绩效评估结果基本流于形式，绩效问题不能及时反应给工作人员，绩效结果与奖惩制度相脱离，卓越完成绩效目标的没有相应的奖励，未能达到绩效目标的也不会因此受到影响，绩效管理丧失了最基本的管理作用。

4. 公共部门绩效管理方法简单

随着绩效管理方法和工具的成熟、新技术的不断出现，绩效管理方法更加定量化、客观化和科学化。但是当前很多公共部门绩效管理方法单一，绩效评估工具过于简单，以定性考核为主，定量考核为辅，考核凭经验、凭印象还比较盛行，严重影响了绩效管理和绩效评估的实效。虽然有大量新的评价方法和技术涌现，但这些新方法和新技术在地方政府考核应用的比例很低。所以导致评估程序繁琐，费时费力，成本很高。其次就是重视年度考核，忽视与月度、季度、半年度考核的结合。这与公共部门缺乏一套系统且实用的平时考核办法相关，这就使得考核结果主观随意性大并且难以客观评价被考核者。

5. 公共部门绩效评估主体单一

我国公共部门绩效评估多数是内部评估，且大多是上级对下级的评估，部门的自我评估较少，更缺少公众参与的评估。有些部门即便是采用了公众参与评估，即所谓的"公民评议政府"，但该制度也很不完善，由于信息不对称，公民不仅无法进行评价，而且各个部门由于考虑自己的利益，无论是材料的收集还是处理分析都或多或少地存在"暗箱操作"现象，从而影响整个结果的客观性和准确性。特别是缺乏第三方评估，第三方评估由于多是该领域的专家和学者组成，这些人大都掌握专业知识，信息面较广，又与被评价者没有利益冲突，更能客观公正地做出评价。第三方评估虽然在部分省市部门已有了雏形，但相对于成熟、发达的政府绩效管理还有很多需要改进的地方。

6. 公共部门绩效管理制度不完善

一方面，有些公共部门工作人员的工作职责模糊不清，有的甚至是没有职位说明书，以致绩效的标准缺乏参考，没有科学准确的标准；另一方面，很多地方政府的绩效评估多处于自发状态，没有相应的制度和法律保障，这样使整个绩效评估活动缺乏可持续性和整体战略规划，评估标准、评估原则、评估流程、评估时限、评估机构方面也就没有规范化、制度化和法律化，评估结果自然难以做到客观公正。

（四）我国公共部门绩效管理的发展趋势

1. 公共部门绩效管理理念需不断强化

转变公共部门工作人员的绩效管理理念，重新定位和认识绩效管理。首先，要明确绩效管理的根本目的在于提高组织和人员的工作效率，提升为公民服务的质量，而不在于"评

"出好坏",甚至是为了惩罚。其次,绩效管理是为了更好地搜集各个主体的建议和意见,找到管理中存在的问题,并及时解决,不断促进公共部门的科学发展。

2. 公共部门绩效管理指标体系的科学化

建立健全规范化、系统化和制度化的绩效评估体系是推行绩效管理的关键环节。首先,要全面梳理和分析不同部门的职位,针对每个职位特点制定一套合理的量化指标体系,以保证绩效考核结果能够准确体现实际情况。其次,采用分级考核方法。对于不同部门和岗位的工作人员,要制定有针对性的绩效评估指标体系,以保证考核结果客观公正。最后,要建立一套全方位立体化评估指标体系。根据部门性质、业务范围、区域特点,适当调整评估指标和内容,并要进一步细化评估内容,以提高评估工作的客观性和全面性,保证评估结果客观公正。

3. 公共部门绩效管理过程思维的形成

首先,完善公共部门绩效管理过程和环节。要制定绩效计划,提供明确的绩效期望;通过绩效评价环节保证绩效管理的顺利进行;善于在奖惩中充分利用绩效结果。其次,在绩效管理过程中,加强绩效反馈和沟通,及时让工作人员不断得到关于自己工作绩效的反馈信息,通过绩效沟通使其认识到其对提升组织绩效及个人职业生涯发展的作用,清除对绩效考核的抵触心理。领导也可以随时了解工作进展情况,尽早找到潜在问题并加以修正。这样有助于提高绩效管理工作的有效性,并最终形成良性的绩效管理循环。

4. 公共部门绩效管理方法与工具的多样化

现代科学的发展促进公共部门的管理方法发生很大改变,如大数据系统、互联网+等技术的运用,改变了政府与社会的沟通方式。这些变化都要求绩效管理的手段也要与时俱进,不断改进。首先,公共部门要结合部门实际情况,建立绩效管理"工具箱",包括平衡计分卡、目标管理、标杆管理、指标权重确定中的德尔菲法、AHP(层次分析法)以及其他学科的新方法,根据绩效管理各个环节需要选择合适方法。其次,公共部门要加强大数据和互联网+技术的使用,强化大数据系统和电子政务在绩效管理中的作用。这样不仅有利于决策层、管理层以及操作层之间的沟通,增强信息的可靠性,又为公民广泛、深入参与提供了新的载体和通道,进而提高政府管理的透明化、民主化和公正化程度。

5. 公共部门绩效管理评价主体多元化

评估主体多元化是保障绩效评估结果信度和效度的基础,只有从各个主体视角出发,综合各个评估主体结果,才能全面客观地评定被评估对象。坚持内部评估与外部评估相结合,促进评估主体的多元化是公共部门绩效管理的发展趋势之一。要完善政府内部评价机制,建立多重绩效评估机制,并吸引有关部门(如党委组织部、财政局、智囊机构等)参与评估。建立专门的社会评估组织,鼓励有关专家学者和社会团体对各级政府绩效进行科学的诊断和评估,将政府自我评估、上级评估与专家评估、社会公众评估相结合,实现考核主体多元化,要根据被评估对象的性质确定对各个评价主体的权重。

6. 公共部门绩效管理的制度化和法治化

我国公共绩效管理部门还处于兴起阶段,制度保障的强化建设、绩效管理机构完善与构建、公共部门搭建科学绩效管理信息系统、深化相关立法等是必然发展趋势。公共部门首先应通过立法维护绩效评估，以法律的"威严"来监督开展绩效评估，建设维护好相关法律法规，为公共部门绩效评估有效实施做好充足的准备。其次，公共部门应该从根本上进行体制改革，改变公共部门及其人员的绩效评估观念，将绩效管理的全过程管理环节嵌入到整个体制中，健全和完善各个环节的制度。公共部门可以收集和借鉴各领域在各处展开的各项实践活动，比如说"行业风气测评""万人评测政府工作""绩效建设的反响"等经验。

第二节　公共部门绩效管理的过程

公共部门绩效管理是包括多种构成要素在内的管理过程，缺少其中任何一个子要素，绩效管理便谈不上是全面的和完善的管理过程。即使公共部门绩效管理工作已经涵盖了应有的要素，但是如果这些子要素的完成达不到一定的标准以及它们之间不能形成良好的互动，政府绩效管理便谈不上是科学的管理过程。

关于绩效管理的过程与环节，不同学者有不同的观点。英国学者布雷德拉普（1995）认为绩效管理过程应该包括绩效计划、绩效实施（按照绩效计划和目标的要求进行绩效改进）以及绩效评估等环节。学者方振邦等将绩效管理的各个环节概括为绩效计划、绩效沟通、绩效信息的收集、绩效评价以及绩效反馈五个方面。[1] 学者卓越在《政府绩效管理概论》一书中认为，政府绩效管理是一个完整的学科体系，具体内容包括政府绩效目标、绩效信息、绩效预算、绩效合同、绩效程序、绩效规制、绩效审计、绩效评估、绩效控制和绩效申诉等管理环节。[2] 学者范柏乃在《政府绩效评估与管理》一书中认为，绩效管理一般包括五个构成要素：绩效计划、绩效实施、绩效评估、绩效反馈和绩效评估结果的运用。[3]

可以看出，学者们对绩效管理组成要素的观点是基本一致的，但是在这些要素的具体分类和表述上有所不同。无论绩效管理应该包含几个环节和要素，都应该不能忽视以下几点内容：首先，绩效管理作为管理学的一个分支学科，必然也会历经管理所具有的过程，即计划、组织、领导、控制和创新，由此绩效管理应包括绩效计划、绩效组织（绩效实施）、绩效领导、绩效控制和绩效创新这几个部分。其次，绩效管理也是人力资源管理的重要组成部分，它还具有人力资源管理的相关特征，绩效管理要与人力资源管理中其他管理内容相互联系，这就涉及绩效管理结果的运用。最后，政府绩效管理还不同于企业的绩效管理，应该有其自身的特点。

综上所述，本章认为公共部门绩效管理应该包括以下五个环节：制定绩效计划、管理绩效信息、开展绩效评估、进行绩效沟通反馈以及绩效结果运用（见表9—1）。

绩效管理各个环节相辅相成，共同构成绩效管理的整个过程。其中，绩效计划是绩效管理系统中的基础要素和首要环节，是绩效评估、绩效控制、绩效申诉等绩效管理活动的基础和前提。绩效信息是对政府绩效的特征及其运动变化状态的反映和表述，是绩效管理决策的依据。开展绩效评估是绩效管理的核心环节，是检验公共部门在多大程度上按照绩效计划和绩效目标开展绩效管理活动以及政府管理工作取得了哪些成效。绩效沟通和反馈

① 方振邦，孙一平. 绩效管理. 北京：科学出版社，2010.
② 卓越. 政府绩效管理概论. 北京：清华大学出版社，2007：10.
③ 范柏乃. 政府绩效评估与管理. 上海：复旦大学出版社，2007：12.

是不断监测绩效进展，并将绩效评估结果和信息反馈给不同的利益相关者，以促进绩效改进。绩效结果运用反馈结果，找出存在的问题，分析问题产生的原因，明确目标方向，制定整改方案和措施，在今后的工作中进行改正和提高。需要注意的是绩效结果运用并不意味着绩效管理过程的结束，而是促进绩效水平提高，反过来对绩效目标提出更高要求，从而进入到新一轮绩效管理过程中。绩效管理过程和环节如图 9-1 所示。

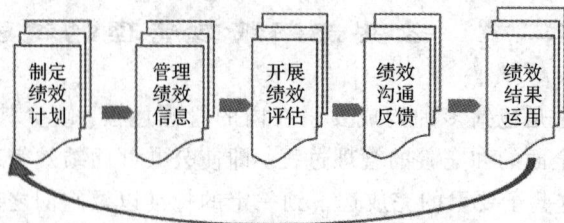

图 9-1　公共部门绩效管理过程

表 9-1　绩效管理五个环节

序号	管理环节	基本释义
1	绩效计划	依据政府工作目标和战略规划制定绩效管理的主要目标、实施步骤、进程安排以及资金预算，指导绩效管理全局工作
2	绩效信息	绩效信息是对政府绩效的特征及其运动变化状态的反映和表述，绩效信息的收集与处理贯穿整个绩效管理过程，是绩效管理各个环节做出调整和重大决定的依据
3	绩效评估	评估主体采取科学的评估方法，依据绩效计划阶段所确定的标准和实施阶段收集的数据，对被评估者在一定时期内的绩效进行评价
4	绩效反馈	绩效反馈机构将测评机构传递的绩效信息，根据绩效反馈相关制度流程，在绩效反馈文化引导下，具有选择性地反馈给被评估对象的过程，从而让被评估者及时了解工作状况，并促使他们改变行为，提高绩效
5	绩效结果运用	绩效结果运用是将绩效评估结果运用到薪酬管理、人员培训和开发、工作分析以及其他人力资源管理过程中，从而充分利用绩效评估结果，保证绩效管理起到实质性作用

一、制定绩效计划

绩效计划是绩效管理的首要环节，对绩效管理的成败起到关键作用，因此要按照科学的程序编制绩效计划，包括内外部环境分析、明确绩效目标、认清约束条件、选择备选方案以及编制绩效预算等。

（一）内外部环境分析

绩效计划的起点工作就是要分析公共部门所处的内外部环境，可以通过 SWOT 分析法，确定与组织相关的各种要素，包括内部优势因素（Strengths）、劣势因素（Weaknesses）、机会因素（Opportunities）和威胁因素（Threats）。在此基础上，对影响组织发展的要素进行排序，确定优先发展次序，并对组织未来发展进行展望，抓住发展机遇。

（二）明确绩效目标

绩效目标（Performance Objective）是指被评估者履行职能或岗位职责所应达到的程度，绩效评估就是将被评估者履行职能或职责的实际结果与其应达到的程度（绩效目标）所进行的对照和比较。[1]在确定绩效目标过程中，既要关注组织总体部署和战略目标，又要通过搜集绩效信息，根据组织实际情况确定适当的绩效水平。一般而言，绩效目标要定时的、可量化的和可达到的，它可以衡量并转化为具体的计划加以实施、控制和评估。

（三）认清约束条件

由于绩效计划的未来情况是极其复杂的，所以需要公共部门充分认识到可能出现的问题，明确完成绩效计划的约束条件，确定整个绩效计划所处的预期环境。对约束条件认识越清楚、越深刻，绩效计划工作就越有效。当然组织不可能预测到所有的约束条件。因此，绩效计划的前提条件确定应限于那些对绩效计划工作具有关键性的、有战略意义的、对绩效计划贯彻实施最有影响的预期环境因素。[2]

（四）选择备选方案

这个阶段包括拟定备选方案、评估备选方案和选择最合适的备选方法。在拟定备选方案中，可以通过自上而下的方式（上层人员拟定，中下层人员对方案进行补充提出建议）、自下而上的方式（由基层人员提出，上层人员对其进行可行性讨论）以及上下结合方式（共同参与讨论），方案应尽可能多。在评估方案中，对每个方案的优劣进行分析，对方案进行全面权衡，排出优先顺序。在选择阶段，根据可行性、满意度和可能效益选择最优方案。

（五）编制绩效预算

将绩效计划转变为预算，使绩效计划数字化，由预算主管机构或其他受委托机构对政府预算计划（包括政府业绩状况和预期业绩目标）通过科学的评价体系进行成本效益分析，据此分配财政资金，使得绩效计划的指标体系更加明确，也可以对绩效计划完成进度进行有效控制和约束。

二、管理绩效信息

绩效信息不是政府绩效本身，而是对绩效之间的联系与相互作用的表征，是人们对政府绩效认知后的再现。政府绩效信息的作用要得到充分的发挥，其必须做到公开化、全真化、实效化和电子化。公共部门对绩效信息的管理包括四个过程，即信息收集、信息保存、信息分析和信息报告。

（一）绩效信息收集

要得到有用的绩效信息，首先就得收集绩效资料。为了更好地收集绩效资料，通常需要做好充分的准备，预先构建完善的资料收集方案。这一方案的第一步就是确定所需收集的信息。这些信息的确定与绩效目标、绩效指标、绩效标准有直接的联系，一般可以通过对指标的分析确定每个评估指标所需要的绩效信息。第二步就是要确定这些信息出自什么地

---

[1] 王乐夫，蔡立辉. 公共管理学. 北京：中国人民大学出版社，2012：266.
[2] 范柏乃. 政府绩效评估与管理. 上海：复旦大学出版社，2007：115.

方，由什么人负责收集。在信息的来源上，主要来源于政府公共部门、社会公众以及对实际效果的鉴定、评估者所进行的调查和听证等。① 接下来，就是进行资料的收集。收集绩效信息要坚持及时、真实原则。收集政府绩效信息也要考虑成本问题、技术问题和权力问题。②

（二）绩效信息保存

公共部门要建立完善的数据储存系统，建立绩效信息数据库，以实现绩效信息的科学管理。在开发绩效信息保存系统和设计软件平台时要明确信息数据的时效性，决定并计划绩效数据分析所需要的分析水平；明确计划绩效数据库之间以及新旧数据来源之间的接口，并且明确收集数据的工具；确定所需数据系统的复杂程度，从而最有效地把数据录入系统；选择合适的形式和操作平台来报告绩效数据；确定数据安全要素，并结合这些要素设计系统。③

（三）绩效信息分析

绩效信息本身并不能直接发挥作用，只有通过专业的分析和使用才能发现问题和预测问题。绩效信息分析需要使用不同的软件、工具和方法对搜集到的数据进行全面解剖，一般要遵循一定的分析流程。这一流程为：收集绩效数据后通过控制图确定是否显现一定的趋势，如果绩效数据存在特定的趋势，就要识别其原因并采取一定的措施。如果没有显现出趋势，就要对绩效进行评估，确定其平均值和方差，进而决定是否要加以改善。如果需要改善就要进入必要的过程调整程序，如果不需要就要确定中标是否有效，否则就要加以调整。

（四）绩效分析报告

绩效报告就是绩效评估的产出，做好绩效报告首先要掌握绩效数据的特性。绩效数据包括效果、效率、生产率、质量和顾客满意度等评估指标。有些数据可直接用原始数字来表示，而其他数据需要用平均数、百分数或比率来表示。考评数据可按月、按季或按年来收集。数据可局限某一政府机构，也可分散到不同的政府机构。其次，要理解听众的需要。不同的报告对象，对绩效信息内容需求不同，理解力也有所不同。针对不同的听众，同样的数据可能会有不同的表达形式。例如，非常熟悉本项工作的人可能会喜欢更详细和更加细分的数据，而普通公众可能需要更简单、更容易理解的绩效数据表达形式。最后，要采用适当的表达形式。绩效结果的报告形式包括列表、图表和绘图等。

三、开展绩效评估

绩效评估是整个绩效管理过程的核心环节，而绩效评估的关键是构建绩效评估指标体系以及组织绩效评估。

（一）构建评估指标体系

1. 指标设计原则

由于绩效评估的制度化与规范化，因此在指标体系开发过程中，不能随意地进行指标体系设计，而是要在一定的原则指导下进行指标制定工作。当下应用比较广泛的指标设计

---

① 周凯. 政府绩效评估导论. 北京：中国人民大学出版社，2006：125.
② 胡税根. 公共部门绩效管理：迎接效能革命的挑战. 杭州：浙江大学出版社，2005：186.
③ 卓越. 政府绩效管理概论. 北京：清华大学出版社，2007：38.

原则有 SMART 原则和 SMT – ABC 原则。

（1）SMART 原则。

S(Specific)，意思是指"具体的"。绩效考核指标必须是具体和明确的，指标设计应当细化到具体内容，保证明确的导向性。

M(Measurable)，意思是指"可度量的"。绩效考核指标应当是容易衡量的，工作业绩成果应体现为可以量化的指标。

A(Attainable)，意思是指"可实现的"。绩效考核指标应当是可以达到的。

R(Realistic)，意思是指"现实的"。绩效考核指标应当具有相关性，必须和政府的战略目标、部门的职能及岗位职责紧密联系。

T(Time – bound)，意思是指"有时限的"。绩效考核指标应当是有明确的时间要求，关注工作完成的效率。

（2）SMT – ABC 原则。

S(Specific)意思是"具体的"，指标是不是具体的，清晰的。

M(Measurable)意思是"可衡量的"，指标是不是可以测量的。

T(Time)意思是"定时"，指标有无时间要求。

A(Achievable)意思是"可实现性"，指标能否达到。

B(Benchmark)意思是"以竞争对手为指标"，指标有没有竞争对手可用于比较。

C(Customer Oriented)意思是"顾客导向"，指标有没有以顾客需求为导向。

2. 指标设计步骤

（1）确定各级指标。一般而言，评估指标体系包括三级指标：① 对一级指标的开发。一级指标在整个评估体系中起到宏观统领作用，主要指的是对组织绩效管理工作宏观视角的把握，只有在对一级指标进行正确界定的情况下才能深入地进行接下来的指标开发设计工作，一旦界定错误，那么这将意味着评估方向的错误，也就难以得到理想的评估结果，也就无法实现绩效评估的意义。② 对二级指标的设计开发。二级指标是对一级指标这一宏观性内容的中观反映，将一级指标的抽象含义，转换为较为具体的内容，从而为三级指标的建立奠定基础。③ 对三级指标的开发。三级指标是对二级指标的具体反映与体现，也可以把它理解成为是对二级指标内涵的界定，它在整个指标体系中应该是最为具体的内容。

（2）进行指标筛选。在确定指标框架和建立指标库的基础上，要对指标进行筛选，可以通过预调研等方法，进行可信度分析，剔除相似指标或者不合适的指标。

（3）指标权重的赋予。指标权重指的是对各个指标项目的配分，从而体现各个指标项目在考核中的重要程度，突出考核的目的。权重赋予原则就是对考核项目重要程度排列顺序的一些规则。在对指标进行权重赋予时还要注意权重应该是随着实际情况的变化而变化的，应该引导被考核者重视自己的短处，不断改善自己的工作。

（二）实施绩效评估

1. 成立评估机构

为确保客观、公正地开展绩效评估工作，需要在评估开始之前建立一个评估机构。评估机构的主要职责是：① 拟定评估方案。确定当次评估的内容和权重体系的选用，规定评估的要求和操作规则。② 制定评估计划。选择和确定评估主体，确定评估周期，拟定各个评估环节的工作计划和人员配备。③ 指导评估工作。评估方案、计划下达至各评估部门和单位以后，评估机构要加强对评估工作的监督和指导。要及时地收集各种情况反映，监督各部门和单位对评估方案、计划的执行情况。

2. 选择评估主体

在确定了评估领导机构之后，最大难题之一就是选择谁来评估。不同评估主体有其自身固有的优缺点，评估人员的素质及其主观态度都会影响评估的结果。因此必须要根据评估的需要在不同环节选择合适的评估主体和人员，还要对相关人员进行评估培训。一般而言，绩效评估的主体可以是直接上级、同级同事、直接下级、被评估本人、顾客和外界评估专家或顾问，这又被称为 360 度评估法。而在公共部门内部，评估主体大致可分为五种类型：综合评估主体、否定指标评估主体、直接主管领导、相对人、自评主体。①

3. 确定实施程序和环节

在绩效评估前期工作完成后，整个评估工作就进入关键一环，就是按照评估程序对评估对象逐一进行评估。这一过程包括评估周期确定、绩效评估动员、评估信息的收集和反馈、评估结果的形成等几个环节。① 评估周期确定。根据部门性质、评估对象或者项目、评估成本等因素选择季度、半年度和年度评估。此外，还可以定期评估与不定期评估相结合。② 评估动员。使参与评估相关部门和人员了解评估事项和评估责任，做好思想和心理准备。③ 评估信息收集。发放和回收各类评估调查表，收集评估所需的绩效信息。对基础资料和数据进行核实、整理，以保证评估数据资料的真实性、准确性和全面性。④ 评估结果形成。根据评估信息进行评估计分，根据指标模型权重设定，计算各项指标加权得分，形成绩效评估总分，形成评估结论，撰写评估报告，建立评估档案。

四、绩效沟通反馈

绩效沟通与反馈往往是公共部门绩效管理中容易忽视的环节，事实上，它贯穿于整个绩效管理的始终，对绩效计划的制订、绩效评估的实施和结果运用都有重要的作用。成功的绩效沟通反馈设计分为三个阶段，包括前期准备阶段、实施阶段和后期跟踪阶段。

(一) 沟通反馈前的准备

准备阶段的主要工作包括：① 对沟通反馈对象进行分类。以各个部门为单位，按照绩效结果分为五个等级或者三个等级，以此为单位划分不同对象类型。② 确定沟通反馈的总目标和分目标。总目标就是通过与员工开展沟通提高工作绩效，从而实现公共部门的战略目标。分目标就是要根据绩效结果反映的问题提炼具体信息。③ 全面解读绩效评估结果。思考四个问题，即沟通反馈对象应该做什么、已经做了什么、为什么会产生这样的结果以及如何改进。④ 选择合适的场所、形式和时间。沟通反馈是一个充满艺术的过程，选择适当的时机、形式和时间有时会达到事半功倍的效果。⑤ 制定沟通提纲。要发挥提纲的引领性和向导性工作，将沟通反馈事项细化在提纲中，做好充足的准备，提高效率。

(二) 沟通反馈的实施

在反馈实施阶段，需要注意以下几个问题：① 立场鲜明坚定。沟通反馈过程中有些员

---

① 卓越. 公共部门绩效管理. 福州：福建人民出版社，2004：246.

工会对结果提出质疑，沟通者要认真记录这些问题，在倾听基础上坚持立场，避免立场不坚定或者混乱，保证沟通反馈的有序性。② 根据既定的目标展开。依据目标按部就班地展开沟通，搜集和完善相关信息，不能偏离目标。③ 灵活应对突发事件。在沟通过程中可能发生意料之外的突发事件，比如有些内向型员工不愿意沟通而导致沟通开展不下去，或者有些员工趁此机会发泄情绪等。此时，沟通者要摆正心态，快速冷静思考，做出应对策略。

（三）沟通反馈后的跟踪

在完成沟通反馈后，绩效管理人员要对沟通对象进行跟踪观察，及时了解沟通对象的工作状态，并从中提炼出沟通绩效和沟通目标达成程度的信息，为调整和完善政府绩效沟通机制和绩效管理机制提供参考依据。

五、绩效结果运用

（一）绩效改进

促进公共部门绩效改进是绩效结果的核心价值体现。它的原理在于在期望绩效与实际绩效的对比分析中，发现两者存在的差距，进而根据这些原因提出绩效改进的方案或计划，通过计划的实施来提升绩效。

1. 绩效改进的要点

绩效结果能暴露出公共部门多种问题，但最好选取一项重要且易做的工作开始进行。如果同时进行多项改进，很可能压力太大而取得适得其反的结果。同时，最好由上级与下级联合选择，能促进彼此的依赖与了解。表9-2呈现的是选择绩效改进要点的方法。

表 9-2　塞默·勒维的选择绩效改进要点方法

绩　效	不 易 改 变	容 易 改 变
急需改进	将其列入长期改进计划，或协助公务员给予酬劳奖励，或与其一起进行	最先做
较不急需改进	目前暂且不去操心	选作第二目标。它或有助于其他更困难的改进工作

2. 绩效改进方案的制定

绩效改进方案是指制定一套具有操作性的改进计划以指导下一步行动，它包括由谁来改进，如何改进以及何时改进等内容。在制定绩效改进方案时，要遵循可操作性、时间性、具体性以及一致性原则。在制定流程上，首先要找到出现的问题以及原因。这些原因可能是主观的，也可能是客观环境因素；可能是上级决策造成的，也可能是下属执行导致的。其次要考虑可能解决的办法，从主观和客观两个方面去突破。最后是确立绩效改进计划，以改进计划表的形式推动。

（二）其他环节运用

公共部门绩效评估结果应该运用到整个管理过程中，充分体现绩效管理的权威性和导向性作用。评估结果具体运用包括：① 对于监管部门，可以作为改善监督的手段，将事后监督变为日常监督；② 对于上级部门和组织人事部门，可以作为被评估责任人进行晋升、任免、奖惩和待遇的参考依据，作为部门预算的参考依据；③ 对于被评估者，可以作为其发现问题、改进工作业绩的参考依据；④ 对于社会公众，通过定期并有选择地发布评估结果可以作为加强社会舆论监督的手段。[1]

第三节 公共部门绩效管理的工具与方法

政府绩效管理以及绩效评估作为政府管理科学化、规范化的重要手段和工具，在世界范围内已经由理论研究层面进入实际操作层面。在绩效管理实践中，学者和实践者们已经开发了近 30 多种绩效管理方法。近年来，随着世界范围内行政管理体制改革的不断深入，出现了各种新的绩效管理方法和工具。本节将重点介绍平衡计分卡、目标管理、标杆管理、360 度反馈评估法等常规方法和第三方评估、公民评估、跨学科评估等新评估方法。

一、公共部门绩效管理的常规工具

（一）平衡计分卡

1. 平衡计分卡的基本含义

平衡计分卡（The Balanced Score Card，BSC）是由罗伯特·卡普兰和戴维·诺顿于 1996 年开发出来的，主要为了改变企业传统绩效评估中过于追求财务指标的现象，通过财务指标与非财务指标的相互补充保证企业获得"平衡"的绩效，它的最大优势是将企业绩效与战略目标相互联系起来。平衡计分卡包括四个基本维度，即客户、内部管理、创新和学习、财务（如图 9-2 所示），代表了股东、客户和员工三个利益相关的群体。企业为这四个维度设立了目标，然后确定衡量指标来考察实际工作是否达到目标。

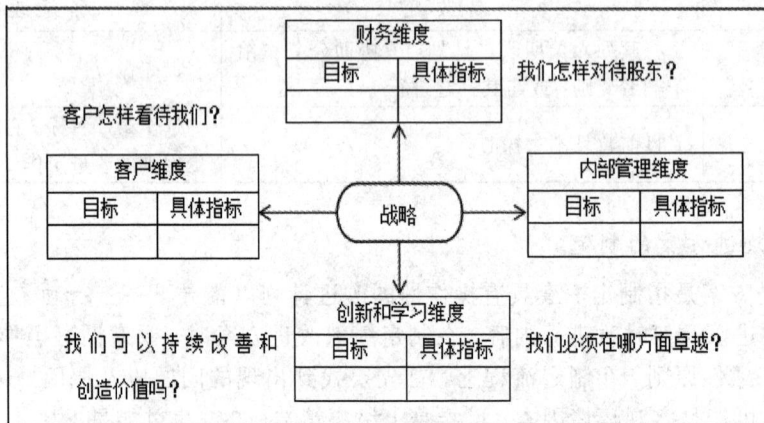

图 9-2 平衡计分卡模型

（资料来源：Kaplan R S, Norton D P. The balanced scorecard—measures that drive performance. Harvard Business Review，1992，70(1)：71-79. 转引自西奥多·H·波伊斯特. 公共部门绩效评估. 肖鸣政，等，译. 北京：中国人民大学出版社，2016：138.）

---

[1] 参见中华人民共和国人事部、中国人事科学研究院行政管理科学研究生所、中国政府绩效评估研究课题组：《中国政府绩效评估》，107-112.

2. 平衡计分卡在公共部门的运用

由于平衡计分卡能够通过绩效指标真正实现组织目标和愿景,因而逐渐在全世界政府部门和非政府组织中得到广泛使用和采纳。但相比企业组织,政府部门不以经济收益和利润最大化为目标,而是以服务公民为立足点,以公共利益为根本目标。因此,当平衡计分卡用于公共部门时,处于最顶层的不是财务维度,而是顾客(公民)维度,同时各个维度的最高目标都区别于企业(如图9-3所示)。

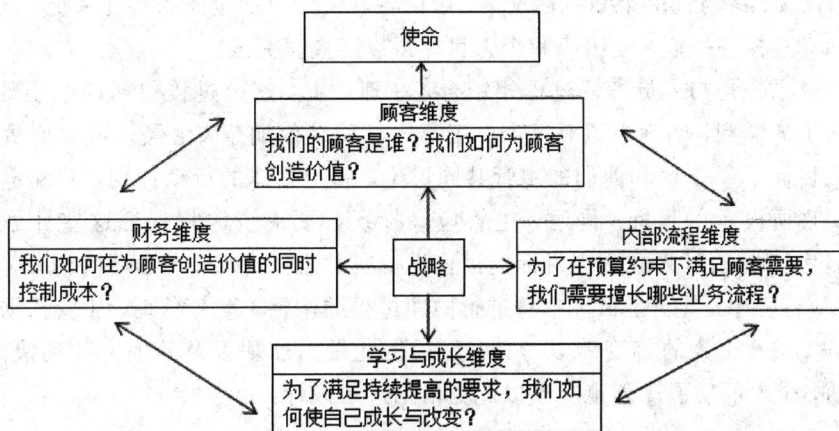

图9-3 政府组织的平衡计分卡模型

(资料来源:[美]保罗·R·尼文. 政府及非营利组织平衡计分卡.胡玉明,等,译.北京:中国财经经济出版社,2004.)

本章以深圳市盐田区盐田街道办事处为例,进一步了解政府部门如何使用平衡计分卡开展绩效评估工作。盐田区街道办事处的具体措施包括:

(1)确定使命、核心价值观、愿景和战略。使命为贯彻落实党的路线方针政策,全心全意造福盐田人民;核心价值观为开拓创新、团结务实、廉洁高效、和谐为民;愿景为建设现代化国际先进滨海城区;战略为民生幸福城区建设、辖区人居环境建设、产业转型升级、以港强区、精神文明建设和基层党的建设六大主题(见图9-3)。

(2)确定四个维度的具体目标。在利益相关者(顾客/公民)维度方面,设置了打造民生幸福城区、优化辖区人居环境、实现经济又好又快发展3个目标。在内部业务流程维度设置9个目标,包括加快产业转型升级、做强港口物流产业、加快城市更新改造、整体提升城区品质、推进平安盐田建设、扩大就业规模、提高卫生、教育水平、提高社会保障水平、提升精神文明建设水平。在学习与成长维度上设置5个目标,包括提高全员综合素质、提高信息化程度、加强党的建设、班子队伍建设、加强机关作风建设。在财务维度上设置3个目标,包括科学安排年度预算、合理使用行政经费以及合理使用专项资金,共形成20个目标(见附录:图9-4)。

(3)设置评价指标、目标值和行动方案。根据形成的20个目标,设置39个具体的评价指标、目标值与行动方案(见附录:表9-3)。

(4)根据组织整体性平衡计分卡制定各个部门以及个人平衡计分卡。

(5) 根据平衡计分卡评价指标开展部门以及个人绩效评估，进行绩效总结。

(二) 目标管理

1. 目标管理的基本含义

目标管理 (Management of Objectives, MBO) 的概念最早是由彼得·德鲁克在 1965 年发表的《以成果为目标的管理》一书中提出的，之后奥迪奥恩等学者将其发展为目标管理理论。目标管理是以目标为导向的管理，它的管理作用基于人力资源管理中三个十分重要的要素：目标设置、参与性决策和目标反馈。可以将其视为一种全面的管理系统，该系统将许多关键的活动连接在一起，使组织和个人目标得以高效率完成。

目标管理系统是与人员考评过程相结合，在理论上，这个过程包括四个步骤：[①]① 通过主管与员工的谈判，明确组织对每个员工第二年的绩效期望，由经理或者雇员个人设置适当的个人目标。② 下属和他们的主管共同讨论，制定具体的行动计划，并确定一种可行的途径来实现所设置的目标。同时，主管应该投入必要的资源来保证这些计划的实现。③ 主管和下级对执行计划和实现目标的进程进行实时监督，如果有必要的话，应对组织战略、资源、执行程序，甚至是目标本身进行中间过程的调整。④ 年终时，主管依据设置的主要目标对员工进行个人的年度绩效考评，然后据此做出加薪以及其他方面的决定。而且，有必要的话，个人的发展计划也应该以此为依据进行设计。

2. 目标管理在公共部门的应用

目标管理理论应用在行政管理领域后，主要意图在于要求政府机构的有效运转应从明确的目标和任务开始，形成一个包括目标的制定、展开、实施和考评等环节在内的工作流程。[②] 我国于 20 世纪 80 年代引入目标管理，又被称为目标管理责任制、目标责任制等，公共部门将"目标"理解为组织绩效目标，对目标完成情况的考核就是绩效考核。

本章将以 A 县 Y 乡的目标责任考核为例，进一步了解政府部门如何使用目标管理开展绩效评估工作。Y 乡的目标责任考核指的是上级政府即 A 县对 Y 乡政府的考核，考核的主要过程包括：

(1) 评估对象。目标责任考核的对象是 Y 乡的广义政府部门，不仅包括乡政府，还要评估党委和其他部门的工作绩效。

(2) 评估定位。A 县目标管理责任制考评委员会办公室向乡、镇下发目标管理责任制年终考评的相关通知，表示要通过目标责任考核"总结经验、表彰激励先进，树立典型、鞭策后进，增强各乡镇、各部门竞争意识，进一步激发和调动全体工作人员的积极性、创造性；转变工作作风，提高工作效率，促进该县经济社会各项事业持续、协调和健康发展"。

(3) 组织机构。A 县目标管理责任考核的组织机构为县委、县政府组成的考核委员会及下设的目标责任制考核办公室，考核委员会负责牵头组织，考核办公室负责实施。

(4) 评估主体。每一单项工作的评估由不同的部门负责组织实施。例如，经济建设情况由县发改委按照经济建设目标任务完成情况组织考核。

---

① [美] 西奥多·H·波伊斯特. 公共部门绩效评估. 肖鸣政，等，译. 北京：中国人民大学出版社，2016：158.
② 陈汉宣，马骏，包国宪. 中国政府绩效评估 30 年. 北京：中央编译出版社，2011：150.

（5）评估内容。评估内容就是评估指标体系，也就是具体的考核目标和任务（见附录：表9-4）。

（6）评估方式。评估方式主要采取中期检查考核和年终综合考核相结合的自上而下的方式。

（7）结果应用。各项指标的完成情况作为单位评优、对领导班子奖惩的依据，对年终考核中综合得分最低的四个乡镇和一票否决的乡镇，不确定等次，由县四大班子进行评议，评议得分最末的一个单位，要对领导班子挂黄牌或通报批评，不能参评和获得各种奖励；连续两年得分最后的单位，对领导班子做调整处理。

（三）标杆管理

1. 标杆管理的基本含义

标杆管理法（Benchmarking）由美国施乐公司于1979年首创，西方管理学界将其与企业再造、战略联盟共同称为20世纪90年代三大管理方法。标杆管理的基本原理就是将自身的关键业绩行为与最强竞争对手或那些在行业领域中领先的、最有名望的企业的关键业绩行为进行比较与评估，分析这些基准企业绩效的形成原因，在此基础上建立企业可持续发展的关键业绩标准及绩效改进的最优策略。[①]

通常情况下标杆管理分为四个步骤：① 确定标杆企业和标杆项目，并确定标杆目标。② 制定具体计划和策略。为企业不同部门和人员制定详细的实施操作计划，通过具体行动达到目标。③ 比较和系统学习。将本企业相关指标与标杆企业相关指标进行比较和分析，找出差距和不足，制定改进计划与方案。④ 效果评估与改进。在每一轮学习完成时都要对企业现有绩效进行评估，检验标杆目标的完成情况，要持续进行学习、优化和完善。

2. 标杆管理在公共部门的应用

随着公共管理者的责任压力不断增加，人们对改进公共绩效的迫切需求以及该系统方法的日益精密，标杆管理在公共部门的使用越来越广泛。一般而言，公共部门标杆管理存在公共类标杆和统计性标杆两种类型。[②]公共类标杆直接关注最佳行为，试图找到某个改革领域、公共服务领域或者项目领域的最佳实践作为学习的样本。统计性标杆根据一组相似组织或者项目的共同绩效指标，广泛地收集同类组织的相关资料，从而与同类组织或项目相比较，来鉴定某个组织或者项目的绩效。[③]这两种类型的标杆管理在公共部门都得到广泛使用，但是随着大数据分析的兴起，统计型标杆更加受到青睐。

本章将以深圳市城市规划为例，进一步了解政府部门如何使用标杆管理。深圳市是国内第一个将标杆管理完整应用到城市规划领域的城市，《深圳市城市总体规划（2007—2020年）》就是深圳以新加坡为标杆学习对象，将标杆管理具体应用到城市规划和公共管理领域。深圳城市规划部门使用标杆管理过程中采取以下几个步骤：[④]

（1）确定城市规划建设中哪些职能范围是最有必要实施标杆管理。通过认真分析，深

---

① 范柏乃. 政府绩效评估与管理. 上海：复旦大学出版社，2007：138.

② 西奥多·H·波伊斯特. 公共部门绩效评估. 肖鸣政，等，译. 北京：中国人民大学出版社，2016：184.

③ 西奥多·H·波伊斯特. 公共部门绩效评估. 肖鸣政，等，译. 北京：中国人民大学出版社，2016：184.

④ 方宏杰，蒋丽君. 标杆管理在公共部门中的应用研究：以深圳城市规划建设为例. 经济视角，2011(2)：10-11.

圳市发现如下几个职能领域是改进的重点：城市规划和旧屋村改造、城市管理、交通管理、环境保护、建筑节能和绿色建筑等。

（2）为每项职能选择一个一流水平的标杆。深圳市最终确定为新加坡。为什么选择新加坡？首先，新加坡与深圳具有许多相似之处：都有着年轻的优势，具有相同的创新、包容、开放、活力等特质和个性；都创造了发展的奇迹；都面临着资源匮乏的约束。其次，新加坡自独立以来，其城市规划建设管理走出了一条超常规快速发展道路，现已成为世界公认的最适宜居住的城市之一。再者，在深圳发展的每一个阶段，新加坡都曾经是深圳学习的标杆。1983年，在深圳特区发展起步阶段，时任市长率团访问；1990年，在深圳快速发展时期，时任市长率团访问；2007年，正向中国特色国际化城市迈进，向科学发展、和谐发展转型的深圳，第三次由时任市长率团向新加坡取经。

（3）对标杆每一项职能的绩效状况加以评估。本案例中的标杆新加坡，其城市规划的职能部门国家发展部，主管形态发展和规划，具体职能部门是市区重建局，具体负责发展规划的编制和修编、开发控制、旧区改造和历史保护。新加坡城市规划体系采取二级体系，分别是战略性的概念规划和实施性的总体规划。概念规划是制定长远发展的目标和原则，体现在形态结构、空间布局和基础设施体系，每十年修编一次，其作用是协调和指导公共建设的长期规划，并为实施规划提供依据。总体规划的核心是短期用途区划，作为开发控制的法定依据，每五年修编一次。在城市建设方面，新加坡突出道路基础设施的整体建设和城市环境的绿化建设，突出以人为本建设理念，形成了鲜明的城市形象。在建设城市道路时，对车道宽度、纵坡、弯道半径、互通立交规模，一般根据实际情况进行合理确定，从长远着眼，制定合理建设周期、确保工程质量。在城市精品工程打造上，新加坡形成了从规划设计、施工组织到质量保证一整套的管理体系。新加坡的一些大型住宅区的设计都严格按照"城市规划——总体设计——建筑设计——景观设计"步骤进行，努力营造优美的建筑景观。在城市管理方面，新加坡强调以人为本、服务为先、法治保障，突出城市管理的组织协调和考核监督机制建设，并强化管理重心下移。从实际效果上看卓有成效，新加坡市容整洁、交通便捷，整座城市日常运行十分规范有序。

（4）对本部门内要实行标杆管理的每项职能的绩效进行评估，并确定它与最佳绩效之间的差距。虽然深圳作为都市的发展只有30年，但是高速增长中出现的失误也产生了沉重的历史包袱，目前已经形成比较明显的制约发展的困境。比如，以违章建筑为例，由于城市规划和管理存在不足，使违章建筑和公共安全问题难以破解。这些情况无不显示出城市规划和管理方面同新加坡的巨大差距。

（5）详细说明为弥补这种差距而采取的具体行动和实施的具体计划。从深圳市2009年编制的城市总体规划中，可以看出在弥补差距上已经开始采取积极行动。深圳划定禁建区、限建区、适建区、已建区四区，对有限的城市资源予以保护。对禁建区和限建区内不符合相关管理法规的所有建筑予以清除，并对予以保留的建筑进行必要的整治和安全检查。对于城中村问题，总体规划划定面积约为14平方千米的土地进行专项改造，以减少火灾等安全隐患。

（6）实施规划并监督结果。2009年的《深圳城市总体规划》为深圳市的未来发展制定了蓝图，而要真正把深圳市建设成为经济繁荣、社会和谐、生态良好、特色鲜明的现代化城市，需要进一步按照规划要求，认真进行实施。此外，为使规划得以落实，还须对规划实施进行必要的监督，有必要对实施管理工作进行事前和事中的监督，及时发现、制止和查处违法违规行为，保证规划的有效实施。

（四）360 度反馈评估法

1. 360 度反馈评估法的基本含义

360 度评估和管理体系是美国通用公司杰克·韦尔奇在 1982 年发明的。它是员工自己、上司、直接部属、同事甚至顾客等从全方位、各个角度来评估人员的方法，从而可以综合不同评价者的意见，得出一个全面、公正的评价。360 度考核法实际上是员工参与管理的方式，在一定程度上增加他们的自主性和对工作的控制，员工的积极性会更高，对组织会更忠诚，提高了员工的工作满意度。

一般而言，360 度反馈评估法分为五个阶段：① 准备阶段。动员所有相关人员，包括所有评估者、被评估者以及管理人员等做好充分的思想和心理准备，正确理解该评估方法；做好评估计划，准备好各个阶段所需要的材料，包括培训材料、评估问卷等。② 实施阶段。首先要选择评估主体，组织评估队伍，包括被评估者、上级领导、同事、下属以及外部顾客，各类评估者的人数 3～6 人最为合适。其次是对评估主体进行培训，使他们熟悉并正确使用该技术。③ 实施 360 度绩效反馈。分别由各个类型的评估者根据评估标准进行评估，在评估填写问卷中最好采取匿名形式，以获得更加真实的信息。④ 统计并报告结果。根据评估问卷、反馈表格以及沟通记录统计评估结果，全方位展开数据分析，形成个人绩效报告。⑤ 反馈问题和制定改进措施。将绩效报告反馈给个人，指出问题，进行沟通，共同制定下一步改进计划或方案。

2. 360 度反馈评估法在公共部门的应用

从 20 世纪 90 年代开始，我国公共部门逐渐意识到单一主体的评估并不能全面反映组织绩效，在政府部门绩效评估过程中，不仅注重与上级领导部门的联系，还要注重政府部门之间的互动联系，更要注重政府部门与外部环境，如公众、媒体、企事业单位、民间组织和社会团体、专业机构等的互动联系，才能有效地弥补传统的直线性单一的垂直上下级评估的不足，保障绩效评估的客观、公正、科学。因此，很多地方政府开始逐渐使用企业管理中 360 度评估方法，创新性地纳入利益相关者进行评估。

本章将以内蒙古乌海市级政府部门的考核方案为例，进一步了解 360 度反馈评估法在公共部门绩效管理中的运用。乌海市从 2008 年开始探索 360 度反馈评估法，不仅有自身评价、上级市级领导评价，还有同级市直部门互评和下级评价干部民主测评，更有顾客评价民意调查和专门部门考核组和监控部门评价，而且还给与了它们不同的赋分和权重。具体评估情况如下：①

（1）政府自身评估——360 度考核中的自我评价。乌海市对二个区政府进行绩效评估中，在召开干部大会之前都会通知各区、各部门的领导班子成员撰写述职报告和工作总结，然后在干部大会上把述职报告和工作总结进行民主评议、考核组进行评价。

（2）地市级领导评价——360 度考核中的上级评价。乌海市级领导干部对三区、市直部

① 任希玖. 360 度考核在乌海市政府部门绩效评估中的应用分析. 中央民族大学，2010.

门的领导班子和领导干部负有领导、管理、监督的重要职责。由所有市级四大领导班子成员通过评议表对各区和市直部门的领导班子和领导干部做一个评价。乌海市各区、各市直部门领导班子的工作评议表（见附录：表9-5），它的评价主体主要是市级党政领导班子成员，他们负责对自己管辖的部门进行工作考核和评价。

（3）市直部门互评——360度考核中的同级评价。同为市直属的各个部门之间由于工作关系，接触很多，所以相互间很了解，这样绩效考核的结果的可信度就较高、可观性强。在乌海市对各区、各部门进行实绩考核过程中，政府考核时分了六大组，每组包括工作联系十分紧密的若干市直属政府部门，组内这些部门互相评价。例如同在一组的农牧局、林业局、环保局、财政局等就可以互评，各部门领导班子成员、环节干部通过填写民主评议表对其他部门的职责完成的情况、工作作风、工作效率、部门间工作衔接及协调配合等方面进行评议（见附录：表9-6）。

（4）民主测评——360度考核中的下级评价。在乌海市对领导班子和领导干部考核时，都要在各区召开干部大会，把乡、镇和区直属部门党政主要领导或分管的中层干部召集起来，填写民主评议表（见附录：表9-7），对市级领导班子的工作执行力和德、能、勤、廉、绩做出综合评价。

（5）民意调查——360度考核中"顾客"的评价。在乌海市对政府部门领导班子和领导干部考核时，主要用了两种社会公众评议政府绩效的方式。① 社会公众代表座谈和问卷调查。就是考核组选择一部分社会公众，包括机关部门的普通职工、离退休群众、知识分子、民营企业家、个体工商户以及社区代表，然后政府派出自己的代表与其进行沟通交流，倾听他们的意见和看法，并同时填写民意调查表。② 社会公众满意度调查。乌海市当年的政府部门绩效考核就利用了网络，在网上把政府部门的工作情况公布出来，然后让网民、感兴趣的老百姓直接通过网络对于自己熟知的部门进行评价，最后考核组再汇总（见附录：表9-8）。

（6）监控部门评价——360度考核中的社会及其他的评价。乌海市的监控部门组员来自人大、政协、民主党派、政府和学术界，它是临时但具有权威性质的一个评估团；主要对难以定性的经济指标、社会指标和精神文明指标进行考核评价（见附录：表9-9）。

二、公共部门绩效管理新方法

随着绩效管理改革的深入发展，绩效管理理念不断变化以及绩效管理技术方法的进步，出现了一些新的绩效评估方法，同时一些工程领域和工商管理中更加客观化、定量化和精确化的方法逐渐使用到公共部门管理中。本节将重点介绍第三方评估、公民评估以及其他学科中的评估方法。

（一）第三方评估

20世纪80年代以来，第三方评估以其特有的独立性、专业性、权威性，保证结果的客观性、公正性和科学性，日益成为绩效评估的重要形式。所谓第三方评估模式是由与政府无隶属关系和利益关系的第三方组织实施的评估政府及其他部门绩效的活动。① 当前第三

---

① 陈新. 中国政府绩效评估方法理论与实践. 天津：天津人民出版社，2016：146.

方组织大致上有以下三种①：一是非政府组织（NGO），二是非营利组织（NPO），三是中介组织（Intermediate Organization）。在一些西方国家，审计机关、司法机关等独立于政府的一些官方组织也属于第三方组织。充分发挥第三方组织在政府绩效评估中的作用有着重大的意义。

第三方组织评估政府绩效源于西方国家。总的来说，国外第三方组织的政府绩效评估有以下特点：一是组织结构类型多样，既有研究机构，又有民间组织和企业。二是专业性强，具有一定的学术基础和评估技术，使得评估活动更具可靠性和科学性。三是公众参与度高，评估中充分听取公众建议，评估结果公开透明，对公众和社会负责。四是有较强的独立性。第三方组织具有较强的独立性和自律性，能够站在"第三方"角度客观做出评估。

近年来，我国很多地方政府开展了第三方评估活动，例如甘肃兰州的"第三方政府"模式。第三方评估的数量和程度均呈上升趋势，作为外部评估大大完善了我国的政府绩效评估体系，弥补了内部评估的不足。当然，第三方评估的实施也暴露出了一些问题：②一是第三方组织缺乏公信力，多数出身于旧的行政体制，带有浓重的官办色彩，独立性较差；二是第三方组织职能体系缺位，规范化管理水平不高；三是第三方组织的专业性有待提高；四是政务信息公开不足，第三方要充分获取政府的相关信息比较困难；五是第三方组织面临的外部法律环境不健全，政府绩效的评估活动缺乏法律保障。

（二）公民评估

美国艾尔弗雷德·P·斯隆基金会（Alfred P. Sloan Foundation）资助的公民联盟小组（Citizens League Team），在考察了美国与其他国家30个社区关于业绩测评与公民参与经验的基础上，发展了一个有效的治理模式——公民参与评估模式。将公民作为政府绩效评价主体，不仅为公民参与公共事务提供了良好的和相对可行的参与渠道，而且有助于实现公民、非政府组织与政府之间的治理伙伴关系，为实现有效的、良好的治理奠定基础。

20世纪90年代末，我国各地政府开始陆续对"公民评议政府"的评估模式进行了卓有成效的探索。1999年首次"万人评议政府"活动在广东省珠海市展开。2001年南京市市级机关作风"万人评估"活动的展开被广泛关注，它不仅仅轰动了南京市、江苏省，而且该活动于2002年3月16日在中央电视台《新闻调查》栏目播出。③迄今为止，江苏、广东、海南、山东、湖北、湖南、贵州、河南、上海、安徽、浙江、云南、重庆、辽宁、甘肃、新疆等众多省份、直辖市、自治区都开展过这一活动。

"公民评议政府"这一绩效评估模式的最大特点是公民参与，而公民参与在实现人民当家作主，构建服务型政府、参与型政府等方面具有重要的意义。"公民评议政府"的绩效评估模式作为公民参与的新载体，也具有丰富而深刻的理论意义和现实意义。虽然，"公民评议政府"这一模式产生了显著的积极的影响，对传统的绩效考核方式也产生了强大的冲击力，但是不能说完全解决了政府绩效评估存在的问题。这些问题包括：评估对象与评估主体的性质、能力不符；绩效评估体系设计并不是很完善；评估组织和实施的独立性与专业

① 胡税根. 公共部门绩效管理：迎接效能革命的挑战. 杭州：浙江大学出版社，2005.
② 陈新. 职能转变视角下的政府绩效评估研究. 南开大学博士论文，2014.
③ 闫小波. 民意、民意机关及监督权：评南京市的"万人评议机关"及末位淘汰. 南京工业大学学报（社会科学版），2002(2).

性不强；评估缺乏常态化；评估结果重在考核本身而非绩效的改善等。

（三）跨学科评估

近年来，随着公共部门绩效评估更加追求科学性、客观性和定量化，大量的工程、工商以及信息科学中的相关方法逐渐运用到公共部门评估中来，包括可拓评价法、灰色系统理论、协商评价、GIS 评估方法、熵权法以及云计算法等。公共部门绩效管理在使用这些方法过程中要根据公共部门特性加以修正，论证适用性和适用条件，从而充实和发展公共部门绩效管理方法。

本 章 小 结

公共部门绩效管理是一个过程管理，主要是指公共部门在履行公共职责的过程中实施的一种全面、系统的管理。公共部门绩效管理区别于私人部门管理，也区别于绩效评估，因而它是以绩效评估为核心的过程管理。同时随着治理理论的兴起，绩效管理运用到治理过程中，出现绩效治理的新趋势。当前我国公共部门绩效管理还存在很多问题，但是总体趋势是走向制度化和规范化。公共部门绩效管理应该包括制定绩效计划、管理绩效信息、开展绩效评估、进行绩效沟通反馈以及绩效结果运用五个环节。在绩效管理实践中，学者和实践者们已经开发了近 30 多种绩效管理方法。本章重点介绍了平衡计分卡、目标管理、标杆管理、360 度反馈评估法等常规方法和第三方评估、公民评估、跨学科评估等新评估方法。

复 习 思 考

1. 公共部门绩效管理的含义是什么？具有哪些基本特征？
2. 我国公共部门绩效管理存在哪些问题？今后的发展趋势如何？
3. 公共部门绩效管理过程包括哪些要素？这些要素之间是什么关系？
4. 公共部门绩效评估的基本步骤是什么？
5. 列举一到两种公共部门绩效管理的常规工具，并说明该工具的具体使用步骤？
6. 如何理解和评价公民评估模式？

★ 阅读材料

[1] ［美］拉塞尔·M. 林登. 无缝隙政府. 北京：中国人民大学出版社，2002.

[2] ［美］格罗弗·斯塔林. 公共部门管理. 上海：上海译文出版社，2003.

[3] Junes, Patria de Lancer and Marc Holzer. Performance Measurement Building Theory, Improving Practice. Armonk, New York：M. E. Sharp，2008.

[4] ［英］克里斯托弗·波利特，［比］海尔特·包克尔特. 公共管理改革：比较分析. 上海：上海译文出版社，2003.

[5] 朱春奎. 公共部门绩效评估：方法与应用. 北京：中国财政经济出版社，2007.

[6] 卓越. 公共部门绩效评估. 北京：中国人民大学出版社，2004.

★主要参考文献

[1] 陈宝胜.中国公共部门绩效管理发展趋势研究.经济与管理,2007,21(10): 74-78.

[2] 陈汉宣,马骏,包国宪.中国政府绩效评估30年.北京:中央编译出版社,2011.

[3] 陈新.中国政府绩效评估方法理论与实践.天津:天津人民出版社,2016:146.

[4] 陈新.职能转变视角下的政府绩效评估研究.南开大学博士论文,2014.

[5] 范柏乃.政府绩效评估与管理.上海:复旦大学出版社,2007.

[6] 方宏杰,蒋丽君.标杆管理在公共部门中的应用研究:以深圳城市规划建设为例. 经济视角,2011(2):10-11.

[7] 付亚,许玉林.绩效考核与绩效管理.北京:电子工业出版社,2004.

[8] 方振邦,孙一平.绩效管理.北京:科学出版社,2010.

[9] 胡税根.公共部门绩效管理:迎接效能革命的挑战.杭州:浙江大学出版社,2005.

[10] 刘华.公共部门绩效考核指标体系的构建.东南学术,2013(2).

[11] 间小波.民意、民意机关及监督权:评南京市的"万人评议机关"及末位淘汰.南京工业大学学报(社会科学版),2002,(2).

[12] 任希玖.360度考核在乌海市政府部门绩效评估中的应用分析.中央民族大学,2010.

[13] 王爱冬.政府绩效评估概论.北京:高等教育出版社,2010.

[14] 王乐夫,蔡立辉.公共管理学.北京:中国人民大学出版社,2012.

[15] 王艳.新公共管理运动对政府绩效管理的影响与启示.兰州学刊,2004(6).

[16] [美]西奥多·H.波伊斯特.公共部门绩效评估.肖鸣政,等,译.北京:中国人民大学出版社,2016.

[17] [美]保罗·R.尼文.政府及非营利组织平衡计分卡.胡玉明,等,译.北京:中国财政经济出版社,2004.

[18] 张成福,党秀云.公共管理学.北京:中国人民大学出版社,2001.

[19] 周凯.政府绩效评估导论.北京:中国人民大学出版社,2006.

[20] 卓越.政府绩效管理概论.北京:清华大学出版社,2007.

[21] 卓越,赵蕾.公共部门绩效管理:工具理性和价值理性双导效应.兰州大学学报(社会科学版),2006,34(5):27-32.

[22] 周志忍.公共组织绩效评估:英国的实践及其对我们的启示.新视野,1995(5):40.

[23] 周志文.平衡计分卡在我国基层政府绩效管理中的应用研究:以深圳市盐田区盐田街道办事处为例.中国人民大学,2011.

[24] Gregory R. and Giddings P. (eds.) Righting Wrongs:The Ombudsman in Six Continents. Amsterdam,IOS Press:8-11.

附录A 案例图表

使　　　命：贯彻落实党的路线方针政策，全心全意造福盐田人民
核心价值观：开拓创新、团结务实、廉洁高效、和谐为民
愿　　　景：建设现代化国际先进滨海城区

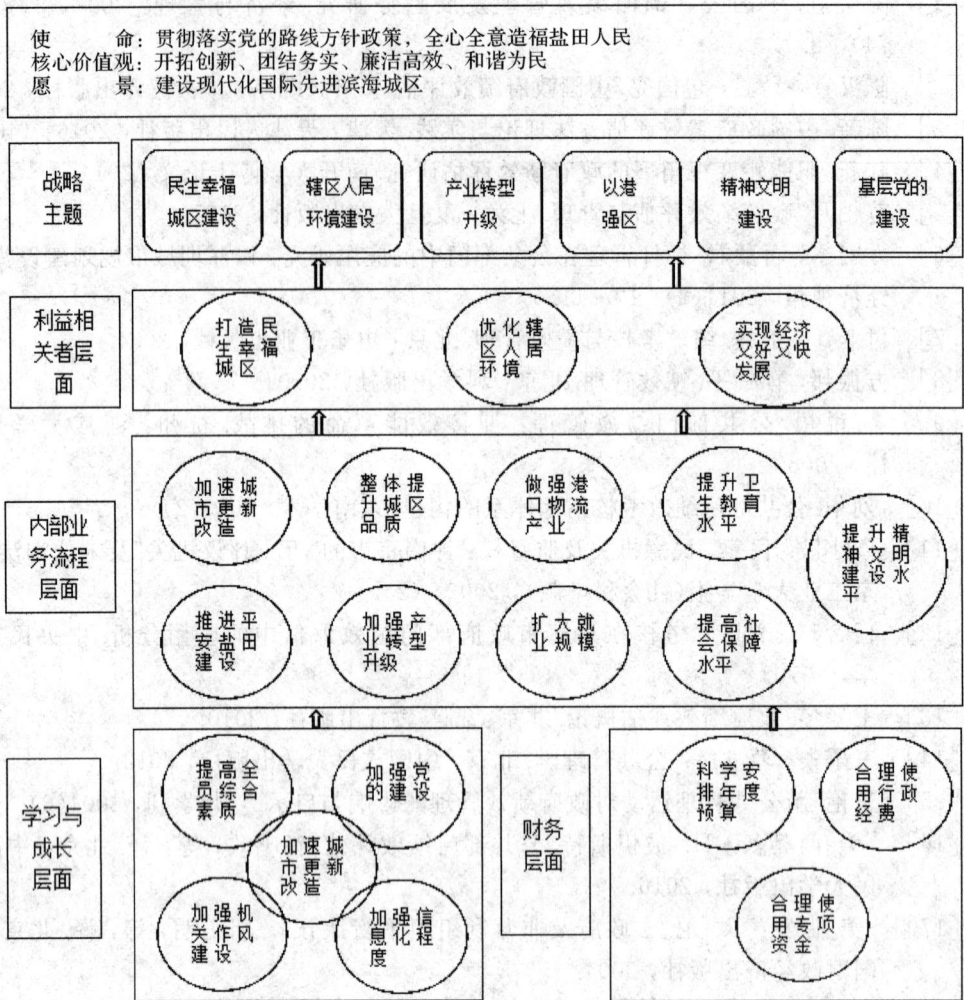

图9-4　深圳市盐田区盐田街道办事处战略地图

（资料来源：周志文.平衡计分卡在我国基层政府绩效管理中的应用研究：以深圳市盐田区盐田街道办事处为例.中国人民大学，2011.）

表9-3　深圳市盐田区盐田街道办事处平衡计分卡

层面	目标	指标	目标值	行动方案
利益相关者	打造民生幸福城市	居民对生活质量的满意度	90%	设计服务满意抽查问卷
	改善发展环境	服务对象的满意度	90%	设计服务满意抽查问卷
	实现经济又好又快发展	企业年经营总收入增长率	5%	推进国有和集体资产运营管理体制创新，激发国有和集体企业发展活力
		企业年利润总额增长率	5%	

层面	目　标	指　标	目标值	行　动　方　案
	加快产业转型升级	集体企业转型率	50%	制定出台产业转型扶持政策
	做强港口物流产业	港口集装箱吞吐量增长率	5%	建设枢纽型港口物流服务平台
	加速城市更新改造	城市更新改造项目完成验收率	95%	科学规划项目，加强项目督查
	整体提升城区品质	新建市政设施建设项目完成验收率	95%	科学规划项目，加强项目督查
		违法建筑数量增长率	0%	加大查处违法建筑的力度
		城中村综合整治项目完成验收率	95%	科学规划项目，加强项目督查
		市容环境提升项目完成验收率	95%	科学规划项目，加强项目督查
内部业务流程层面	推进平安盐田建设	"安全文明小区"达标率	100%	开展考评验收工作
		八类案件案发下降率	5%	建立社会治安立体防控体系
		群体性事件发生下降率	5%	建立健全矛盾纠纷信息预警稳控机制
		生产事故死亡人数增长率	0	建立安全生产网络化管理体系
		全年安全隐患大排查次数	4~5 次	定期开展安全大检查
		重大劳资纠纷案件下降率	5%	建立劳动关系三方协商机制
	扩大就业规模	城镇登记失业率	低于 3%	完善就业工作、就业安置、自主创业平台，定期召开招聘会，开展就业技能培训会
		"零就业家庭"户数	0	
		充分就业社区率	100%	
		劳动合同签订率	95%	
	提高卫生、教育水平	卫生、教育支出增长率	5%	制定年度财政支出预算
		社区卫生服务达标率	100%	定期开展卫生服务检查
		社区政策外出生情况	0	加强检查和教育宣传
	提高社会保障水平	特困人员社会保险援助率	100%	认证贯彻应保尽保和专项救助政策
		优抚安置工作任务完成率	100%	
	提升精神文明建设水平	文体设施建设项目完成率	100%	科学规划项目，加强项目督查

续表

层面	目标	指标	目标值	行动方案
学习与成长层面	提高全员综合素质	集中培训人数	500 人	制定年度培训规划
		培训次数	4～6 次	制定年度培训规划
	提高信息化程度	网上公文办文率	95%	加强信息化建设,实施"无纸化"办公
		盐田网信息更新率	100%	定期更新网上信息
	加强党的建设	党政机关违法违纪案件当期查处率	100%	加大查处案件的力度
	加强班子队伍建设	党政机关"好班子"达标率	100%	开展"好班子"创建活动
	加强机关作风建设	各项工作任务完成率	95%	督查室开展专项督查工作,确保各项工作的完成
		人大建议和政协提案办理率	100%	
		行政执法考评达标率	100%	开展行政执法考评工作
财务层面	科学安排年度预算	年度预算完成率	95%	科学制定预算
	合理使用行政经费	行政经费增长率	0	严格控制行政经费的使用
	合理使用专项资金	专项资金审计合格率	95%	定期审计专项资金的使用情况

(资料来源:周志文.平衡计分卡在我国基层政府绩效管理中的应用研究:以深圳市盐田区盐田街道办事处为例.中国人民大学,2011.)

表 9-4 考核目标和任务指标

一级指标	二级指标	三级指标
经济建设目标任务 (0.75)	个性目标	配合投资商做好境内湖泊水资源开发工作
		万亩蔬菜基地新建新型棚 50 栋、普通棚 100 栋
	共性目标	农业生产
		工业生产
		招商引资
		完成耕地占用税和契税征收任务 5.1 万元
		年内完成 5 个村村内道路硬化
		符合政策生育率保持在 98%

一级指标	二级指标	三级指标
经济建设目标任务（0.75）	共性目标	年内将 2 个定点村建成社会主义新农村建设达标村
		完成劳动社会保障就业任务
		新建全民健身广场 1 个
		完成 10 个村庄规划编制任务
精神文明建设目标（0.20）		完成党的建设工作任务，抓好领导班子和干部队伍建设
		抓好党风廉政建设，实行政务公开制度
		抓好理论学习和思想建设，完成宣传工作任务
		完成社会治安综合治理工作任务，严格保密工作制度；及时处理信访案件，无集体上访，无"法轮功"事件发生
		落实安全生产责任制，本单位、本辖区内无安全责任事故
		落实食品安全生产责任制；完成创卫工作任务；开展"为人民服务，做好人民满意的公务员"活动；完成县委、县政府赋予的临时性目标任务
目标管理、公务员管理工作（0.05）		做好本乡镇（管委会）目标管理责任制的分解，落实考核的组织工作，特别是对县委、县政府确定的重点工程、重要工作任务和本单位的中心工作任务的检查，督促落实和完成情况
		做好《中华人民共和国公务员法》及各单项法规、制度落实工作，围绕公务员能力建设，年内完成公务员宣传培训工作任务和事业单位改革任务

（资料来源：吴建南，阎波，刘佳. 乡镇政府目标责任考核：背景、实施状况及其影响. 选自陈汉宣，马骏，包国宪. 中国政府绩效评估 30 年. 北京：中央编译出版社，2011.）

表 9-5　各区领导班子工作测评表

测评对象_____

评价项目	评价内容	评价意见			
		优	良	平	差
思想政治建设	政治方向 评价要素：政治意识、大局观念、理论学习、协调各方、抓好落实				
	精神状态 评价要素：团结协作、求真务实				
执政能力	驾驭市场经济的能力 评价要素：落实科学发展观，创造性开展工作情况，人流、物流、商流、资金流、信息流发展				
	发展民主政治的能力 评价要素：科学决策水平、集体决策和贯彻民主集中制情况、民主和法制意识				
	建设先进文化的能力 评价要素：把握舆论导向、科技文化事业发展水平				
	构建和谐社会的能力 评价要素：人才发展环境、经济、社会协调发展，处理复杂问题能力，维护社会稳定				

续表

评价项目	评 价 内 容	评价意见			
		优	良	平	差
工作实绩	物质文明建设 评价要素：经济发展、社会进步、环境保护与生态建设				
	精神文明建设 评价要素：群众性精神文明创建活动、思想道德建设				
	政治文明建设 评价要素：基层党组织建设，党员队伍建设，干部队伍建设，党务、政务公开情况，基层民主政治建设				
	创造性开展工作 评价要素：开拓性、创新性地开展工作情况				
	绩效成本 评价要素：取得工作成绩时是否注重付出的成本				
党风廉政建设					
保持共产党员先进性教育活动及整改措施落实情况					
综合评价					

（资料来源：任希玖. 360度考核在乌海市政府部门绩效评估中的应用分析. 中央民族大学，2010.）

表9-6 市直部门领导班子民主测评表

测评对象＿＿＿＿＿＿＿＿＿

评价项目	评 价 内 容	评价意见			
		优	良	平	差
思想政治建设	学习型、服务型机关建设情况				
	团结协作				
	求真务实				
执政能力	落实科学发展观和科学决策水平				
	集体决策和贯彻民主集中制情况				
	依法办事和服务经济工作				
	处理复杂问题能力				
	干部队伍建设				
工作实绩	创造性开展工作情况				
	工作成效				
	绩效成本				
党风廉政建设					
保持共产党员先进性教育活动及整改措施落实情况					
综合评价					

（资料来源：任希玖. 360度考核在乌海市政府部门绩效评估中的应用分析. 中央民族大学，2010.）

表 9 - 7　领导班子执行力建设情况民主评议表

被评议单位：　　　　　　　　　　　填表人姓名可不填写

您好，本评议表是市委为了解掌握我市三区、市直部门领导班子贯彻落实上级重大决策和重要工作部署情况，加强领导班子执行力建设而设计的。请您在下面认为或认可的选项框内打"√"，如不了解或判断不准确则可不选。希望您认真填写，反映真实情况，并提出宝贵的意见和建议。参加干部大会时，本评议表统一交考核组。

总体评价

□ 好　　　□ 一般　　　□ 差　　　□ 不了解

一、执行意愿

□ 好　　　□ 一般　　　□ 差　　　□ 不了解

存在问题

□ 学习传达上级的决策和工作部署不够及时　　　□ 消极应付，有抵触情绪

□ 思想观念陈旧，不适应形势、任务的发展需求

□ 缺乏开拓创新精神，满足于维持工作现状

□ 遇到困难和问题推诿扯皮，不敢碰硬　　　　　□ 班子成员不团结，缺乏合力

其他：

二、工作作风

□ 好　　　□ 一般　　　□ 差　　　□ 不了解

存在问题

□ 作风不民主，征求意见不够　　　　　　　　　□ 好大喜功，搞形式主义

□ 脱离群众，脱离实际　　　　　　　　　　　　□ 存在不廉洁行为

□ 铺张浪费，大手大脚

其他：

三、执行能力

1. 执照科学发展观的要求科学决策

□ 强　　　□ 一般　　　□ 差　　　□ 不了解

2. 工作能力

□ 强　　　□ 一般　　　□ 差　　　□ 不了解

3. 依法办事能力

□ 强　　　□ 一般　　　□ 差　　　□ 不了解

4. 协调能力

□ 强　　　□ 一般　　　□ 差　　　□ 不了解

5. 选人用人能力

□ 强　　　□ 一般　　　□ 差　　　□ 不了解

6. 创新能力

□ 强　　　□ 一般　　　□ 差　　　□ 不了解

存在问题

□ 脱离群众，解决实际问题的能力差　　　　　　□ 决策不科学

□ 在贯彻落实上级精神过程中工作存在偏差　　　□ 注意个人执行，忽视集体推动

□ 工作能力与实际工作需要不相适应　　　　　　□ 应对复杂局面的能力差，矛盾上交

四、执行效果

□ 好　　□ 一般　　□ 差　　□ 不了解

存在问题

□ 不能按时完成　　　　　　　　　　　　　　□ 完在质量较差

□ 采取措施不当，出现了一些问题或引发了一些矛盾

其他：

五、您对加强领导班子执行力建设有哪些意见和建议？

（资料来源：任希玖. 360 度考核在乌海市政府部门绩效评估中的应用分析. 中央民族大学，2010.）

表 9 - 8　海勃湾区党政领导班子年度考核民意调查

调查项目（海勃湾区）		评价意见				
		满意	比较满意	不太满意	不满意	不了解
民生改善	收入水平提高情况					
	生活环境改善情况					
	就业服务情况					
	最低生活保障情况					
	看病就医情况					
	子女就学和教育收费情况					
	文化设施建设情况					
社会和谐	社会治安，群众安全感					
	社会矛盾调解，信访接待情况					
	社会风气					
	民主权利保障情况					
党风政风	依法办事情况					
	机关服务质量					
	机关工作作风					
	基层党组织和党员作用发挥					
	整治用人上的不正之风					
	领导干部廉洁从政情况					
其他建议和意见						

（资料来源：任希玖. 360 度考核在乌海市政府部门绩效评估中的应用分析. 中央民族大学，2010.）

表9-9 区政府工作完成情况评议表

_____区政府工作完成情况评议表

填写注意事项

1. 请您根据掌握的实际情况，对表中所列各项职能职责工作完成情况进行评价，在对应的评价档次中划"√"。

2. 填好后随同其他评议表在干部大会上一并交考核组。

项目	内容	检查情况	检查得分 (100)	对该项工作完成情况评价			
				好	比较好	一般	较差
1. 经济发展情况	(1) 工业指标						
	(2) 农业指标						
	(3) 财政收入						
	(4) 生态建设						
2. 社会发展情况	(1) 人口与计划生育情况						
	(2) 安全性生产情况						
	(3) 社会安全综合治理						
	(4) 廉租房建设和棚户改造						
3. 创新性工作	(1) 环卫体制改革						
	(2) 推进信息化建设工作						
4. 党建和精神文明建设	(1) 落实市委党委的党建工作						
	(2) 组织工作						
	(3) 廉政建设						

（资料来源：任希玖. 360度考核在乌海市政府部门绩效评估中的应用分析. 中央民族大学，2010.）

第十章 公共危机管理

【学习目标】

　　了解公共危机管理的基本概念、发展及国内外的形成体制。掌握公共危机管理的四个阶段以及危机管理的基本原则，熟悉公共危机管理的具体职能和危机管理的主要流程，进而掌握公共危机治理的三个方面：社会动员、信息传播和国际合作。

【引导案例】

深圳光明新区渣土受纳场"12·20"特别重大事故的反思

　　2015年12月20日，位于深圳市光明新区的红坳渣土受纳场发生滑坡事故，造成73人死亡、4人下落不明、17人受伤，直接经济损失8.81亿元。

　　事故发生后，党中央、国务院高度重视，习近平总书记立即做出重要指示，要求第一时间抢救被困人员，尽全力减少人员伤亡，做好伤员救治和善后工作。李克强总理也做出重要批示，提出救援处置要求。受习近平总书记、李克强总理委派，王勇国务委员率有关部门负责同志紧急赶赴现场指导救援处置工作。经各方努力，2016年1月14日，事故救援及现场处置完毕，外运土方278万立方米，现场见底验收面积18.4万平方米。17名伤员得到妥善医治。受事故影响的90家企业、4630名员工得到妥善安置。

　　2015年12月25日，在国务院深圳光明新区"12·20"滑坡灾害调查组排除山体滑坡、认定不属于自然地质灾害的基础上，依据有关法律法规并经国务院批准，成立国务院广东深圳光明新区渣土受纳场"12·20"特别重大滑坡事故调查组。调查组由安全监管总局、公安部、监察部、国土资源部、住房城乡建设部、全国总工会和广东省人民政府等有关方面组成，邀请最高人民检察院派员参加，并聘请规划设计、环境监测、岩土力学、固体废弃物和法律等方面专家参与事故调查工作。

　　调查组查明，事故直接原因是：红坳受纳场没有建设有效的导排水系统，受纳场内积水未能导出排泄，致使堆填的渣土含水过饱和，形成底部软弱滑动带；严重超量超高堆填加载，下滑推力逐渐增大、稳定性降低，导致渣土失稳滑出，体积庞大的高势能滑坡体形成了巨大的冲击力，加之事发前险情处置错误，造成重大人员伤亡和财产损失。

　　调查认定，深圳市绿威公司为红坳受纳场运营服务项目的中标企业，违法将全部运营服务项目整体转包给深圳市益相龙公司。深圳市益相龙公司未经正规勘察和设计，违法违规组织红坳受纳场建设施工；现场作业管理混乱，违法违规开展红坳受纳场运营；无视受纳场安全风险，对事故征兆和险情处置错误。与益相龙公司有债务关系的林敏武、王明斌等人通过债权换股权的形式实际参与红坳受纳场项目运营。两家公司和实际参与运营者都是事故责任主体。

　　调查认定，深圳市和光明新区党委政府未认真贯彻执行党和国家有关安全生产政策方针和法律法规，违法违规推动渣土受纳场建设，对有关部门存在的问题失察失管；深圳市城市管理、建设、环保、水务、规划国土等部门违法违规审批许可，未按规定履行日常监管职责，未有效整治和排除群众反映的红坳受纳场存在的安全隐患；广东华玺建筑设计有限公司在未经任何设计、计算和校审的情况下出具红坳受纳场施工设计图纸并伪造出图时间，从中牟利。

调查组对 110 名责任人员提出了处理意见。其中，司法机关已采取刑事强制措施的 53 人，包括：公安机关依法立案侦查并采取刑事强制措施的企业和中介机构人员 34 名，检察机关立案侦查并采取刑事强制措施的涉嫌职务犯罪人员 19 名。调查组另对 57 名相关责任人员提出了处理意见：建议对深圳市委市政府 2 名现任负责人和 1 名原负责人等 49 名责任人员给予党纪政纪处分，其中厅局级 11 人、县处级 27 人、科级及以下 11 人；建议对深圳市委、市政府主要负责人等 2 名责任人员进行通报批评，对深圳市有关部门的 6 名责任人员进行诫勉谈话。调查组还建议责成广东省政府向国务院做出深刻检查，责成深圳市委、市政府向广东省委、省政府做出深刻检查。

2016 年 7 月，国务院批复了广东深圳光明新区渣土受纳场"12·20"特别重大滑坡事故调查报告。经国务院调查组认定，广东深圳光明新区渣土受纳场"12·20"滑坡事故是一起特别重大的生产安全责任事故。

（资源来源：2016 年 7 月 15 日新华通讯社：广东深圳光明新区渣土受纳场"12·20"特别重大滑坡事故调查报告公布）

案例思考题：
1. 分析事故造成的生命财产损失与公共危机管理之间的关系。
2. 分析事故造成的直接原因和间接原因。
3. 结合案例，运用公共危机不同阶段与管理过程理论，总结此次危机的教训。

第一节　公共危机管理概述

人类历史从来就是一部危险又精彩的危机抗争史，与自然抗争、与社会抗争、与人类自己抗争，因为抗争，成就了人的社会性，也推动了科学与技术进步。进入到 21 世纪，各种天灾、人祸并没有因科技的飞速进步而有所减缓，反而以同样惊人的速度刺激人的思维，并进一步挑战人类的组织合作能力、应对能力和修缮能力。从 2001 年美国的 911 事件到 2003 年的 SARS 疫情，从 2004 年的禽流感疫情和印度洋海啸到 2005 年美国新奥尔良的"卡特里娜"飓风，从 5·12 汶川大地震到 3·11 东日本大地震、海啸及核泄漏，以及近年来因中东半岛危机引发的一系列向全球蔓延的恐怖袭击等。越来越频繁、越来越复杂的公共危机事件引起全世界民众的关注，也挑战着社会系统的核心价值与运行能力，更促使人类必须以新的视界与方法论、新的治理和措施来应对各种公共危机。

一、公共危机管理的基本概念

（一）危机与公共危机的界定

1. 危机的概念

危机 Crisis 一词来自希腊语，其词根 KRISIS 意味着分离，最初用于医学领域，意指人濒临死亡、游离于生死之间的那种状态，后来所指对象不断扩展到与这种状态有关的各个领域。至18、19世纪，危机的概念逐渐被引入政治领域，表明政治体制或政府处于紧急状态，继而有了危机管理的概念。①

《社会科学国际百科全书》(1972)从不同角度描述了危机的特点：所谓危机"① 通常为一系列即将发生事件中的转折点；② 是一种急需参与者采取行动的情境；③ 威胁有关方面的目标；④ 将产生重要结果，影响参与方的未来；⑤ 包括多个事件的，促使人们对所处情境进行新的评估并形成应对的备选方案；⑥ 减少对事件及其影响的控制；⑦ 增强紧急性，通常在参与者中间产生压力和焦虑；⑧ 是一种情势，参与者可获得的信息通常不足；⑨ 增加参与方的时间压力；⑩ 以参与方之间的关系变化为标志；⑪ 提升参与方法论之间的紧张程度"。②至此之后，各国学者从不同的角度，以不同的方法开展对危机的研究。

总而言之，英文中的 Crisis，一般是指事件具有高度危机性和高度不确定性的情形，危机到底是由好变坏还是由坏变好，关键是如何在这个"分水岭"做出关键性决策。而在现代汉语中，"危机"一词的评议比较清晰，是"危险或威胁"和"机会与机遇"的复合词，同时包含着两者之间的辩证关系。这可以从我国传统哲学思想中找到源头，《周易·系辞下》中说："子曰，危者，安其位者也；亡者，保其存者也；乱者，有其治者也，是故君子安而不忘危，存而不忘亡，治而不忘乱，是以身安而国家可保也。"历经几千年，居安思危早已成为我国上至治国理政、下达市井生活的基本哲学处事方式。国内危机管理学者张成福教授认为，"所谓危机，它是这样一种紧急事件或紧急情况，它的出现和爆发严重影响社会的正常运作，对生命、财产、环境等造成威胁、损害，超出了政府和社会常态的管理能力，要求政府和社会采取特殊的措施加以应对。"③薛澜教授在《危机管理——转型期中国面临的挑战》一书中认为罗森塔尔④的定义更能准确反映危机的内涵。因此，他认为"危机通常是在决策者的核心价值观念受到严重威胁或挑战、有关信息很不充分，事态发展具有高度不确定性和需要迅捷决策等不利情境的汇聚"。⑤

因此，我们认识"危机"，需要强调以下两点：第一，危机同时包含着危机和机遇两种情境，化险为夷是可能的；第二，危机关键点的识别和管控需要高超的决策能力和管理能力，这正是危机管理研究和实践的重要意义。

2. 公共危机

现实生活中，我们每个人、每个组织、甚至每个国家和地区都会面临不同层面利益受威胁的情景，可以说这些威胁都构成了不同程度与范围大小的危机。赫尔曼（Hermann）认为危机就是这样一种情景状态，其决策主体的根本目标受到威胁，在改变决策之间可获得

---

① 冯慧玲. 公共危机启示录：对 SARS 的多维审视. 北京：中国人民大学出版社，2003：2 - 3.

② Robinson James A. "Crisis，" in Davil，I Sills. International Encyclopedia of the Social Sciences，The Macmillan Company and the Free Press，1972：510 - 511.

③ 冯慧玲. 公共危机启示录：对 SARS 的多维审视. 北京：中国人民大学出版社，2003：75.

④ Rosenthal Uriel，Charles Michael T. Coping with Crisis：The Management of Disasters，Riots and Terrorism. Springfield：Charles C. Thomas，1989.

⑤ 薛澜. 危机管理：转型期中国面临的挑战. 北京：清华大学出版社，2003：25.

的反映时间很有限，其发生也出乎决策主体的意料；①巴顿(Barton)认为危机是"一个会引起潜在负面影响的具有不确定性的大事件，这种事件及其后果可能对组织及其人员、产品、服务、资产和声誉造成巨大损害"。②可见，危机决策主体和危机影响各不相同，有些危机局限于个体或是小范围，有些危机则波及全社会。因此我们按危机影响的范围、层面、程度的大小，以及对整体社会价值观的威胁程度，将危机分为一般危机和公共危机。③

一般危机主要是指企业(私人部门)层面上的危机，这种危机的影响一般只局限于该组织内部，对外界的影响以及对整体价值观的影响都不大；而公共危机则是比一般危机更为特殊的危机状态，它的影响范围和威胁程度更大，需要以政府部门为主体的公共部门在时间压力极大和不确定性的情况下做出关键性决策。斯蒂尔曼认为，公共危机是指社会偏离正常轨道的过程与非均衡状态。④国内学者龚维斌认为，"公共危机是一个事件突然发生对大众正常的生活、工作以至生命财产构成威胁的状态。"⑤学者刘鹏从危机管理的内容角度界定了公共危机，"政府或其他社会组织通过监测、预警、预控、应急处理、评估、恢复等措施，防止可能发生的危机，处理已经发生的危机，以减少损失，甚至将危险转化为机会，保护公民的人身和财产安全，维护社会和国家的安全和稳定。"⑥总之公共危机是对社会造成严重影响的危机，是需要更广泛协调、动员和管理能力的过程。

(二) 相关概念辨析

1. 危机与灾害

在国内外学术界，"危机"(Crisis)与"灾害"(Disaster)是经常互用的两个词汇。国外学者认为，"灾害"一词实际体现了人们对"危机"结果的判断，当危机产生负面结果时，灾害也就发生了。而巨灾(Catastrophe)一词则指非常严重的灾害，往往造成巨大的人员伤亡、财产损失、社会系统运行的长时间中断。⑦灾害有各种不同的起因和类型，应对灾害的措施方法也会因此而不同。美国学者迈克尔·林德尔将灾害分为三种：自然灾害，技术灾害和恐怖灾害，其中恐怖灾害是最近被公认的必须共同面对的威胁，它与其他两种不同，是有意导致人员伤亡的一种行为。⑧因此，国内学者王宏伟认为，风险的大小与危机管理能力的强弱决定了公共危机演变为灾难的可能性的大小，并给出了公式：⑨

风险(Risk)＝致灾因子(Harzard)×脆弱性(Vulnerability)

为了防止或是减缓危机演变为灾害，那么识别致灾因子，并降低脆弱性(也叫易损性)，则是转危为安的重要途径，也是我们区分危机与灾害的重要原因。

---

① Hermann Charles F. International Crisis：Insights From Behavioral Research. New York：Free Press，1972.

② [澳]罗伯特·希斯. 危机管理. 王成，宋炳辉，金瑛，译. 北京：中信出版社，2001：18-19.

③ 薛澜，张强. 直面危机：SARS 险局与中国治理转型. 人民网，2003-05-19.

④ [美]斯蒂尔曼 R J. 公共行政学. 北京：中国社会科学出版社，1989：114.

⑤ 龚维斌. 公共危机管理的内涵及其特点. 西南政法大学学报，2004，6(3)：8.

⑥ 刘鹏. 城市公共危机预警研究. 北京：中央编译出版社，2009：32.

⑦ ArjenBoin. Crisis Management，Vol. 1，first published by SAGE Publications Ltd. 2008，PXIX.

⑧ 迈克尔·K. 林德尔，等. 公共危机与应急管理概论. 王宏伟，译. 北京：中国人民大学出版社，2016：3-4.

⑨ 王宏伟. 公共危机管理. 北京：中国人民大学出版社，2012：8.

2. 致灾因子与脆弱性

根据《联合国国际减灾战略减轻灾害风险术语》(2009 年版)，致灾因子是一种具有危险性的现象、物质、活动，可能造成人员伤亡，影响健康，导致财产损失、生活或服务设施丧失，社会和经济扰动、环境破坏。必须认识到致灾因子具有地理特殊性，针对特定场所、特定环境其极端影响各不相同。比如对于太平洋地区，台风这一致灾因子就不容忽视，而针对北美西部加州地区，山火致灾因子则需提高警惕。对于特殊地区如中东地区恐怖袭击成为日常危机管理的重心，而另外一些地区如日本预防地震、火山爆发则是地区危机管理的重点。

美国国家标准局(American National Standards Institute)制定的 NFPA1600(《应对灾难/应急管理以及商业计划标准》)2007 年版将致灾因子分为以下几类(见表 10-1 所示)。

表 10-1　致灾因子的分类

致灾因子	分　　　类
自然因子	地质致灾因子：地震；海啸；火山；滑坡；泥石流；沉降等 气象致灾因子：洪水；潮汐；干旱；森林火灾；冰雪、冰雹、雪崩、飓风、热带气旋、龙卷风、沙尘暴、寒潮、热浪、雷击、地磁暴等 生物致灾因子：影响人或动物的传染病等
人为因子	事故致灾因子：有害物质泄漏、爆炸或火灾；交通事故；建筑结构坍塌；能源、电力等设施崩溃；燃料或资源短缺；空气或水污染；崩坝或决堤；金融问题、经济萧条、通货膨胀、金融系统崩溃；通信系统中断等 故意致灾因子：恐怖主义；暴动或骚乱；敌国入侵、战争；罢工或劳资纠纷；犯罪活动；电磁脉冲干扰；物理或信息安全问题；产品瑕疵或污染；歧视；骚扰等
技术因子	中央计算机系统问题；辅助支持设备问题；电信问题；能源或电力设施问题等

(资料来源：NFPA1600，2007)

所谓脆弱性主要指人或事物针对不同的致灾因子所表现出的程度不同、应对与恢复能力不同的易损性。脆弱性包括物理脆弱性和社会脆弱性。具体来讲，物理脆弱性指物理空间环境下人与物相对于致灾因子的易损性，主要分三类：① 人的脆弱性。相对于极端物理环境和化学暴露所导致的人的伤亡与疾病，外部环境的差异以及人自身的个体或群体差异都会导致受损程度的差异。② 农业脆弱性。与人类一样，不同的物种在面对不同致灾因子时所表现的抵抗能力或易损性也截然不同。农业脆弱性比人的脆弱性更复杂，涉及的物种更多，彼此间的相互影响更加多元。③ 建筑脆弱性。建筑设计与材料决定了建筑物的脆弱程度。但相关建筑法规能够根据当地的自然地理和气候条件，以及特定的社会发展阶段，制定相应的规范，在一定程度上预防建筑物的毁损。社会脆弱性主要指个人或群体面对不同致灾因子所表现出的预测、应对、抵抗和恢复的能力。在面对灾害影响时，不同的人或群体所拥有的经济、政治、社会和心理资源也完全不同。比如同样的地震灾害，日本人民表现出的应对能力就尤其突出，教育与社会动员是减缓社会脆弱性的有效工具。

3. 紧急事件与突发事件

紧急(Emergency)，这个词字面意思是指迫在眉睫的情形，紧急事件强调在非常短时期需要立即采取行动、并做出有效处置的事件，主要指损害程度不高、危害不大、比较容易处置的事件，训练有素的应急人员可以依靠常规手段迅速加以解决。一般来说它不会在更大范围内引起连锁反应，不会产生系统性影响。常见的紧急事件包括小型火灾、心脏病、车祸等，公安部门、消防部门、医护部门通常是这类事件的第一响应主体。[①]但是，紧急事件还指迫在眉睫的事件，响应时间有限，如果不及时处理，如类似台风等需要提前预防的紧急情况，则可能随时演变成危机，需要其他部门密切响应跟进。

突发事件是具有中国情境的词汇，2007 年 8 月 30 日颁布的《中华人民共和国突发事件应对法》专门解读了这一概念："是指突然发生，造成或者可能造成严重社会危害、需要采取应急处置措施予以应对的自然灾害、事故灾难、公共卫生事件和社会安全事件"。由于该法律中所界定的突发事件具有公共性和严重危害性，对其管理的目的是为了应对危机，因此，在我国对突发事件的识别通常成为危机演变重要节点的识别，危机作为一个不断演变的情景和过程，突发事件也被认为是危机管理中的重要环节。对突发事件的识别，尤其是在中国情境下区别公共危机，需要注意以下几点：

第一，突发性。从发生的角度看，公共危机不一定有突发性，许多危机具有潜伏期长、冲突期缓、发展渐变的特征，是否一定会产生焦点或突发事件则并不确定。而另一方面危机的发展也有可能存在若干突发事件。

第二，节点性。从持续时期来看，公共危机是一个不断演变的持续性过程，而突发事件作为一个焦点"事件"，往往是引导公共危机发生转折的重要节点。虽然在现实中我们往往将突发事件指代公共危机，但事实上二者并不能完全划等号，严格意义上来看公共危机的持续影响将更广。

第三，事实性。从发生事实来看，突发事件具有人所共知的特点，而公共危机的判断则具有很强的"主观性"，尤其是慢燃型、长投影型危机，如长期的环境危机、气候变化危机等。

二、公共危机管理的类型

（一）公共危机管理的发展

在许多国家公共危机管理也被称为应急管理或灾害管理，美国、英国、加拿大、澳大利亚等国，使用"应急管理"一词，日本、荷兰等国使用"危机管理"一词。其具体的定义和分类与各国的历史、文化和政治等因素密切相关。但是，随着时代发展，尤其是二战后世界格局的重大改变，信息技术的突飞猛进，使传统的依靠民防和应战的应急管理以及导源于天灾与地灾的灾害管理逐渐发展为多因素、综合性的危机管理。

1. 应急管理

英国的应急管理起源于民防，1948 年英国出台了《民防法》，中央授权地方政府负责应对可能发生的公共危机，中央政府不强求地方组织或机构进行合作与协调；之后，2001 年 7 月内阁办公室设立国民紧急事务秘书处，主要履行公共危机管理职能；911 事件之后，英国政府进一步升级了危机管理的框架和体系，并于 2004 年颁布了《国民紧急事件法》，以应

---

① 迈克尔·K. 林德尔，等. 公共危机与应急管理概论. 王宏伟，译. 北京：中国人民大学出版社，2016：2.

对不断复杂、综合的公共危机。

我国的公共危机管理体系起步较晚，2007年颁布实施《突发事件应对法》后，我国学者才基本统一对各种突发事件的界定，认为这一含义与英文里的EMERGENCY的含义最切合。在目前的场合中，最常被翻译为"应急"。应急一般是指针对突发性、具有破坏性的事件所采取预防、响应和恢复的活动与计划，就我国目前的实际情况来看突发事件的应对过程就是应急管理过程。其本质就是公共危机管理。

2. 灾害管理

日本的公共危机管理起源于灾害管理，由于其特殊的地理环境，天灾、地灾频发，因而历史上就有应对各种自然灾害的措施与制度体系，在与自然灾害抗争的过程中，也积累了举世瞩目的减灾防灾体系。它的公共危机管理起源于灾害管理。目前日本的防灾法制已非常完备，形成了由《基本法》《灾害预防与准备法》《灾害紧急应对法》《灾害恢复法与金融措施法》等组成的完善的法律体系。

3. 综合性管理

随着人类社会面临的危机越来越复杂，人类社会本身也越来越多元化，公共危机的发生发展也逐渐演变为多因子、高度风险性的情景。它所需要的技术、管理、应急、善后机制也日益专业化、复杂化。目前发达国家公共危机管理的特点主要包括：一是拥有专业、高效的综合性危机管理指挥系统，二是不断完善的政府危机管理法律法规和计划安排，三是强大的预警机制和应对机制，四是发达的信息沟通机制，五是现代传媒的发挥，六是社会动员，七是公民自救预防能力，八是国际合作。①

（二）我国公共危机管理分类

按照《中华人民共和国突发事件应对法》，我国将突发事件分为自然灾害、事故灾难、公共卫生事件和社会安全事件四类，由此确定了我国公共危机管理类型也依照突发事件类型而分为以下四类：

1. 自然灾害类危机管理

自然灾害主要包括洪水、干旱、台风、地震等气象与地质灾害以及各种生物灾害和森林火灾等。它既包括地球上的自然变异，也包括人类活动诱发的自然变异。比如由于人类对地球的过度开发与使用，导致全球气候变化，短期来看我们人类感受到的是各种突发的气候变化灾害，但从长期来看，若不从人类自身改变人类社会的发展方式，那么由此引起的自然灾害将会越发深刻地影响人类社会。

从人类社会有史以来，文明的每一步都伴随着对自然的改造与和谐相处，我国的文明历史源远流长，从上古时代至今，与自然灾害抗争的典故数不胜数。如大禹治水的故事反映了上古时代中华民族的智慧，大禹从鲧治水的失败中汲取教训，改变了"堵"的办法，率领民众对洪水进行疏导，最终获得了胜利。始建于秦昭王末年（约公元前256—前251）的都江堰水利工程是蜀郡太守李冰父子在前人鳖灵开凿的基础上组织修建的大型水利工程，两千多年来一直发挥着防洪灌溉的作用，是全世界迄今为止，年代最久、唯一留存、仍在一直

---

① 胡税根. 公共危机管理通论. 杭州：浙江大学出版社，2009：291-297.

使用、以无坝引水为特征的宏大水利工程，体现了中华民族在与自然灾害的抗争中凝聚的勤劳与智慧的结晶。因此，自然灾害的管理在我国是相对最成熟、制度较先进的危机管理类型。早在中华人民共和国成立之初，中央政府就确立了统一的救灾领导体系，成立了以董必武为主任的中央救灾委员会。经过六十多年的发展，我国目前已建立了半综合性的应急管理体制。①

2. 事故灾难类危机管理

事故灾难主要指人为、非故意致灾因子所导致的灾害影响，比如有害物质泄漏、爆炸、交通事故、建筑坍塌、能源或电力等设施崩溃、燃料或资源短缺、空气或水污染、崩坝或决堤等。社会生产与生活的正常运行受到人为破坏，而社会不同的发展阶段其脆弱性也大不相同。比如世界发展经验表明，生产安全状况相对于经济社会发展水平呈非对称抛物线函数关系，在工业化初级阶段，社会经济快速发展，伴随而来的是安全事故的高发期，但随着工业化的进一步发展，社会经济发展水平的进一步上升（工业化高级阶段），事故灾难发生率在某一个临界值则开始急速下降，其背后的原因在于技术进步与管理手段的进步。

我国目前虽然经济水平有了极大的提高，但必须认识到我国距离全面工业化高级阶段还有一段距离，巨大的地区差异和发展阶段差异是我国的国情现状，因而事故灾难仍然对社会生产与生活带来巨大的影响。事故灾难危机管理水平的提升将是保障我国实现全面社会主义现代化的重要保障之一。

3. 公共卫生类危机管理

公共卫生水平是重大民生建设问题，是关系到整个社会发展水平和文明程度的关键领域之一，由于它直接关系到公众的健康和生命安全，因此，公共卫生问题往往成为全社会最关注的热点问题。诸如食品安全问题、各种传染病疫情、群体性不明原因疾病、动物疫情以及其他严重影响公众健康和生命安全的公共卫生灾害或突发事件的应对和管理越来越挑战政府的管理水平和全社会的危机应对能力。比如针对 2003 年防治非典型肺炎工作中暴露出的突出问题，国务院于 2003 年 5 月颁布了《突发公共卫生事件应急条例》，其中规定了突发公共卫生事件是指突然发生，造成或者可能造成社会公众健康严重损害的重大传染病疫情、群体性不明原因疾病、重大食物和职业中毒以及其他严重影响公众健康的事件，同时规定了突发事件发生后的应急处置机制。应该说，该条例的颁布为我国公共卫生类危机管理提供了重要的制度基础，也极大地推动了我国此类公共危机管理水平，但是，也同样因为我国地区差异和发展水平差异，导致各地区预警和应对能力差异巨大。随着信息化建设的深入、大数据管理的应用等，我国公共卫生类危机管理水平将进一步得到提升。

4. 社会安全类危机管理

2006 年 1 月颁布并实施的《国家突发公共事件总体应急预案》认为社会安全事件主要包括恐怖袭击事件、经济安全事件和涉外突发事件等。也有学者认为"社会安全事件的本质特征主要是由一定的社会问题诱发，主要包括恐怖袭击事件、民族宗教事件、经济安全事件、涉外突发事件和群体性事件等"②。社会安全事件强调人为因素造成的社会影响，强调故意

① 王敬波. 公共危机管理案例：突发事件应急处置的典型分析. 北京：研究出版社，2009：38.
② 汪永清. 中华人民共和国突发事件应对法解读. 北京：中国法制出版社，2007：11.

或恶意行为导致的社会损害，并且影响面大，发生发展紧急，若不加以紧急干预，则会引起更为严重的社会后果。从现实社会发展来看，社会安全事件的发生越来越频繁和复杂，不仅仅有传统的社会安全类型，新形态的社会安全事件也层出不穷，如新型网络金融庞氏骗局"钱宝网"，再由于互联网的即时传播速度带来的恶性群体性事件处置等也越来越挑战传统危机管理的体制和机制，因此，对于此类事件的危机管理也日益要求以新思维、新方法、新技术来武装自身。

三、公共危机管理的体制

根据《辞海》定义，体制指国家机关、企事业单位在机构设置、领导隶属关系和管理权限划分等方面的体系、制度、方法、形式的总称。体制即指特定主体内部的组织制度。① 所谓公共危机管理体制主要是公共危机管理机构的设置与职责权限，是公共危机应对的制度化体系，是一个涉及公共危机管理组织目标、组织结构、职责分工、运行机制以及制度规范的有机整体。其含义有广义和狭义之分，广义的公共危机管理体制是指包括政府部门、非政府部门、企业甚至公民个人在内的各类主体在公共危机应对中所形成的关系模式，其中政府处于核心地位，而狭义的公共危机管理体制则主要是国家和政府机关之间所形成的关系模式。②

在面对日益复杂的危机事件中，以政府为核心的公共危机管理体制与能力具有关键性作用。但在政府内部也因为层级不同而形成不同类型的权力体系，比如横向上同级水平的权力关系如何构建关系到各类公共危机综合应对，而纵向上中央与地方的权力关系又影响到公共危机管理的及时性与效率发挥；除此之外根据不同的公共危机类型和突发等级，纵向与横向的权力关系及力量大小会发生变动，从而使得公共危机管理的体制建设具有重要意义。

（一）传统模式与职业模式

从各国发展历史来看，公共管理体制存在两种模式：传统模式与职业模式。所谓传统模式，即民防模式，强调指挥与控制，一线应急救援力量的作用，带有官僚主义色彩。其主要特点为：突出与战争相关的突发事件；政府是最为可靠的应急主体，预防社会混乱；等级制对于应急管理而言是最佳体制，应急活动必须遵循标准化程序，应急管理只是一线响应者的事情。③传统模式对于以应战备战为主要任务的两次世界大战后之后的冷战期间社会危机管理有巨大的作用，但是随着时代发展，这种模式也表现出僵化、滞后的问题。

职业模式则是一种新公共管理模式，强调综合应对风险，是被众多公共危机管理专家所倡导的新模式。其具体包括以下特点：第一，公共危机管理者面对不同类型的灾害；第二，任何个人、群体或组织都不能单独应对；第三，灾害对社会提出严峻挑战，必须相互合作；第四，即使缺乏动员，公众也应自发响应；第五，当多个组织对灾害进行响应时，应急主体之间不可能形成自上而下的等级关系；第六，灾害的复杂性导致任何应急预案都不能

---

① 宋英华. 突发事件应急管理导论. 北京：中国经济出版社，2009：99-100.

② 高小平. 建立综合化的政府公共危机管理体制. 公共管理高层论坛，2006(2)：26.

③ McEntire David A. Disaster Response and Recovery：Strategies and Tactics for Resilience，John Wiley&Sonsm Inc.，2007：88.

解决所有灾害问题；第七，在灾害情境下，偏离应急活动方案是经常发生的，也是有益的；第八，除了一线响应者外，公共危机管理者还需要扮演其他不同角色；第九，要取得成功，公共危机管理者必须与决策者及其他部门的领导紧密联系。[①]

职业模式是随着公共管理运动的兴起而发生发展的新模式，因此，它强调多元多渠道沟通合作，而非传统行政管理所强调的自上而下、指挥与控制模式。而在现实危机管理中，职业模式也存在权力主体不清、指挥动员缺乏、横向沟通合作低效等问题。

（二）国外公共危机管理体制

在国外，尤其是西方发达国家的公共危机管理经过较长时间的发展和实践，已经形成较完善的体制，并形成了一套有效的管理措施和应对策略，并且形成了遵守各自国情、制定相应管理体制的危机管理共识。不同的社会制度，不同的自然地理条件，不同的社会经济发展阶段，皆导致各个国家应对重点有差异的危机管理体制。根据国际经验，大致分为三种模式：美国模式、俄罗斯模式和日本模式。[②]

1. 美国模式

美国模式的特点为"行政首长领导，中央协调，地方负责"。在美国的危机管理体制中，颁布于 1992 年的联邦应急计划（FRP）是美国公共危机管理的重要基本法，发挥重要作用的核心机构主要有联邦紧急事务管理局（FEMA）、联邦调查局（FBI）、中央情报局（CIA）、国家安全委员会（NSC）以及辅助性研究机构。在进入紧急状态下，总统有权调用任何一个联邦机构去协助州及地方政府应对危机，同时 FEMA 负责人、FEMA 的地区分支机构负责人以及联邦联合办公室负责人也拥有紧急调用权。2001 年美国通过了《反恐怖主义法》，2002 年布什总统签署了《国土安全法》，随后美国内阁级的国土安全部正式成立，下辖 22 个联邦部门，拥有雇员近 18 万人，成为美国第 17 个部。联邦紧急事务局并入国土安全部。

2. 俄罗斯模式

俄罗斯模式的特征为"国家首脑核心，联席会议平台，相应部门为主力"。俄罗斯总统拥有广泛权力，不仅是国家元首和三军统帅，而且拥有保障宪法实施权。总统直接领导国防部、内务部、紧急情况部、外交部、对外情报局、联邦安全局和联邦政府通讯与情报署七个强力部门。联邦安全会议位高权重，统一指挥和协调各部委行动，其成员包括总统、安全会议秘书、总统办公厅主任、总理、议会上下院议长、外交部部长等各部部长。

特别情况部（Ministry of Extraordinary Situation）于 1994 年成立，也称为联邦民防、应急和减灾部。特别情况部由若干部门组成，包括：人口与领土保护司、灾难预防司、部队司、国际合作司、放射物司及其他灾害救助司、科学与技术管理司等；除此之外，还下辖若干委员会来协调某些任务，这些委员会包括俄罗斯联邦森林灭火机构委员会、俄罗斯联邦抗洪救灾委员会、海洋及河流盆地水下救灾协调委员会、俄罗斯联邦营救执照管理委员会等。一旦需要，经联邦总理同意，特别情况部还可以请内政部、国防部或内卫部队给予协助。

[①] McEntire David A. Disaster Response and Recovery：Strategies and Tactics for Resilience，John Wiley&Sonsm Inc.，2007：97.

[②] 张小明. 公共部门危机管理. 北京：中国人民大学出版社，2006：120.

3. 日本模式

日本模式的特征为"行政首脑指挥，综合机构协调联络，中央会议制定对策，地方政府具体实施"。众所周知，日本是自然灾害频发的国家，防灾救灾减灾体系相当发达，从 20 世纪 90 年代中期开始，随着国际政治环境不断变化，危机种类日益多样化，日本在原来的防灾管理体制上建立了综合性的国家危机管理体制。1996 年 2 月，日本成立"内阁官房危机管理小组"，由内政审议室内阁官房的 6 室派遣 10 人，在紧急时期配合正副官房长官采取对策。同年 5 月，在总理官邸地下一楼设立内阁危机管理中心，正式名称为"内阁信息汇总中心"。该中心与警察厅、消防厅、海上保卫厅、防卫厅、气象厅的紧急传真直接相连，时刻保持与国土厅的无线通信网络联系，实行 24 小时 5 班制。1997 年 1 月，自际官加入该中心。[①] 2001 年日本中央政府进行了一系列改革，设立了防灾担当大臣，负责基本灾害管理政策的规划、应对以及总体协调。

（三）我国公共危机管理体制

改革开放以前，我国各级政府对社会实行集中控制与管理，加之社会流动性低、封闭性强，因此公共危机爆发的可能性较低，并且也没有建立一个统一的公共危机管理体制。2003 年的 SARS 危机可以说是我国公共危机管理体制的转折点。之前，分散管理，各司其职，主要依赖各级政府现有的行政机构和动员组织能力，通常是遇事成立临时指挥部或领导小组，应对经验不足，科学性欠缺。在此之后，我国政府逐渐认识到公共危机管理的必要性和迫切性，于 2006 年在国务院办公厅设置国务院应急办公室，承担枢纽作用，并由上至下，从中央到地方，陆续在基层政府设立办事机构。2007 年颁布了《突发事件应对法》，明确了我国公共危机管理体制，2013 年 10 月 25 日，国务院办公厅以国办发〔2013〕101 号印发《突发事件应急预案管理办法》，首次从国家层面明确了应急预案的概念，强调应急预案是各级人民政府及其部门、基层组织、企事业单位、社会团体等为了依法、迅速、科学、有序应对突发事件而预先制定的工作方案，是体制机制的重要载体；明确在突发事件发生之前、发生过程中以及刚刚结束之后，谁来做、做什么、何时做，以及相应的处置方法和资源准备等。

总之，我国公共危机管理体制建设必须明确以下原则：第一，必须建立高规格、高权威的公共危机管理指挥机构，统一指挥、分工协作、协调行动；第二，必须明确管理流程，保证危机管理过程中高效、快速、有序运转；第三，明确公共危机管理各相关机构的横向、纵向关系及其管理职责，并形成统一的责任体系。

第二节　公共危机管理的阶段与过程

一、公共危机管理的阶段与原则

（一）公共危机管理的阶段

公共危机具有持续性、高度不确定性和风险性特征，但都遵循周期规律，危机的形成

---

① ［日］集英社，内阁. 情报. 知识 imidas2003，2003.

包括前兆阶段、紧急阶段、持久阶段以及后解决阶段，因而危机的管理也应贯穿于公共危机的整个过程，包括其发生、发展、演变和结束全过程。一般而言，公共危机管理包括减缓或预防、预警与准备、响应、恢复四个阶段。[①] 在每一个阶段危机管理者都面临着不同的职能（见表 10-2 所示）。

表 10-2 危机管理四个阶段主要任务

阶 段	主 要 任 务
减缓或预防	将公共危机管理纳入经济社会发展规划 加强土地、建筑、工程的标准化管理 组织实施减灾建设项目 进行公共安全和风险评估 监测监控风险源，排查隐患 进行减灾防灾教育 推行保险
预警与准备	发布预测、预警信息 组织学习培训，开展公众教育 编制应对危机预案 部门之间制定危机管理联动计划 准备危机管理人员、装备、物资和避难场所
响应	启动危机管理预案和措施 实施紧急处置和救援 协调危机管理组织和行动 评估损失并向社会通报危机状况及政府采取的措施 恢复关键性公共设施项目
恢复	启动恢复计划和措施 进行重建、修复 提供补偿、赔偿、社会救助、金融支持和帮助 进行评估、总结和审计

（资料来源：1. 王乐夫，蔡立辉.公共管理学.北京：中国人民大学出版社，2012：194. 2. Emergency Management in Australia. Concepts and Principles，Commonwealth of Australia，2004.）

（二）公共危机管理的原则

公共危机管理的首要任务是保障公共安全，包括人民的财产安全、环境安全、国家安全，维持社会正常秩序，防灾、减灾和抗灾。因此，公共危机管理的职责包括：第一，将公共危机尽可能地消灭于萌芽状态，有效预防和减缓；第二，建立充分的危机管理体制，充分准备，做好预防；第三，公共危机一旦发生，积极响应，尽可能地快速处置，将灾害减少和消除，妥善恢复；第四，危机过后总结经验，恢复公共秩序。

因此，公共危机管理就遵守以下原则[②]：

（1）预防性原则。遵循风险管理的有关原则，进行致灾因子识别、风险分析和影响分

---

① Steven Fink. Crisis Management Planning for the Inevitable，published by I Universe，Inc.，2002：20-28.
② 王宏伟.公共危机管理.北京：中国人民大学出版社，2012：22.

析，并采取措施，对危机进行有效预防。

（2）动态性原则。危机管理者要动态审视危机的发展进程和变化趋势，着眼未来变化，有效采取行动。

（3）系统性原则。危机管理者要以系统性思维全局考虑整个危机过程，统筹所有致灾因子、所有的危机阶段、所有的利益相关者以及所有影响。

（4）协调性原则。危机管理者要在人与组织间建立广泛而真诚的联系，建立共识，促进沟通，同时最大限度地保障所有层级政府和社会各要素的协同一致。

（5）灵活性原则。公共危机管理的特点就在于无法准确预测，任何情境都可能影响危机走向，因此管理者需要以创新思维来应对挑战。

（6）专业性原则。重视科学方法，重视管理流程，重视职业操守与职业规范。

二、公共危机管理的基本过程

按照危机管理的四个阶段划分以及公共危机管理的具体职能和流程，我们将公共危机管理分为减缓与预防、预警与准备、响应与救援、恢复与重建以及社会保障过程。

（一）减缓与预防

公共危机管理阶段的减缓与预防事实上是风险的识别与预防，通过削减风险、降低脆弱性来降低危机发生的可能性。美国应急管理署（FEMA，1986）认为，减缓是"旨在减轻重大灾害或紧急事件影响的活动或最大限度减轻未来灾害的负面影响的活动"，并且一系列措施和具体行动指南用于指引风险的减缓与预防。比如一旦发生灾害，联邦应急管理署、各州及地方代表则会在灾后组成致灾因子减缓调查小组，以识别风险减缓的需求机会，不管总统何时宣布进入灾害状态，联邦致灾因子减缓官员都会被授权管理致灾因子减缓项目。[①]

为了鼓励地方政府防灾减灾，联邦应急管理署推出社区评级体系（Community Rating System）。[②] 这个体系是一个积分系统，提供 4 大系列共 19 种积分项目，社区可以选择可实施的项目，根据总积分来换取保险费上的折扣。4 大系列为：① 提供公众信息服务，旨在提高人们对洪水灾害和洪水保险的认识（如提供地图信息服务、海拔高度认证、公开灾害信息与防洪信息、提供防洪援助）；② 制图及规范，旨在为新的土地开发发展提供更多的保护（如制作洪水泛滥区地图、洪灾数据维护、雨水管理）；③ 防洪减灾，减少洪灾对建成区造成的损害（如洪灾区域管理规划、土地征用与搬迁、采取防洪措施、排水系统维护）；④ 防洪准备，提高对洪水的防御（如洪水预警和响应、确保堤坝大坝安全）。根据积分数量，保险费打折从 5% 到 45% 不等。

加拿大的《国家灾害减缓战略》认为，减缓为应急管理奠定了重要基础。灾害预防或减缓措施是在危机或灾害发生之前所采取的积极主动的措施，目的是消除或减轻致灾因子的影响与风险。减缓措施可以是结构性的（如兴建防洪坝），也可以是非结构性的（如土地使用分区和建筑法规），减缓活动应该包括对风险环境的检测与评估，打造综合性的工具，对风

---

① 迈克尔·K. 林德尔，等. 公共危机与应急管理概论. 王宏伟，译. 北京：中国人民大学出版社，2016：145.

② FEMA. National Flood Insurance Program Community Rating System：A local official's guide to saving lives preventing property damage reducing the cost of flood insurance[EB/OL]. [2016 - 07 - 03]. https：//www. fema. gov/national - flood - insurance - program - community - rating - system.

险减缓投资进行排序。

总之，在公共危机管理中，风险的减缓和预防已被越来越重视，各种天灾人祸的发生和发展既有客观原因，也有主观原因。诚然我们有人类至今无法控制的致灾因子，比如地震、台风，但我们可以通过减低脆弱性来减少社会损失；除此之外，还有相当多致灾因子是可以随着人类科学技术进步和观念的转变而得到有效减缓，比如通过安全教育、技术升级等提高人为应对能力。因此，我们强调公共危机管理中的减缓与预防首先需要重新审视人与自然的关系，其次需要进一步提高减缓的技术与工具，最关键的是提升危机管理水平，降低社会脆弱性。

（二）预警与准备

预警的本意是预先警告，在公共危机管理中，预警主要指识别潜在致灾因子，将风险的信息及时预报，使相关单位与个人等潜在影响者能够及时采取必要的行动，做好相应的准备，因此预警也是整个危机管理过程中的第一个阶段，目的是有效地预防甚至避免危机事件的发生。有效地预警可以极大地节约人力物力和财力，也是以最小的代价稳定社会秩序的最佳途径。正如奥斯本和盖布勒所说，政府管理的目的是"使用最少的钱预防，而不是花大量钱治疗"。[①]

1997 年联合国发表的《有效预警的指导原则》（Guiding Principles for Effective Early Warning）指出，预警的目标是："赋予受灾害及致灾因子威胁的个人及社区以力量，使其能够有充足的时间、以适当的方式采取行动，减少个人伤害、生命损失、财产或周边脆弱环境受到破坏的可能性。"[②]我国学者黄顺康认为，"所谓公共危机预警是指在已经发现可能引发危机的某些征兆，但危机仍然未爆发前所采取的危机管理措施，如信息收集、信息传递、信息处理和信息识别以及信息发布等。"[③]

另外，我们需要区别预测与预警的关系，预测与预警是相辅相成的，预测是工具和手段，预警则是通过预测的结果所给出的建议。因此，预警的重点在于准确传达相关预测信息，并根据研判，及时发布相关建议。一方面，科学预测是精确预警的前提和基础；另一方面，准确地传达相关建议，并督促公众采取必要的行动则是预警的根本目的。

在日常生活中我们需要对潜在威胁进行识别，对各类致灾因子进行分类，为后续预案设计提供必要的信息。但是，我们也必须认识到，危机预警固然可以很大程度上有效地减缓甚至防止危机的发生与发展，但是预测本身的局限性以及危机发生的不确定性导致预警预案需要对各种可能性做出评估以及相应的应对措施，往往在预警中需要考虑到极端风险下的各种准备与应对措施。

必须认识到多数时候危机是不可避免的，因此，模拟危机情景下的社会练习也就成为预警准备中必不可少的环节，通过模拟不同情景，培养政府与公众的危机意识，防患于未然，就显得尤其重要。2008 年汶川地震给全国人民上了重要一"课"，政府与民众都将危机

---

① ［美］戴维·奥斯本，特德·盖布勒. 改革政府：企业精神如何改革着公营部门. 周敦仁，等，译. 上海：译文出版社，1996：205.

② Philip Hall. Early Warning Systems：Reframing the Discussion, The Australian journal of Emergency Management，Vol. 22，May 2007：33.

③ 黄顺康. 公共危机管理与危机法制研究. 北京：中国检察出版社，2006：119-120.

演练和公共危机意识的培养放到了重要的位置。

（三）响应与救援

响应与救援是公共危机发生后所必须立即采取抉择的行动，必要而即时的行动是公共危机管理的核心。响应指危机管理者采取行动以应对威胁的活动。应急响应并非是在危机发生以后，在危机来临前，或是致灾因子识别后就需要响应并采取相关预防决策。在危机发生后则要采取积极应对决策，救援抗灾。

在危机发生发展过程中，除了减少人员伤亡和物资损耗外，还必须明确，人身安全是救援的首要职责，"以人为本"不仅仅要抢救公众人身安全，还要意识到救援人员的人身安全同样是需要珍视的。在危机处置过程中，既要考虑到灾民的康复，还要增强救援人员的科学救援能力和心理康复辅助。在危险程度比较大的紧急状态下，政府甚至可以运用一系列危机对抗措施，如总动员、戒严、军事管制、宵禁、中止宪法或法律规定条文的施行等，行使应急行政权，以争取在最短的时间内控制危机，迅速恢复法律和社会秩序，将危机造成的破坏和利益损失降到最低程度。另外，行政紧急权不能滥用，其存续时间有暂时性，一旦公共危机结束，常态管理恢复，应急性权利则不再适用。2003 年 SARS 事件，我国部分省市地区采取了应急行政权。

响应与救援包含以下基本功能：① 致灾因子作业：采取行动限制灾害影响范围。不同的致灾因子需要的作业内容不同，涉及的响应主体层级也不同。有些危机需要社区层级的响应，而有些危机则涉及地区甚至国家层面的响应。② 人员防护：采取保护措施，将受灾人员控制在最小范围。及时而有效的警报系统、专业和成体系的救援队伍、完善而畅通的救援通道、精良的救援装备以及医疗救护等，是危机救援的核心，直接关系到灾害影响程度。

总之，响应与救援是危机管理极为重要的阶段，它直接决定着公共危机管理效果的好坏。在紧急情况下还必须明确政府权力会有一定程度的扩张，为了应对危机，政府拥有相应的处置权和自由裁量权。国家权力机关依据宪法、法律的相关规定，通过法定程序宣布进入紧急状态或采取紧急应对措施，以迅速恢复社会正常运行。因此，在这一阶段，公共危机管理往往异于常态管理，而是处于特定阶段的、临时性的应急管理。

（四）恢复与重建

当造成危机的紧急事件已经稳定，对生命和财产不再构成威胁时，恢复过程开始；当社区从灾害中恢复过来时，恢复过程结束。事实上，硬件设施恢复到灾前状态不难，但社会与心理恢复却往往需要更长时间。恢复中最困难的内容之一是使社会及经济活动恢复常态，"回到正常"的过程既包括心理稳定，也包括从灾害性经历中获得有利经验。[①]

因此我们将公共危机管理的恢复与重建分为物质重建、社会重建与心理恢复三方面。物质重建主要包括基础设施重建、公民生命安全的关注、公民财产补偿三方面。[②] 社会重建则是从制度安排的角度为受灾人员、受灾组织和受灾地区提供更为长远的恢复机制。[③]

---

① 迈克尔·K. 林德尔，等. 公共危机与应急管理概论. 王宏伟，译. 北京：中国人民大学出版社，2016：260.

② 胡税根. 公共危机管理通论. 杭州：浙江大学出版社，2009：101 - 105.

③ 胡税根. 公共危机管理通论. 杭州：浙江大学出版社，2009：105 - 123.

社会重建主要包括建立面对受灾具体情况的调查评估制度，建立面对全地区全员的恢复重建计划，建立面对政府等公共组织的职责体系和法律规范，建立面对受灾人员的专项求助机制。心理恢复则是对受灾人员和救援人员的心理干预和心理重建，使其从公共危机的突发性和破坏性中尽快恢复到正常心理状态。

除此之外，还需要认识到响应与恢复并非两个截然分开的阶段，而在绝大多数危机管理过程中，响应与恢复往往相互交织在一起，一些地区及居民已开始恢复与重建，而另一些地区及居民仍然在紧急救援中。

（五）社会保障

公共危机管理的社会保障是公共危机管理中重要的后勤力量，也是公共危机管理四个重要阶段中的重要辅助力量。它包括政府及有关部门在公共危机的预防与应对中所需要的各种资源及其调配机制所构成的总和，包括人力、财力、物资、技术、交通运输、通信等方面。我国突发事件总体应急预案中，对应急保障的规定涵盖了人力资源、财力保障、物资保障、基本生活保障、医疗卫生保障、交通运输保障、治安维护、人员防护、通信保障、公共设施、科技支撑等方面的内容。[①]

从总体来看，公共危机管理中的社会保障主要包括人、财、物、法制四个方面，这也是公共危机管理中最为重要的四个要素，没有这四方面的保障，公共危机管理也就没有重要的资源保障。

首先，应急救援队伍是危机管理中重要的人力资源保障，也是危机管理保障体系中最重要的组成部分。以人为核心的组织动员、专业救助、沟通协调是危机管理全过程的必要条件。世界各国由于危机管理体制不同，应急救援队伍的主体构成存在巨大差异，综合性与专业性结合、政府主导与多元合作结合是重要的发展方向。在世界各国，警察、消防队员、医护人员都是一线响应者，尤其是非政府组织以及市场化主体发挥了重要的参与作用。

在我国，应急救援主体仍然以政府为主，并发挥了决定性作用，主要包括：一是公安、防汛抗旱、森林消防、动物疫情处置等队伍，他们是我国应急救援的基本力量；二是企事业单位的专兼职队伍、应急志愿者，这部分应急救援力量是我国危机救助中的新兴力量；三是中国人民解放军、中国人民武装警察部队和民兵预备役部队建设，他们是应急救援的突击力量，通常也是大灾大难危机中的中坚力量。

其次，应急法制是危机管理的坚石基础。它包括众多法律规范，从上至下分为三个层级：第一是宪法，其中包括有关危机状态的条款；第二是《突发事件应对法》《突发事件应急预案管理办法》；第三是部门单行的法律、法规，如《中华人民共和国传染病防治法》《突发公共卫生事件应急条例》《中华人民共和国防震减灾法》等。我国在应急法制体系上仍处于起步阶段，目前主要以单一灾种法规为主，不能适应现代公共危机管理对于多灾种综合性危机管理的要求，虽然目前已经颁发诸如《突发事件应对法》等综合性法规，但与危机管理有直接和间接关系的灾害恢复、金融措施应对、风险管理等仍然不足。

最后，资金保障是公共危机管理保障系统的动力来源。《国家突发公共事件总体应急预案》规定："要保证所需突发公共事件应急准备和救援工作资金，鼓励自然人、法人或其他

[①] 参见国务院 2006 年 1 月 8 日发布并实施的《国家突发公共事件总体应急预案》第四部分"应急保障"。

组织（包括国际组织）按照《中华人民共和国公益事业法》等有关法律、法规进行捐赠和援助。"当危机发生时，政府作为危机管理的主体，有义务向灾区下发应急救灾资金，政府的财政拨款是应急财政保障的基础。《中华人民共和国预算法》规定各级政府预算应当按照本级预算支出额的 1%～3% 设置预备费，用于当年预算执行中的自然灾害救灾开支及其他难以预见的特殊开支。目前为止，我国政府以外的其他资金来源如社会捐助等还处于起步阶段，政府财政拨款仍然是响应与求助的主要来源。相较发达国家而言，商业保险、金融杠杆、社会捐助等在资金保障体系中发挥了重要的作用，市场化、社会化手段不仅可以缓减政府的财政压力，还可以发挥社会各主体的积极性和参与性，并进一步加强社会凝聚力。

应急物资保障是确保公共危机治理的重要物质基础，应急物资储备分为实物储备、资金储备与生产能力储备和社会储备四种形式。一般来说，以实物形态储存的物资都是专用性强、生产周期长、不易腐烂变质的物资，以资金或生产能力形式储存的物资都是生产周期比较短、平时储存又不经济的物资，社会储存的物资多为平灾通用型物资。一般来说，政府以签订合同的形式与商家达成协议，保障紧急状态下的物资供应。

第三节　公共危机治理

随着各国公共危机的发生与发展日益复杂，对传统依靠政府的公共危机管理体制提出新的要求，一种以水平合作、强调沟通与协调、强调多元参与的新型公共危机管理模式——公共危机治理成为重要的发展趋势。

一、公共危机治理的社会动员

从国际经验来看，政府所管辖的一系列部门包括消防部门、执法部门、应急管理部门以及军队等是公共危机管理的重要部门，但是，随着各国公共危机的发生发展日益复杂，单纯依靠政府难免出现效率低下、应急处置滞后等问题，一种以水平合作、强调沟通与协调、强调多元参与的新型公共危机管理模式——职业模式——逐渐引起各国关注。在这一背景下，以政府为主导，广泛开展社会动员的公共危机治理成为重要发展趋势。

（一）应急社会动员的概念界定

动员（Mobilization）一词原本主要指战争动员，后来动员的概念逐渐从军事领域延伸到社会领域，并形成"社会动员"（Social Mobilization）的概念。美国政治学家卡尔·多伊奇最先使用社会动员一词，其主要指现代化过程中个人思想方式和行为方式的转变。美国著名学者萨缪尔·亨廷顿认为，社会动员是一种政治发展手段，是为实现特定政治目标而激发社会动员积极性和创造性的行为和过程。在他的概念中，社会动员被赋予了政治参与的内涵。20世纪90年代，联合国儿童基金会（UNICEF）将"社会动员"定义为——公众广泛参与、依靠自身力量、实现特定社会发展目标的运动。它吸纳方方面面的社会力量，包括"决策者与政策制定者、意见领袖、官僚与技术治国者、专业团体、宗教协会、商业与产业、社区与个人"[1]。

我国的《突发事件应对法》虽然也强调社会动员的作用，但是并没有对此有明确的定义

---

① 王宏伟. 公共危机管理. 北京：中国人民大学出版社，2012：54.

和解释。结合中国国情，必须强调应急社会动员不同于"政治动员"，也不同于"国防动员"或"战争动员"，而是"为了有效预防和成功应对危机，各级政府充分发挥主导作用，通过宣传教育、组织协调等方式，调动企业、社会力量的积极性，整合全社会的人力、物力、财力等资源，形成预防与应对危机的合力。其中应急社会动员的主体是政府，客体是企业和社会力量及其所掌握的资源，社会力量包括志愿者与非政府组织，社区与公民个人，其手段主要是宣传教育与组织协调"①。

（二）应急社会动员的对象与分类

应急社会动员的对象可以分为三类：企业、志愿者与非政府组织、社区与公民个人（见图10-1所示）。这三类应急社会动员对象各自拥有不同的特点和优势资源，在公共危机治理中都发挥着重要的补充作用（见表10-3所示）。

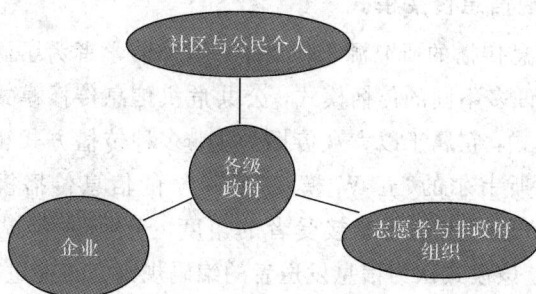

图10-1　应急社会动员网络

表10-3　应急社会动员对象在危机管理中的作用

企业	· 提供技术、产品与服务 · 捐赠与参与救援 · 开发相应的金融与保险产品 · 发展应急产业 · 依托行业协会、企业间网络建立更广泛的应急协作（如印度灾害资源网）
志愿者与非政府组织	· 依托非政府组织合作网络开展防灾、救灾、应急处置等合作 · 专业化人才的培训与组织
社区与公民个人	· 社区风险评估与防灾抗灾教育与培训 · 形成社区安全管理制度 · 社区参与

（资料来源：王宏伟.公共危机管理.北京：中国人民大学出版社，2012：54.）

（三）应急社会动员的意义

在重大危机发生后，有序管理对于减少灾害意义重大。在危机过程中，我们经常发现这样的问题：① 自发捐赠的物资远远超过实际需要；② 存在着不能使用的物资；③ 过多的物资占用许多的人力和设施；④ 时常造成救灾机构之间的冲突；⑤ 造成灾区及附近地区的拥堵；⑥ 有时会对当地的经济造成干扰。② 因此，有序的社会动员可以发挥社会参与的积

① 王宏伟.公共危机管理.北京：中国人民大学出版社，2012：54-55.
② Quarantelli E L. Disasters：Theory and Research，the International Sociological Association/ISA，1978：56-57.

极性，并能提高社会参与公共危机管理的效率，避免西方学者所说的"汇集效应"(Convergence)。汇集效应就是危机发生后，社会各界表现出的紧急一致性，即个人、群体、企业、政府部门和政治领导人通常会齐心协力，共同应对危机。但是，公民角色出现扩张，人们不仅愿意合作，还参与多种救灾活动，这是应急社会动员的基础。但是，大量的人员汇集灾害现场，包括返回现场的被疏散者、了解灾民情况者、志愿者、记者、研究人员、趁火打劫者、为救援人员助威者以及悼念遇难亲友者，如果缺少有效的社会动员机制，现场将会混乱不堪，彼此掣肘，影响救灾的有序完成。①

二、公共危机治理的信息传播

（一）公共危机治理信息传播模式

突发性公共危机信息传播的研究源于传播学，国外的学者为了研究信息传播过程的结构和性质，已经建立了许多不同的传播模式，公共危机信息传播模式是以此为基础而具有特定传播特征的一种模式，它属于以大众传播为主，多种传播方式相结合的复合型传播模式。美国著名政治家拉斯韦尔的"五 W 模式"是最早的信息传播模式。Fiona Duggan 和 Linda Banwell 从危机信息的发送者和接受者的角度，于 2004 年提出了危机信息传播模式②(见图 10-2 所示)。该模式认为信息发送者的编码规则在传播过程中起主导作用，并把影响信息发送者和接受者的因素分为内部因素和外部因素，解释了信息传播的各个环节。该模式对于理解危机信息传播的影响因素起到重要作用，但对于危机信息的传播过程没有过多的阐述。③ 我国学者李志宏(2007)提出了基于信息流强弱的突发性公共危机信息传播模式(见图 10-3 所示)。该模式将从信息传播的阶段、各阶段的主导传播媒介、信息流的强弱以及噪音对信息的影响程度 4 个维度来描述突发性公共危机信息传播的时段性特征(如图 10-4 所示)。这一传播模式主要包含 4 种危机信息传播媒介，分别是政府机构、传播媒体、专家学者以及个人。

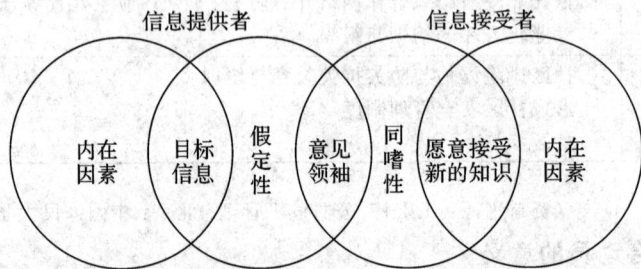

图 10-2　Fiona Duggan & Linda Banwell 的危机信息传播模式(2004)

（注：同嗜性指两个或更多的人在态度、信仰、教育、社会地位等方面相互影响的相似程度）

---

① David A McEntire Disaster Response and Recovery: Strategies and Tactics for Resilience, John Wiley&Sonsm Inc., 2007:23-24.

② Duggan F, Banwell L. Constructing a model of effectiveinformation dissemination in a crisis. Information Research, 2004,5(3):178-184.

③ 魏玖长，赵定涛. 危机信息的传播模式与影响因素研究. 情报科学，2006,24(12):1782-1785.

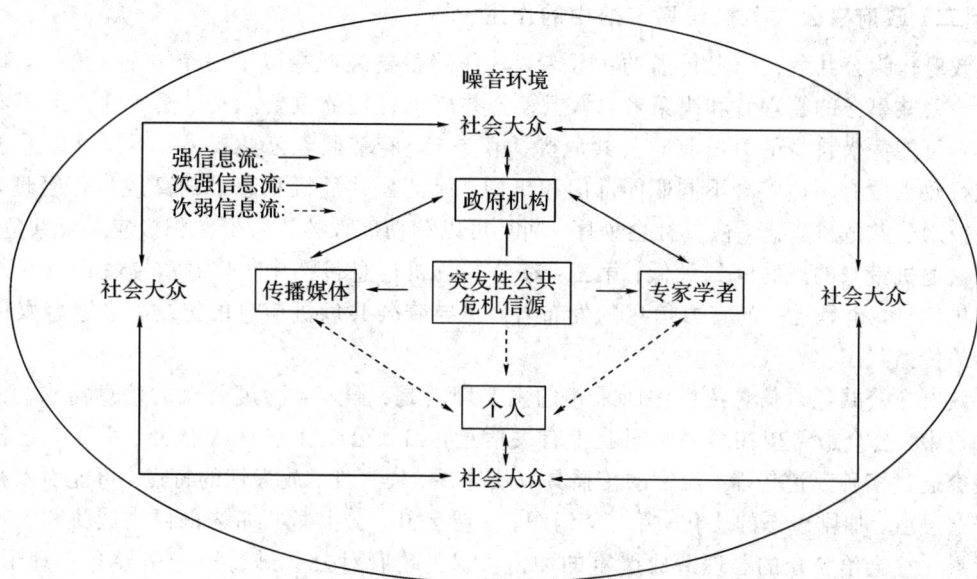

图 10-3　基于信息流强弱的突发性公共危机信息传播模式

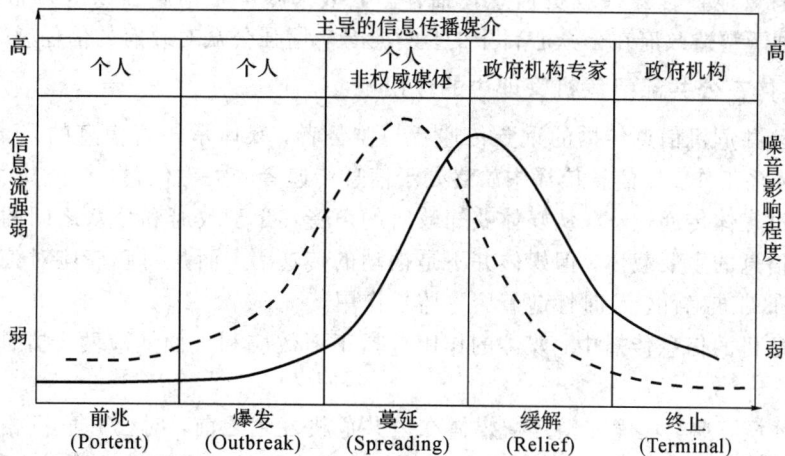

图 10-4　突发性公共危机信息传播的时段性特征

突发性公共危机信息传播是一个互动的过程，信息传递是双向的，因此他们既是信息的提供者(Information Providers)，又是信息的接受者(Information Recipients)。各种传播媒介的特点决定了它们在传播过程的各个阶段充当了不同的角色。在突发性公共危机前兆阶段和爆发阶段，信源发出的信息只被与危机有关的少数个人所获得，没有大规模地传播。此时个人将充当主导的传播媒介。危机爆发以后，信息如果得不到政府机构、专家学者等的控制和引导，将会因许多非权威媒体的介入而在较大范围内传播。信息在编码和解码的过程中受到噪音的影响而失真，如 SARS 期间产生的各种流言。相反，在缓解和终止阶段，危机逐步被政府控制和解决，政府机构和专家学者成为公众唯一可靠的信息来源。①

----

① 李志宏. 突发性公共危机信息传播模式的时段性特征及管理对策. 图书与情报工作，2007，51(10)：88-91.

（二）政府在公共危机信息传播中的作用

政府作为公共危机信息传播的主导者，其作用主要表现在以下三个方面：第一，政府是社会公共事务的管理者和决策者，承担着公共危机管理的重要职责，任何社会组织或个人都不可能凭借自身的力量应对公共危机；第二，政府掌握着公共权力，不仅可以通过法律或行政手段有序地整合不同职能部门和机构，保证公共危机状态下的高效协作管理，以尽快控制公共危机事态，恢复社会秩序，而且可以调动庞大的社会资源积极应对公共危机，把公共危机带来的威胁降到最低；第三，在公共危机信息传播中，政府掌握着最权威的公共危机信息，也是唯一的官方信息的发布者，主导着公共危机信息的走向，决定着媒体和公众的传播状态。①

政府在公共危机信息传播中所承担的主要职责是：第一，满足公众的信息需求。在公共危机中，公众最希望在第一时间获得有关信息，如果公众无法从政府渠道获取，各种流言就会通过多种渠道传播，流言的传播具有快速性、失真性、放大性的特点，可能引发社会的普遍恐慌，加剧事态的恶化。第二，组织、引导公众。公共危机带来的巨大威胁和灾难性的后果往往会给公众的心理造成严重的冲击，需要政府对公众进行舆论引导和心理干预，并组织和引导公众积极参与公共危机救助工作中。第三，加强与媒体合作。加强政府与媒体的合作能有效地整合公共危机信息传播体系，最大限度上消除公共危机带来的负面影响；同时有利于塑造政府在公众心目中的良好形象，增强公众对政府的信任感。

（三）媒体在公共部门危机管理中的作用

媒体是公共危机信息传播的重要传递者与监督者，媒体承担着信息的采集、选择、加工、复制和传播工作，在信息传播中始终处于信息传递者的关键位置。在公共危机中，政府发布信息通过媒体传递，公众从媒体获知政府的声音，介于政府和公众之间的媒体成为提供公共危机信息的主要载体。但媒体并不是被动的传递者，而是对政府应对公共危机的措施和信息发布的准确性、及时性起着舆论监督作用。

在公共危机的信息传播中，媒体的作用包括正面效应和负面效应两个方面。其正面效应是：

第一，环境守望。环境守望是指媒体在公共危机发生之前，对公共危机相关的信息进行收集、整理、分析，及时向政府、社会和公众等发出预警，使其能够及时采取应对策略，避免公共危机的爆发或者减轻公共危机发生造成的危害。②

第二，舆论缓释。舆论缓释是指媒体为了保证组织和个人能够将平时积聚的某些对社会的不满情绪在法律保护的前提下得到宣泄，使他们的观点和主张得以表达，以此达到缓解或者消除敌对或不满情绪的目的，从而保护他们的合法权益，维护社会群体的正常生活，维护既定社会关系的一种舆论调控范式。③通过舆论缓释，为社会减压。

第三，社会反思。媒体通过对公共危机事件所暴露出来的各种问题以及在公共危机处理过程中的经验教训进行总结和反思，营造舆论环境，积极推动社会制度的完善与创新。④

① 李春华，龙厚仲. 公共危机信息传播模式及其运行. 中国人民公安大学学报：社会科学版，2010(5)：23-27.
② 王宣民. 78年的专注瞭望. 中国海洋大学报(月末版)，2009(4)：30.
③ 谈悠. 主流媒体在危机传播中的舆论缓释作用. 南京理工大学学报，2004(2)：33.
④ 李春华，龙厚仲. 公共危机信息传播模式及其运行. 中国人民公安大学学报：社会科学版，2010(5)：23-27.

在公共危机的信息传播中，媒体的负面效应是：

第一，加速危机的扩散。混沌理论（Chaos Theory）认为，危机在酝酿与形成阶段，传播媒体可通过"递增回馈效应"（Positive Feedback Effect）而产生"扩音作用"（Amplification），使危机相关信息被公众扩大诠释，导致公众因恐慌而做出过度反应，进而加深危机的严重性。①

第二，加剧社会恐慌。媒体不当的渲染、炒作，大篇幅刊发公共危机事件的负面消息，会进一步加剧民众的心理恐慌，甚至可能引发更严重的社会危机。

第三，引发政府信任危机。在公共危机事件报道中，媒体对事件的深度报道不可避免地会涉及政府决策或行动的失误和不足，本来辩证评论是媒体报道的职责，也是媒体监督的重要意义，但由于公众的片面理解，欠缺足够的辩证观，不满和失望甚至偏见过激则可能引致对政府的信息危机，引发对政府作为危机管理主体职责的怀疑甚至抗拒。

三、公共危机治理的国际合作

（一）危机治理的国际合作背景

进入 21 世纪以来，在全球化日渐加深的信息时代，世界各地频频发生各种自然的和人为的灾害，越来越多地超越单一地域范围，局部危机可能演化为全局危机，甚至全球危机，造成全球性影响。"单个国家的安全与国际乃至全球安全紧密相连。"② 2008 年的全球金融危机，始于 2013 年 12 月的西非埃博拉危机以及全球 IPCC 气候谈判等，这不仅给各国政府带来了更多社会的、政治的、法律的和经济上的压力，也体现出了各国政府在面对各种公共危机时存在的脆弱性和局限性。传染性疾病、金融危机、恐怖主义以及全球性生态环境恶化、气候变暖等问题已超越国家和地区界限，对整个人类生存与发展提出严峻的挑战，这必然迫使世界各国政府超越主权界限，在更大的国际合作层面考虑资源整合，以抵御灾害，减少损失。更具风险的是技术进步以几何速度增长，所带来的风险传播也以更快的速度波及更广的国家和地区，客观上导致以单一政府为主体的公共危机治理需要以更快的速度加以回应危机过程，掌握危机全局。唯有国际合作可以减缓风险蔓延。

（二）公共危机的全球治理

"全球性危机是指几个国家以上为主要行为者的危机"，而全球公共危机则是指"由于气候异常，生态环境、能源问题和恐怖主义等问题所引发的全球性或区域性公共危机"③。故"全球公共危机"并非一个国家或组织单独面临的危机，而是超越主权地区乃至全球尺度威胁全人类的安全、共同利益、经济发展和社会秩序的危机，它需要建立在主权之上的国际合作以减缓灾害。

根据全球治理委员会在《我们的全球之家》的研究报告中对治理的界定，治理是各种公共的或私人的机构管理其共同事务的诸多方式的总和，它是使相互冲突的或不同的利益得以调和并且采取联合行动的持续的过程。而所谓全球治理，指的是通过具有约束力的国际

---

① 李彬. 传播学引论. 北京：北京新华出版社，1998：145.
② 潘光. 当前国际危机的扩展性和危机应对机制. 同济大学学报：社会科学版，2003(8)：7-9.
③ 王晓成. 论公共危机全球化趋势. 社会科学，2004(6)：53-54.

规制(Regimes)解决全球性的冲突、生态、人权、移民、毒品、走私、传染病等问题，以维持正常的国际政治经济秩序。显然，重大的国际公共危机需要国际合作，不仅有各国政府，还包括国际组织、社会组织、企业组织以及个人，这些多元治理主体势必使基于全球合作的危机管理内容复杂化，并必然受政治、经济以及各种意识形态的影响，这使公共危机的全球治理也蒙上了另一层"风险"因子——各主体利益的权衡甚至是较量。因此，公共危机的全球治理为全球政治提出了新的挑战，即基于公平与共同发展的基础上责任与义务分配的问题。唯有如此，公共危机全球治理才能真正使人类经受住各种危机挑战。

本 章 小 结

公共危机作为公共管理中不可或缺的重要组成部分，日益成为体现公共管理水平的重要领域，从危机的内涵入手理解公共危机的含义，是学习与研究公共危机管理的基本前提。了解公共危机管理的发展对认识现代公共危机的复杂性和管理的综合性以及对于构建全方位的公共危机管理体制有重要意义。同时，公共危机管理的基本过程对于正确识别公共危机以及危机的各个阶段有重要的指导作用，也是增强危机意识、提升应对危机能力的基本方法。当前公共危机治理日益成为全球关注的重点，认识公共危机管理中的社会动员、信息传播和国际合作，以及形成的公共危机治理架构，对于公共危机管理的发展具有重要的价值。

复 习 思 考

1. 分析致灾因子和脆弱性对危机的影响。
2. 分析突发事件与公共危机的关系。
3. 请梳理公共危机管理各阶段的主要职能。
4. 如何理解政府在公共危机管理中的作用。
5. 应急社会动员在公共危机管理中的意义。
6. 请分析媒体在公共危机管理中的作用。

★阅读材料
[1] 刘霞，向良云.公共危机治理.上海：上海交通大学出版社，2010.
[2] 肖群鹰，朱正威.公共危机管理与社会风险评价.北京：社会科学文献出版社，2013.8.
[3] [德]乌尔里希·贝克.世界风险社会.吴英姿，孙淑敏，译.南京：南京大学出版社，2004.
[4] [英]尼克·皮金，等.风险的社会放大.谭宏凯，译.北京：中国劳动社会保障出版社，2010.

★主要参考文献
[1] 联合国国际减灾中心官网：https://www.unisdr.org/
[2] 亚洲灾害准备中心官网：https://www.adpc.net/igo/

［3］　国际红十字会官网：https：//www.icrc.org/

［4］　［荷］简·梵·迪克(Dijik J.V.).清华传播译丛·网络社会：新媒体的社会层面.
2 版.蔡静，译.［The Network Society：Social Aspects of New Media 2nd
Edition］，北京：清华大学出版社，2014.

［5］　张熙.社交网络信息传播.北京：电子工业出版社，2016.

［6］　刘霞，向良云.公共危机治理.上海：上海交通大学出版社，2010.

［7］　肖群鹰，朱正威.公共危机管理与社会风险评价.北京：社会科学文献出版
社，2013.

［8］　［美］格雷厄姆·艾利森，［美］菲利普·泽利科.决策的本质：还原古巴导弹危机
的真相.北京：商务印书馆有限公司，2015.

［9］　［德］乌尔里希·贝克.世界风险社会.吴英姿，孙淑敏，译.南京：南京大学出版
社，2004.

［10］　［英］尼克·皮金，等.风险的社会放大.谭宏凯，译.北京：中国劳动社会保障
出版社，2010.

第十一章 公共伦理

【学习目标】

公共伦理是研究社会行为基本规范以及对公共管理活动加以道德规范的一门学科。通过本章的学习，学生应理解公共伦理的基本内涵，了解公共组织中存在的伦理问题，学会用公平正义的视角分析公共管理中的诸多问题。

【引导案例】

英国前首相布莱尔夫人的"头发事件"引发的思考

布莱尔一家刚进入唐宁街 10 号，新闻界披露的"头发事件"就给新首相的幕僚们出了第一道难题。在不久前的西方七国首脑会议期间，布莱尔的专业美发师安德烈·萨阿德就被一纸电报召到会议地点美国丹佛市，为首相夫人切丽做发型。在丹佛 4 天会议期间，切丽为打理头发共用 2000 英镑，按照英国普通妇女的打扮标准，这笔钱足足可以用上 5 年。

新闻界披露这件事之后，国内舆论大哗，并把它与 3 年前克林顿在洛杉矶机场为理发而不惜推迟其他航班起飞的事件相提并论。

案例思考题：

1. 本案例涉及哪些问题？

2. 本案例涉及哪些道德问题？

3. 政府官员应如何处理公域与私域的边界问题？

4. 如果你是该事件当事人，请问你应该如何处理？

第一节　公共伦理的含义

公共伦理是规范公共管理的行为、促进公平正义的基本原则，是提高公共管理工作绩效和服务质量的内在要求。本节主要通过介绍伦理的基本内涵和流派进而引出公共伦理的内涵界定与基本特征。

一、伦理的含义及伦理学的主要流派

（一）伦理的含义

伦理一词存在着中西方理解和认知的差别。在西方，伦理一词最早出现于希腊文 $\varepsilon\tau\eta\sigma$，意为风俗、习惯、性格等。后来罗马人把"$\varepsilon\tau\eta\sigma$"翻译成"moralis"，西赛罗称其源自拉丁文的"mores"一词，原意也是"习惯"或"风俗"的意思。公元前 4 世纪亚里士多德把 $\varepsilon\tau\eta\sigma$ 的意义加以扩大和改造，先构建了一个形容词 ethicos（伦理的），以后又构建了一门新的科学 ethika 即伦理学，他是最先赋予其伦理和德行含义的人，他所著的《尼各马可伦理

学》一书是西方最早的伦理学专著。

在中国，伦理二字最早出现于《礼记》："凡人者，生于人心者也；乐也，通伦理者也。"伦理是由伦常和道理两个词构成的，指符合伦常的道理。尽管中国社会的伦理思想起源很早而且内涵极为丰富，但"伦理学"的称谓是在19世纪以后随着西方文化的引入而开始被广泛使用的。要更为深刻地理解"伦理"的内涵，厘清它与"道德"的关系是十分必要的。在中国现代语境中，"道德"与"伦理"两个概念并没有什么严格的区分，"伦理学"也被称为"道德哲学"或"道德科学"。①但从学理的角度考察，两者强调的内容又各有侧重。"伦"主要指人与人之间的某种特定关系，而这种特定的关系则表现为客观的、社会的属性。"理"则有道理、规律的意思，这里的规律指的是人们应当遵守的客观规则。由此，"伦理"通常而言，是指处理人们之间不同的社会关系所应当遵循的各种道理或规则。

在西方伦理思维中，强调伦理的客观性；在中国的伦理思维中，强调伦理的主观性。究其原因，伦理思维总是会烙上不同文化的印记。伦理是一种特殊社会意识形态，是存在于人们心中的"无形的道德规范"，是一种人们关于善、恶、自由、公正、公平、幸福等组成的"游戏规则"，是依靠社会舆论、传统习俗和人们内心的信念维系的，表现为善恶对立的心理意识、原则规范和行为活动的总和，具有广泛社会性。伦理关注什么是公正、公平、正义或善，以及我们应做什么。②它不仅包含人与人、人与社会和人与自然之间关系处理的行为规范，而且也蕴含依照一定原则规范行为的深刻道理。

（二）伦理学的主要流派及特点

一般而言，伦理学是关于是与非、善与恶的学问，通常是道德哲学的同义词。虽然伦理与道德两个词经常交替使用，但人们还是很容易区分它们的使用界限和范围。伦理的外延通常比道德要宽。道德通常指的是一定时期一个社会中明显具有"不可避免的约束性的规范"。比如，人们会指责一个人的行为不道德，但一般不会指责他人的行为不符合伦理。

在伦理学的世界中，存在两种明显的流派。一个是目的论，一个是义务论。所谓目的论，就是从人们行为的结果来评判善恶是非。所谓义务论，就是以人们行为的本身是否符合正当性作为评价标准。前者以边沁和密尔的功利主义为代表，后者以康德、尤因、罗斯等为代表。他们的基本观点是：只有当某事是道德上可允许行为的结果时，它才可能是善的，而且，不论行为主体是否想履行责任，也不论这样做对行为主体还是对他人有利，都必须履行义务。二者之间不存在高下之分，只是伦理评判的角度不同。

目的论有以下几个特点：第一，它有着明显的结果论或者效果论倾向；第二，它只遵循道德经验的实证论评价原则；第三，它坚持道德价值论或者道德完善论。在目的论看来，唯一能够作为道德评价依据的，是行为本身所直接产生的现实效应或实质性结果。目的论从结果出发，对行为主体进行道德评价，其标准是"好与坏""善与恶"，而不是"正当与不正当""合理与不合理"，因此，目的论并不关注行为的正当性，而只关注其道德本身的价值。

义务论有以下几个特点：第一，义务论以社会或群体的整体利益及其公正分配为道德考量目标。第二，它对规范有效性的考量是具有普遍意义的，甚至是绝对道义性的。第三，普遍规范是现代社会条件下某种道德共识或伦理共契基础上的最基础的道德要求。从义务

---

① 辞海（上）．上海：上海辞书出版社，1989．
② 陈振明．公共管理原理．北京：中国人民大学出版社，2003：399．

论对道德正当性的推崇来看，正当性关乎他者的评价，关心社会整体的道德，因此，在社会关系中确立的伦理规范就必须以整体利益为考量，并且规范性要求普遍认同和普遍遵守，具有普遍主义的倾向，因而容易忽略个体性、特殊性，这一点也是广受诟病之处。第四，义务论者是道德动机论者，反映为其对道德正当性的追求，而非其所产生的结果好坏。正当性是建立在对普遍道德原则和规范的认同、承诺和践行之上的，因而一旦承认并践行了，就依此对其进行判断。康德的"人为自然立法"，以及他的三个道德判断，都是在伦理建构的基础上进行的，是对我们社会共识的建构。

二、公共伦理与私人伦理

公共伦理与私人伦理的区分是建立在公共领域与私人领域分立的基础之上的，公共伦理是公共领域的伦理规范，私人伦理是以私人交往为核心的私人领域。两者的区别不仅仅是公共领域与私人领域的区别，还在于现代意义上的公共领域与私人领域和传统意义上的"公"与"私"之间的区别，尤其是"公共"作为一个现代概念与传统意义上的"公"截然不同。

（一）中国传统文化中的"公"与"私"

"公共"一词是从英文"publicity"中翻译而来的，而在中国传统文化中用以反映"公共"之意的词是"公"，尽管中国传统典籍鲜有"公共"一词，但是中国文化传统中关于"公"的论说却源远流长。

相较于"私"的概念，中国传统文化对"公"这一概念的强调明显多过于对"私"这一概念的强调。陈弱水教授将传统中国的"公"的观念概括为五大类型，并在阐述"公"的内涵之时，同时从与之相对应的角度阐述了"私"的内涵。其一，"公"指朝廷或朝廷事务，源于"国君"之意；与此相对应的"私"则指民间、私人，这一类型的"公"与"私"均为描述性概念。其二，作为规范性概念的"公"意指"普遍""全体"，它不只是指朝廷、君主，而是及于国家、天下，甚至包含宇宙在内，这一类型的"公"具有强烈的道德色彩，且带有平等、平均的伦理意念；与之相对应的"私"则指的是应该被去除的、压抑的事务，"私"处于与"公"尖锐对立的位置，并作为"公"的反面而存在，带有明显的负面意义。其三，"公"直接代表"善"或者是世界的根本原理，此类型的"公"由类型二演变而来并流行于宋明理学之中，但凡真确之理都可谓之"公"，以"公"为天理、终极的道，且强调心理层面或与人心的联结；而与之相对应的"私"则指错误的来源，如私欲、私念、私心、人欲之私等。其四，从"公"与"私"相互调和的层面，将"公"理解为"聚私"，即理想的"公"就是所有的"私"都得到了合理的实现和满足；与之相对应的"私"与"人欲"也被承认了其正当性。其五，"公"的基本意蕴为"共"，包括共有、共同、众人、众事之意，此类型的"公"出现于政治领域则指"公论""公议"，出现于家族或宗族领域则指族内的共同事务，如"公祠""公谷""公堂""公银"等，出现于一般社会领域时则有"公会""公所""公选""公推""公建"等意；①与之相对应的"私"则指"个体""非公""独有"等意义。

由此亦可以看出，现代意义上的"公共"与"私人"的概念是逐渐从传统的"公"与"私"的概念演变而来的。在词义的演变过程中，传统文化中关于"公"与"私"的区分是较为模糊的，

---

① 涂文娟. 政治及其公共性：阿伦特政治伦理研究. 北京：中国社会科学出版社，2009：21-24.

尤其明显地体现在对两者本质的理解及其运用上；与此同时，从表面上看，传统文化对于"公"与"私"的关系上往往是"公重于私""公优先于私"，但是，如此强调"公"的观念的文化却始终无法形成具有现代意义的"公共"的概念，公共领域的形成以及公共领域与私人领域的区分，乃至公共伦理与私人伦理的界限也始终没有明晰，其中的困惑至今仍未得到令人满意的解释。

（二）公共领域与私人领域

公共领域与私人领域的区分有赖于传统文化关于"公"与"私"概念的区别，然而，"公共领域"与"私人领域"这组概念远没有"公"与"私"这组概念那般古老，"公共领域"与"私人领域"是一组近现代以来首先出现于西方并在后期引入国内的概念。西方关于公共领域与私人领域两者相区分的论说主要以哈贝马斯、阿伦特等人见长，而国内学者关于公共领域与私人领域的论说也大多以之为基础。

哈贝马斯认为公共领域的发展经历了三种不同的形态，分别是古希腊城邦型公共领域、欧洲中世纪代表型公共领域以及近代西欧市民型公共领域。首先，在古希腊城邦中，城邦与家庭分属于公共领域与私人领域，两者之间泾渭分明，公民在公共领域（即城邦）中过的是公共生活或政治生活，而在私人领域（即家庭）中过的则是私人生活，两者虽然存在本质差别，但哈贝马斯认为在古希腊城邦中的公共领域还没有形成一种特殊的约束机制，对公众还不具有普遍约束力，因而那种建立在公共领域与私人领域简单分离基础之上的自由民共同体中的公共性与现代意义上的公共性还存在差异。①其次，至中世纪，欧洲出现了代表型公共领域，公共领域中以骑士和领主为主体，他们代表和象征"公共性"，并发展出一整套彰显其"公共性"的繁文缛节。最后，随着资本主义的发展和近代国家机器的形成，在公共生活中出现了新的市民阶层，他们一开始是一个具有一定文化素养和独立财产的阅读群体，在咖啡馆、报刊等文学艺术共同体中依自由意志发表公开言论或进行相互的辩论与批判，随着这一群体在公共范围内占据核心地位并成为公众的中坚力量，市民型公共领域便形成了。②哈贝马斯尤其强调，市民型公共领域的形成依赖于从法律上确立私有财产神圣不可侵犯的原则，即是在私人领域确立并得到保障的基础上而产生公共领域的。

由此可以看出，哈贝马斯指出了公共领域形成和发展所经历的三种不同类型，现代社会中的诸多现实问题乃至伦理方面的混淆或多或少都是公私领域不分所造成的，因此，不管是对于现实的社会问题还是对于理论研究而言，公共领域与私人领域的区分都是必要且重要的。

（三）公共伦理与私人伦理的区别

公共伦理与私人伦理的区分有赖于公共领域的成熟或公共领域与私人领域的分离，一个社会中若没有独立的公共领域或公民社会若没有形成，那么就不会有区别于日常生活伦理即私人伦理而存在的公共伦理。

伦理（Ethos）在哈贝马斯看来，被理解为人类交往方面的一类相互有效性的要求，以

---

① ［德］哈贝马斯. 公共领域的结构转型. 曹卫东，译. 上海：学林出版社，1999：3-4.
② ［德］哈贝马斯. 公共领域的结构转型. 曹卫东，译. 上海：学林出版社，1999：14-16.

及人们在这类要求的基础上形成的交往习惯与态度。①从这个意义上而言，私人伦理就是在熟人世界的私人交往活动中的相互有效的要求和规范，人们基于这些要求和规范而形成日常生活中的私人交往习惯和态度。

按照哈贝马斯的观点，前资本主义时代的家庭是古典意义上的私人伦理的边界，家庭领域中的个人是未经"解放"的、非自律的，私人交往以个体的家庭活动为核心，往往受制于血缘和地域范围的限制，在此之内的私人交往活动并未与公共事务发生联系，纯粹是一种私人交往经验。在此意义上，私人伦理规范着人们的日常交往关系和活动，把私人交往关系确定为一种区别于公共交往的特殊关系。

随着资本主义的发展，古典意义上的家庭领域被打破，一部分原本属于家庭领域内的交往活动进入公共生活领域，与公共事务发生联系，纯粹的私人交往延伸出公共交往，并进一步形成了公民社会。

公共领域得以形成的前提是公民社会的成熟，而公共伦理则从精神层面和观念层面分别揭示了公民社会所具有的本质特征。②因而在此意义上，公共伦理可以说是在公共生活中具有相互约束力的有效性要求，公民依据这些要求形成公共交往中的态度和习惯。作为公民社会的伦理规范，公共伦理确定了公民在公共生活中的权利与义务关系，公民不仅仅是一个独立的个体性存在，同时还因其公民的身份而享有相应的公民权利与承担相应的诸如遵守公共规范、谋求公共福利等公民责任。

与此同时，公共伦理还确保了公民的平等地位及其独立和自由，公民的主体性地位在公共伦理中有着明确的规定，公民作为独立主体的平等地位也在公共伦理中得到了保障。此外，公共伦理还是公共理性精神的体现，作为一种伦理规范，公共伦理实质上是一种关于何为好的公共生活与如何实现好的公共生活的理性认识，体现了公民在公共生活中的公共理性。

公共伦理与私人伦理的原则是不同的：首先，公共伦理的构成是社会利益和整体利益，其伦理结果的作用对象多、影响范围较大；私人伦理的主体是个人，伦理约束的行为规范大多是约定俗成的，其伦理结果的作用对象较少、影响范围较小。③其次，公共伦理与所有人或社会的所有成员发生关联，而私人伦理是一个人与其他人、与社会发生关联，实际上其行为影响的只是少数人。再次，公共伦理不仅靠舆论和内心信念的作用，而且靠制度的约束作用；私人伦理行为的评价主要依靠个人的良知判断和社会舆论监督。最后，公共伦理与私人伦理处在不同的领域，对公共伦理的评价主要依据公共伦理的基本价值和遵循的正义原则等；而对私人伦理的评价主要依据自身的价值标准。

三、公共伦理的基本内涵

(一) 公共伦理的概念

有关公共伦理，国内外的学者给出了众多的解释和界定。美国著名的行政伦理学家库珀(Terry L. Cooper)认为，公共行政伦理是指行政人员在公共管理活动中的行为规范的总和，它是维持公共管理活动相关各方之间合理和正当关系的原则和规范。库珀主要是从行

① [德]哈贝马斯. 公共领域的结构转型. 曹卫东, 译. 上海：学林出版社, 1999：3-4.
② 张舜清. 公民社会与儒家伦理. 中州学刊, 2006(07).
③ 张创新. 公共管理学概论. 北京：清华大学出版社, 2010：300.

政的角度对公共伦理进行界定的，突出强调了行政人员在公共伦理中的重要作用。

中山大学王乐夫将公共伦理界定为："公共伦理通过赋予公共管理行为的价值规范体系，引导、规范公共管理行为，从而促进公共管理活动目标的有效实现和维护公共利益。"[①]

厦门大学陈振明则认为："公共伦理是特殊领域中的角色伦理，公共伦理或者以公共管理系统为主体，或者以公共管理者为主体，是针对公共管理行为和政治活动的社会化角色的伦理原则和规范。"[②]

吉林大学张创新在《公共管理学概念》一书中将公共伦理界定为："公共伦理是以政府主导的公共组织以及组织成员为实现公共利益，为社会提供公共产品和服务的过程中的道德行为和规范评价的标准，主要包括公务人员的个人伦理、公共管理的职业道德、公共管理机构的组织伦理及管理过程中的政策伦理等方面。"[③]

北京师范大学汪大海则认为："公共伦理是公共管理的基本概念、基本原则、道德规范和公共伦理精神的集中体现，它在本质上从属于公共管理职业道德的范畴，是新型公共管理关系和行为的生成与保障。"[④]

上述是国内外学者对公共伦理所做的定义中较有代表性的观点，总体而言，都强调了公共管理者在实现公共管理目标的过程中对其行为的规范。在本书中，公共伦理被定义为以公共管理者为主体，为实现公共利益，针对公共管理行为的伦理原则和基本道德规范。就其内容而言，包括公共伦理的价值和公共伦理的行为准则；就其伦理主体而言，包括公共管理者个体的伦理和公共组织的伦理。

(二) 公共伦理的特征

公共管理的性质和地位，决定了公共伦理必然有其特殊的内在规定性。公共伦理的主要特征表现在以下几个方面：

第一，公共性。公共伦理区别于一般伦理道德的就是公共性。这种公共性是伴随着公共权力产生的，权力机关作为行使公共权力的主体，必须遵守这种公共道德并维护这种公共伦理。正确处理公私关系成为公共管理最根本的伦理要求。

第二，公共利益。公共管理的目标是提供公共权力、维护公共秩序和实现公共利益。公共伦理的最终目的是促进实现公共利益。公共伦理在规范公共管理组织以及公共管理主体时，必须确保公共利益的实现，这样公共伦理才能体现其价值规范和价值引导的意义。

第三，公共责任与义务。公共责任是公共伦理中权利与义务关系的具体体现，是公共管理主体应该承担的义务和履行的职责。在各种道德义务发生冲突的状况下，公共权力行使主体应确保的是公共利益至上，公共管理的一切落脚点都在于责任与义务，这本身就是公共伦理的基本要求。

第四，道德文化。公共伦理的精神体现在公共管理主体的信仰和价值观念等道德文化层面。其实质是一种特定领域的文化，是在公共管理环境、体制及其运作背景下，通过特定的文化积淀和潜移默化所形成的道德意识、道德习惯和伦理传统，这种特殊的文化对公共

---

① 王乐夫，蔡立辉. 公共管理学. 北京：中国人民大学出版社，2003：411.
② 陈振明. 公共管理学. 北京：中国人民大学出版社，2005：468.
③ 张创新. 公共管理学概论. 北京：清华大学出版社，2010：300.
④ 汪大海. 公共管理学. 北京：北京师范大学出版社，2010：346.

管理系统及系统内部的组织成员的行为会产生深远的影响。

（三）公共伦理的功能

首先，行为引导功能。即公共伦理对公共管理活动具有的行为导向作用。公共伦理通过公共权力实施主体的遵行，进而具有示范作用，使得其行为和形象不仅为社会大众所关注，还进一步影响并渗透到社会生活的各个方面，直接对社会大众产生示范效应和导向作用，使社会民风和公众舆论发生相应的转变，从而对整个社会产生引导作用。

其次，道德规范功能。公共伦理本身就是对公共管理者行为的约束，其目标在于引导和约束公共管理系统的运行和公共管理主体的行为。通过公共伦理规范限定公共权力行使主体的活动范围、行为模式，使其行政过程更加规范化和程序化。在这一过程中，公共伦理对符合要求的信念和行为，会予以肯定，它既是法律规范有效发挥作用的基础，又是对法律规范的有效补充和扩展。

再次，强化责任功能。在公共管理活动中，公共管理主体在一定的伦理价值支配下经常面临各种抉择。其中需要强化的是责任意识，即对公共管理责、权、利的认识，这是公共伦理的核心，认识不同，对公共管理活动的精神领会和态度就会有所不同。强化责任意识，不仅可以激励公共管理主体的担当意识，还可以促进公共管理主体反思在公共管理这一岗位上追求什么样的目标和理想，这对公共管理系统起着调节和驱动的作用。

最后，社会维系功能。公共伦理像组织中的规章制度一样对组织中的每个成员的心理和行为产生一种约束和规范作用，从某种程度上它直接影响着社会的稳定。公共管理者作为社会各方面的管理主体，其伦理价值导向应是全社会关注的焦点。如"政府就是提供服务"等从社会价值导向上体现公共管理者能够对公民负责，代表公共利益，进而会得到民众的拥护，这样使整个社会维系在一起，产生一种巨大的向心力和凝聚力。

第二节　公共伦理的价值追求

政府是伴随国家的产生而出现的一种最有代表性和权威性的政治上层建筑，无论是最初的国家形式还是发展到高级阶段的国家形态，它都具有管理社会公共事务的职能，即利用公共权力来维护公共利益和协调社会矛盾。构建合理的公共伦理基础，即在功利目标和正义秩序之间寻求一种较为合理的秩序安排越发重要。本节将对公正、慎用权力与责任本位进行探讨。

一、公正

作为公共利益代言人的政府，其行为标准必然涉及平等的问题。恩格斯在《反杜林论》中写道："一切人或者至少一个国家的一切公民，或者一个社会的一切成员都应当有平等的社会地位和政治地位。"[①]平等不仅仅表现为公民个人之间，同时还应该表现为国家（政府）必须保障公民享有的政治权利和社会权利。

（一）公正的内涵

"公正"亦为"正义""公道"。"公正"最初来源于古希腊文"orthos"一词，意为置于直线

---

① 马克思，恩格斯. 马克思恩格斯选集，第三卷. 北京：人民出版社，1972：143.

上的东西，往后就引申来表示真实的、公平的和正义的东西。公正与公平在一般情况下是可以通用的，略有区别的是公正偏重于正当、正义，公平偏重于平等、平衡，而平衡本身又有"正"的意思，不正就不能平衡，所以，公正和公平就有三层含义，一是公，二是正义，三是平等。①

约翰·罗尔斯认为：正义是社会制度的首要价值，正像真理是思想体系的首要价值一样。②在西方思想家的视野中，公正历来处于政治哲学和道德哲学的中心位置。柏拉图的《理想国》是围绕着正义而展开的，认为公正是其他美德实现的最高境界。他指出：正义就是只做自己的事而不兼做别人的事。③亚里士多德认为：正义包含两个因素——事物和应该接受事物的人，认为相等的人就该配给到相等的事物。④

古罗马法学家乌尔庇安则认为：正义是给予每个人应得的部分的这种坚定而恒久的愿望。与此类似，西塞罗也把公正描述为：使每个人获得其应得东西的人类精神意向。⑤这一经典定义一直是西方哲学的主流。尔后，无论是康德对意志自由（绝对命令）原则的论证，还是当代罗尔斯对作为公平之正义原则的设计、诺齐克的正义即权利的论述，以及麦金太尔正义即美德的理论，都高扬着一个简单而深奥的理念：公正就是各得其所或得其所应得。公正既是社会成员相互对待的普遍的伦理行为准则，更是国家或社会对待其成员的政治伦理准则。⑥

公共管理对社会公共资源进行权威性配置，这对公共管理主体的组织或个人来说，"公正"是最为重要的道德范畴，只有做到公正，才有可能获得公众的信赖和支持，也才有可能实现公共管理的目标。公共管理最根本的任务不是社会财富的创造，而是社会财富的调整与分配。公正不仅是一种原则，更重要的是还要成为公共管理者的美德。⑦

（二）公正的实现途径

公共管理是社会公正的道德示范。政府的形象通过公共管理行为彰示社会，起到了道德示范作用。拥有公共权力的政府是社会公正最主要的实践主体，公共管理行为能否得到公民的认同与服从，在很大程度上取决于公众对公共管理行为公正性的认同，而不仅仅取决于政府拥有的巨大的权力。因此，公共管理主体公正地行使权力才是产生权威的基本源泉。当今的中国正处于社会主义初级阶段，要解决体制转轨和社会转型过程中产生的不公正的社会问题，从公共管理的角度可以采取以下措施：⑧

首先，规范政府行为。规范政府行为，必须规范政府权力。政府权力具有社会委托的性质，这就决定了权力的行使必须体现公共性，必须以公共利益为出发点和目标，公共性给予政府权力一种强大的约束性和规范性。同时，规范政府权力的制度体系，完善责任制度、

① 冯益谦. 公共伦理学. 广州：华南理工大学出版社，2004：92-94.
② ［美］约翰·罗尔斯. 正义论. 何怀宏，译. 北京：中国社会科学出版社，1988：1.
③ ［古希腊］柏拉图. 理想国. 郭斌和，张竹明，译. 北京：商务印书馆，1986：58.
④ ［古希腊］亚里士多德. 政治学. 吴寿彭，译. 北京：商务印书馆，1965：148.
⑤ ［美］博登海默. 法理学：法哲学及其方法. 邓正来，姬敬武，译. 北京：华夏出版社，1987：238-352.
⑥ 肖平，等. 公共管理伦理导论：理论与实践. 成都：西南交通大学出版社，2007：68-69.
⑦ 吴爱明. 公共管理学. 武汉：武汉大学出版社，2012：112-113.
⑧ 何颖，袁洪英. 行政伦理与社会公正. 吉林：吉林人民出版社，2009：146-152.

监督制度等一系列规范制度。依法行政就是对政府行使权力过程中贯彻法理公正的规范，强化政府公正理念。同时，还要规范行为主体的行为。加强法制教育，提升政府机关行政人员的正直的德性品质，是实现政府公正的现实途径。

其次，完善行政听证制度。行政听证即政府在做出决策前听取利益相关人意见的程序制度。行政听证可以分为行政立法听证和行政执法听证。行政立法听证是指在行政法规的制定过程中，听取有关团体、专家学者的意见，特别是听取与该立法有利害关系的当事人的意见，它是行政立法程序的重要步骤和方式，是行政民主化、透明化的重要标志；而行政执法听证则指的是行政机关在做出行政决定之前，给予当事人就重要事实问题和有关法律问题表达意见的机会，以避免行政机关的独断专行，保障当事人的合法权益。行政听证是行政民主化的一个重要标志。行政听证制度，为公共管理主体的行为提供了公正的程序保障。公正听证必须设置诸如职能分离、回避、决定必须基于听证记录、决定必须说明理由等措施，为行政机关的公正裁决提供程序保障。① 建立和完善行政听证制度，是政府公正制度化建设的关键。

再次，完善行政问责制度。公正不仅是公共管理者的德性，而且也是公共管理者的责任和义务，甚至先是责任义务，其次才是德性。② 责任可以保障公共利益，提升政府公正。责任政府建设是政府公正的前提。在授予公共管理主体权力的同时要明确责任，做到分工明确，对各自职责范围内的事项负责。与此同时还要强化行政责任追究制，对失职渎职、滥用权力的，应当依法追究有关部门和人员的法律责任。责任制度建设还要对公共管理活动中的作为与不作为及其后果承担相应的责任。行政问责制度的建立使行政主体意识到作为执掌公共权力的人，他们有义务就其公共管理行为向公民汇报。问责制度化、法制化是构建公平负责政府的必要前提条件。

最后，完善政府救济补偿制度。救济补偿制度包括行政救济与政府补偿。行政救济是对政府不公正行为后果的挽救，是一种弥补措施。依照救济制度，权利人可以要求停止某种损害其利益的行政行为，要求政府赔偿损失，保证自己的权利。同时，政府救济补偿制度也迫使政府对自身行为的公正性负责。政府救济补偿制度，是实现公平正义的重要制度，具有重要的理论与现实意义。

二、慎用权力

公共权力是影响和支配公共管理组织及其成员行为的强制性力量，正如孟德斯鸠指出的："一切有权力的人都容易滥用权力，这是万古不易的一条经验，有权力的人们使用权力一直到遇到有界限的地方才休止。"③

（一）公共权力的内涵

所谓权力，是指影响和支配他人思想、行为方式的强制性力量。公共权力也就是公共管理主体管理社会公共事务所享有的合法资格和相应的强制力和约束力。④ 伴随着人类社

① 丁煌. 论行政听证制度的民主底蕴. 武汉：武汉大学学报，2001：1.
② 张康之. 公共管理伦理学，北京：中国人民大学出版社，2003：218.
③ ［法］孟德斯鸠. 论法的精神（上册），北京：商务印书馆，1996：154.
④ 刘丽霞. 公共管理学. 北京：中国财政经济出版社，2002：309－312.

会的发展，公共权力也是逐步形成与发展的。

在原始社会末期，为了协调氏族成员间的利益、管理安排氏族内部的生活和生产、防御外来侵略等，氏族部落设立了公共管理机构来处理氏族事务，并形成了最初的公共权力。

随着私有制的出现，产生了阶级对立，国家也在氏族的基础上发展起来。最初氏族部落的公共权力被国家权力所取代。国家通过自己的权力系统和法规体系建立秩序。对于国家权力或者公共权力的来源，不同时代的思想家给予了不同的回答。

按照霍布斯的观点，国家创立的目的，就是根据每一个人的授权，运用托付给它的权力与力量，通过其威信以组织大家的意志，对内谋求和平，对外抵抗侵略。①

洛克则强调，建立在契约基础上的国家，其宗旨就是保障人们的根本利益。用后来被杰斐逊发挥并体现在美国《独立宣言》中的话来说就是：为了保障生命权、自由权和追求幸福的权利，才在人们中间成立政府。②

斯宾诺莎认为，人类只是在建立国家之后才由自然状态进入社会状态。他说："只有在社会状态下，善与恶为公共的契约所规定，每个人皆受法律的约束，必须服从政府。"③

恩格斯则指出，国家是社会发展到一定阶段的产物，是表示这个社会陷入了不可解决的自我矛盾，分裂为不可调和的对立面而又无力摆脱这些对立面；这就需要有一种表面上凌驾于社会之上的力量，这种力量应当缓和冲突，把冲突保持在"秩序"的范围以内，这就是国家。④

从上述观点可以看出，国家权力或者说公共权力包括以下含义：第一，权力的主体属于全体社会成员；第二，权力的客体指向是社会公共事务；第三，权力的功能是服务于社会公共利益，即把冲突控制在秩序的范围之内。

（二）公共权力的特征

权力总是与社会秩序的生产和维护联系在一起的，但由于社会秩序不属于私人所有物品，而是一个社会共有的公共利益，是以国家为主体的公共权力，没有公共权力的正常存在和运行，社会就不能缓和各种可能的冲突，把冲突保持在秩序的范围以内。⑤公共权力具有如下特征：

1. 公共性

公共性是公共权力与私人权力相区别的一个最明显的标志，也是公共权力的根本属性。公共权力来自于人民的授权，这也就是通常所说的"主权在民"的思想。权力来自于人民的性质就决定了公共权力要体现最广大人民的意愿并代表广大人民群众的根本利益，解决民众最关心的社会问题。公共权力的公共性表明公共权力所涉及的内容极其广泛，政治、经济、文化等各个领域都有公共权力的存在。不同层面、不同领域和不同职位的公共权力的掌控者在行使其权力时，必须符合社会的共同利益和根本利益，这是公众对公共权力掌握与行使者的基本诉求。

---

① 霍布斯·利维坦. 北京：商务印书馆，1985：132.
② 刘玉安，等. 西方政治思想通史. 北京：中国人民大学出版社，2003：211-213.
③ 斯宾诺莎. 伦理学. 北京：商务印书馆，1983：200.
④ 马克思，恩格斯. 马克思恩格斯选集. 第四卷，北京：人民出版社，1995：170.
⑤ 黎玉琴. 公共权力、法治与社会资本的积累. 现代哲学，2009：2.

2. 强制性

公共权力具有强制性。要保证国家机器的正常运转，法律和政策的制定、实施都需要强制力的保障。西方关于权力的主要学派韦伯主义和帕森斯主义也不同程度地强调这一点。韦伯主义认为权力具有"不顾反对而贯彻"的支配性，帕森斯主义也认为权力具有"强制实行"的支配性。①权力的支配性使得权力具有了相对人不得不服从的性质。公共权力的强制性，在其法定应当约束的社会中对所有人都具有刚性的支配和导向作用，社会成员对公共权力必须服从。为了确保强制性，公共权力的掌控者需要维系和增强公共权力的权威性。影响权力权威性的主要是两方面：一是权力运作的规则性，无规则的权力运作只会导致人们的不安；二是权力运作的公开性，没有公开性，公共权力就没有权威性，其强制性就难以体现。

3. 合法性

所谓合法性，从广义角度而言，是指公众的认可和支持程度。狭义而言，合法性就是合法律性，即合乎法律的相关规定。这就要求：一方面，公共权力是要为公众服务的。正所谓：权为民所用，情为民所系，利为民所谋。公共权力的本质及其制度设计，都是基于维系和实现"公共利益"的根本目标，因此必须把公平、正义等社会基本价值纳入对公共权力的评价之中，以获得公众的合法性认同。另一方面，公共权力合法的来源在于法律的批准，法律成为公共权力存在的依据和运行的标准。公共权力的限度及行使方式、程序均来源于法律规范。②公共权力构建与运行的法治化程度，是评价一个社会政治文明发展的重要依据。

4. 民主性

从公共权力的公共性与合法性出发，其产生与运行的基础性制度安排都必然和必须是民主的。一方面，公共权力的产生与授予的方式是民主的；另一方面，对公共权力掌握者（即公众的代理者）的考核选拔方式也应是民主的；还有，更为关键的是公共权力的运行方式也必须受到公众的监督与制约。民主性既是构建现代公共权力的基本途径，也是现代国家必须维护的重要价值与立国之本。③因为，公共权力就是服从于和服务于公众利益的公权力，当作为公共权力代表的个体背离整体（全体成员）的意志行事时，公共权力就可能不再是服从于和服务于公众利益的公权力了。④因此，需要通过社会主义民主建设，充分保障公民的选举权、知情权、参与权、监督权，这是维护和强化公共权力的基本途径。

（三）公共权力制约机制

公共权力对社会的控制，是以国家机构为媒介通过个人的操作而实现。因此，个人在掌握了某些公共权力之后，既有可能用这些权力为社会谋幸福，也有可能滥用这些权力。权力的这种特性极其容易导致权力异化，导致权力成为追逐个人名利的手段和工具。因此，如何约束公共权力，把公共权力限制在一个固定的领域和合理的范围内就是很重要的实际

---

① 李余华，丁汪洋. 公共权力范围之重构及其意义. 齐齐哈尔大学学报：哲学社会科学版，2014(9).

② 钱大军，武红羽. 公共权力的法学阐释. 求是学刊，2006：9.

③ 黄健荣. 公共管理学. 北京：社会科学文献出版社，2008：444.

④ 窦炎国. 公共权力与公民权利. 毛泽东邓小平理论研究，2006(5).

问题。①对权力的制约主要可以通过以下几个途径实现。

1. 法律制约

为了防止公共权力运行的随意性和异化，必须将其置于严格的法律监督之下，这是法治社会的内在要求。通常在民主制度下，法律是用来保护公民权利的，因而法律也是人民用来制约公共权力的。公共权力的运行有法律依据，这是法治社会的基本要求。为此，一方面需要完善法律体系，要有完备的法律，使得国家的各种权力在规定的范围内规范地使用，权力的运用必须以法律为准绳。另一方面要强化法律的监督约束职能，因为仅有完备的法律并不一定能够进入法治状态，还需要在现实中的贯彻和实施。"在法统治的地方，权力的自由行使受到了规则的阻碍，这些规则使掌权者受到一定行为方式的约束。"②法律因其显著的稳定性与刚性具有强力的导向和约束作用，用法律手段可以遏制公共权力的滥用。

2. 道德制约

以道德制权。古代社会对公共权力的约束主要是道德约束。道德约束先是以古代圣贤的论述为依据，在此基础上经过系统化之后发展为道统，再以后世的知识分子阐述、维护道统形成民间化的学统，并以此制约国家权力。③因此，道德是法律的补充形式，是通过教育、社会舆论和人们的内心修养来促成社会成员遵守某些规范体系的。以道德制约权力，其核心思想是通过社会道德教育的途径使公共权力掌控者提升其道德伦理修养，权力需要自律，权力掌控者一定要有自律意识。防范公权力与私权利的相互僭越，特别是要防范以非合理的、非正当的个人利益损害真实的公众利益、整体利益，使公共权力的掌握者抑制和摒弃利用公共权力谋取私利的欲望，以保障公共权力只为公共利益而运行。

3. 社会制约

不受控制的权力是绝对的权力，绝对的权力必然导致权力腐败。对公共权力的边界予以限定，原因在于对权力扩张本性的警惕，有效控制需要通过监督来实施。有效的检查监督不仅能够维护权力的尊严，还能使所有权力的行使都处于有效监督之下。④以社会力量制约公共权力就是指充分利用各种社会力量，尤其是依靠社会中媒体力量和多元化的组织力量实现对公共权力的制约。各种社会力量不仅要在权力结构上，还要在权力的产生和行使过程中进行监督，由此形成一种独立于政治机构之外的公共空间，从而有利于增强对公共权力的有效制约。⑤对公共权力的监督，不仅要防止公共权力对私人权利的侵犯，也要防止私人权利对公共权力的侵犯。私人权利对公共权力的侵犯通常有两种情形：其一是公民（个体）损害公共权力所维护的社会（整体）利益，从而造成对公共权力的侵犯；其二是公共权力的代表者利用公共权力谋私，从而造成对公共权力的侵犯。⑥

---

① 肖元. 公共权力模式与价值分析. 学术界，2007(4).
② ［美］埃德加·博登海默. 法理学：法哲学及其方法. 邓正来，姬敬武，译. 北京：华夏出版社，1987：344.
③ 肖元. 公共权力模式与价值分析. 学术界，2007(4).
④ 马长山. 国家、市民社会与法治. 北京：商务印书馆，2001：161.
⑤ 黄健荣. 公共管理学. 北京：社会科学文献出版社，2008：457-463.
⑥ 窦炎国. 公共权力与公民权利. 毛泽东邓小平理论研究，2006(5).

三、责任本位

公共管理的责任是指对公共管理权力的控制，为了确保公共权力为公共利益而行使，就需要以责任体制来为公共权力的行使划定边界，使其沿着公民授权给管理主体的初衷运行。确立公共管理责任机制和责任理念、建立责任政府是为了保证公共权力为民所用。正如斯塔林所说：一般民众大多喜欢政府具有回应、弹性、一致、稳定、廉洁、慎思、守法、责任等特性，而这些价值表述可用"责任"概括，表达了人们对于政府的期待。[①]

（一）公共责任的内涵

美国公共行政学对"责任"这个词的绝大部分讨论集中在实现责任的"最佳"策略上，责任指的是向上司负责，要求向某种权威来源"说明"个人的行动过程，处理的是有关监督与汇报的机制。这种责任概念的形成主要与两场著名的讨论有关：一是威尔逊与古德诺之间关于政治与行政关系的讨论，二是卡尔·弗里德里希与赫尔曼·芬纳之间关于官僚机构的控制与责任的讨论。在辩论的过程中，弗里德里希提出了一个替代性的责任概念的关键因素。负责任的官僚机构并不简单地服从命令，而是应该通过职业的和道德的标准对其专业行为进行约束。这表明，除了服从法律的限制之外，责任还采取了专业标准或行为规范的方式。这意味着要根据内部规范对公共管理主体或组织的行为及其绩效进行评价。[②]

所谓公共责任，就是为了实现公共利益和保证公共行政能够公正有效地实施，公共管理主体在公共管理行为中必须承担的政治责任、法律责任以及道德责任。公共责任是构建公共伦理的重要概念。公共责任一方面包括责任理念。责任理念包含责任伦理的意识、目的及其价值取向，是责任伦理应然状态的表现形式，是责任伦理的出发点与行动目标，追求行政意图的道德性，追求良好的动机及伟大的信念。责任理念是责任伦理价值目标的设定，表征着责任伦理发展的方向。[③]公共责任另一方面包括责任伦理。责任伦理强调的是作为公共管理主体需要依照公民与社会所确认的道德标准进行公共管理活动的责任。责任伦理要素体现为多元统一性，即公共责任与个体（公务员）责任的统一、主观责任与客观责任的统一、法律责任与道德责任的统一。责任伦理体现了对公共管理主体从做事到做人的一系列道德要求。[④]

（二）公共责任的性质

不同于个人责任，公共管理的责任本质上是一种公共责任，它具有以下性质：

首先，公共责任是一种任务。公共管理主体必须通过认真履行自己的义务和职责的方式，对国家权力主体负责，完成权力主体所交付的任务。在落实公共责任时，必须明确公共管理主体具体要完成哪些任务，任何抽象的公共责任都是难以落实的。而且在赋予公共权力时，实际上对公共权力的作用目标、作用范围、作用方式、作用内容都有较具体的规定，这就是与公共权力相应的公共责任。公共管理者应该认真履行自己承担的公共责任的任

---

① 张成福，党秀云. 公共管理学. 北京：中国人民大学出版社，2002：324.
② 虞维华. 公共责任的新概念框架：复合性公共责任理论及其意义. 东南学术，2006(3).
③ 李思然. 行政发展视域中责任伦理的价值向度. 中国行政管理，2011(4).
④ 李思然. 行政发展视域中责任伦理的价值向度. 中国行政管理，2011(4).

务，否则将失去公共权力或受到相应的处罚。①

其次，公共责任是一种义务。作为公共管理机制，承担行政责任的过程，就是一个承担为国为民尽义务的过程，承担起为公众服务的过程。公共管理主体在接受了公共权力之后，也就承担了为社会谋求利益的义务，这是公共责任的目标要求。随着世界各国民主与法制化的发展，公共权力与公共责任主体多元化，各国公共组织及其管理者所承担的服务公众的义务，逐渐由道义、契约形式转变为以法律形式加以规范的义务。②

最后，公共责任是监控与约束。公共责任还是一种监督与控制行为。公共责任本质上是一种以外在的约束力为支撑的个体或群体行为。③公共责任明确要求公共管理者承担的任务必然会受到上级权力机关的监控，如果公共管理者消极、不作为或出现违规、失职的行为，将会受到监管者的处罚或制裁。因此公共责任是对公共权力行使过程进行监控的前提，也是对公共权力进行约束的基础。如果没有公共责任，则无法追究违规与违法者，也无法达到警示其他公共管理者的作用。④

（三）公共责任的构成

公共责任的本质强调的是权力与责任的统一。人民授予公共管理部门多少权力，公共管理部门就要担负起多少责任。公共责任是由政治责任、法律责任和道德责任构成的。

首先，公共责任表现为公共管理主体的一种政治责任。所谓政治责任，是指国家机关及其工作人员的所为必须合乎造福于民、服务于民的宗旨，其政策、法律、规章等决策必须符合人民的意志与利益。若公共管理主体的决策失误或管理行为偏离公共目标且侵害到了公共利益，虽然不一定违法，却必须承担相应的政治责任。这是由公共管理的主权在民原则决定的，只有作为公民整体的人民才是公共权力的最终拥有者，而公共权力行使主体必须承担服务义务。⑤

其次，公共责任是公共管理主体必须承担的一种法律责任。所谓法律责任，是指由法律明确规定的，由国家强制力保障实行的，由国家授权机关依法进行追究的违法机关或个人必须承担的责任。一般而言，法律责任包括刑事法律责任、民事法律责任、行政法律责任。这些责任的存在是由公共管理的法治原则决定的。法治原则认为任何管理行为都是权力和责任的统一体，有何种权力就应有相应的义务，行使何种权力就应承担相应的责任，权力无法脱离责任而单独存在，否则这种权力就是非法的、不合理的。所以要求公共管理主体必须运用合法权力采取合法行为去实现合乎法理的目标，若违法必然会受到法律的制裁，要承担相应的法律责任。⑥

最后，公共责任是公共管理主体应当承担的一种道德责任。所谓"道德责任"，是指公共管理人员在履行职务时必须承担的道德意义上的责任，主要依靠管理人员的伦理自律和媒体与公众舆论的监督来实现。这里一方面要求，公共管理主体的行为必须符合人民及社

---

① 黎民. 公共管理学. 北京：高等教育出版社，2011：228 - 229.
② 黎民. 公共管理学. 北京：高等教育出版社，2011：228 - 229.
③ 宿丽霞. 论行政伦理与公共责任. 辽宁行政学院学报，2008(1).
④ 黎民. 公共管理学. 北京：高等教育出版社，2011：228 - 229.
⑤ 辛传海. 公共管理学. 北京：对外经济贸易大学出版社，2013：278.
⑥ 辛传海. 公共管理学. 北京：对外经济贸易大学出版社，2013：278.

会所要求的道德标准和规范；另一方面则要求，公共管理主体需坚持公共利益优于个人利益和部门利益。道德责任的提出主要是针对公共管理主体作为公众利益代理人存在的机会主义行动，即利用管理服务的垄断性来进行权钱交易等；同时还针对公共管理主体通常会面对的"道德困境"，即在面临多元目标冲突时，政绩被放在首要地位，而公共利益退居其次甚至被抛弃。因此，道德责任是对公共管理主体的重要约束。

总之，政府是公共管理中最重要的主体，政府应规范自己的权力范围，做政府应该做的事情，减轻决策负担，从包揽一切的困境中走出来，调动各方面主体的积极性，使权力和责任相统一，从而成为负责任的有效政府。责任伦理有助于强化公共管理者的责任意识。

（四）公共责任的控制机制

公共管理责任的实现需要有相应的责任控制机制来保证。在现代社会，政府要对公民负责已经成为普遍认同的理念，但现实中不少国家的政府存在不负责任的现象，其重要原因之一就是缺乏一套完备的责任控制机制。公共管理责任的控制机制包括以下内容：

首先，是公共管理责任的行政控制机制。公共管理责任的行政控制机制是指公共组织本身所具有的维持行政责任的方式。[①] 这种方式从公共组织成立之日起就已经存在了。行政控制机制具体表现为行政监督权、行政监察、审计、行政复议等具体职能的发挥。

行政监督权体现为一种公共管理责任的控制权力，是行政机构的上下级之间由于行政隶属关系而存在的命令与服从关系，这种关系往往通过指示、认可备案、审核、撤销、废止、争议解决、行政立法及解释等形式发挥作用。

行政监察是为了保证公共管理责任的实现，在行政机关内部设立的专门监察机关，负责监督行政机关以及公务员的公务行为的活动。目前许多国家都设有行政监察机构，如英国的行政监察专员制度、新加坡的反贪污调查局、美国的监察长制度等，在我国这种行政监察是由监察委员会来承担的。监察机构或监察委员会主要行使检查、调查、纠正等权力，依据相应的行政监察法律法规履行职责，监察的重点是反腐倡廉，维护政府的责任。

审计表现为外部审计与绩效审计两种情况。外部审计是由审计部门为鉴定公共部门特别是政府部门的收支正确性程度以及财务行为的真实性而进行的记录、报告、验证等活动。绩效审计是由行政机关内部人员针对行政效能所进行的评估。无论是外部审计还是绩效审计，都有利于对公共部门的财务状况进行监督，以利于提高财务绩效，[②] 保证公共责任的落实。

行政复议是指公民、法人和其他组织认为行政机关的行为侵害了其合法权益，请求该行政机关或其上级行政机关对该行政机关的行政行为的合法性或适当性进行审查的活动。行政复议的目的是为了排除不法行为，保证或补救公民、法人和其他组织的合法权益。由于行政复议可以平衡隶属型法律关系主体之间的法律地位，程序比较简便，所以，行政复议被许多国家所采用。[③]

其次，是公共管理责任的司法控制机制。当公共管理主体的行为违法时，为保护人民

---

① 周晓红. 公共管理学概论. 北京：中央广播电视大学出版社，2003：319-322.
② 周晓红. 公共管理学概论. 北京：中央广播电视大学出版社，2003：319-322.
③ 周晓红. 公共管理学概论. 北京：中央广播电视大学出版社，2003：319-322.

的法律权益，要通过司法途径对违法行为进行制裁。这种制裁构成对公共管理责任的司法控制。在公共管理责任的司法控制机制中，对公共管理主体而言，诉讼责任和侵权赔偿责任是最重要的公共管理责任控制机制。

诉讼责任是建立在公民与政府平等的理念之上的，强调任何一方都应该受到法律的保护或限制。因此，当公共管理主体在行使权力的过程中侵犯了人民的合法权益，人民则有权提起诉讼，司法机关也有权依据司法程序进行处理。依据《中华人民共和国行政诉讼法》的规定，我国政府必须在下列情况下承担诉讼责任：① 政府行政机关违法拘留、罚款、吊销许可证和执照、责令停产停业，没收财物；② 政府违法限制人身自由或者对财产的查封、拘押、冻结；③ 政府侵犯法律规定的经营自主权；④ 政府行政机关拒绝颁发许可证和执照；⑤ 政府行政机关不履行保护人身权、财产权的法定职责；⑥ 政府行政机关没有依法发给抚恤金；⑦ 行政机关违法要求履行义务；⑧ 行政机关侵犯其他人身、财产权。

侵权赔偿责任就是指公民、法人或者其他组织的合法权益受到行政机关或者行政机关工作人员做出的具体行政行为侵犯造成损害的，有权请求赔偿。具体可以参照 2010 年 7 月 1 日实施的《中华人民共和国侵权责任法》。

公民、法人或者其他组织单独就损害赔偿提出的请求，应当先由行政机关解决。对行政机关的处理不服，可以向人民法院提起诉讼。赔偿诉讼也可以适用调解。责任伦理有助于强化公共管理者的责任意识，可以重塑公共伦理。

第三节 公共伦理的失范

公共伦理的规范是加强公共伦理建设的重要任务之一。公共伦理规范是社会基本道德规范在公共领域的深化和具体体现，是公共伦理主体受公平正义、责任本位、慎用权力等原则支配的具体伦理行为准则，是公共伦理基本原则的具体表现。公共伦理基本规范包括道德规范、思想规范、职业规范和法律规范。

一、公共伦理失范的表现

（一）官僚组织中的平庸

对"平庸"概念的界定首次见于汉娜·阿伦特所著的《耶路撒冷的艾希曼——关于平庸的恶的报告》一书中。书中将"无思考、无判断所犯下的恶是空洞的、肤浅的、根基缺失的恶"，因此被称为"平庸的恶"[①]。现实中，对"平庸"概念的理解则表现为：无思考、无判断、无责任以及拒绝思考、排斥判断、取消责任。

现实中，官僚制很容易走向平庸。这其中的逻辑进程和缘由主要体现在以下三个方面。

1. 官僚制对服从权威的强调转移了官僚责任主体

官僚制中的合法权威指的是来自上级发出的命令或者制定的法规，其来源于等级中的正式地位，即官职。对合法权威的强调即是强调下级对上级命令或法规的服从，这样的服从是一种无条件的服从，不管上级的命令或者决定正当与否，因为它来源于上级，它便具

---

① ［美］汉娜·阿伦特. 责任与判断. 陈联营，译. 上海：世纪出版集团，上海人民出版社，2011(07)：12.

备了合法性权威的条件。

官僚制中的合法权威具有共同的规范，即下级的服从意识，在强调服从上级权威的官僚系统中，呈现了这样一种状态："下属以恰当地完成了权威所要求的任务为荣，以违反了权威规定的规则为耻辱。"①因此，在官僚们眼中上级的意志不需要任何的合法性，命令的权利与遵从的义务都是充分的。他们之所以不加思考、不经判断地执行上级命令，义无反顾地付诸行动，只是因为被上级权威要求必须这样做。

官僚制无论是对服从等级权威的强调还是对服从专家权威的强调，都是基于提高组织效率的考虑，然而，它也使得责任的转移不断地发生在官僚组织的各个等级层次中。在责任转移的过程中，以致责任主体模糊不清甚至消失。

2. 官僚制对专业化劳动分工的严格要求分解了官僚责任意识

官僚制组织所具有的专业化分工特征是其权力等级导致的。每项公共权力都需要很多人共同努力才能够达到相应的效果，没有人可以将成果归于自身，因而也就没有人会对所有的行动后果承担责任。对官僚组织中的行政人员来说，在组织中他们最重要的美德就是尽忠职守，在规定的期限内完成分内之事，在他们的意识中，承担了职位上的技术责任就是很好地履行了"责任"。

官僚制组织对专业化劳动分工所做的要求还产生了这样一种效果：所有的劳动分工导致官僚们的行动者与行动目标之间以及行为方与承受方之间产生了长远距离。即官僚系统层级中的上级领导者在发布命令时也许并没有知晓其命令的后果，而作为执行者的下级工作人员则在没有理解命令真实意义及最终目标的状况下执行任务。即使这个命令或者目标具有破坏性的后果，但由于官僚组织的大多数公务员只是在进行各种具有局限性的日常行为，因此，尽管这些参与者的行为助长了最终的破坏性结果，他们也看不到和感受不到。

因此，公务员们只会将注意力集中到很好地完成手边工作上，将负责任归结为做一个好的、有效率的职员，而将道德问题排除在考虑之外，使得道德选择不再成为必须。因而，道德责任意识正是在官僚程序的行为长链中被淹没了。

3. 官僚制对组织角色的安排降低了责任归属

官僚制系统对公务员角色的安排在一定程度上意味着非人格化和去人性化。官僚制组织系统以职位角色限定人，且依照固定的模式对官僚们进行组织、培训和管理，而排除了人的特征，员工们只是充当着没有个性的职能角色，他们不仅可以随时被具备同等职能的所有人所取代，甚至在原则上能够被更有效率地达到这一目标的机器所替代。

官僚制组织对角色的安排还可以产生"匿名性"的效果。当官僚系统没有把公务员们当作具有独特个性的个体，而是把他们看成没有差别性的"他者"时，公务员们便会在被"去人性化"的情况下觉得自己是匿名的。当公务员们觉得自身在官僚组织系统中具备匿名性，或是意识到没有人会发现抑或是关注他们的政治身份，不会有人识别他们的个体性或者人性时，他们对行为后果承担道德责任的可能性便会大大降低，从而大大提高他们实施破坏性行为的概率。

还有，官僚制对官僚主体思考、判断的抑制。官僚制的某些特征使得官僚们很难具备

---

① [英]齐格蒙·鲍曼. 现代性与大屠杀. 杨渝东，史建华，译. 彭刚，校. 南京：译林出版社，2011(01)：210.

自主思考和判断能力,对其自主思考、判断力的形成具有一定的抑制作用,即官僚制组织信息的分散化破坏了官僚思考、判断的基础,而官僚制对服从规则、程序的统一要求控制了官僚思考的方向。

(二)道德错位

顾名思义,道德错位就是指将错的价值当成对的价值,或者相反,将对的价值当成错的价值,从而使得道德价值发生了错位。公共管理领域的行政人员若想以道德正确的方式去参与实际上道德不当的事情,最直接的方法就是借助婉辞或专业术语"去名"的途径来将道德上不正当的事情进行重新定义。正如历史上制度化的压迫和屠杀运动就利用了许多清白的用语来掩饰其残酷性,如民族清洗(波斯尼亚)、最终解决与特别处理(纳粹大屠杀)等。①

公共管理领域的"道德错位"作为公共生活中的一种道德现象,必然具有一系列典型的特征,具体体现在以下几个方面:

首先,"道德错位"发生目的的特殊性。之所以发生"道德错位",在于为了某种特定目的的实现。功利主义伦理基础的典型特征就在于任何道德行为都是为了某种最大化功利目的的实现,但这种最大化功利目的本身并不可靠,并隐含着"将不合理价值合理化"的潜在危险。正是这种特殊的目的诱惑才促使公共管理领域中"将不合理价值合理化"的情形有了更多发生的可能。②

其次,"道德错位"发生形式的隐蔽性。因为语言这种工具使得不合理事物的不合理价值变得具有"高尚性"与"理性化",公共管理领域中的组织不仅不会意识到自身处于道德败坏或者行为错误之中,反而会因为崇高目的的实现而在良心上形成自我满足的错觉;同时,道德错位还会模糊公众的道德视线,从而使公众无法辨别出隐蔽错位的真实本质,甚至还被同化或洗脑。任何不合理事物在这种特定语言修饰的欺骗或诱惑之下都容易被当作绝对真理,人们的道德思维及观念都容易出现反常甚至错位。③

最后,"道德错位"发生范围的广泛性。"道德错位"不是简单地仅发生于单个个体的道德观念中,而是广泛且普遍地发生于个人、群体及个人与群体的相互联系中。与此同时,"道德错位"也并非是某个社会时期某个国家的特殊产物,只是在不同的社会中,"道德错位"的发生频率大相径庭,其程度有高低之分,而在同一社会中,"道德错位"在社会转型时期更为常见。还有,公共管理领域"道德错位"的主体通常是一大群平凡的普通行政人员,并且这种"道德错位"经常是极其普通而又平凡的日常工作或常规行为。这一切无不使得"道德错位"在公共管理领域的发生变得十分容易与频繁。

(三)寻租与设租

美国经济学家詹姆斯·M. 布坎南首先提出了"寻租"概念。寻租通常产生的前提条件是:长期内某种产品或劳务的需求提高,而供给量由于种种原因难以增加,导致该商品供求差额扩大,从而形成差价收入。只要存在这种差价收入所引起的超额利润,就会出现寻租行为。

---

① 徐贲. 什么是好的公共生活. 长春:吉林出版集团有限责任公司,2011:540.
② [美]罗伊·F. 鲍迈斯特尔. 恶:在人类暴力与残酷之中. 崔洪健,译. 上海:东方出版社,1998:432.
③ 徐贲. 什么是好的公共生活. 长春:吉林出版集团有限责任公司,2011:540-541.

所谓寻租，是指人类社会中非生产性的追求经济利益的活动，或者说是维护既得的经济利益，或对既得利益进行再分配的非生产性活动。少部分公共管理主体的寻租行为是指利用行政手段阻碍生产要素在不同产业之间的自由流动和自由竞争，从而维护或攫取既得利益的行为。

一方面，政府以外的各类经济主体会千方百计地去获得这样的"租"，以低于市场价格的成本买入生产要素，谋取超额利润；另一方面，一少部分公共管理主体利用所掌握的权力谋取个人利益，会"设租"，"设租"的目的是为了"寻租"。通过这样的寻租行为，政府以外的其他经济主体就获得低于正常价格的生产要素，而少部分公共管理主体在供应分配要素时私下获得了各种贿赂。因而，寻租行为实质是一种权钱交易的腐败行为，它把个人利益置于公共利益之上。[1]可见，政府必须将公共性作为自身行为取向的衡量标准，并将公共利益的实现作为价值目标与基本道德责任。正如黑格尔所强调的，"国家是人类活动的理性和普遍原则的化身，而公务员则是国家与社会的中介物，从应然的角度来看，要求公务员个人不要独立地和任性地追求主观目的"。[2]

现实中，这些寻租行为给社会的政治经济生活带来巨大的影响。寻租行为的构成在于对公共权力的滥用；寻租行为的目的是为了个人利益或局部利益的谋取；寻租行为的结果是对公共利益的侵犯和危害。权力寻租还体现在社会的意识形态上的危害：扭曲价值观，败坏社会风气。

公共管理主体在行使公共权力、从事公共活动中，必须遵守一定的伦理行为规范。公共伦理体现在公共权力方面就是公共权力的使用者在行使公共权力的过程中所表现出来的慎用权力观念。当公共权力被滥用就出现了腐败问题。腐败是指公共管理主体偏离公共伦理的正当性要求并依托公共权力获取非法私人利益的行为。[3]寻租与设租行为就是部分公共管理主体利用公共权力在公共管理的过程中进行的权钱交易，这是公共伦理最大的失范表现，伴随着设租与寻租行为的产生必将带来对公共利益的侵害。

公共伦理是公共管理者在管理的过程中必须恪守和信奉的基本价值追求和道德规范，是社会伦理道德在公共管理领域的具体体现。但是，在公共管理实践中，由于受多方面因素以及社会转型的影响，有时会出现公共伦理失范现象，从公共管理的角度来看，主要表现为权力寻租、权钱交易、渎职失责、买官卖官等。这些不良伦理思想及行为严重违反了公共伦理的价值追求，妨碍了公共管理目标及公共利益的实现。

二、公共伦理失范的原因

公共伦理失范本质上是利益和价值观由原来的一元化向多元化转变所导致的一种过渡现象。在这种多元化的世界观中，强调一个人对其行为负责，是最有效地规范人们思想行为的手段。

（一）公共利益与个人利益的冲突

公共伦理失范的本质就在于公共管理人员人生观、世界观与价值观的不健全。造成公

① 戚小斌，曹家谋."权力寻租"问题浅析. 江苏广播电视大学学报，2002(1).
② [德]黑格尔. 法哲学原理. 范扬，张企泰，译. 上海：商务印书馆，1961：312.
③ 高力. 公共伦理学. 北京：高等教育出版社，2012.

共组织及公共组织成员过分追求个人利益而忽视公共利益的原因主要是：公共管理者及其组织人员所具备的伦理道德水平较低，且受到了其自身世界观、是非观及价值观影响。公共管理及组织人员的目标、宗旨及社会性要求出现了较大的偏差，将对于工作能力、业绩考察作为重点，进而较为忽视对其自身德行、廉政方面的考察。与此同时，公共管理者自身的道德约束性较弱，进而对其世界观、是非观造成影响。在世界观、是非观、价值观有所差异的群体中，其对于物质、精神财富的获取方式也有所不同。如果公共组织及其人员对于自身的反省缺乏全面性，那么整个较为开放的市场会致使一些不良的功利主义私欲变为损害社会公共利益的脏手。

当今世界上大多数地区和国家都实行市场经济。然而市场经济天然地具有逐利性，在经济活动中，市场机制能够调动生产经营者节约成本，追求经济效益最大化的积极性，但是市场经济的负面效应也催生了个体作为理性"经济人"追求自身利益最大化的欲望。市场经济条件下，政府的职能是在公共管理活动过程中提供公共服务，公职人员不仅是政府进行公共管理活动中政策的制定者和执行者，而且是公共服务和公共利益的提供者和维护者，随着政府与私营部门之间公私合作的增多，公共领域与私人领域的相互交往不断会产生利益冲突，公职人员在处理公务时，会在自己权利允许范围内优先考虑自身的利益问题。政府及公职人员这种对自身利益的追求行为与身为人民公仆要维护公共利益的行为产生了冲突。

（二）公共权力主体身份的角色混淆

作为公共管理领域的主体，不仅拥有"经济人"的实然属性，还具有"道德人"的应然角色。"经济人"的实然属性决定了主体角色不可避免地在公共管理活动中追求自身利益；而"道德人"的应然角色又使其必须以实现并维护公共利益为基本价值目标。

亚当·斯密在《国富论》中形象地指出"经济人"对利益的欲求：我们对一日三餐是指靠我们对自己利益的关心……他所追求的仅仅是他个人的安乐和利益。①尽管亚当·斯密所言指向经济领域，指向私人，但公共选择理论认为，不管是在私人领域还是公共领域，每个人都是理性的利己主义者，每个人都天生具有追求自我利益与最大效用的迫切要求。"同样的人不会因为从经济市场转入政治市场之后就从小心求利的自利者变成为大公无私的利他者。"②因此，公共选择理论将亚当·斯密的"经济人"假说从私人领域推向公共领域，故而，公共管理领域的行政人员同样是有自身利益追求的"经济人"。

而"道德人"的角色属性要求政府必须要实现公共利益的价值目标与基本道德责任。公共性是政府赖以存在的条件和可能，更是对政府本质属性的确认。此外，这种公共性的核心特征更赋予了政府作为一个伦理实体所应有的"公共人"或"道德人"的角色。这里既要满足"经济人"的生存意志，又要实现"道德人"的价值目标与基本道德责任，无疑是困难的。这种身份的混淆也会带来公共伦理的失范。

（三）官僚制形成的对权威的盲从

官僚制不仅是公共管理最根本的组织原则，同时也是政府得以运行的结构基础。尽管我们承认官僚制所强调的技术理性、效率至上、价值中立等工具性价值内涵确实赋予组织

---

① ［英］亚当·斯密. 国富论. 富强，译. 北京：联合出版社，2014：1-2.
② ［美］丹尼斯·缪勒. 公共选择理论. 周敦仁，译. 北京：中国社会科学出版社，1999：3.

结构形式以高度的优越性，但与此同时，作为一把双刃剑，这种结构不可避免地也有其不好的一面。其中最为明显的表现就是造成官僚体系中的角色个体对官僚结构权威的绝对依附及其对伦理道德的冷淡盲目。

社会心理学研究中的著名的米格拉姆"权威服从实验"就向我们揭示了权威对人的道德感知和社会行为具有决定性影响。"权威服从实验"告诉我们：因为人们往往不会对权威的权威性进行质疑，所以当人们从他们认为是绝对正确的权威者中接到指示或命令时，人们几乎可以不假思索地完全服从权威的指示和命令，并乐意为之做任何事情。如此一来，当官僚结构在自身利益的驱动下而产生道德错位的意志或命令指示时，它也不会因此而丧失权威应有的权威性。

相关社会心理学研究资料佐证，在特定的情境下，情境的力量远远超过个体的力量。当官僚结构因其特殊的意志偏好凭借权力并利用错位的伦理基础的支撑将其不合理价值合理化时，这种情境凭借结构的整体意志与权力还被赋予了绝对权威。更有甚者，当角色个体错位的行径被认为是为了实现官僚结构的崇高目的时，这种结构权威的情境力量足以对角色个体在行为或决策盲点上进行强化控制而并不使其对行为正当与否有所疑虑。因为"上级是道德关怀的最高目标，同时又是最高的道德权威，重要的是安心于某些上头的人所认可的什么是道德上可接受的"。①与其给自身利益和官僚结构权威带来破坏的裂痕，倒不如去执行命令的好。因而官僚结构与角色个体之间的利益关系使得角色个体的伦理自主性所体现出的力量十分微弱。

（四）监督机制缺乏有效的约束

社会中公共伦理失范的一个重要原因是缺少完善的制度监管。作为对公共组织主体起约束作用的公共伦理规范，其特征就是要求公共组织成员在行使职能过程中加强自律，主动承担公共责任。但是，公共组织的自律是不会天然养成的，它不仅需要道德自律、行政伦理教育、道德人格养成和公共组织伦理制度化建设，更需要社会的监督。在我国，虽然有对权力的多种监督形式，但大多只是流于形式而不能真正发挥应有的作用。同时，舆论监督和群众监督属于没有强制力的社会广泛性监督，特别是社会公众相对于拥有特权的公共组织成员来说，完全处于一种弱势地位，没有任何优势来保障其实施监督权。

社会转型必然引发社会管理制度的转型。原来适用于旧的体制下的社会治理结构和管理制度在社会转型和市场经济体制的冲击下，难以发挥其约束的功效。新的社会秩序尚未完善导致社会中出现了价值迷茫，功利主义思想观念也就随之而来，使得社会整体的文化精神出现了异常消极的变化，削弱了道德伦理对于公共管理者的约束力度，也就导致了公共伦理失范行为的产生。这时，如果公共组织成员的管理还停留在一般的要求层面上，缺乏有效的制度约束和管理手段，就会出现"制度缺漏"，导致一部分社会成员和公共组织成员钻制度的空子，谋取个人私利。对违反公共伦理规范的行为没有相应的惩罚制裁，使一些人铤而走险，不但违反伦理道德，而且还触犯法律法规，败坏社会风气。

伴随着全球化，各种文化价值观念和道德观念也随之而来，引起了思想文化的多元化。这些思想文化在不考虑国情及体制不同的情况下被机械地结合，使一些社会成员包括公共

---

① ［英］齐格蒙·鲍曼. 现代性与大屠杀. 杨渝东，史建华，译. 南京：译林出版社，2011：210.

管理主体的道德观念也发生了扭曲，引起了一些公共领域道德失范等公共伦理失范问题。随着人们生活水平的不断提高，对现实利益的追求也在不断加深人们对物质世界的迷恋，由于缺乏一个新的伦理道德观来对人们的思想道德进行约束，部分公众过多地关注自身的权益，过度强调个人的利益，这些不正确的伦理观念都会在一定程度上影响公共伦理的建设和进一步发展。

此外，在一些诸如个人主义、拜金主义和享乐主义等腐朽思想的侵蚀下，一些公共组织成员自私自利的贪欲将有可能不断膨胀，致使极端个人主义、享乐主义、拜金主义现象盛行，导致公共组织成员全心全意为人民服务的宗旨和无私奉献、忠于职守、遵纪守法等公共伦理的约束力逐渐弱化。

三、公共伦理的价值重塑

公共伦理的失范，使公共利益和社会的公平正义不同程度地受到损害，影响社会公共秩序的良性运行。为此，必须通过多种途径重塑公共伦理的价值，提高公共管理主体自觉履行职责、服务公众的伦理道德水平。

（一）加强公共伦理教育和培训

加强公共伦理教育和培训，可以提高公共管理者的服务意识和自律意识，引领积极的体现公平正义的伦理价值观念及具有责任感和使命感的价值认同，占据组织成员的主流意识，这样的伦理规范不但具有伦理的引导性，也同样具有监督性和评价性作用。重塑公共伦理的价值体系，承认并坚持公共利益高于个人利益，坚持把公共利益放在优先位置，把最广大人民的根本利益作为行政行为选择的出发点。公共管理者若不具备优秀的伦理修养，既无法得到人们的认可，也不可能履行好职责。

总的来说，在公共伦理教育实践中，可以通过以下方式对公共管理人员进行教育培训，以形成良好的公共伦理道德秩序。一是对于公共管理主体进行培训和再教育。伦理道德建设不等同于制度建设，需要通过长时间的思想渗透和价值引导，才能够引发公共管理人员的沉淀和自省，从而提高自我意识。因此针对公共伦理的培训教育需要长期开展，而不能采取突击方式。二是注意方法和内容的创新。培训教育工作需要不断创新发展，公共伦理的教育工作主要内容是让公共管理人员充分树立法制意识、诚信意识、廉洁意识、服务意识以及责任意识，使其在教育过程中深入被教育者的内心思想中，因此再教育过程中需要注意对于方法和内容的创新，避免形式主义化道德灌输的出现。三是在培训教育的过程中需要树立公共伦理道德模范。通过这种方式可以对其他公共管理人员进行正确的引导和激励作用，使其在日常工作中不断向榜样学习和靠近，最终自觉遵守公共伦理道德的要求。[①]

（二）完善公共伦理制度建设

公共伦理是一种价值规范，不像法律法规那样具有强制性的作用。公共伦理只能引导行为主体自觉遵守伦理道德。因此，必须加强公共伦理制度化建设。制度与体制对公共管理主体的伦理道德具有客观的约束力量，加强公共伦理制度建设要从增强制度的约束力着

---

① 孙琳玲，王卉，田宇婷，等. 我国公共管理伦理失范的成因浅析. 国家教师科研专项基金科研成果（七），2017.

手，建立一套明确的、完善的制度规范体系，明确公共管理主体的职责和义务。

公共伦理建设的首要任务便是建立公共伦理制度。公职人员腐败问题和部分公共管理主体伦理失范问题日益严重，究其原因，除了部分行政人员不重视自身道德修养之外，一个很重要的原因就是政府忽视了公共伦理道德建设。当今社会转型时期，新旧观念相互冲突，传统规范与标准相继被打破，新的规范和制度体系还不可能在一夜之间全部建立完成，按照社会学家迪尔凯姆的说法就是社会失范论，在这种状态下人们很容易迷失方向，部分公共管理主体也一样。因此，必须要用一系列明确的制度和规范，使公共管理人员建立起坚定的伦理价值取向，正确区分善恶是非，以便在纷繁复杂的公共管理工作中做出正确的抉择。政府需要在宪法、法律、政策的基础上，建立一套权责明确、完备具体的公共管理人员的基本公共伦理规范。有了制度上的保障，就能够有效防止某些公共管理人员滥用手中的权力，更可以对公共管理人员起到道德上的激励、教育、约束和规范作用。

（三）加快公共伦理的相关立法

从世界各国公共伦理立法的基本情况来看，公共伦理法规的表现形式包括宪法、行政法和刑法中的有关规定，专门的行政道德法典，职业守则及法律实施细则三个层面。在加快公共伦理立法的同时，还要加快有关伦理道德法案的制定和实施，从法律法规的层面强化伦理道德的约束功效，从而将内部约束力量与外部约束力量整合在一起，共同促成公共管理主体伦理道德观念的形成。[①]

虽然法律和道德伦理的作用机制及建设路径大不相同，但二者却是相互促进、相辅相成的。伦理道德必须通过政治法律等强制手段才能很好地发挥作用，如果没有相应的法律保障，再好的道德体系也很难对公共管理主体及社会产生实际影响。因为人的道德品质的不完善性和认识客观规律的局限性，导致公共管理主体有时无法正确行使权力，因此要有一种外在的力量来制约公共权力。因此，必须通过公共伦理立法，把伦理行为上升为法律行为，将一些必要的伦理规范纳入到法律体系之中，使公共伦理形成统一的价值取向和行为标准，以法律法规的强制力来保证基本公共伦理道德规范的实践。越是文明发达、法制健全的国家，其法律制度就越接近于伦理规范。

本 章 小 结

本章通过对公共管理中的伦理问题进行分析，审视公共管理过程中行为的合理性和正当性，力图匡正公共管理主体的道德偏差，如官僚组织中的平庸、道德错位、设租与寻租等，提出加强公共伦理教育和培训、完善公共伦理制度建设和加快公共伦理的相关立法，进而为公共管理主体及其实践提供符合伦理要求的判断能力和行政能力。就本质而言，公共管理主体在代表公共利益施政的同时，不仅要对结果负责，还必须接受正当性的考量。

复 习 思 考

1. 在社会转型时期，如何看待公共伦理的价值？

---

① 姚吉祥. 转型社会中我国公共组织伦理存在的问题与对策. 江淮论坛，2015(4)：62－66.

2．讨论分析，如何看待实际工作中的道德错位？

3．举例说明现实中的决策如何代表并体现公共利益？

★阅读材料

[1]　[美]古德诺．政治与行政．北京：北京大学出版社，2012．

[2]　费孝通．乡土中国．北京：中华书局，2013．

[3]　[美]巴泽尔．突破官僚制．北京：中国人民大学出版社，2003．

[4]　[美]弗里德利克森．公共行政的精神．北京：中国人民大学出版社，2004．

[5]　[法]卢梭．社会契约论．北京：商务印书馆，2011．

[6]　[美]罗尔斯．正义论．北京：中国社会科学出版社，2001．

[7]　[美]罗尔斯．政治自由主义．南京：译林出版社，2002．

★主要参考文献

[1]　陈振明．公共管理原理．北京：中国人民大学出版社，2003．

[2]　涂文娟．政治及其公共性：阿伦特政治伦理研究．北京：中国社会科学出版社，2009．

[3]　[德]哈贝马斯．公共领域的结构转型．曹卫东，译．上海：学林出版社，1999．

[4]　张舜清．公民社会与儒家伦理．上海：中州学刊，2006(07)．

[5]　张创新．公共管理学概论．北京：清华大学出版社，2010．

[6]　王乐夫，蔡立辉．公共管理学．北京：中国人民大学出版社，2003．

[7]　汪大海．公共管理学．北京：北京师范大学出版社，2010．

[8]　马克思，恩格斯．马克思恩格斯选集．第三卷．北京：人民出版社，1972．

[9]　冯益谦．公共伦理学．广州：华南理工大学出版社，2004．

[10]　[美]罗尔斯．正义论．何怀宏，等，译．北京：中国社会科学出版社，1988．

[11]　[古希腊]柏拉图．理想国．郭斌和，张竹明，译．北京：商务印书馆，1986．

[12]　[美]博登海默．法理学：法哲学及其方法．邓正来，姬敬武，译．北京：华夏出版社，1987．

[13]　肖平，等．公共管理伦理导论：理论与实践．成都：西南交通大学出版社，2007．

[14]　吴爱明．公共管理学．武汉：武汉大学出版社，2012．

[15]　何颖，袁洪英．行政伦理与社会公正．吉林：吉林人民出版社，2009．

[16]　丁煌．论行政听证制度的民主底蕴．武汉：武汉大学学报，2001．

[17]　张康之．公共管理伦理学，北京：中国人民大学出版社，2003．

[18]　[法]孟德斯鸠．论法的精神(上册)．北京：商务印书馆，1996．

[19]　刘丽霞．公共管理学．北京：中国财政经济出版社，2002．

[20]　[英]霍布斯·利维坦．北京：商务印书馆，1985．

[21]　黄健荣．公共管理学．北京：社会科学文献出版社，2008．

[22]　周晓红．公共管理学概论．北京：中央广播电视大学出版社，2003．

[23]　[英]齐格蒙·鲍曼．现代性与大屠杀．杨渝东，史建华，译．南京：译林出版社，2011．

后　记

　　本书是广东省"公共管理学课程教学团队"项目的一个重要组成部分。记得项目刚刚批下来的时候，因为涉及团队建设，当时心里还真有些担心。后来随着公共管理系各位参编老师的积极参与，大家逐渐统一认识，从提纲的几次易稿，到初稿修改讨论、二稿讨论直至三稿，每一次参与编写的老师都能认真而热烈地进行讨论，使我深受鼓舞。在此，衷心感谢公共管理系各位老师的积极参与和大力支持！

　　经过一段时间的努力，终于到了可以把这部书稿交出去的时候了。在这部书稿的构思、写作、统稿和审稿过程中，笔者体会到了其中统筹协调的辛苦，但整个过程还是苦中有乐的，乐在可以为中国公共管理事业的发展尽一份微薄的力量。伴随着国家治理体系的逐步完善与国家治理能力的不断提升，公共管理学的重要性越来越凸显，进而迫切需要加强高等学校的公共管理学教育，培养更多的全面掌握公共管理相关知识的优秀人才，更好地为社会服务。为此，我们在吸取以往学术研究成果的基础上编著了此书。

　　参与本书编写的深圳大学管理学院公共管理系的老师及主要分工如下：邹树彬老师承担第一章的撰写；李淑飞老师承担第二章的撰写；高梁老师承担第三章的撰写；宋涛老师承担第四章的撰写；赵宇峰老师承担第五章和第十一章部分内容的撰写；梁雨晴老师承担第六章的撰写；吴海燕老师承担第七章的撰写；罗文恩老师承担第八章的撰写；耿旭老师承担第九章的撰写；刘筱老师承担第十章的撰写；郑维东老师承担第十一章部分内容的撰写。最后由赵宇峰老师承担本书的统稿、审稿和校对工作。

　　在本书的撰写过程中，编者参阅了大量国内外学者的专著、论文，汲取了其中丰富的营养，直接借鉴了其中不少研究成果，在此对原作者表示感谢！同时，韩雨彤、鲁坤、徐淑婷、王斐俊、刘晓艺等同志参与了本书大量的资料收集、协调与后期校对工作，在此一并表示感谢！

　　本书肯定还有很多不足之处，请各位专家和学者给予指导。再次表示感谢！

赵宇峰
2018 年 3 月 21 日晚
于深圳大学文科楼